근대전환기 지역사회와 의병운동 연구

근대전환기 지역사회와 의병운동 연구

초판 1쇄 발행 2019년 4월 30일

지은이	심철기
펴낸이	윤관백
펴낸곳	도서출판 선인

등 록	제5-77호(1998.11.4)
주 소	서울시 마포구 마포대로 4다길 4(마포동 324-1) 곶마루 B/D 1층
전 화	02) 718-6252 / 6257
팩 스	02) 718-6253
E-mail	sunin72@chol.com

정가 38,000원
ISBN 979-11-6068-264-9 93910

· 잘못된 책은 바꿔 드립니다.
· www.suninbook.com

근대전환기 지역사회와 의병운동 연구

| 심철기 지음 |

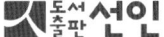

책을 내면서

어린 시절 역사가를 꿈꾸며 역사는 평범한 한 사람, 한 사람의 삶이 모여 만들어진다는 생각에서 역사 공부를 시작하였다. 위대한 위인의 존재도 중요하지만 맡은 자리에서 자신의 역할을 묵묵히 해내는 사람들의 삶도 중요하다는 생각이었다. 그래서 그들의 삶을 쫓다가 농민운동을 공부하게 되었고 이어 의병운동으로 발전하게 되었다. 자신의 삶에 대한 개척과 억압적인 지배세력에 대한 저항을 통해 새로운 세상을 만들고자 한 그들의 모습을 밝혀보고자 하였다. 그 과정에서 이 한 권의 책이 나왔다. 이 책은 농민운동 등으로 표출된 억압적 지배세력에 대한 저항의식이 의병운동을 통해 일제의 식민침략에 대응하고 일제강점기 민족운동으로 이어져 근대민족국가 건설의 한 축이 되었으며, 그러한 저항정신이 해방 후 대한민국으로 이어지고 있음을 밝히려는 목적으로 집필되었다. 본래 필자의 박사학위논문인 『한말 원주의병의 발전과정과 운동방략』(2014. 8)을 수정·보완하여 책으로 내놓게 되었다.

근대전환기 조선은 제국주의 열강의 침략 속에서 봉건국가체제를 해체하고 자주독립의 근대국가로 나가야 하는 이중의 과제를 안고 있었다. 이를 해결하기 위해 전개된 국가체제의 개혁운동은 반봉건 운동과 반제국주의 운동이 맞물려 있었다. 그러나 일제의 침략이 가속화되는 상황에서 조선사회의 근대화 방향에 대한 기존 인식은 반제국주의 운동을 통한 근대국가 건설에 초점이 맞춰졌다. 그 결과 일제와의 투쟁을 강조한 나머지 한국사회가 외부 충격에 반응하여 변화하는 것으로 이해되어 내적으로 형성된 운동역량에 대해서는 제대로 설명하지 못하였다. 이를 설명하기 위해서는 근대전환기 지역사회 변동과 저항운동의 관계를 파악하는 것이 중요하였다. 그런 측면에서 일제의 침략에 지역사회 전 계층이 참여한 의병운동은 내적 운동역량의 변화를 확인하는 데 적합하였다.

의병운동은 일제의 침략에 무력으로 대응한 적극적인 반제국주의 운동이었다. 하지만 참여계층을 중심으로 한 시각에서는 반봉건에서 출발하여 반제국주의 운동으로 전화된 반봉건·반제국주의 근대민족운동이었다. 의병운동은 지역사회에서 반봉건의 문제가 어떻게 반제국주의 문제와 융합되어 표출되는지를 잘 보여준다. 나아가 근대민족국가 건설이라는 목표가 일제의 침략에 대응하여 나타난 민족운동의 방향이자 한국사회 내부에 축적된 운동역량의 표출이었다. 따라서 을미의병을 시작으로 정미의병까지 이어졌던 의병운동의 단계적 발전을 통해 근대 이후 한국사회의 내재된 운동역량의 변화를 살펴볼 수 있다. 그런 점에서 다음의 몇 가지가 주목된다. 첫째, 의병운동은 봉건질서와 근대사회의 충돌 속에서 일본제국주의의 침략에 대항해 수많은 민들이 스스로 일어난 저항운동이었다. 자발적인 저항운동은 3·1운동, 6·10만세운동, 광주학생운동 등으로 이어졌으며, 해방 후에는 민주화운동으로 표출되었다. 둘째, 저항운동의 역량이 확대된다는 점이다. 의병운동은 일제시기 국내의 민족운동과 국외의 항일무장투쟁으로 확대되고 있었다. 이러한 운동역량의 확대과정에 대한 분석을 통해 개항 이후 한국사회 내부의 변화를 이해할 수 있다. 셋째, 지역과 저항운동의 상관관계이다. 지역의 다양한 배경이 의병운동에 미치는 영향을 살펴봄으로써 지역사회 내부의 역량이 저항운동을 통해 과거와 미래에 대한 교차점으로 작용하는 모습도 알 수 있다.

의병운동을 통해 내재된 운동역량을 확인하기 위해서는 각 지역에서 전개된 의병운동에 대해 살펴볼 필요가 있다. 더하여 의병운동 전시기에 걸쳐 전개된 의병운동의 성격, 지역과의 연관성 등도 파악해야 한다. 이 문제는 한국사회의 내적 연속성을 설명하는 측면에서 중요한 과제이다. 그랬을 때 원주지역에서 전개된 의병운동은 주목된다. 원주지역은 내적 운동역량의 변화와 의병운동 방략의 연속성을 확인하는 데 용이한 계기성을 가지고 있기 때문이다. 원주는 강원감영, 원주진위대가 설치된 강원도의 정치, 경제, 문화, 군사의 중심지로 반봉건의 문제를 내포하고 있었으며, 개항 이후인 1885년에 농민운동이 일어난 지역이었다. 또 일제의 침략에 대항하여 1896년 '원주의병', 1905년 원용팔 연합의병, 1907년 의병전쟁이 연속해서 일어난 곳이었다. 원주지역은 한말 의병운동의 내적 운동역량의 변화를 파악할 수 있고, 세 시기 의병운동의 변화추이와 운동방략을 이해하는 데 적합한 지역이었다. 그러므로 원주지역에서 일어난 의병운동에 대해 '원주의병'이라고 통칭하고자 한다.

'원주의병'에 대한 분석을 통해 다음의 몇 가지를 밝혀보고자 한다. 첫째, 원주양반사회의 관계망, 강원감영 및 원주진위대의 물적·군사적 기반이 의병운동에 미쳤던 영향이다. 원주를 통해 지역적 배경과 의병운동의 상관관계를 파악해보는 것이다. 둘째, 농민운동으로 형성된 저항세력이 의병운동으로 전환되는 과정을 살펴 의병운동의 단계적 변화를 보고자 한다. 지역사회의 사회·경제적 구조, 전통 등이 저항의식 형성에 영향을 미치고 있음을 밝히는 것이다. 셋째, 의병운동방략의 측면에서 1896년 '원주의병'에서 구축된 운동방략이 1905년 원용팔 연합의병, 1907년 의병전쟁을 거치면서 단계적으로 발전하는 모습을 보고자 한다. 넷째, 1907년 의병전쟁 쇠퇴 후 그 운동역량의 변화를 파악한다. 즉, 의병참여세력의 만주지역 항일무장투쟁, 국내 민족운동을 통해 민족해방운동으로 이어지는 모습을 이해한다. 또 지역적 특성과 맞물려 일제시기 이후 근대도시형성에 미친 영향과 도시이미지 형성에 대해 살펴본다. 이를 통해 내적으로 축적된 운동역량이 일제의 침략에 대응하고 일제강점기를 거치면서 근대민족국가 건설의 한 축이었음을 확인하고자 한다.

필자의 연구는 학부 시절부터 학문적 진리추구와 학자적 자세를 가르쳐 주신 은사 오영교 선생님의 덕택에 가능하였다. 이 책을 빌려 감사의 마음을 전하고자 합니다. 또 학자의 자세에 대해 가르쳐 주시고, 박사논문을 완성할 수 있도록 지도하며 살펴주신 왕현종 선생님께 감사드립니다. 그리고 난해하고 부족함 많은 박사논문의 체계를 바로 잡아주시고 세밀하게 다듬어주신 신영우 선생님과 구완회 선생님께 거듭 감사를 드립니다. 학부 시절 처음으로 역사학과 접하며 역사를 전공할 수 있는 길을 보여주신 이희덕 선생님, 지배선 선생님, 이인재 선생님, 서이자 선생님께도 고마운 마음을 전합니다.

이 책은 어려운 여건 속에서도 연구를 매진하고 있는 연세대학교 사학과 선후배들에게서 많은 조언과 도움을 받았다. 함께 세미나를 하면서 박사논문의 구상을 구체화할 수 있도록 도와준 정용서 선배님, 장신 선배님, 박윤재 선배님, 정진아 선배님, 이태훈 선배님 등께 감사의 마음을 전합니다. 또 난삽한 글투를 초고부터 하나하나 꼼꼼히 교정·교열을 해주고 같은 길을 26년째 함께하며 힘을 주고 있는 원재영 박사에게 감사드립니다. 함께 공부하며 응원해 준 이진형 박사, 이상순 박사, 이순용 선생, 이준성 선생, 채관식 선생, 정덕기 선생, 구열회 선생과 특히 책이 출판될 수 있도록 도움을 준 이현희 선생 등 대학원 사학과 후배들에게도 감사드립니다. 국가보훈처에서 만나 같이 공부하며 큰 힘이 되어준 국가보훈처의 서동일 선생님, 국가기록원의 박종연 선생님에게 감사의 마음을 전합니다. 친일재산조사위에서 만나 공부와 삶에 대해 많은 조언을 해주신 국토교통부의 정해익 서기관님, 경찰청의 지영환 박사님께 감사드립니다. 『한국군사사』를 통해 끈끈한 전우애를 다지며 응원해 주신 오정섭 선생님, 이창섭 선생님, 강성봉 선생님께도 감사드립니다. 새로운 직장에 적응하며 공부할 수 있도록 도와주신 독립기념관 이준식 관장님을 비롯해 한국독립운동사연구소 선생님들께 감사드립니다. 그리고 든든한 힘이 되어주는 93학번 동기들에게 고마운 마음을 전합니다.

 부족한 책을 선뜻 출간해 준 도서출판 선인의 윤관백 사장님과 번잡한 글을 뛰어난 편집의 기술로 깔끔하게 정리하며 힘써준 편집팀 선생님께도 감사드립니다.

 어린 시절부터 각자의 꿈을 지지하며 힘들고 어려울 때, 즐겁고 행복한 순간을 함께하며 힘이 되어준 정준화, 구자춘, 김은홍, 김종훈, 김주선, 이형종, 김민성, 김정환, 김병극, 은제민, 전세일, 김형 등과 우글우글 친구들에게 고마운 마음을 전합니다. 공부만 하는 사위였지만 지지해 주시고 후원해 주신 장인, 장모님 감사드립니다. 형처럼 따르고 지지해 주는 처남 장한중, 가족의 힘을 보여 주는 처형, 동서, 처남댁에게 감사의 마음을 전합니다. 언제나 응원해 주시고 부족함 없이 자랄 수 있고 공부할 수 있도록 후원을 아끼지 않으시는 아버지, 어머니 감사드립니다. 형의 말이라면 뭐든 다 지지하고 따라 주는 동생 심철준에게 고마운 마음을 전합니다. 공부한다고 집에도 잘 안 들어오고 연구실에만 있는 아빠를 항상 즐겁게 따르고 에너지를 넘치게 하는 사랑하는 우리 민희, 민지 그리고 나의 영원한 애인인 아내 장현희에게 사랑하는 마음을 전합니다.

2019년 봄 감사의 마음을 가득 담은 연구실에서

차례

· 책을 내면서 / 5

서론 ··· 17

제1장 개항 이후 지역사회의 변동과 의병운동 ···················· 33

1. 개항 이후 원주지역의 사회·경제 상황과 농민운동 / 33
    1) 강원감영(江原監營) 소재지 원주의 사회·경제 양상 / 34
    2) 1885년 원주농민운동을 통한 저항의식의 표출 / 48

2. 1896년 '원주의병'의 발생배경과 의병세력의 조직 / 58
    1) 원주지역의 학문동향과 화서학파 / 58
    2) 지방제도개혁에 따른 의병세력 형성의 계기 / 75
    3) 반일적 중앙정치세력과의 연계와 의병참여세력의 역할 / 90

3. 1896년 '원주의병'의 전개와 운동방략의 등장 / 103
   1) 원주 안창봉기와 운동 방향의 설정 / 103
   2) 운동 방향의 재설정에 따른 유인석 연합의병의 출범 / 116
   3) '원주의병'의 연합의병 활동과 운동방략 수립 / 126

제2장 1900년대 초 일제의 지역사회 침탈과 의병운동방략 ········ 141

1. 원주지역 침탈양상과 의병지도부의 현실인식 / 141
   1) 러일전쟁과 한국주차군의 배치 / 141
   2) 원주지역의 침탈양상 / 150
   3) 원용팔의 일제침략 상황인식 / 159

2. 연합의병의 추진과 운동방략의 구체화 / 165
   1) 연합의병의 추진과 중앙정치세력과의 연계 / 165
   2) 상소·서신을 통한 의병지원요청과 효유 / 175

3. 원용팔 연합의병의 활동과 1907년 의병전쟁의 기반조성 / 184
   1) 의병운동세력의 재결집과 거점지역의 확보 / 184
   2) 의병운동의 좌절과 원용팔 의병장 구명운동 / 199
   3) 원주진위대의 반일진회 활동 / 204

제3장 1907년 의병전쟁의 운동방략과 민족운동의 확대 ·········· 215

1. 의병운동세력의 확대와 의병전술 변화 / 215
   1) 광무황제의 강제퇴위와 원주지역 저항운동 / 215
   2) 원주진위대의 봉기와 참여세력의 확대 / 234
   3) 의병무기체제의 변화와 유격전술의 일반화 / 257

2. 의병전쟁의 전개과정과 운동방략의 구현 / 273

    1) 의병전쟁의 초기양상과 일본군의 배치 / 273

    2) 관동창의대의 출범과 운동방략 / 290

    3) 서울진공작전의 계획과 추진 / 310

3. 의병전쟁의 쇠퇴와 항일민족운동의 전개 / 319

    1) 선유사의 선유활동 / 319

    2) 일본군의 탄압양상과 헌병대의 배치 / 333

    3) 독립군 전환과 원주지역 민족운동 / 344

4. 일제시기 근대도시 형성 과정과 민족운동의 영향 / 365

    1) 일제시기 도시화 과정 / 366

    2) 해방 후 도시형성 과정 / 380

결론 ··· 389

| 부록 1 | 한말 '원주의병' 연표 ································ 399
| 부록 2 | 원주 각 면별 주요사건·단체 참여자 명단 ·············· 401

· 참고문헌 / 405
· 찾아보기 / 419

서론

서론

근대전환기 조선은 제국주의 열강의 침략 속에서 봉건국가체제를 해체하고 자주독립의 근대국가로 나가야 하는 이중의 과제를 안고 있었다. 이에 이를 해결하기 위한 개혁운동이 일어나 1882년 임오군란, 1884년 갑신정변, 1894년 동학농민전쟁, 갑오개혁, 독립협회, 광무개혁 등이 전개되었다.[1] 이러한 개혁운동은 반봉건 운동과 반제국주의 운동이 맞물려 있었다. 그러나 일제의 침략이 가속화되는 상황에서 조선사회의 근대화 방향에 대한 기존 인식은 반제국주의 운동을 통한 근대국가 건설에 초점이 맞춰져 있는 경향이 강하였다.

반제국주의 운동에 대한 기존 인식은 일제에 대한 투쟁을 강조한 나머지 한국사회가 외부 충격에 반응하여 변화하는 것으로 이해되어 내적으로 형성된 운동역량에 대해서는 제대로 설명하지 못하였다. 즉, 반봉건의 문제를 해결하기 위해 각 지역에서 일어난 농민운동에서 표출된 운동역량에

---

[1] 오영교, 『조선후기 사회사 연구』, 혜안, 2005; 왕현종, 『한국 근대국가의 형성과 갑오개혁』, 역사비평사, 2003; 김용섭, 『한국근대농업사연구(上·下)』 증보판, 일조각, 1988.

대한 설명 없이 반제국주의를 설명함으로써 농민운동의 운동역량이 단절된 것으로 보이게 되었다. 그러나 일제의 침략에 대항하여 일어난 수많은 운동의 토대에 농민들이 있었음을 감안할 때 농민운동의 운동역량은 계속해서 이어지고 있었다고 볼 수 있다. 이를 확인하기 위해서는 근대 전환기 지역사회의 변동과 저항운동의 관계를 파악할 필요가 있다. 그런 측면에서 일제의 침략에 양반 유생, 농민 등 지역사회 전 계층이 참여한 의병운동은 내적 운동역량의 변화를 확인하는 데 적합하였다.

의병운동은 의병장 중심의 시각에서는 일제의 침략에 무력으로 대응한 가장 적극적인 반제국주의 운동이었다. 하지만 의병부대의 조직, 참여계층 등을 중심으로 한 시각에서는 조선사회 내부 모순에 대한 저항운동에서 출발하여 반제국주의 운동으로 전화된 반봉건·반제국주의적인 근대민족운동이라고 할 수 있다. 의병운동은 지역사회에서 반봉건의 문제가 어떻게 반제국주의의 문제와 융합되어 표출되는지를 잘 보여주는 사례이다. 나아가 근대민족국가 건설이라는 목표가 일제의 침략에 대응하여 나타난 민족운동의 방향이자 한국사회 내부에서 축적된 운동역량의 표출이었다. 따라서 을미의병을 시작으로 정미의병까지 이어졌던 의병운동의 단계적 발전을 통해 근대 이후 한국사회의 내재된 운동역량의 변화를 살펴볼 수 있다. 그런 점에서 다음의 몇 가지가 주목된다. 첫째, 의병운동은 봉건질서와 근대사회의 충돌 속에서 일본제국주의의 침략에 대항해 수많은 일반민들이 스스로 일어난 저항운동이다. 자발적인 저항운동은 일제식민지배하에서 3·1운동, 6·10만세운동, 광주학생운동 등으로 이어져 왔으며, 해방 이후에는 민주화운동으로 표출되었다. 을미·을사·정미로 이어지는 의병운동의 변화를 통해 근대 이후 한국사회에 내재된 운동역량을 이해하는 데 디딤돌이 될 수 있다.

둘째, 저항운동의 역량이 확대된다는 점이다. 의병운동을 통해 억압적 지배세력에 대한 저항운동이 외세에 대한 무장투쟁으로 전환되고 독립전쟁으로까지 확대되는 과정을 볼 수 있다. 이 변화되는 과정을 통해 운동역량이 강화되고 확대되는 계기적 분석이 가능하고 저항의식이 강화되는 기점을 파악할 수 있다. 19세기 후반 20세기 초 한국사회 내부의 변화에 대해 이해할 수 있다.

셋째, 지역과 저항운동의 상관관계를 알 수 있다는 점이다. 지역의 다양한 조건들, 예컨대 사상적 전통, 지역적 위상, 인적 구성, 경제적 배경 등이 의병운동에 미치는 영향을 통해 지역의 역학관계가 운동의 지속성·단계별 연속성 등에 미치는 과정을 볼 수 있다. 그것은 지역성, 지역의 전통 등으로 표현되는 지역사회 내부의 모습이 저항운동을 통해 과거와 미래에 대한 교차점으로 작용하는 모습도 알 수 있다.

위와 같이 의병운동을 통해 내재된 운동역량을 확인하기 위해서는 각 지역에서 전개된 의병운동에 대해 살펴볼 필요가 있다. 그러나 기존의 연구는 보수적 민족주의자였던 유생의병장을 중심으로 연구가 진행되었다. 특히, 의병장의 사상적 배경, 의병운동의 전개과정 등에 집중적으로 연구하였다.[2] 이는 의병운동을 가장 적극적인 반제국주의 운동으로 근대민족운동의 태동으로 접근하였기 때문이었다. 그 결과 1896년 의병운동의 사상적 배경으로 화서학파, 정재학파, 남당학파, 노사학파 등이 있고 강원도, 충청도, 경상도, 전라도의 의병운동에 영향을 미치고 있었음을 밝혔다. 또 의병장을 중심으로 의병부대 간 연계성에 대해서도 파악하였다.[3] 의병운동의 성격에 대해서도 의병을 복고적이며 보수적인 성격을 띤 전쟁이었으며 사상적으로 지방 유림들의 반개화주의와 민족주의로 파악하였다. 1907년 의병전쟁에

---

[2] 의병운동에 대한 최초의 연구는 1955년에 발표된 申奭鎬의 「한말 의병의 개황」이었다 (申奭鎬, 「韓末 義兵의 槪況」, 『史叢』 1, 고려대학교 문리과대학 사학회, 서울, 1955.).

[3] 金義煥, 「韓末 義兵運動의 分析: 李康年 義兵部隊를 中心으로」, 『韓日文化』 1집 2권, 부산대학교 한일문화연구소, 부산, 1962; 金義煥, 「義兵運動의 思想的 側面」, 『韓國思想』 8, 韓國思想硏究會, 서울, 1966.

대해서는 서울의 시위대, 지방의 진위대의 항쟁과 해산군인과 의병세력의 연계성을 강조하면서 의병전쟁이라는 개념을 처음으로 사용하였다.[4] 의병운동이 가장 적극적인 반제국주의 운동이었다는 것을 밝힌 것이다.

의병운동 연구경향은 의병자료집의 발간으로 변화하기 시작하였다. 우선 주목되는 자료집은 1970~1978년까지 독립운동사편찬위원회에서 수집 편찬한 『독립운동사자료집』 1~3집·별집 1집이다. 이 자료집은 의병운동에 참여하였던 인물들의 후손이 보관하던 자료를 새롭게 발굴하여 번역과 원문을 함께 수록한 것으로 일제측 기록에 의존하고 있던 의병연구의 한계를 극복할 수 있는 계기를 마련하였다. 특히, 강원도, 충청도, 경상북도, 호남 일대에서 활동한 의병부대의 전개과정 및 성격 등을 파악할 수 있는 좋은 자료이다.

다음으로 국사편찬위원회에서 1979년부터 1990년까지 발간한 『한국독립운동사자료』 8~19권(의병편)이 있다. 이 자료집은 일본군의 의병진압 기록인 『暴徒에 關한 編册』을 번역하여 연월일과 건별로 재정리한 것이다. 일본의 의병진압 과정을 시간순으로 확인할 수 있어 상황에 따라 변화하던 일본군의 의병진압 전술 등을 파악할 수 있는 자료이다.

자료집의 발간으로 의병연구는 기존의 의병장 중심의 연구가 한층 더 구체화되어 민족주의적 성격을 계승하면서도 새롭게 의병운동의 성격규명에 대한 연구가 시도되었다.[5] 그 결과 의병운동에 참여한 유생, 농민 등의 계급적 신분을 분석하여 참여세력의 성격을 파악하였고, 의병운동의 민족주의적 성

---

[4] 金義煥, 「丁未年(1907) 朝鮮軍隊解散과 反日義兵鬪爭」, 『향토서울』 26, 서울특별시사편찬위원회, 서울, 1966; 朴成壽, 「1907~1910년간의 의병전쟁에 대하여」, 『한국사연구』 1, 1968; 「舊韓末 義兵戰爭과 儒敎的 愛國思想」, 『大東文化硏究』 第6·7輯, 성균관대학교 대동문화연구원, 서울, 1969.

[5] 李東宇, 「義兵將 柳麟錫의 義兵運動考」, 『成大史林』 2, 성균관대학교 사학과, 서울, 1977; 洪淳鈺, 「義兵 李康秊部隊 戰鬪考(1907~1908)(上); 日本軍의 記錄과 比較하여」, 『軍史』 제5호, 국방부 전사편찬위원회, 서울, 1982; 文聖惠, 「毅菴 柳麟錫의 義兵抗爭」, 『濟州史學』 창간호, 제주대학교 인문대학 사학과, 제주, 1985; 朴敏永, 「毅菴 柳麟錫의 衛正斥邪運動; 「昭義新編」을 中心으로」, 『淸溪史學』 3, 한국정신문화연구원 청계사학회, 성남, 1986.

격을 강조하여 의병운동이 독립전쟁으로 확대된 것으로 파악하였다.[6] 더 나아가 의병운동의 시기구분을 새롭게 시도하여 각 시기 의병의 성격과 이념을 한국민족주의 발전단계에서 파악하였다.[7] 이와 함께 의병부대에서 활동한 병사층에 대한 분석을 통해 의병의 민중적 성격에 대해서도 조명하였다.[8]

의병운동에 대한 새로운 시각이 나타나면서 다양한 측면에서 의병운동을 연구하기 시작하였다. 의병장 중심의 시각에서 벗어나 다양한 참여계층과 지역적 배경에 대한 개별적이고 구체적인 연구가 나타나기 시작하였다. 이를 통해 ① 유인석 연합의병부대의 정치·사회적 배경에 근왕세력이 있다는 것, ② 갑오개혁으로 밀려난 전·현직 관료층, 이서층, 포수층이 갑오개혁에 반대하여 의병운동에 참여하였다는 것, ③ 참여세력에 대한 분석을 통해 의병운동을 명성황후 복수 의병·단발 반대 의병·환궁운동 의병 등으로 세분화한 것, ④ 호남의병의 정치·사상적 기반 및 사회·경제적 지향을 규명하여 의병전쟁이 민중적 민족주의운동이며 독립전쟁에 영향을 미쳤다는 것 등을 밝혀내는 성과가 있었다.[9]

---

[6] 朴成壽, 『獨立運動史硏究』(創批新書 27), 創作과 批評社, 서울, 1980; 朴成壽, 「義兵戰爭의 身分·意識構造」, 『韓國史學 2 韓國近代文化에 관한 共同硏究 3』, 한국정신문화연구원 사학연구실, 성남, 1980; 趙東杰, 『의병들의 항쟁』(민족운동총서 제1집), 민족문화협회, 서울, 1980; 朴成壽, 「1907年의 義兵戰爭」, 『軍史』제2호, 국방부 전사편찬위원회, 서울, 1981.

[7] 趙東杰, 「義兵運動의 韓國民族主義上의 位置」 上·下 『한국민족운동사연구』 1·3, 한국독립운동사연구회, 서울, 1986·1989; 趙東杰, 『韓國民族主義의 成立과 獨立運動史硏究』, 知識産業社, 서울, 1989.

[8] 金度亨, 「한말 의병전쟁의 민중적 성격」, 『韓國民族主義論』 3, 창작과 비평사, 서울, 1985.

[9] 홍순권, 『한말 호남지역 의병운동사 연구』, 서울대 출판부, 1994; 오영섭, 「乙未義兵運動의 政治·社會的 背景」, 『國史館論叢』 65, 國史編纂委員會, 果川, 1995; 이상찬, 「갑오개혁과 1896년 의병의 관계」, 『역사연구』 5, 역사학연구소, 서울, 1997; 이상찬, 「1896년 의병운동 통설에 대한 비판적 검토」, 『역사비평』 통권45호, 역사문제연구소, 서울, 1998; 이상찬, 「1896년 의병과 명성왕후 지지세력의동향」, 『韓國文化』 20, 서울大學校 韓國文化硏究所, 1998; 오영섭, 「을미 제천의병의 참여세력 분석」, 『한국독립운동사연구』 14, 독립기념관 한국독립운동사연구소, 2000; 홍영기, 『대한제국기 호남의병 연구』, 일조각, 2004.

그러나 기존 연구는 의병운동 시기별로 의병운동의 성격, 지역적 배경, 참여세력의 분석 등을 밝히고 있어 한말 의병운동 전시기에 걸쳐 전개된 의병운동의 성격, 지역과의 연관성 등에 대해서 설명하지 못하는 한계를 보였다. 이 문제는 한국사회의 내적 연속성을 설명하는 측면에서 중요한 과제이다. 의병운동은 가장 적극적인 민족운동인 동시에 내적으로 형성된 저항의식의 표출이었기 때문에 연속성을 가지고 있었다. 따라서 한말 의병운동 전시기에 걸쳐 전개된 의병운동의 변화 발전에 대해 분석할 필요가 있다. 그런 측면에서 원주지역에서 전개된 의병운동은 주목된다. 원주지역은 내적 운동역량의 변화와 의병운동 방략의 연속성을 확인하는 데 용이한 계기성을 가지고 있기 때문이다. 원주는 강원감영, 원주진위대가 설치된 강원도의 정치, 경제, 문화, 군사의 중심지로 반봉건의 문제를 내포하고 있었으며, 개항 이후인 1885년에 농민운동이 일어난 지역이었다. 또 일제의 침략에 대항하여 1896년 '원주의병', 1905년 원용팔 연합의병, 1907년 의병전쟁이 연속해서 일어난 곳이었다. 원주지역을 통해 한말 의병운동의 내적 운동역량의 변화를 파악할 수 있고, 세 시기 의병운동의 변화추이와 운동방략에 대해 이해할 수 있다. 그러므로 원주지역에서 일어난 의병운동에 대해 '원주의병'이라고 통칭하고자 한다.

기존의 '원주의병'에 대한 연구는 유인석 연합의병부대에 대한 연구 속에서 간단히 설명되거나, 민긍호 의병장에 대한 연구에서 지역적 배경으로 간단히 설명되는 정도에 그치고 있다가 1995년 이후 지역의 연구단체를 중심으로 '원주의병' 자료집을 발간하면서 독립된 주제로 연구되기 시작하였다. 특히, 연세대학교 근대한국학연구소에서 발간한 『원주독립운동사자료집』(Ⅰ·Ⅱ·Ⅲ)은 규장각에 보관되어 있던 정부기록문서, 『독립신문』, 『대한매일신보(국문판)』, 『大韓每日申報(국한문판)』, 『讀賣新聞(日文)』, 『東京朝日新聞(日文)』에서 원주관련 기록을 발췌하고, 의병장의 창의록, 문집 등인 『下沙安公乙未倡義事實』, 『雲崗先生遺稿』, 『義士三戒

元公乙巳倡義遺蹟』,『中齋遺稿』를 수록하여 '원주의병' 연구에 초석을 놓았다.10) 이러한 의병자료의 지역별, 주제별로 수집·정리, 의병관련 문집·저서 등에 대한 번역작업 등은 의병연구의 지역적 연관성과 다양성을 담보해 주었다.11)

그 결과 '원주의병'에 대한 체계적인 연구가 시작될 수 있었다. 우선적으로 1896년 '원주의병'에 대한 재조명이 진행되었다. 1896년 1월 12일 원주 안창에서 봉기한 후 영월에서 유인석 연합의병부대가 출범하기 전까지 의병운동을 '원주의병'이 주도하였음을 밝혔다.12) 또 의병부대의 편제와 지역의 특성을 연관 지어 의병부대의 경제적 기반으로 수성장체제를 설명하였다.13) 이는 지역적 특성이 어떻게 의병과 연계될 수 있는지를 보여준 것으로 의병운동의 사회사적 측면을 연구할 수 있는 단초를 마련하였다.14) 다음으로 1905년 의병운동의 의의에 대해 파악하는 시도가 있었다. 즉, 원용팔 연합의병부대를 통해 의병지도부의 인식이 만국공법에 기초하여 변화하고 있음을 밝혀 세 시기 의병운동을 계기적으로 살필 수 있는 포석을 마련하였다. 원용팔 연합의병을 만국공법에 기초한 반일거의(反日擧義)의

---

10) 오영교·왕현종·심철기 엮음,『원주독립운동사자료집』Ⅰ·Ⅱ·Ⅲ, 혜안, 2004.
11) 제천에서는 세명대학교 지역문화연구소와 내제문화연구회가 중심이 되어 의병자료집을 발간하였으며, 춘천에서는 의암학회와 강원대학교가 중심이 되어 의병자료집을 발간하였다. 대표적인 자료집으로 구완회·이충구·김규선 역,『국역 제천의병 자료』(Ⅰ~Ⅴ), 제천시, 2007~2011; 내제문화연구회,『雲岡集』내제문화자료총서 14, 2007; 의암학회,『국역 의암집』, 2007;『毅菴柳麟錫資料集』Ⅰ·Ⅱ, 2004 등이 있다.
12) 오영교·왕현종,『원주독립운동사』, 혜안, 2005.
13) 구완회,「제천 을미의병의 경제적 기반과 수성장(守城將)체제」,『인문사회과학연구』2, 세명대학교 인문사회과학연구소, 1995; 구완회,「乙未義兵期 湖左義陣(堤川義兵)의 編制」,『朝鮮史研究』6, 朝鮮史研究會, 1997.
14) 최근에 들어 의병운동의 지역사회와 의병운동의 연관관계와 사회적 연구가 본격적으로 시작되었다. 심철기,『한말 원주의병의 발전과정과 운동방략』, 연세대학교 대학원 박사학위논문, 2014; 김헌주,『후기의병의 사회적 성격에 관한 연구』, 고려대학교 대학원 박사학위논문, 2017 참조.

충군애국적(忠君愛國的) 구국의병으로 1896년 '원주의병'과 1907년 의병전쟁의 과도기적 성격을 갖는다고 정의하였다.15) 마지막으로 1907년 의병전쟁에 대한 연구는 원주진위대의 해산, 민긍호 의병부대, 이인영의 관동창의대 등에 대한 연구가 중심이 되었다.16) 이를 통해 원주진위대의 의병참여에 따른 의병전쟁의 단계적 변화, 관동창의군의 활동 및 13도창의군으로의 확대, 일본군의 의병탄압 과정 등을 밝혔다.

'원주의병'을 재조명하는 다양한 연구 성과에도 불구하고 여전히 '원주의병'에 대한 연구는 각 시기별로 분절되어 있어서 의병운동 전 시기에 걸친 운동역량의 변화와 운동방략에 대한 연구는 이뤄지지 않았다. 지금까지 '원주의병'에 대한 연구의 의의는 '원주의병'을 독립된 연구주제로 자리매김 했다는 데 있다. 따라서 '원주의병'을 통해 내적 연속성으로 나타난 운동역량 변화와 운동방략을 파악하기 위해 다음의 몇 가지 문제가 해결되어야 한다. 첫째, 지역에서 형성된 억압적 지배세력에 대한 저항세력이 의병운동 단계에서 어떻게 변화하는지 단계적 변화에 대한 설명이다. 농민운동세력 중에서 의병운동을 거쳐 민족해방운동으로 이어지는 경우가 있지만 이들의 의병참여에 대한 구체적인 설명이 부족하다. 이것은 지역에서 형성된 저항역량이 어떻게 표출되고, 어느 방향으로 전개되는가 하는 문제와 연관된 것이다. 둘째, 의병운동과 지역과의 상관관계에 대한 것이다. 지역의 다양한 요인이 의병운동에 영향을 미치고 있음에도 불구하고 지금까지의 연구는 의병장, 의병의 사상적 배경에만 집중하여 지역적 배경이 의병운동에 미친 영향에 대한 설명이 부족하였다.17) 이것은 의병운동의 연속성과 상

---

15) 권영배, 「한말 의병문서를 통해본 중기의병항쟁의 논리와 성격」, 『조선사연구』 4, 조선사연구회, 1995.
16) 왕현종, 「1907년 이후 원주진위대 의병참여와 전술변화」, 『역사교육』 96, 2005; 신주백, 「丁未義兵 당시 日本軍의 原州義兵에 對한 彈壓作戰」, 『의암학연구』 3, 2006; 구완회, 「정미의병기 湖左義陣의 편제와 의진 간 연합의 양상」, 『한국근현대사연구』 43, 한국근현대사연구회, 2007; 『原州 丁未義兵 研究』, 원주시, 2008.

호연계성과도 밀접한 관계가 있다. 세 시기 의병운동이 따로 분리된 것이 아니라 저항의식의 연속성 속에서 이어진 것으로 참여세력의 성격, 지역성, 지역적 여건 등과 연관하여 설명해야 하는데 아직 제대로 밝혀지지 않았다. 셋째, 10여 년 사이에 일어난 의병운동에 의병세력과 진압세력이 대립하거나 또는 연합하는 모습에 대한 설명이 부족하다. 예컨대 의병세력과 이들을 진압했던 원주진위대가 연계하는 문제 등에 대한 설명이 부족한 것이다. 넷째, 의병운동의 단계적 발전 속에서 운동방략의 추이에 대한 파악이다. 의병운동은 저항의식의 연속성과 참여세력, 지역적 특성 속에서 추구되고 만들어진 방략이 있음에도 불구하고 세 시기에 걸쳐 나타나고 있던 운동방략에 대해 설명되지 않았다. 즉, 1896년 '원주의병'에서 형성된 기본적인 운동방략의 틀이 1905년 원용팔 연합의병, 1907년 의병전쟁에서 어떻게 구현되고 있는지 알아볼 필요가 있다. 또 1907년 의병전쟁에서 해산군인들이 의병에 합류하면서 나타난 전술의 변화 등이 운동방략에 미쳤던 영향과 이에 따른 일본군의 의병탄압 전술 등에 대해서 추가적으로 파악할 필요가 있다.

　이 과제를 해결하기 위해서는 농민운동으로 성장한 저항세력이 이후 일본의 침략에 저항하는 과정을 분석해야 한다. 또 지역의 구조적 배경이 의병운동의 인적·물적 배경으로 전환되는 과정에 대한 분석도 필요하고 이것이 의병운동에 미친 영향과 이로 인한 지역내 의병운동의 방향에 대해 파악해야 한다.

　'원주의병'에 대한 분석을 통해 다음의 몇 가지를 밝혀보고자 한다. 첫째, 원주양반사회의 관계망, 강원감영 및 원주진위대의 물적·군사적 기반

---

[17] 호남의병 연구에서 지역과 의병의 관계를 밝혀 일제의 식민침탈에 대응하여 의병전쟁이 일어나고 있음을 설명하고 있다. 호남의병을 통해 사회적 기반과 정치·경제적 지행이 의병전쟁에 영향을 하지만 이는 정미의병에 대한 것으로 을미·을사의병에 대한 설명으로는 부족하다.

이 의병운동에 미쳤던 영향을 밝혀볼 것이다. 예컨대 1896년 '원주의병'이 원주, 지평 인사들의 연합의병적 성격을 가지고 있는 데도 불구하고 원주에서 봉기한 이유가 원주의 인적·물적 배경이 크게 영향을 미쳤던 것처럼 원주를 통해 지역적 배경과 의병운동의 상관관계를 파악해 볼 것이다. 둘째, 농민운동으로 형성된 저항세력이 의병운동으로 전환되는 과정을 살펴 의병운동의 단계적 변화를 보고자 한다. 지역사회의 사회·경제적 구조, 전통 등이 저항의식의 형성과 발전에 영향을 미치고 있음을 밝히고자 한다. 셋째, 의병운동방략의 측면에서 1896년 '원주의병' 당시 구축된 운동방략이 1905년 원용팔 연합의병, 1907년 의병전쟁을 통해 발전되고 구현되는 모습을 보고자 한다. 이는 의병운동의 연속성, 지역적 연관성 측면에서 운동방략이 구체화되는 과정을 밝히는 것이다. 그리고 원주진위대 해산군인의 의병 참여과정을 밝혀 의병진압세력의 의병전환과정, 의병부대의 무기체제·전술변화 등을 설명함으로써 의병운동이 의병전쟁으로 전환되는 과정을 이해할 수 있다. 넷째, 세 시기 의병운동의 구조를 통해 의병전쟁 쇠퇴 후 그 운동역량의 변화를 파악하고자 한다. 즉, 의병참여세력의 만주지역 항일무장투쟁, 국내 국권회복운동을 통해 민족해방운동으로 이어지는 모습을 이해해 볼 것이다. 또 지역적 특성과 맞물려 일제시기 이후 근대도시형성에 미친 영향과 도시이미지 형성에 대해 살펴볼 것이다.

 이를 위해 기존의 자료를 충실히 활용하면서 신문자료, 정부자료, 지방정부자료 등을 추가적으로 참고해 연구를 진행하고자 한다. 우선, 개항 이후 원주지역에서 일어났던 농민운동과 관련해서는 『按覈狀啓 : 原州』가 있다. 이 사료는 주모자에 대한 공초, 원주지역 양반들의 연명인 「原州儒民稟目」 등 원주농민운동의 실체를 알 수 있는 내용이 수록되어 있다. 특히, 「원주유민품목」은 원주지역 유력가문의 관계망을 파악하는 데도 중요한 자료이다. 이와 함께 「江原監營各公廨修補物力區別成冊」, 『各司謄錄』, 『韓末近代法令資料集』, 『官報』 등을 통해 원주지역 특히 강원감영의 지방재정에 따른 여러 문제에 대해 살펴보고자 한다. 또한『司馬榜目』,『德水李氏世譜』·『延安金氏大同譜』등 족보,『錦溪集』등 문집,「義助」,「毅菴門下同門錄」등에 나타난 원주지역 인사들의 인명을 상호 비교하면서 원주지역 양반사회의 관계망과 화서학파와의 관계, 중앙정치세력과의 관계 등을 파악하고자 한다. 1896년 '원주의병'과 관련해서는『從義錄』,『下沙安公乙未倡義事實』,『毅菴柳先生西行大略』, 일본신문인『東京朝日新聞』등도 있다. 의병측 자료는 의병운동에 대한 구체성이 있으나 과장성이 있고, 일본신문 등은 의병운동의 일자 파악에는 도움이 되나 내용, 지명 등에서 부정확한 것이 있기 때문에 양자를 비교 분석할 필요가 있다.

1905년 원용팔 연합의병과 관련해서는『義士三戒元公乙巳倡義遺蹟』을 중심으로 의병운동의 목적, 전개과정을 분석하였다. 여기에 원주진위대와의 관계, 1907년 의병전쟁으로 전환 등을 파악하기 위해『皇城新聞』,『大韓每日申報』등 신문자료와『各道郡報告』등 관찬자료를 살펴보았다. 신문자료는 의병운동의 전개과정뿐만 아니라 진위대와 일진회의 갈등관계 등 반일감정의 형성 과정을 파악하는 데 좋은 자료가 된다. 일본측 자료로『統監府文書』등은 의병운동의 전개와 진압과정에 대한 일본의 인식을 파악하는 데 이용하였다.

1907년 의병전쟁과 관련해서는『大韓帝國 官報』,『大韓每日申報』,『皇城新聞』등 신문자료를 비롯하여『判決文』,『宣諭使日記』,『內部來去案』등 대한제국정부자료,『雲岡先生倡義事實記』등 의병측 자료,『朝鮮暴徒討伐誌』,『暴徒에 關한 編册』,『韓國駐箚軍報告』,『日本外務省資料』,『統監府文書』,『朝鮮憲兵隊歷史』등 일본측 자료를 상호 비교 분석하여 원주진위대의 구성과 활동, 의병귀순자, 상세한 의병전쟁의 과정을 파악해 보려고 한다. 여기에 일본군이 제작한 작전도는 일제 진압군의 병력배치를 이해하는 중요한 참고자료이며,『步兵操典』,『戰術學敎程』등 대한제국 군사교본은 해산군인들의 전술을 이해하는 데 중요한 자료라고 할 수 있다.

이러한 자료를 바탕으로 앞서 제기한 문제를 해결하고자 다음과 같이 구성하였다.

1장에서는 의병운동의 발생배경과 1896년 원주의병의 활동에 대해 살펴보고자 한다. 우선, 강원감영의 재정구조에서 발생한 행정통치상의 모순과 이서들의 포흠으로 인해 발생한 농민운동을 통해 억압적 지배세력에 대한 저항의식의 형성 과정을 보고자 한다. 이 저항의식은 이후 의병운동에 참여하는 데 전통의 형성이라는 측면에서 살펴볼 필요가 있다.

다음으로 의병운동의 배경으로 의병지도부의 학문적 동향과 더불어 화서학파와의 관계, 반일적 중앙정치세력과의 관계 등을 파악하고, 사회경제적 기반을 강원감영, 포군 등과 연관하여 파악해 볼 것이다. 이를 통해 원주가 의병운동의 중심지가 되어 1896년 의병운동, 1905년 의병운동, 1907년 의병전쟁 세 시기 의병이 지속적으로 일어나게 되는 배경에 대해 이해해보고자 한다.

또한 의병운동의 구체적인 전개과정을 통해 '원주의병'의 초기전략과 이후 유인석 연합의병부대에서의 활동에 대해 파악해보고자 한다. 이는 원주지역의 중요성과 향후 의병운동의 재기 가능성을 알아보는 것으로 1905년 의병운동, 1907년 의병전쟁으로 이어지는 의병운동 방략의 토대 구축을 파악해 보고자 한다.

2장에서는 원용팔 연합의병의 활동을 통해 한 단계 발전한 의병운동의 모습을 밝혀보고자 한다. 을사조약 체결을 전후해서 나타나고 있던 일제의 침탈과 이에 대한 의병들의 인식과 함께 1905년 원용팔 연합의병이 유교적 가치관에서 벗어나 현실침략에 대한 새롭게 전환된 인식을 보고자 한다. 또 원용팔 연합의병의 소모활동과 상소·서신 등을 통해 지역성을 탈피하고 전국의병으로 나아가고자 했던 의병방략에 대해 밝혀보고자 한다. 이와 함께 1896년 의병운동과 1907년 의병전쟁을 잇는 모습으로 원주진위대의 반일의식 형성 과정과 원용팔 연합의병과 원주진위대의 연합 시도에 대해 살펴보고자 한다. 이것으로 의병진압세력이었던 진위대가 의병세력과 연합해서 활동할 수 있었던 이유를 밝혀보고자 한다.

3장에서는 의병전쟁의 확대와 이후 민족해방운동으로 전환되는 과정에 대해 살펴보고자 한다. 먼저, 광무황제강제퇴위반대운동과 원주진위대 봉기를 검토해 의병전쟁의 시작이 광무황제강제퇴위에서 비롯되었음을 확인해 보고자 한다. 또 의병부대의 무기체계와 전술 변화를 고찰하여 해산군인이 끼친 의병전쟁에 영향에 대해 알아볼 것이다.

다음으로는 의병봉기 직후 의병부대의 활동과 이를 탄압하기 위한 일본군의 배치를 통해 일본군의 탄압전술에 대해 서술한다. 이어 관동창의대의 출범과 13도창의군 결성과정, 서울진공작전 등을 파악해 전투양상과 1896년 '원주의병', 1905년 원용팔 연합의병을 거쳐 완성된 의병운동방략에 대해 이해해 보고자 한다. 또 원주지역 의병전쟁이 쇠퇴하면서 의병세력이 만주로 이동해 독립군으로 전환되는 과정과 원주지역 국권회복운동의 전개를 살펴봄으로써 의병이 민족해방운동으로 확대되는 것을 확인해 보고자 한다. 그리고 그것이 일제시기 근대도시형성에 미친 영향에 대해서도 살펴보고자 한다.

제1장

제1장 개항 이후 지역사회의 변동과 의병운동

1. 개항 이후 원주지역의 사회·경제 상황과 농민운동

강원도 원주에는 조선 개국과 함께 단행된 지방제도 정비과정에서 강원감영이 설치되었다. 원주에 강원감영이 설치되었다는 것은 강원도의 수부로서 정치·사회·경제·교육의 중심지라는 의미와 함께 대규모 행정·군사기구를 유지해야하는 재정적 부담을 안고 있음을 의미하는 것이었다. 그런 재정적 부담 속에서 각종 수취체제의 모순은 농민들의 부담을 가중시켰다. 특히, 개항 이후 외세의 경제적 침탈이 가속화되면서 여기에 호응하여 나타나는 억압적 지배계층의 수탈은 농민들의 기본적인 삶을 위협하였다. 자연히 이에 대항하는 저항의식이 고양되었고 그것은 1885년 원주농민운동으로 표출되었다. 여기에 더하여 양반유생들이 농민운동에 참여함으로써 광범위한 저항세력이 형성될 수 있었다. 이는 이후 일본과 결탁한 억압적 지배세력이 추진하였던 지방제도개혁, 군제개혁, 단발령 등 각종 개혁정책과 일본의 침략성을 드러낸 을미사변이 일어나면서 적극적으로 의병운동에 나가게 되는 원동력이 되었다. 따라서 개항을 전후한 근대전환기 지역사회의 변동과정을 원주지역의 사회·경제적 배경과 저항세력의 형성과정을 통해 밝혀보고자 한다.

1) 강원감영(江原監營) 소재지 원주의 사회·경제 양상

(1) 강원감영의 유영화(留營化)와 재지사족의 형성

강원도 남서부에 위치한 원주는 동쪽으로는 비로봉, 남대봉 등 험준한 산악지대이지만 서쪽으로 넓은 평야가 형성되어 있어 강원도에서 생산력이 가장 풍부한 곳 중 한곳이었다. 또한 남한강과 섬강을 끼고 있고, 역로(驛路)가 발달해 있어서 한양으로 수운(輸運)하는 생선·소금·인삼·목재 등의 집산지였으며, 고려시대부터 조창(흥원창)이 설치되어 있었다. 특히, 한양으로 진출이 용이하여 한양의 사대부들이 낙향하는 하한선이 되었다.[1]

원주의 이러한 지정학적 위치는 조선 개국과 함께 단행된 지방제도 정비과정에서 강원도 26개 부(府), 목(牧), 군(郡), 현(縣)을 관할하는 강원감영이 들어서는 중요한 원인이 되었다.[2] 당시 각도(各道)의 감영은 도내 계수관(界首官) 가운데 지리적으로 한양과 가까운 도계(到界)지점이면서 관찰사가 순력(巡歷)하기 편리한 지역에 설치되었다. 설치 초기의 강원감영은 별도의 관아(官衙)가 없이 원주의 행정, 사법, 군사를 담당하던 원주목(原州牧)의 객관을 사용하였으며, 영속(營屬) 또한 많지가 않았다. 이는 조선전기 관찰사의 주된 임무가 외관(外官)을 규찰하는 것이었기에 별도의 관아(官衙)와 영속(營屬)이 필요하지 않았기 때문이었다. 조선전기 감영의 조직을 보면, 종(從) 2품(品)의 감사(監司) 1명, 종(從) 5품(品)의 도사(都

---

[1] 李重煥, 『擇里志』, 팔도총론, 강원도.
[2] 『太祖實錄』 卷7, 太祖 4年 6月 乙亥.

<그림 1> 강원도지도(關東誌, 국립중앙도서관 소장)

事)와 판관(判官) 각 1명, 종(從) 6품(品)의 교수(敎授) 1명, 종(從) 9품(品)의 훈도(訓導)·심약(審藥)·검률(檢律) 각 1명씩을 두고 있었으며,[3] 실무행정을 담당하는 약간의 영리(營吏)가 존재하였다.

그러나 양란(兩亂) 이후 조선정부는 흐트러진 국가기강을 바로잡고 민심을 안정시키고자 지방행정의 최고 정점에 있던 관찰사의 기능 강화를 추진하였다. 그 결과 관찰사는 도(道)의 행정·사법·군사권을 모두 총괄하는 막강한 권한을 가지게 되었으며, 이를 집행하는 데 필요한 행정기구의 확대가 이뤄졌다.[4] 이에 따라 강원감영에는 관찰사를 도와 감영의 실무행정을 담당하는 영리, 감영의 내무를 담당하는 영아전(營衙前) 등 영속(營屬)의 충원이 이뤄져 19세기 초반에 이르면 그 수가 299명에 이르렀다.[5] 또 실무관청으로 선화당(宣化堂) 31칸의 건립을 시작으로 18세기 중엽까지

---

[3] 『經國大典』 吏典 外官職條.
[4] 구체적인 관찰사의 기능은 李羲權, 『朝鮮後期 地方統治行政 硏究』, 集文堂, 1999, 43~70쪽 참조.
[5] 『關東誌』에 나타난 강원감영의 營屬은 軍官 3, 畵帥 1, 寫字官 1, 執事 16人, 土官 無, 營吏 40人, 營衙前 52人, 知印 51人, 使令 28名, 軍牢 27名, 細樂手 10名, 營奴 42口, 營妓 19口, 營婢 9口로 총 299명이었다. 이중 영노는 營主人을 겸임하여 소관업무를 수행하기도 하였다.

〈그림 2〉 강원감영도(關東誌, 국립중앙도서관 소장)

강원감영에는 대은당 38칸, 객사 70칸, 포정루 12칸 등 당(堂)·사(舍)·각(閣)·루(樓)·청(廳)·방(房)·문(門)·창(倉)·고(庫) 등의 건물이 건립되었다. 이들 건물의 총합은 490여 칸이나 되었고, 추가적으로 영고(營庫)·고마고(雇馬庫) 등 10동 194칸의 부속 창고가 건립되어 〈그림 2〉와 같은 위세를 과시하였다. 그 후 1875년경에는 53여 동의 관아건물이 존재하였다.[6]

이와 함께 원주목에 하리(下吏) 65인, 통인(通引) 16인, 사령(使令) 24명, 책장(冊匠) 1명, 관노(官奴) 6명, 비자(婢子) 5구(口)로 총 117명의 읍속(邑屬)이 있었다.[7] 또 〈그림 3〉에서 보이듯이 원주목 예하에 20개 면이 있었는데 원주목과 예하 면 사이의 공문서 수발을 담당하는 저졸(邸卒)로서 면주인(面主人)도 존재하였다. 그래서 원주목은 감영소재지로서 '공적 기관이 소재하여 지나치게 번잡하다[8]' '감영 아래 각종 고용이 타읍에 비해 지나치게 많아 항상 부족하게 되는 어려움에 처한다[9]'라는

---

[6] 오영교, 『강원감영연구』, 원주시, 2007, 254쪽.
[7] 『同治12年(癸酉)二月 日原州牧人吏以下都官安』연세대학교 도서관.
[8] 『隨錄』, 「農牒」 丁巳. 4. 29. '公下之浩繁'
[9] 『隨錄』, 「農牒」 丁巳. 10. 11. '營下各樣公用此他邑浩多 每患不足'

〈그림 3〉 원주목 지도(廣輿圖, 규장각 소장)

지적이 거듭되었다.

한편, 원주지역 양반사회는 17세기 들어 새로운 양반성관(兩班姓貫)이 대거 입향(入鄕)하면서 일대 변화를 맞이하였다. 그 변화는 이 시기 이후 급증한 사마시(司馬試) 입격자(入格者)를 통해 확인할 수 있다. 원주의 사마시 입격자 수는 『사마방목(司馬榜目)』에 의하면 573명으로 전국에서 4번째로 많았는데,10) 17세기 이후 입격한 자가 532명으로 전체 사마시 입격자의 약 93%를 차지하고 있었다. 이 중 새로 이거(移居)한 가문에서 472명을 배출하였다.11) 이것은 원주원씨(原州元氏), 원주이씨(原州李氏) 등 토성(土姓)12) 중

---

10) 司馬試 入格者가 가장 많았던 지역은 漢陽으로 14,338명이었고 그 다음으로 많은 지역은 安東으로 783명이었다. 세 번째로 많은 지역은 忠州로 624명이었다(崔珍玉, 『朝鮮時代 生員 進士 硏究』, 집문당, 1998; 장영민, 「朝鮮時代 原州 居住 司馬試 入格者와 兩班社會」, 『조선시대의 사회와 사상』, 朝鮮社會硏究會, 1998).

11) 『사마방목』에 의하면 原州에서 생원·진사에 입격한 자는 573명이었지만 이 중에서 8명이 兩試에 모두 입격하고 있기 때문에 실제 총 입격자 수는 565명이다. 그들은 다음과 같다.

姓名	本貫	合格年	姓名	本貫	合格年	姓名	本貫	合格年	姓名	本貫	合格年
元自謙	原州	1480年	李德益	全州	1639年	丁思愼	羅州	1687年	李殷模	德水	1768年
元後參	原州	1552年	丁道謙	羅州	1660年	元晋揆	原州	1725年	申用淵	寧海	1792年

또한 세기별 입격자 수는 다음과 같다(兩試에 모두 입격한 자는 1명으로 처리하였음).

세기	15세기	16세기	17세기	18세기	19세기
입격자 수	4명	35명	130명	151명	245명

심이던 원주지역 양반사회의 주도권이 새로 이거한 가문으로 넘어가고 있음을 보여주는 것이다. 물론 사마시 입격자의 수(數)만으로 향촌사회에서 그들의 역할을 밝혀내기는 어렵지만 양반사회가 관료로 나아가는 것을 제1의 목표로 삼고 있음을 고려할 때, 사마시 입격자가 많다는 것은 향촌사회에서 입지가 확고하다는 것을 의미한다.

이와 관련해서 새로 이거한 가문이 대부분 한양에 거주하던 사대부라는 것도 중요하게 작용하였다. 이들은 중앙정계에서 활동하다가 낙향한 것으로 처가(妻家)가 원주이거나 사패지(賜牌地)가 원주인 것을 인연으로 해서 입향(入鄕)하였다.13) 따라서 경제적·인적 토대가 우월하였고 이를 바탕으로 비교적 안정적으로 정착하였다. 이외에도 이들이 원주로 낙향하였던 것은 원주가 한양으로 진출하기 용이14)하고 강원도의 수부(首府)로서 교육적 여건15)이 여타의 지역보다 좋았기 때문이었다. 당시 한양에서 낙향한 사대부들은 다시 상경종사(上京從仕)를 도모하였기 때문에 한양에서 가까우면서 교육적 조건이 좋은 곳으로 낙향하였다.

원주로 낙향한 가문 중에서 10명 이상의 사마시 입격자를 배출한 유력가문은 청주한씨(淸州韓氏), 전주이씨(全州李氏), 나주정씨(羅州丁氏), 밀양박씨(密陽朴氏), 덕수이씨(德水李氏), 초계정씨(草溪鄭氏), 풍산홍씨(豊山洪氏), 안동권씨(安東權氏), 평산신씨(平山申氏), 한산이씨(韓山李氏), 연안김씨(延安金氏), 강릉최씨(江陵崔氏), 여흥민씨(驪興閔氏), 남양홍씨(南

---

12) 原州의 대표적인 土姓으로는 原州 元氏, 原州 李氏 등이 있다(『關東邑誌』「原州」).
13) 원주의 유력가문인 延安金氏도 宣祖의 장인인 延興府院君 金悌男의 분묘가 원주에 설지뇌고 그 주변이 사패시로 내리지면서 입향하게 되었다.
14) 李重煥은 原州에 대해서 다음과 같이 설명하고 있었다. '두메가 가까워서 난리가 일어나면 숨어 피하기가 쉽고 서울과 가까워서 세상이 평안하면 벼슬길에 나갈 수 있었다. 이러한 이유로 한양 사대부가 많이 살고 있었다'(李重煥, 『擇里志』, 팔도총론, 강원도).
15) 原州에는 일찍부터 향교가 설치되어 있었고, 풍속이 학문을 숭상하고 인재를 가르칠만한 곳으로 인식되고 있었으며, 중앙정부에서의 지원도 있는 곳이었다(『成宗實錄』 卷 167, 15年 6月 庚午).

陽洪氏) 등이었다. 이들은 〈표 1〉에서 보는 것과 같이 주로 원주 서쪽 섬강 일대인 현 원주시 지정면, 부론면, 문막읍, 호저면 등지에서 동족마을을 형성하고 사회·경제적 기반을 확보하였다.16) 또한 유력가문의 동족마을 일대는 원주의 서원인 칠봉서원(七峯書院, 현 호저면 산현리), 도천서원(陶川書院, 현 지정면 안창리), 취병서원(翠屛書院, 현 문막읍 취병리) 등이 설치되어 있었다.17) 유력가문은 이곳을 중심으로 향중공론(鄕中公論)을 주도하고 관(官)에 영향력을 행사하는 세(勢)과시도 하였다. 정조년간 칠봉서원내의 대소사를 담당하는 도유사의 추천장에 따르면 중앙에서 관직을 역임한 지역 사족들이 상호 경합하는 사실들이 나타난다. 전정랑(前正郞) 이형덕(李馨德, 한산이씨), 전좌랑(前佐郞) 한광식(韓光植, 청주한씨), 전현감(前縣監) 정술조(丁述祖, 나주정씨)가 경합하다가 10분(分)을 얻은 지정면 간현 출신 이형덕이 칠봉서원 도유사로 선발되었다. 이처럼 조관(朝官)의 경력이 있는 유력 재지사족들이 도유사에 추천되어 경합한 사실은 지역 내에서 그들의 위상을 증명하는 것이다.18)

〈표 1〉 원주의 동족마을 분포

성씨	동족마을	성씨	동족마을	성씨	동족마을
原州 李氏	문막읍 건등3리 소초면 흥양리 호저면 매호리	淸州 郭氏	문막읍 반계2리 문막읍 취병1리	昌寧 成氏	소초면 평장리
原州 元氏	지정면 신평1리 호저면 광격리 호저면 산현리	昌原 黃氏	문막읍 반계3리	恩津 宋氏	호저면 매호리
全州 李氏	문막읍 포진1리 호저면 매호리	朔寧 崔氏	문막읍 동화3리	韓山 李氏	지정면 간현리

16) 동족마을의 형성에 대해서는 정진영,『조선시대 향촌사회사』, 한길사, 1998가 참조된다.
17)『關東誌』제1책, 原州, 風俗尙蓄積.
18) 오영교,『실학파의 정치·사회개혁론』, 혜안, 2008, 251쪽.

順興 安氏	문막읍 비두2리 부론면 흥호1리	忠武 池氏	부론면 법천3리 호저면 대덕1리	善山 金氏	부론면 오리곡
慶州 金氏	문막읍 건등1리	淸州 高氏	소초면 둔둔리	順興 安氏	부론면 흥호리
金海 金氏	부론면 법천1리 귀래면 용암1리 호저면 매호리	靑松 沈氏	소초면 장양리	羅州 丁氏	부론면 법천리
淸州 韓氏	부론면 노림1리 호저면 대산리	慶州 李氏	호저면 무장2리	寧越 辛氏	문막읍 거둘리
草溪 鄭氏	지정면 월송2리	坡平 尹氏	호저면 무장1리	平山 申氏	소초면 평장리 부론면 송정리
延安 金氏	지정면 안창1리	秋溪 秋氏	소초면 교항1리		

※오영교, 『原州의 同族마을과 古文書』, 原州文化院, 1998; 오영교, 『강원의 동족마을』, 집문당, 2004.

    그리고 유력가문들은 상호 간 혼인을 통해 결속을 공고히 하였으며 향촌문제에 대해 공동으로 대처하였다. 이러한 모습은 1885년 원주농민운동에서 중요한 역할을 하였던 연안김씨가(延安金氏家)를 통해 살펴볼 수 있다. 이 가문의 김택수(金宅秀)는 1885년 원주농민운동의 제1차 봉기인 북창봉기의 등소(等訴)운동에 소장을 작성해 주는 것으로 참여하였다. 또 그의 형인 김관수(金寬秀)는 제2차 봉기인 태장봉기에서 이서들의 김택수·이재화(李載和) 집 습격사건 등에 대처하기 위해 유력가문이 연명한 「원주유민품목(原州儒民稟目)」의 작성과 정소(呈訴)운동을 주도하였다. 「원주유민품목」의 작성은 향촌문제에 대한 유력가문들의 공동대처였는데, 유력가문 간 형성된 통혼권이 큰 영향을 미쳤다. 당시 김택수는 청주한씨(淸州韓氏)와 은진송씨(恩津宋氏) 그리고 나머지 두 형제는 한산이씨(韓山李氏), 전주이씨(全州李氏)와 각각 혼인하였다. 뿐만 아니라 집안에서는 안동권씨(安東權氏), 평산신씨(平山申氏), 경주김씨(慶州金氏), 여흥민씨(驪興閔氏), 원주원씨(原州元氏) 등 원주지역 유력가문과 통혼권을 형성하였다.[19] 이들 가문들을 중심으로 「원주유민품목」이 작성되었고, 정소운동도 전개된 것이었다.[20]

---

[19] 丁卯大同譜重修委員會, 「內資寺尹公派 原城宗中」, 『延安金氏大同譜』 下, 1987.

유력가문의 통혼권은 원주를 넘어 주변 여주, 지평 등지로 확대되어 있었으며, 이를 바탕으로 관계망을 형성하였다. 유력가문의 관계망은 원주농민운동에서 보였던 것과 마찬가지로 1896년 '원주의병'에서도 나타나고 있었다. 대표적으로 지평 출신의 이춘영이 중심이 되어 의병봉기를 추진할 때 그의 처가인 원주 안창의 연안김씨 가문이 적극적으로 참여하였다. 의병부대에 재정지원을 한 김헌수는 이춘영의 장인이며, 원주농민운동에 참여한 김택수의 동생이었다. 또한 같은 집안사람인 김사정은 의병모의 단계에서부터 참여하여 의병부대의 원주 안창봉기와 원주지역 의병소모에 결정적인 역할을 하였다.[21] 이처럼 원주 내외에 형성되어 있던 유력가문의 관계망과 향촌문제에 대한 공동 대처의 전통은 '원주의병'을 조직하고 의병운동을 이끄는 하나의 추동력이 되었다.

(2) 지방재정의 운영과 이서층의 부패양상

강원감영의 유영화 이후 설치된 강원감영의 행정기구와 원주목의 재정

---

[20] 실제 「原州儒民稟目」의 작성에 참여하고 있는 사람들 중에서 상당수가 통혼권으로 연결되어 있었던 인물들이었다. 그들의 명단을 보면 다음과 같다.
幼學 金寬秀, 監役 趙秉圭, 幼學 安鍾浩, 進士 元世準, 進士 李承淳, 洪鍾先, 幼學 金炳大, 趙淵龍, 高秉斗, 洪豊周, 幼學 金思翼, 徐喆輔, 鄭耕時, 成正奎, 鄭奎秉, 韓宅東, 李熙舜, 金脩鉉, 生員 徐相협, 李箕範, 李鳳彬, 李命稙, 金萬源, 李秉圭, 權基和, 監役 蔡東鎭, 蔡東雲, 幼學 洪雲謨, 進士 李承㝢, 金辰英, 進士 丁翼燮, 金秀黙, 李夏稙, 幼學 朴基龍, 李錫容, 沈友直, 元秉常, 鄭彦時, 金時濟, 進士 元世泰, 校理 黃益秀, 李敎萬, 幼學 鄭珊和, 吳炳文, 金碩齊, 崔允翰, 正言 李舜範, 崔龍九, 李喜稙, 監役 丁大淳, 李宗黙, 進士 朴肇壽, 幼學 宋相勉, 元紀常, 朴來壽, 洪庚周, 元橺, 幼學 李冕用, 韓赫秀, 元濬, 李敎昇, 李麟九, 金洛龜, 進士 朴世勳, 進士 韓效源, 朴寅錫, 幼學 李敏龍, 李玄宰, 元容直, 金麟浩, 幼學 李佐容, 林秉孝, 黃龍秀, 李錫範, 崔在厚, 進士 洪載周, 李龍稙, 郭雲鍾, 幼學 閔琓行, 李益年, 李錫麟, 沈錫崔, 崔允弼, 李箕鎭, 鄭謙和, 申應均, 權鍾晳, 宋元奎, 李應來, 朴受三, 進士 元泳圭, 朴齊恒, 金漢圭, 監役 李秉三, 申錫鵠, 任厚根
[21] 이들의 관계망과 의병운동에 대한 자세한 내용은 반일적 중앙정치세력과의 연계를 설명하면서 함께 서술하도록 하겠다.

은 주로 원주민인들이 부담하였다. 감원감영과 원주목의 재정수입은 ① 지세(地稅)로 대동미(大同米) 지방유치분(地方留置分), 관둔전(官屯田) 및 아록(衙祿, 50결)·공수전(公須田, 15결)과 화전세(火田稅), 청전답(廳田畓) 등이 있었다. ② 호역(戶役)으로 향공(鄕貢)인 치계(雉鷄)·시(柴)·탄(炭)·소목(燒木)·곡초(穀草) 등의 현물이 있었다. ③ 신역(身役)으로 급가고립제(給價雇立制)에 따른 군보(軍保) 또는 보인(保人)의 신역가(身役價)와 노비(奴婢)를 비롯한 직역부담자의 신공(身貢)이 있었다.[22] 이밖에도 환곡의 이자수입과 개별기관의 수입원인 잡세(雜稅) 등도 주요한 명목이었다.

그러나 이러한 기본적인 재정수입만으로는 확대된 행정기구를 유지하기 어려웠다. 이에 늘어난 지방재정 수요를 충당하기 위해 관청의 상업활동인 무판(貿販)이 실시되었다. 무판은 별감(別將)·감관(監官)·군관(軍官)·차인(差人) 등으로 지칭되는 이서들이 담당하였다. 이들은 관청에서 출급하는 전(錢)·포(布)·미(米)를 가지고 각종 상품을 매매(賣買)하는 한편 상인들에게 자금을 대여하는 식리(殖利) 활동도 하였다.[23] 지방관청에서는 무판이 활발해 지면서 전담기구로 포자(鋪子)를 설치하였다. 포자는 관청상업을 전담하여 이끌었으나 감사(監司)나 판관(判官), 경외대소사객(京外大小使客)의 행차시 각 참(站)에서 대접할 음식을 마련하는 등 상업활동 이외에 동원되기도 하였다.[24] 지방관청의 상업활동은 관권(官權)과 막강한 자금력을 바탕으로 지방의 상품유통경제 발전에 보부상과 함께 중요한 역할을 하였다. 다만 실무운영자인 이서들의 이러한 상업활동, 특히 고리대에 가까운 식리활동 등은 사회문제가 되기도 하였다.

행정기구의 확장과 함께 이를 수용하기 위한 공해(公廨)의 건립과 수보

---

[22] 오영교, 「18세기 사회제도의 편제와 운영」, 『조선후기 사회사 연구』, 혜안, 2006, 63쪽.
[23] 『備邊司謄錄』 37, 肅宗 9年 正月 19日.
[24] 『關東邑誌』 「原州」 事例.

(修補) 비용 역시 원주의 재정운영에 적지 않은 부담을 주었다. 물론 감영에서 영역여재별고유치전(營役餘在別庫留置錢), 별고경저각읍유치청전환매전(別庫京邸各邑留置淸錢換賣錢), 차우회마환매전(車牛灰馬還賣錢), 중영수속전(中營收贖錢) 등을 마련하고 있었지만 부족분에 대해서는 원주지역에서 충당하였다. 그것은 강원감영 보수내역을 기록한 「강원감영각공해수보물력구별성책(江原監營各公廨修補物力區別成册)」을 통해 알 수 있다. 이 자료에 의하면 동헌(東軒)·행각(行閣)·책실(册室)·관노청(官奴廳)·객사(客舍) 보수에 든 추가 비용 1,576냥 2전을 원주의 민부전(民赴錢)에서 충당하였다.[25]

한편, 원주는 재정운영뿐만 아니라 요역(徭役)에서도 문제가 발생하고 있었다. 특히, 한양의 공해(公廨) 수보에 필요한 목재운반은 상당히 심각하였다. 강원도는 관재(棺材)나 국가의 전선(戰船)·병선(兵船)·조선(漕船) 등의 선재(船材)로 이용되는 황장목(黃腸木)·송목(松木)의 주산지였다.[26] 이러한 목재는 중간 거점지역인 원주에 모였다가 섬강과 남한강을 통해 한양으로 운송되었으며, 이 과정에서 원주민인들이 요역으로 동원되었다. 이로 인한 민폐(民弊)는 한양에까지 전해질 정도였는데, 심한 경우 농사철을 놓치기도 하였다.[27]

그러나 무엇보다도 농민들에게 가장 큰 부담으로 작용한 것은 환곡이었다. 이는 19세기 당시 원주의 인구가 8,843호 37,169명(남자: 14,891명, 여자: 22,278명)이었는데[28], 원주에 설치된 환곡은 사창(司倉, 44間)·북창(北倉, 48間)·서창(西倉, 32間)·동창(東倉, 39間)·각림창(覺林倉, 30間)·고곡창(古谷倉, 30間)[29] 등지에 원회(元會) 31,583석, 진곡(賑穀) 4,340석,

---

[25] 『江原監營各公廨修補物力區別成册』(1875년 규장각도서 NO.17035).
[26] 吳星, 『朝鮮後期 商人硏究』, 一潮閣, 1989, 60쪽.
[27] 『純祖實錄』 卷6, 순조 4年 3月 癸卯.
[28] 『關東邑誌』 「原州」.

별회(別會) 1,462석, 군수곡(軍需穀) 1,083석, 영곡(營穀) 1,368석이었던 것에서 어느 정도 짐작할 수 있다.30) 환곡이 가장 큰 부담으로 작용한 것은 지방재정에서 환곡이 차지하는 비중이 컸고, 지방관청에서 비교적 자유롭게 운영할 수 있었기 때문이었다. 그 운영을 보면, 운영책임은 수령(守令)에게 있었으나 분급(分給)과 수봉(收捧)의 실무운영은 감관(監官)이나 색리(色吏)가 행하였다.31) 환곡의 분급은 실호(實戶)에 따라 분환계료(分還計料)를 원칙으로 하였으며, 균분(均分)을 위해 동(洞)·리(里) 단위로 대(大)·중(中)·소(小)·협(挾)·독(獨)·잔(殘)으로 호를 구분한 환호성책(還戶成册)이 해당 이정(里正)·별임(別任)·동임(洞任)·중존위(中尊位)에 의해 작성되었다. 10월에 개창(開倉)하여 12월에 봉창(封倉)하였으며, 기본적으로 양반사족에게는 분급하지 않았다. 그러나 판제면(板梯面)에 거주하는 양반 김사륜(金思輪)은 환곡을 받지 않았으나 반곡(盤谷)에 거주하는 양반 정해수(鄭海壽)는 동폐(洞弊) 때문에 환곡을 받고 있는 것에서 알 수 있듯이 일정하지 않았다.32) 또한 운영방식도 실무담당자인 이서들에 의해 폐단이 발생할 수 있는 구조였다. 이서들에 의한 환곡의 폐단은 18세기 말부터 본격적으로 나타났다.

　18세기 말 원주에서 발생한 환곡문제는 원주목 소속의 14개 면 유생들이 작성한 의송(議送)에 잘 나타나 있다.33) 의송에 나타난 환곡문제는 첫

---

29) 원주의 各倉 구조(『同治12年(癸酉)二月 日原州牧人吏以下都官案』 연세대학교 도서관).

倉	色吏	비고
東倉	戶長 1인, 工房 3인, 通引 1인	
西倉	戶長 1인, 工房 3인, 通引 1인	
北倉	工房 2인	
覺林倉	工房 1인	

原州牧에는 別倉도 있었지만 1870년 당시에는 폐쇄되었다.

30) 『關東誌』1, 監營·原州.

31) 『大典會通』「戶典」倉庫.

32) 『按覈狀啓-原州』.

째, 영창(營倉)의 각곡이 원주읍민에게 집중적으로 분급되는 것이었다. 둘째, 상정가와 시가, 지역·계절 간 가격차에 따른 전환(錢還)이었다. 셋째, 실무자의 농간에 의해 환민(還民)이 바뀌는 것이었다. 넷째, 부민(富民)은 뇌물을 써서 빠져나가고 빈민(貧民)은 '일호(一戶)가 군호(群戶)의 양을 받게 되는 것이었다. 이런 문제점이 해결되지 못한 채 개항 이후 상품화폐경제와 맞물리면서 환곡의 폐단은 더욱 확대되었다. 특히, 국가공권력을 바탕으로 한 이서들의 포흠이 크게 늘어났는데, 1880년대에 들어서면서 급속히 터져 나오기 시작하였다.

1883년(고종 20) 정월(正月)에 불법 작전(作錢)으로 인한 사건이 발생하였다. 이서들은 원환(原還)이 정퇴(停退)된 상황에서 불법으로 작전을 칭하며 읍민들에게 납부할 것을 독촉하였다. 이에 읍민들은 정소(呈訴)를 통해 '매 호(戶)당 2전(錢)을 이서들이 거둬 가는데 이는 환곡을 6만여 석(石)으로 증가시키는 것이므로 지탱할 수 없음'을 감영에 호소하였다.[34] 감영은 그 해결책으로 환모(還耗)의 작전과 영고(營庫)의 지방(支放)을 정퇴(停退)하고 해당 이서들을 엄징(嚴懲)할 것을 명하였다. 또 원주회부(原州會付), 영환(營還), 영각곡환(營各庫還) 29,889석 중에서 원곡(元穀)은 정퇴(停退)하고 모조(耗條)로써 수봉(收捧)하라고 하였다.[35] 그리고 부족하게 된 지방공용(支放公用)은 본색곡(本色穀)이나 전(錢)으로 사용토록 했으며, 부득이한 경우에만 모조 중에서 작전을 하도록 하였다.

강원감영이 내놓은 해결 방법은 와환취모(臥還取耗)였다.[36] 와환취모는

---

33) 『隨錄』「農牒」 丁巳 12월 30일 報.
34) 이 당시 원주의 총 호수가 8,843호였는데, 환곡이 6만여 석에 이르게 되었다는 것은 민이 실제로 감당해 내지 못하는 액수이다.
35) 『各司謄錄』 27, 「江原道」江原監營關牒, 高宗 20년 정월 16일.
36) 臥還은 흉년이 들었거나 流絶戶가 많아서 還穀을 거두기 어려울 때 年末에 받은 것으로 기록하고 다음해 봄에는 다시 分給한 것처럼 기록하여 元穀은 받지 않고 문서상으로 移錄되는 것이다.

포흠을 발생시키는 부작용이 있기도 하였지만, 분급을 받았을 때 소용되는 여러 가지 경비, 다음 해 알곡으로 수납해야 하는 비용, 기타 뇌물 등의 부담을 견디지 못한 백성들이 요구한 것이었다.

그러나 이서들의 포흠은 멈추지 않았다. 1883년 10월 강원도 암행어사 이도재(李道宰)의 보고에 의하면 원주에서 후전(後錢)의 명목으로 가징(加徵)이 이루어졌는데, 비록 급대(給代)의 부족분을 위한 명목이었으나 폐단이 발생해 그 잉여만을 취하고 있었다. 더욱이 숫자보다 많은 가작(加作)을 위주로 하기 때문에 후전의 액수가 점점 커지고, 이서들이 교묘하게 농락하면서 백성들의 원성이 높아지게 되었다. 이에 이도재는 원주의 환곡문제에 대한 대책으로 대략 1만 석을 가작해서 그 이자를 취한다면 급대 때문에 부족한 3,000냥을 충분히 보충할 수 있을 것이며 이외에 가작의 폐단에 대해서는 중앙정부의 지침을 이서들에게 충분히 알려 엄금하도록 중앙정부에 건의하였다. 이와 더불어 원주 지역민들과 사환제를 실시하기로 약속하였다.[37] 그러나 중앙정부에서는 더 걷는 일이 없도록 하라는 엄명을 내렸던 무인년(戊寅年, 1878년) 절목에 이미 강원도의 사정을 충분히 참작하여 몫을 배정한 것이므로 일체 이에 따라 시행하도록 하였다. 그리고 이외에 가람(加濫)의 폐가 없도록 하고, 매년 작전 할 때에 원곡과 모조 수효(數爻)와 후전의 명색을 자세히 보고하라고 하였다.[38] 이 같은 조치는 환곡폐단의 원인을 이서들의 부정부패로 규정하여 그들의 포흠을 집중 단속하도록 한 것으로 근본적인 해결책이 아니었다.

이와 함께 이서들의 급료문제도 환곡 포흠의 중요한 원인으로 인식하여 이를 해결하고지 하는 시도가 있었다. 이서들의 계속된 부정행위는 그들에게 지급되는 일정한 급료가 없기 때문인 것으로 판단하고 이들에게 급료를

---

[37] 『按覈狀啓: 原州』尾附.
[38] 『日省錄』高宗 20年 11月 7日. 江原道暗行御史李道宰別單.

지급하자는 주장이 제기된 것이었다.[39] 하지만 이는 제기하는 수준에서 머물고 실제로는 시행되지 않았다. 오히려 이서들의 수탈은 계속되어 일반 향촌민의 전답을 늑매(勒買)하는 데까지 확대되었다.[40]

이서들의 포흠이 계속될 수 있었던 것은 그들의 위상과도 관련이 있었다. 원주의 이서들은 자신들의 권력기반인 강원감영 주변에 거주하면서 서로간의 공동체적 의식과 상호 결속을 강조하였다. 또한 재지사족의 서원에 비견되는 이족(吏族)의 사우(祠宇)를 신설하거나 중창·확장하여 향촌사회에서 세력 기반으로 삼았다. 특히, 1704년에 건립되어 충효(忠孝)라는 현액(縣額)과 제기(祭器)를 하사받은 충효사(忠孝祠)는 그들의 지위를 유지하고 영향력을 행사하는 구심점이 되었다.[41] 이를 배경으로 이서들은 때로는 향촌문제와 관련해 재지사족들과 충돌하기도 하였다. 대표적인 사건으로 전(前) 도사(都事) 원유붕(元有鵬)이 모친(母親)의 산소문제로 아전(衙前), 군교(軍校)와 충돌한 일이 있었다. 원유붕은 모친상을 당하자 광해군(光海君)때의 효자인 황무진 일족의 분묘 주변에 산소를 조성하였다. 그러자 황무진의 후손인 황이대와 아전, 군교들이 야음을 틈타 제멋대로 그 산소를 파내었다. 이 사실을 안 원유붕은 격분하여 황이대와 아전들을 찾아가 크게 다투었으며 그 과정에서 황무진의 정문(旌門)이 훼손되는 일이 발생하였다. 결국 이 일은 조정에까지 알려져 원유붕이 부녕부(富寧府)로 유배되는 것으로 마무리되었다.[42] 여기서 알 수 있듯이 원주지역에서 이서들의 위상은 재지사족과 견줄 만큼 막강하였다.

---

[39] 李潤甲, 「19세기 후반 慶尙道 星州地方의 농민운동」, 『손보기 정년기념논총』, 1988, 643쪽.
[40] 原州에서는 安充煥 등 13인이 자신들의 전답을 下吏 孫晏植이 헐가로 勒買했으니 돌려달라는 等狀이 있었다. 『民訟草槪』(규장각도서 NO.27716).
[41] 충효사는 지극한 효행으로 정문이 세워지고, 사후에는 충효라는 시호가 내려진 私賤 출신의 黃戊辰을 모신 祠宇였다.
[42] 『正祖實錄』 卷52, 正祖 23年 12月 3日.

이서들 가운데 일부는 지역적 위상을 바탕으로 중앙정치세력과 연계를 맺어 향촌사회 내에서 정치적 입지를 확고히 하고자 하였다. 원주농민운동 당시 북창의 색리였던 남성갑(南聖甲)도 그러한 이서 중 한명이었다. 그는 환곡의 포흠문제에 대해 "내가 일찍이 상경해서 전교를 받아 북창의 관리로 10년 동안 보장받았다[43]"라고 하여 중앙정치세력과 연계 맺고 있음을 은근히 나타내면서 환곡 포흠의 문제를 피해가고자 하였다. 이러한 모습을 통해 농민들은 이서들이 포흠하고 있지만 그 배경에는 중앙정치세력이 있다고 인식하였다. 그래서 농민운동의 목적이 환곡 포흠을 해결하는 것이었지만 궁극적으로 억압적 지배세력에 대한 저항으로 발전할 수 있었다. 포괄적 지배층에 대한 저항의식은 10년 후 지역 내 의병운동으로 이어졌다.

2) 1885년 원주농민운동을 통한 저항의식의 표출

1885년 원주농민운동은 환곡문제가 주요 원인이 되어 일어났던 다른지역의 농민운동들과 그 궤를 같이한다. 그러나 농민운동의 전개과정에서 지역의 유력가문이 대거 참여하고 있다는 독특한 점이 보인다. 유력가문이 농민들의 입장에서 소장(疏狀)을 작성해 주었을 뿐만 아니라 더 나아가 자신들의 이익을 대변하기 위해 공적권력인 강원감영에 대항하는 모습을 보여주기도 하였다. 이러한 모습은 원주지역사회에 저항의 지도력이 형성되어 있다는 것을 의미한다. 이 저항의 지도력은 새로운 형태의 억압으로 일제의 침략이 나타났을 때 이에 대한 대응으로 의병부대를 조직하고 이끄는 하나의 원동력이 되었다. 즉 '원주의병'을 이끄는 저항의 지도력은 이미 원주농민운동에서부터 비롯되기 시작했던 것이다.

---

43) 『按覈狀啓: 原州』 「原州各面等訴時呈納冊子」.

(1) 북창(北倉)봉기와 재지사족의 참여

원주농민운동은 환곡운영에서 나타난 봉건적 수취체제의 모순을 해결하고자 일어났다. 원주농민운동은 원주목 관할인 북창 소속 민인들의 봉기인 북창봉기와 강원감영 관할인 영창(營倉), 사창(司倉) 소속 민인들의 봉기인 태장봉기로 나눠볼 수 있다. 이 두 봉기는 환곡문제의 해결이라는 공통점을 가지고 있지만 그 전개과정에서 유력가문의 참여형태, 이서층의 대응 등에서 다른 모습을 보여주고 있었다.

먼저 북창봉기를 보면, 북창이 설치된 안창(安昌, 현 원주시 지정면 안창리)일대는 평해대로상에 위치한 역(驛)인 안창역(安昌驛)과 역원(驛院)·창촌(倉村)에 형성되었던 거점장(場)인 안창장(安昌場) 등이 설치되어 있었다. 자연히 보부상 등 상인들과 여행자들이 모여들었으며, 이들을 통해 한양 등지의 최신 정보를 빠르게 접할 수 있었다. 이런 지리적·경제적 요건 때문에 안창 일대는 상품화폐경제가 발달해 있었다. 당시 각종 부세를 출납하던 이서들에게 이러한 환경은 포흠하기 좋은 조건이었다. 실제 북창에서도 이서의 포흠이 발생하였다. 북창의 업무를 담당하던 남성갑(南聖甲)은 일반적으로 봄에 1석 3냥의 상정가로 분급하고 가을에 곡가가 떨어졌을 때 이자를 포함한 금액에 해당하는 쌀로 납부하게 하는 전환(錢還)의 방법을 이용하여 막대한 이익을 취하였다. 전환을 이용한 남성갑의 포흠은 일곱 차례나 계속되었다. 그로인해 북창의 환곡은 급격히 감소되었으며 그 피해는 북창 소속 농민들에게 돌아가고 있었다.

이에 북창(北倉) 소속 6개 면(面)[44]인 지향곡면(地向谷面), 사제면(沙提面) 1·2동(洞), 지내면(池內面) 1동(洞), 강천면(康川面) 4동(洞), 정지안면(正之安面) 4동(洞), 며내면(旀乃面) 6동(洞)의 농민들이 남성갑의 부정 수

---

[44] 현 원주시 지정면, 문막읍 일대와 여주시 강천면 일부.

탈을 등소(等訴)하는 등소운동을 전개하였다. 이 등소운동에서 소장을 작성하는 중요한 역할은 안창리에 거주하는 재지사족인 김택수(金宅秀)가 담당하였다.45) 그의 집안은 연흥부원군(延興府院君) 김제남(金悌男)의 후손으로 안창 일대에서 동족마을을 형성하여 큰 영향력을 발휘하고 있었다. 더욱이 김제남 제사에 수령이 직접 참여하고, 국가에서 지원하고 있어 가문의 위세를 더욱 높여주고 있었다.46) 또한 청주한씨(淸州韓氏), 은진송씨(恩津宋氏), 한산이씨(韓山李氏), 전주이씨(全州李氏), 안동권씨(安東權氏), 평산신씨(平山申氏), 경주김씨(慶州金氏), 여흥민씨(驪興閔氏), 원주원씨(原州元氏), 덕수이씨(德水李氏) 가문 등 원주의 유력 가문과 혼인을 통해 결속을 공고히 하였다.47) 따라서 농민들은 김택수가 원주목에 영향력을 행사할 수 있을 것이라고 생각하여 소장 작성을 부탁하였던 것이다. 김택수는 농민들의 부탁에 부응하여 농민들 입장에서 두 차례에 걸쳐 소장을 작성해 주었다. 김택수의 소장 작성은 농민들과 이해관계를 함께하기 힘들었던 재지사족이 농민들의 입장을 대변해 준 이례적인 것이었다. 이는 1798년에 환곡문제로 일어난 의송(議送)운동과 일맥상통한 것이었다. 1798년 원주에서 환곡문제가 크게 대두되자 이를 해결하고자 원주 10면(面)의 유생들이 공동으로 의송(議送)운동을 전개하였다.48) 즉, 원주지역 재지사족

---

45) 김택수는 원주의 유력가문인 원주 안창에 세거하는 연안김씨 延興府院君 金悌男의 후손이고 判書를 역임한 金世基와 같은 가문사람이었다. 또「原州儒民稟目」작성을 주도한 김관수의 동생이고, 을미의병 당시 원주에서 擧義한 李春永의병장의 처삼촌이다.

46) 金悌男 山所의 祭物로 국가에서 端午와 秋夕때 大米 6斗, 小豆1斗, 太 1斗를 바치고 있었다.「江原道原州牧都會道內各邑去冬三朔各衙門還上用下成冊」(1859년 · 1869년 · 1877년; 규장각 도서 NO.19447 · NO.19448 · NO.19441),『日省錄』卷262, 高宗 19年 11月 14日.

47) 형조판서를 지냈던 김제남의 종손 김세기와 영의정을 지냈던 민영규는 사돈관계로 중앙정계에서 활동하고 있었다. (卯大同譜重修委員會, 1987,「內資寺尹公派 原城宗中」,『延安金氏大同譜』下).

48) 오영교,「18세기 사회제도의 편제와 운영」,『조선후기 사회사 연구』, 혜안, 2006, 93~94쪽.

은 이미 향촌문제에 대한 공동 대처라는 전통을 가지고 있었다. 김택수가 소장을 써준 것도 이러한 전통 속에서 이뤄진 것이었다. 향촌문제에 중재 능력이 있던 재지유력자가 농민들의 간절한 요청을 해결해 주고자 했던 지도력의 발현이었던 것이다. 이런 지도력의 발현은 지역민을 동원할 수 있는 힘이 되었고 이후 의병운동에서 의병들을 참여하게 하는 하나의 원동력이 되었다.[49]

농민들의 등소운동은 원주목으로부터 즉각적인 쾌제(快題)를 받지 못하였지만 계속된 등소에 결국 환곡을 분급하라는 제(題)를 받을 수 있었다. 원주목에서 환곡을 분급하라는 판결이 내려지자 남성갑은 동료 색리(倉色) 장붕기(張鵬基), 안재풍(安在豊)과 함께 김택수를 찾아와 "생원께서 주가 되어 소장을 작성하였다니, 농민들을 진정시켜주십시오"라고 도움을 요청하는 것과 동시에 소장 작성에 대해 항의를 하였다.[50] 이서들의 항의 방문은 농민들의 소장 작성 요청과 마찬가지로 김택수의 위상과 지도력을 통해 농민들을 진정시켜주기를 바라는 것이었다. 그러나 김택수는 "내가 비록 농민들의 요구에 의해 두 차례 문장을 만들어 주었으나, 어찌 이 같은 일에 관여하겠는가? 다시는 상관하지 않겠다"라며 그들의 요청을 거절하였다.[51] 이렇게 대응한 것은 남성갑 등 창색에 대한 농민들의 원성이 매우 크다는 것을 알고 있었기에 섣부르게 중재를 하다가 오히려 일이 크게 번질 것을 걱정했기 때문이었다. 김택수는 별문제 없이 원활하게 환곡이 분급되는 것으로 일이 마무리되길 기대하였다. 따라서 원주판관 김호겸(金好謙)에게 편지를 보내 환곡 분급 시 남성갑을 북창에 보내지 말 것을 요청하였다. 또 분급 당일에도 남성갑의 화형을 막고자 대민(大民) 몇

---

[49] 이와 관련해서 연안김씨가의 의병참여와 의병후원에 대해서는 1896년 원주의병의 전개과정에서 후술하겠다.
[50] 『按覈狀啓-原州』, 「原州各面等訴時呈納冊子」.
[51] 『按覈狀啓-原州』, 「原州各面等訴時呈納冊子」.

사람에게 관리를 다치게 해서는 안된다고 하면서 농민들을 진정시키고자 하였다.

등소운동이 전개된 후 3월 2일 분급의 날에 천여 명의 농민들이 북창에 모여들었다. 그런데 농민들의 기대와 달리 전미(田米)는 1두(斗)당 당오전(當五錢) 4분(分)으로, 목맥(木麥)은 1두(斗)당 당오전 1분(分)으로 분급하려고 하였다.[52] 이는 작년 가을 환곡을 수납할 때와 비교했을 때 너무나 터무니없는 분급이었다. 이에 북창에 모인 농민들은 창고를 열어 남아 있는 국곡(國穀)을 확인하였다. 그런데 창고에는 1,300석이 있어야 하였지만 실제로는 600석 정도만 남아 있었다. 나머지 700석을 남성갑이 농간을 부려 투식(偸食)한 것이었다. 분노한 농민들은 남성갑의 엄징(嚴懲)을 요구하였다. 그리고 수봉(收捧)할 때와 분급 시 차이나는 두곡(斗斛)의 양을 영원히 혁파하고, 창고에 입고한 곡식을 균등하게 대두(大斗)로 분급할 것을 요구하였다.[53] 하지만 남성갑은 오히려 농민들에게 독설을 퍼부으면서 그들을 겁박하였다. 그는 "내가 일찍이 상경해서 전교를 받아 북창의 관리로 10년 동안 보장받았기 때문에 아무런 잘못이 없고 6개 면민을 집어삼켜버리겠다"라고 하였다.[54] 남성갑의 행동에 분노한 농민들은 그를 화형시켰다. 과격해지는 농민들의 행동에 두려움을 느낀 김호겸은 분급을 중단하고 그 장소를 떠나려고 했지만 농민들의 저지로 떠나지 못하다가 다음날 공형(公兄)에게 명령하여 곡량을 개선해 분급을 실시함으로써 가까스로 귀임할 수 있었다. 북창봉기는 환곡을 분급 받음으로써 소기의 목적을 달성하였다.

---

[52] 『按覈狀啓-原州』, 「金好謙手記」.
[53] 『按覈狀啓-原州』, 「巡營前後狀啓」.
[54] 『按覈狀啓-原州』, 「巡營前後狀啓」.

(2) 태장(台場)봉기와 주도세력의 재편

북창봉기에 대한 소식은 곧 원주 전역으로 퍼져나갔다. 이에 환곡이 많았던 사창(司倉) 소속과 영창(營倉) 소속의 면민들도 태장(台場)에서 봉기하였다. 태장봉기는 3월 12일 장날에 맞추어 읍내에 있는 태장에서 민회를 개최하는 것으로 시작되었다.[55] 저전동면(楮田洞面) 우두산(牛頭山, 현 원주시 우산동)에 거주하는 양반 이승여(李承汝)를 최고주모자로 하고 사창소속의 면민들이 수창(首唱)하여 통문을 돌렸다. 통문은 3월 10일 이전에 각 면의 동임(洞任), 동존위(洞尊位) 등에 전달된 것으로 보인다. 통문을 받은 동임, 동존위 등은 민회 당일 아침까지 면민들을 찾아다니며 민회에 참여토록 독려하였다. 즉, 민회는 이승여의 지휘 아래 개최되었으며, 각 면의 풍헌(風憲)들은 면민들의 민회 참석여부 등을 점검하였다. 이는 짧은 시간동안 많은 사람들을 민회에 참여시켜 그동안에 문제가 되었던 환곡의 폐단을 혁파하겠다는 강한 의지를 보여주는 것이었다. 또한 동원방법으로 기존의 향촌운영조직인 면리제(面里制)를 이용하고 있었다.

민회에 참석한 사람들은 의송(議送)을 작성하여 강원감영에 제출하기로 결의하였다. 의송은 여러 사람의 손을 거쳐 작성되어 제출되었고, 감영으로부터 '민원에 의해 선처하고 분급하겠다'는 제지(題旨)를 받았다. 이처럼 의송(議送)운동은 순탄하게 진행되는 것 같았으나 뜻하지 않는 일로 인해 농민운동으로 전환되었다. 그것은 첫째, 영리(營吏)들의 협박이었다. 영리들은 민회참여자들에게 감영에서 무기고를 열어 관군(官軍)을 출송(出送)하라는 영(令)이 있었다고 협박하였다. 감영의 이러한 조치는 실재로 내려진 것으로 보인다. 그러나 이는 북창봉기를 경험한 감영의 위정자들이 태

---

[55] 원주 읍내에는 邑內場과 台場場 두 곳이 있었는데 읍내장은 일반장이었고, 태장장은 우시장이었다. 주로 남성들은 이 태장장에 모여들었다. 장날은 같은 2·7일 場이었다.

장의 민회가 농민운동으로 확대되는 것을 경계한 이른바 사고예방차원의 조치였다. 남성갑의 일을 기억하는 영리들이 자신들의 부정부패를 감추고 읍민들을 억압하고자 이를 부풀려 전한 것이었다. 민회참여자들은 영리들의 협박에 크게 당황하면서 심각한 위협으로 인식하였다. 원주 일대는 감영과 더불어 군사시설인 중영(中營)이 설치되어 있었기 때문이다.[56) 둘째, 전직 중영사령(中營使令) 원흥길(元興吉)의 폭언이었다. 원흥길은 술에 취해 민회에 와서는 여기서 처리된 모든 것이 되돌려질 것이라고 하는 등의 폭언을 퍼부었다. 그는 사창색(司倉色) 장붕기(張鵬基)가 민회참여자들을 쫓아내기 위해 전(錢) 20냥(兩)에 고용한 사람이었다. 이 두 사건은 평화적으로 끝나가던 민회를 급속토록 변화시켜 민회참여자들의 봉기를 촉발시켰다. 태장봉기는 의송운동으로 시작하여 감영으로부터 긍정적인 '영제(營題)'를 받았지만 영리들이 중간에서 농간을 부리면서 농민운동으로 확대되었다. 농민들은 부정 축재한 장붕기, 영창색리(營倉色吏) 원형두(元衡斗)를 비롯한 이서(吏胥)들의 집을 공격하였다.

〈그림 4〉 원주농민운동 봉기도(대동여지도, 규장각 소장)

---

56) 中營소속 軍官38人, 隨率軍25名, 標下軍12名, 討捕軍官60人이 있다(『關東誌』 1, 監營·原州).

태장민회가 농민운동으로 전환되자 감영에서는 난민(亂民)을 모두 잡아들이라는 영(令)을 내려 농민운동 참여자에 대한 대대적인 체포작전을 전개하였다. 이를 틈타 이서들은 재정비하여 반격을 시작하였다. 13일 저녁 장붕기는 읍동두민(邑洞頭民) 이인백(李仁白) 등을 비롯하여 누문가(樓門街)에 모여 있던 읍속(邑屬)을 이끌고 나가 농민운동 핵심참여자의 집을 비롯하여 10여 채의 양반가(兩班家)를 파괴하면서 읍민들을 공격하였다. 이들은 양반가에서 귀하게 보관하고 있던 신주(神主), 관지(官旨), 홍패(紅牌), 백패(白牌) 등을 훼손하였을 뿐만 아니라 부녀(婦女)들도 구타함으로써 사족의 권위를 침해하였다. 특히 만종리(萬宗里) 이재화의 집에 보관되어 있던 공자영정(孔子影幀)을 훼손한 것은 사태를 관망하던 원주지역 재지사족들이 동요하는 원인 중 하나가 되었다. 이 공자영정은 이재화의 선조(先祖)인 이양원(李陽元)이 사절로 북경에 갔을 때 명나라 황제로부터 하사(下賜)받은 것으로 특별히 귀하게 모셨으며[57] 원주지역 사대부(士大夫)들이 찾아와 예를 올리던 존숭(尊崇)의 대상이었다.

장붕기는 이에 그치지 않고 더 나아가 15일 밤 감영의 영(令)을 위조하여 중영 소속 군관 40여 명을 화적으로 분장시켜 김택수의 집을 습격하였다.[58] 이러한 행동은 그가 김택수를 북창봉기의 장두로 보는 동시에 북창봉기 당시 면민들과의 중재를 거부한 것에 대한 복수였다. 즉 김택수가 소장을 작성하지 않았거나, 남성갑의 중재 부탁에 적극적으로 나서 면민들을

---

[57] 이재화의 先祖는 李陽元(1533~1592)으로 宣祖때의 相臣이다. 자는 伯春, 호는 鷺渚·南坡이고 李滉의 문인이었다. 선조 24년에 우의정에 오르고, 임진왜란 때 留都大將으로 한강을 지키다가 철수하여 楊州 蟹踰嶺 싸움에 승리하여 그 공으로 영의정이 되었다. 이때 義州에 있던 선조가 遼東으로 피난갔다는 소문을 듣고 단식 8일 만에 죽었다. 시호는 文憲이다.

[58] 營吏에 의한 관문서 위조는 다른 지역에서도 보인다. 즉 '北兵營의 營吏 安允謙이 都試의 啓本을 칼로 긁고 崔姓인 사람과 제 이름을 입격한 가운데에 몰래 적었다가 일이 발각되어 結案을 받았는데, 詳覆하고 시행하라고 명하였다'(『顯宗實錄』 卷7, 6年 9月 丙午).

설득하였다면 남성갑의 죽음도 막을 수 있고, 태장에서 개최된 민회도 막을 수 있었다고 인식한 것이다. 하지만 김택수 가문은 원주지역에서 위세가 큰 가문으로 함부로 습격할 수 있는 대상이 아니었다. 때문에 감영의 명령을 위조하여 관군을 동원하고, 누구에 의한 습격인지를 모르게 하고자 관군을 화적으로 분장시킨 것이었다.

이서들의 이러한 행동은 원주의 재지사족이 집단으로 원주농민운동에 참여하는 계기가 되었다. 김택수의 형인 김관수(金寬秀)는 통문을 돌려 교회(校會)를 개최하고자 하였다. 그러나 이서들의 집요한 방해로 향교(鄕校)에서 열리지 못하고 부득이 민가(民家)에서 유회(儒會)라는 형식으로 개최하였다. 이 모임에서 재지사족들은 자신들의 준론(峻論)을 정리한 「원주유민품목(原州儒民稟目)」을 작성하여 강원감영에 제출하였다. 「원주유민품목」에는 김관수를 비롯하여 봉상시(奉常寺) 부제조(副提調)를 역임한 이순범(李淳範), 교리를 역임한 황익수(黃益秀) 등 96명의 양반유생들이 연명하였다.[59] 주요 내용은 이서들이 양반을 능멸했으며, 공자의 영정을 파괴하였을 뿐만 아니라 사족인 김택수를 죽였다는 것이었다. 또 남성갑은 간악한 이서로서 포흠을 일삼았기 때문에 농민들에 의해 죽임을 당한 것인데, 관에서 이서들의 행동을 묵인하고 민정(民情)을 살피지 않으니 다시 조사하여 처분하기 바란다는 것이었다.[60] 이에 대해 감영에서 별다른 반응을 보이지 않자 재차 사족들은 「원주유민품목」을 감영에 제출하였다. 이번에도 감영에서는 해결 방안을 제시하지 않고 「원주유민품목」이 조작되었을 것이라는 의심만 하였다. 감영의 입장은 사족들의 어떠한 주장도 받아들이지 않겠다는 것이었다. 다만 재지사족들의 집단행동을 경계할 뿐이었다.

---

[59] 당시 연명한 인물에 대해서는 「原州儒民稟目」 참조.
[60] 『按覈狀啓-原州』, 「原州儒民稟目」.

재지사족과 감영의 대치 상황은 중앙정부에서 안핵사를 파견하면서 국면전환을 맞이하였다. 안핵사가 재지사족, 농민 등 태장봉기 관련자들의 요구를 일정부분 받아들여 정부 해결책에 반영하면서 부족하지만 해결할 수 있는 실마리를 마련하였다. 중앙정부는 환곡의 폐단에 대해 감영차원에서 적정하게 시정하도록 명령하였던 것이다. 재지사족의 집단행동이 더 이상 확대되지 않는 선에서 마무리 짓고자 한 정부는 감영차원으로 한정하여 농민들의 요구를 받아들임으로써 문제해결의 의지를 보여주고 한 것이었다.

　한편, 96명의 양반유생들이 「원주유민품목」을 작성하여 봉건정부에 대해 집단적으로 대항한 것은 일반적인 농민운동에서 보기 힘든 것으로 원주농민운동만의 특징으로 볼 수 있다. 양반유생들의 집단행동은 앞서 김택수와 마찬가지로 원주의 향촌문제를 해결하고자 하였던 양반유생들의 지도력의 한 모습이었다. 또한 집단행동이 가능했던 것은 그들을 연결해 주는 관계망이 형성되어 있었기 때문이었다. 양반유생들의 지도력과 관계망은 차후 의병운동에서도 그대로 나타나 의병운동을 이끄는 힘이 되었다. 그것은 원주농민운동에 참여한 연안김씨가를 통해 확인할 수 있다. 연안김씨가는 1896년 1월 원주 안창에서 거의(擧義)하였던 을미의병에 주도적으로 참여하였다. 북창봉기에서 소장을 작성하였던 김택수와 「원주유민품목」 작성을 주도한 김관수는 지평에서 봉기한 의병장 이춘영의 처삼촌이었고, 장인인 김헌수는 의병봉기에 군수물자를 지원하였다. 또 김사정(金思鼎), 김사두(金思斗) 등은 원주소모장으로 원주의병에서 중요한 역할을 하였다. 태장봉기에 참여한 이재화의 사촌으로 「원주유민품목」 작성에 참여하였던 이철화(李哲和)는 문경에서 의병장으로 활동하였다. 이처럼 원주농민운동을 이끌었던 지도력, 투쟁의식, 관계망 등이 그대로 이어져 을미의병 봉기에 밑거름이 되었다.

2. 1896년 '원주의병'의 발생배경과 의병세력의 조직

1) 원주지역의 학문동향과 화서학파

원주지역 의병운동은 원주농민운동을 이끌었던 세력들이 주도적으로 참여하였다. 이들은 농민운동을 거치면서 광범위한 저항세력을 형성할 수 있었으며, 명성황후 시해사건으로 대표되는 일제의 침략과 이에 결탁한 친일세력이 등장하게 되자 다시금 의병운동으로 나가게 되었다. 이는 주도세력 상호 간 통혼권 및 관계망이 형성되어 있었기에 가능한 것이었으며, 그것은 그들의 학문적 전통과 교류에 의해 만들어진 것이었다. 따라서 원주지역의 학문적 전통과 의병운동의 사상적 배경인 화서학파와의 관계에 대해 파악해보고자 한다.

(1) 19세기 원주지역의 학문동향

500여 년 동안 강원도의 수부였던 원주는 전국에서 4번째로 많은 사마시 입격자를 배출할 정도로 학문의 진흥과 인재양성에 대한 열의가 매우 높은 곳이었다. 이러한 분위기는 운곡(耘谷) 원천석(元天錫), 우담(愚潭) 정시한(丁時翰), 구암(久庵) 한백겸(韓百謙), 해좌(海左) 정범조(丁範祖) 등 학문적으로 뛰어난 학자들이 원주출신이었다는 것과 다수의 서원이 설치되었다는 것을 통해서 알 수 있다. 조선후기 서원은 학문 활동의 중심지이면서, 제향인으로 대표되는 당색의 근거지였다.[61] 그러므로 서원에 배향된 인물을 통해 그 지역의 학문적 배경을 가늠해 볼 수 있다. 원주지역에 설치된 서원과 배향인물을 보면, 사액서원인 칠봉서원(七峯書院, 현 원주시 호

---
[61] 윤희면, 『조선시대 서원과 양반』, 집문당, 2004, 70쪽.

저면 산현리)에는 고려왕조에 대한 절의를 지키고 학문에 힘쓴 원천석, 김안국(金安國)의 문인으로 육조판서(六曹判書) 등 요직을 지냈으나 동서분당(東西分黨)시 어느 쪽에도 가담하지 않았던 항재(恒齋) 정종영(鄭宗榮), 초기 북인계 남인의 학문체계를 세우고 실학자들의 역사서술과 학문에 영향을 미쳤던 한백겸, 단종에 대한 절의를 지켰던 생육신 관란(觀瀾) 원호(元昊)가 배향되어 있었다.[62] 또 다른 사액서원인 도천서원(陶川書院, 현 원주시 지정면 안창리)에는 퇴계학통을 이은 예학의 대가 정구(鄭逑)의 문하에서 수학하고 원주에 입향해서 많은 제자를 길러낸 관설(觀雪) 허후(許厚)가 배향되었다.[63] 이밖에도 1670년에 사액받은 충렬사(忠烈祠, 현 원주시 행구동)에 고려 충렬왕 때 합단적(哈丹賊)의 침입을 물리친 상호군(上護軍) 원충갑(元冲甲), 임진왜란 당시 왜군을 상대로 영원산성에서 끝까지 싸우다 전사한 원주목사(原州牧使) 김제갑(金悌甲), 임진왜란 때 김화에서 분전하다 자결한 여주목사(驪州牧使) 원호(元豪)가 배향되었다. 미사액 서원이었지만 광암향현사(廣巖鄕賢祠, 현 원주시 부론면 법천리)에는 조선후기 대표적인 학자로 허후의 학통을 이은 정시한이 배향되었고, 취병서원(翠屛書院, 현 원주시 문막읍 취병리)에는 행촌(杏村) 민순(閔純)에게 사사받고 남명학파와 관계가 깊었던 사한(四寒) 김창일(金昌一)이 배향되어 있었다. 이들은 학문과 절의를 숭상하였거나, 독창성과 비판정신으로 뛰어난 학문적 업적을 낸 인물들이었다. 특히 한백겸, 정시한은 이익(李瀷), 정약용(丁若鏞), 한치윤(韓致奫) 등 조선후기 실학자들에게 지대한 영향을 미쳤다.

한편, 서원이 설치된 지역은 원주의 서쪽인 현 원주시 지정면, 부론면, 문막읍, 호저면이었다. 이곳은 나주정씨, 청주한씨, 한산이씨, 원주원씨,

---

[62] 原州郡,『原州地方書院學術調査報告書』, 1992, 47쪽.
[63] 오영교,『실학파의 정치·사회개혁론』, 혜안, 2008, 236쪽.

경주김씨, 연안김씨, 초계정씨 등의 동족마을이 형성된 곳이었다. 이들 가문은 19세기 원주지역에서 사마시 입격자와 문과급제자를 배출한 55개 양반가문64) 중 풍산홍씨, 안동권씨, 덕수이씨, 전주이씨, 평산신씨 등과 더불어 10명 이상의 급제자를 배출한 원주지역의 유력가문이었다. 또한 정시한, 한백겸, 김창일 등의 학통을 이어받은 남인계열 가문이 대다수였으나 연안김씨 같은 노론가문도 있었다. 이들 가문은 『운곡시집』 간행 과정

64) 〈19세기 원주지역 사마시 입격자 가문 현황〉

가문	입격자 수	가문	입격자 수	가문	입격자 수	가문	입격자 수
강릉 김	2	김해 김	5	반남 박	4	안동 김	3
강릉 최	4	나주 정	25	선산 김	5	여산 송	1
경주 손	7	남양 홍	8	성주 이	2	여흥 민	7
경주 김	5	대구 서	2	수원 백	1	연안 김	11
경주 이	1	덕수 이	16	순흥 안	1	연안 이	1
광산 김	1	동복 오	1	아산 박	1	영일 정	2
광주 이	1	밀양 박	6	안동 권	11	영해 신	1
원주 원	17	진도 김	1	초계 정	5	한산 이	7
원주 이	2	진주 강	2	추계 추	1	한양 조	1
인동 장	1	진천 송	1	충주 지	1	함평 이	3
인천 채	1	창원 황	1	파평 윤	1	해주 오	1
임천 조	2	청송 심	3	평산 신	11	해주 최	1
전의 이	8	청주 한	17	풍산 홍	10	해풍 김	1
전주 이	11	청주 곽	1	풍양 조	1		

※출처: 『사마방목』 동방미디어; 원주시사편찬위원회, 『원주시사: 역사편』, 원주시, 2000.

〈19세기 원주지역 문과급제 가문 현황〉

가문	급제가 수	가문	급제자 수	가문	급제자 수
강릉 김	1	안동 권	3	청주 한	2
경주 손	1	여흥 민	1	초계 정	2
기계 유	1	연안 김	2	평산 신	2
나주 성	2	연안 이	1	풍산 홍	3
남양 홍	1	영해 심	1	한산 이	1
덕수 이	2	원주 원	1	함평 이	2
맹주 오	1	원주 이	1	합계	
순흥 안	1	창녕 성	1	22	33

※출처: 『문과방목』 동방미디어; 원주시사편찬위원회, 『원주시사: 역사편』, 원주시, 2000.

에서 정범조가 서문(序文), 초계정씨 정장(鄭樟)이 발문(跋文)을 작성하였던 것처럼 서로 교류하고 있었다. 이는 비단 학문적 교류뿐만 아니라 지역의 공론(公論) 형성을 위해서도 진행되었다. 앞서 보았듯이 1885년 원주농민운동 당시 강원감영의 처분에 공동으로 대응한 것도 이러한 맥락이었다. 즉, 원주지역 서원에 배향된 인물들은 원주지역을 대표하는 학자인 동시에 원주지역 양반사회의 학문적 풍토를 형성한 인물들이라고 할 수 있겠다.

원주지역의 학문적 풍토 속에서 19세기 척사론과 관련하여 큰 영향을 미쳤던 인물은 성호학파의 신후담(愼後聃)이었다. 그가 편찬한 『서학변(西學辨)』은 어느 척사론보다 내용 면에서 풍부할 뿐만 아니라 벽이단(闢異端)의 이론도 더 논리적이었다. 신후담은 서학의 주요 내용이 결국 불교의 이론을 빌려 온 것에 불과하다고 하면서 "이른바 천당과 지옥, 동정을 지킨다는 것, 세속과의 인연을 끊는다는 것, 형체는 멸하나 영혼은 불멸한다는 것 등과 같은 설은 모두 불교에서 답습한 찌꺼기"라고 비판하였다.[65] 이는 현실 윤리에 입각한 유교의 입장에서 보면 서학의 사후 지향적인 신앙 교리로 종교와 신이라는 존재(存在)가치를 윤리 규범의 당위(當爲)보다 위에 올려놓고 있는 것이므로 받아들일 수 없었다.[66] 이런 서학관은 같은 기호남인으로 정시한의 학통을 이어받은 고손(高孫) 정범조(丁範祖)와 단구동 홍판서댁으로 유명한 홍중효(洪重孝)의 손자로 남인 공서파(攻西派)의 영수로 지목된 홍의호(洪義浩), 여와계(餘窩系) 목만중(睦萬中), 채홍리(蔡弘履) 등에게 영향을 미쳤다. 정범조는 천주교의 교리는 "하늘을 속이고 윤리를 끊는 것"에 불과하다고 하면서 그것이 유행하게 된 이유는 "도덕을 가벼이 여기고 공리를 중요시하는 것(薄道德而重功利)"의 병폐 때문이니 천주

---

[65] 차기진, 『조선후기의 西學과 斥邪論 연구』, 한국교회사연구소, 2002, 246쪽.
[66] 차기진, 『조선후기의 西學과 斥邪論 연구』, 한국교회사연구소, 2002, 254쪽.

교에 입교하는 자들은 "이익을 좋아하고 깨달음을 업신여기는 자(嗜利蔑識者)"뿐이라고 비판하였다.[67] 또 홍의호는 서학을 서양 오랑캐의 아비도 없고 임금도 없는 이단(異端)의 사술(邪術)로 선량한 자를 잘못에 빠뜨리고 여자와 어린이를 속여 유혹해서 급속히 사람이 짐승의 짓을 하고 의관 차림을 한 자가 오랑캐가 되도록 한다고 보았다.[68] 이들은 천주교를 이익을 탐하고 선량한 사람을 타락시키는 사술로 보고 있었던 것이다. 그들의 서학관은 그들이 중앙관료로 서울과 원주를 오가고 있음에도 불구하고 원주지역에서 차지하고 있는 위상 때문에 원주지역 양반사회에 영향을 미치고 있었다. 특히, 남인계열에 큰 영향을 미치고 있었다. 19세기 원주지역 양반사회는 남인계열을 중심으로 척사론의 영향을 받고 있었다.

척사론의 입장에서 보면 메이지유신(明治維新) 이후 일본이 서양오랑캐와 동일시되면서 또 다른 척사의 대상이 되었다. 더욱이 원주지역은 1894년 일본의 경복궁점령과 이로 집권한 친일내각의 지방제도개혁으로 강원감영이 폐지되면서 사상적 척사론을 넘어 친일내각에 대한 반감과 반일감정이 한층 더 고조되었다.

원주지역 유력가문의 일본에 대한 인식은 「원주유민품목」에 연명하였던 이순범의 상소를 통해 단편적이나마 파악할 수 있다. 그는 1895년 친일내각에서 의욕적으로 추진하던 변복령(變服令), 군사제도개혁 등에 대해 상소를 올려 우리의 법을 완전히 폐지하고 무조건 일본의 법을 모방해서는 안된다고 강하게 비판하였다.[69] 또 1904년 대한제국의 주권이 일본에 의해 침탈당하는 상황에서 일본의 침략성을 비판한 상소를 올렸다. 이 상소에서 일본에 대해 다음과 같이 비판하였다. 첫째, 명성황후 시해사건을 일

---

[67] 차기진, 『조선후기의 西學과 斥邪論 연구』, 한국교회사연구소, 2002, 270쪽.
[68] 『純祖實錄』 卷21, 순조 18년 9월 丁巳.
[69] 『高宗實錄』 卷33, 고종 32년 6월 癸巳; 『承政院日記』 고종 32년 6월 24일.

으켰음에도 불구하고 한마디 사과도 하지 않고 오히려 멸시와 모욕을 심화하였다. 둘째, 두 나라(대한제국과 일본)의 동맹으로 러시아의 침략을 막아내자고 하면서 군용지를 멋대로 설정하여 토지를 침탈하고, 철도를 빼앗았으며, 남산에 굴을 뚫고 어로(漁撈) 구역을 강요하는 등 각종 이권을 침탈하였다. 셋째, 우리나라의 80~90%를 차지하는 산림·강·못·들판·황무지를 침탈하여 일본인들을 이주시켰다. 넷째 이 모든 것을 무력을 동원하여 불법적으로 강요하고 있다고 하면서 그들의 침략성을 성토하였다.[70] 특히, 9년 전 발생한 명성황후 시해사건을 언급하였는데, 이를 통해 앞서 살펴본 상소와 더불어 이미 오래전부터 일본의 침략성에 대해 인식하고 있었음을 알 수 있다.

원주지역은 1894년 청일전쟁 이후 본격적으로 이루어진 일본의 침략과정에서 강원감영의 폐지 등 직접적인 피해를 입었다. 뿐만 아니라 경복궁 점령, 을미사변 등 일본에 의해 자행된 각종 사건을 통해 일본의 침략성에 대해서도 인식하고 있었다. 이러한 일본의 침략성에 대한 인식은 원주지역 유력가문이 의병운동에 참여하거나 후원하고, 더 나아가 학문적으로 그 길이 달랐던 화서학파와도 같이 할 수 있는 요인이 되었다.

(2) 화서학파와의 교우관계

위정척사사상은 19세기 외세침략에 저항하는 원동력이 되었다. 그중에서도 화서학파가 가장 큰 영향을 미쳤다. 화서학파는 화서 이항로를 중심으로 그의 문인인 이인구(李寅龜), 임규직(任圭直), 이준(李埈), 양헌수(梁憲洙), 김평묵(金平黙), 박문일(朴文一), 유중교(柳重敎), 최익현(崔益鉉), 박문오(朴文五) 등으로 난적(亂賊), 양이(洋夷), 왜이(倭夷)에 대항하여 도

---

70) 『高宗實錄』 卷44, 光武 8年 7月 10日.

학(道學)과 절의(節義)를 지키고자 하였다.71) 그들은 경기·강원·충청·황해·평안·전라도 등지에서 강학활동을 하였는데, 경기·강원·충청지역에서는 이항로의 수제자인 김평묵·유중교가 중심이 되었다. 강학활동에 치중하던 화서학파의 문인들이 본격적으로 척사운동을 시작한 것은 1876년 개항에 반대한 병자연명유소(丙子聯名儒疏)를 전개하면서부터였다. 당시 상소운동은 윤정구(尹貞求)·유중악(柳重岳) 등이 제기하고 김평묵의 허락을 받아 시작되었다. 김평묵과 유중교는 스승인 이항로를 모시고 서울로 올라가 상소운동에 참여하는 등 화서문인들의 적극적인 참여를 이끌었다. 그러나 소수(疏首)를 유기일-유인석-홍재구로 정하는 과정에서 김평묵계와 유중교계가 이견을 보이면서 조직적인 척사운동을 전개하는 데 한계를 보였다.72) 이항로의 심(心)개념에 대한 이견이 척사운동에서도 나타나고 있었다.

그 후 1880년 겨울 김홍집(金弘集)이 황쭌셴(黃遵憲)의 『사의조선책략(私擬朝鮮策略)』을 일본에서 들여온 것을 계기로 시작된 신사연명유소(辛巳聯名儒疏)에 김평묵계는 관동연명유소(關東聯名儒疏)를 통해 참여하였다. 김홍집은 『조선책략』을 고종에게 올리면서 "조선의 안정을 보장하려하면 일본과 강화하고 서양의 여러 나라와 연합하고 서양의 종교를 받아들여야 한다"73)하였다. 이는 황쭌셴이 주장한 '친중국(親中國) 결일본(結日本) 연미국(聯美國)'을 보고한 것으로 조선의 외교정책에 대한 방향을 제시한 것이었다. 그러면서 또 "서양의 학술은 생산의 길이요 지능과 기술이 이로

---

71) 오영섭, 『華西學派의 思想과 民族運動』, 국학자료원, 1999, 14쪽.
72) 김평묵계는 김평묵·都亨黙·宋來根·최익현·洪在龜·柳基一·李圭容·李鍾敎·羅相協·趙炳稤·洪在鶴 등이고, 유중교계는 유중교·姜健善·金晉壽·柳瞬錫·魚允奭·柳重岳·李根元·李晉應·朱庸奎·李昭應·柳乃錫·尹貞求·李聲集·李長宇 등이었다 (권오영, 『조선후기 유림의 사상과 활동』, 돌베개, 2003, 185~186쪽; 오영섭, 『華西學派의 思想과 民族運動』, 국학자료원, 1999, 117쪽 참조).
73) 『승정원일기』 고종 17년 9월 8일.

말미암아 생기고 부강의 방법도 이보다 나을 것이 없습니다"고 하였다. 조선이 지금의 위기를 타개하기 위해서는 서양기술을 받아들이는 것이 필요하다는 것을 강조하였다. 지금의 위기라는 것은 "아라사(鵝羅斯, 러시아)는 북쪽의 강국이니 조선이 그들의 조약을 따르지 않으면 그들에게 먹힙니다"고 한 것에서 알 수 있듯이 러시아의 남하를 말하는 것이었다. 그러나 러시아의 남하는 조선보다 청나라에 더욱 큰 위협이 되었다. 따라서 조선에 『조선책략』을 보냈던 것이다.

청나라가 당시 러시아에게 받은 위협은 1860년의 베이징조약에서 시작되었다. 영국과 프랑스 연합군에 의해 베이징(北京)이 점령된 이후 러시아의 주선으로 베이징조약을 체결하면서 청나라는 위기를 넘겼다. 그 후 베이징조약을 체결한 보답으로 연해주를 러시아에 이양하면서 러시아의 남하가 본격적으로 진행되었다. 따라서 러시아의 남하를 막을 필요가 있었던 청나라는 혼자 힘으로 막을 수 없었기에 주변국을 동참시키고자 하였다. 당시 청나라는 일본, 미국 등과 외교관계를 맺고 있었지만 조선은 일본과 강화도조약으로 외교관계를 맺고 있었을 뿐 서양의 다른 나라와는 외교관계가 전혀 없었다. 그러므로 청나라의 입장에서는 러시아의 남하를 막는 데 조선을 동맹체제에 끌어들여 외교라인을 형성할 필요가 있었다. 청나라가 생각한 가장 이상적인 라인은 청-조선-일본-미국으로 이어지는 '남하저지선'이었다. 따라서 조선에 미국과의 수교를 주선하고 서양문물을 받아들일 것을 권하고 있었던 것이다. 이러한 『조선책략』이 들어온 후 당시 영의정이었던 흥인군(興寅君) 이최응(李最應)이 당시 정권을 잡고 있던 민씨들과 정책에 반영하고자 하였다.[74] 그 결과 1880년 12월에 통리기무아문을 설치되었다.[75] 이어 통리기무아문의 의견을 받아 군대를 재편하여 신식군대를 편성

---

74) 『고종실록』 권17, 고종 17년 9월 8일.
75) 『고종실록』 권17, 고종 17년 12월 21일.

하는 등 근대화정책이 본격적으로 추진되기 시작하였다.76)

『조선책략』의 영향으로 시작된 근대화정책은 유생들의 반발을 가져왔다. 특히, 1881년 2월 26일 경상도 예안유생(禮安儒生) 이만손(李晩遜)을 소수로 하는 영남만인소 운동이 전개되었다. 이 영남만인소 운동은 각지에서 상소운동이 일어나는 데 큰 영향을 미쳤다. 강원도에서도 이에 영향을 받아 1881년 4월 관동연명소 운동이 시작되었다. 관동연명유소는 김평묵의 문인이며 사위인 홍재구(洪在龜)와 그의 동생 홍재학(洪在鶴)이 주도하였다. 그들은 함께 통문을 발송하여 춘천부(春川府) 향교(鄕校)에 소유(疏儒)들을 모았다. 이렇게 해서 모인 소유는 70여 명으로 이들은 김평묵을 종유하며 강습한 자들이었다. 이후 원주(原州)모임에서 홍재학은 소수(疏首)로 추대되어 소유들을 이끌고 서울로 올라와 상소운동을 전개하였다. 홍재학의 중심이 되어 작성된 상소문의 주요 내용은 다음과 같다.

"사람이 짐승과 다른 점은 오륜(五倫)과 오상(五常)이 있기 때문입니다. 옛날의 성현(聖賢)은 천도(天道)를 계승하여 표준을 세우고 강구하여 밝히며 전해 주고 받은 것도 이것이었습니다. 한 가지라도 혹 여기에 어긋나면 사람은 짐승으로 변화하고 천지가 번복되게 됩니다. 서양의 종교가 한 번 들어옴에 우리 정조대왕·순조대왕·헌종대왕이 모두 전멸시켜 옹서하지 않았습니다. 지금 영남 유생의 상소에 비답(批答)하기를 '정도(正道)를 지키고 사학(邪學)을 물리치는 데에 어찌 네 말을 기다리겠는가?' 하시니 신 등은 전하께서 누구를 사학이라 하고 누구를 정도라고 하는지 알 수 없습니다. 맹자가 말하기를 '요순(堯舜)의 옷을 입으며 요제의 말을 외우며 요제의 행동을 배우면 이는 요제가 되는 것이요, 걸왕(桀王)의 옷을 입으며 걸왕의 말을 외우며 걸왕의 행동을 행하면 걸왕이 된다'고 하였습니다. 그러고 보면 이승훈(李承薰)과 이가

---

76) 『비변사등록』 고종 18년 12월 25일.

환(李家煥)은 우리나라의 양이(洋夷)이고, 야소(耶蘇, 예수)와 삼발(三拔, 우르시스)는 구라파의 양이이고, 하나부사 요시모토(花房義質) 등은 일본의 양이입니다. 우리나라의 승훈과 가환 등은 선왕이 죽여 없앴는데 일본의 하나부사 요시모토 등은 전하께서 용서하시고 한 마디의 말이라도 그들을 핍박하는 자는 미처 못 쫓아낼까 마음을 쓰고 힘써 아첨하는 자는 미처 상과 벼슬을 못 줄까 마음을 쓰시니, 이는 정조·순조·헌종과 더불어 남과 북으로 배치는 것이 아닙니까? …… 지금 온 나라 사람들이 입는 것은 서양 사람이 짠 것이요 일용품도 서양의 물건이요 퍼지는 것도 서양의 기술이니, 어찌 함께 동화되지 않겠습니까? …… 지금 중국이나 서양에서 보고 드는 부류는 허다한 사학(邪學)의 책이 가득 하고 우리나라 이름난 선비들도 서로 빠져 들어가서 좋은 것이라고 칭찬합니다. …… 이것을 읽으면 견문을 넓히고 가슴을 트이게 한다고 합니다. 아! 저것은 육예(六藝)의 과목이나 공자(孔子)의 학술이 아니니, 이는 순조대왕(純祖大王)의 반포한 전교(傳敎)에서 '이상하고 해괴한 짓을 한다'는 것입니다. 옛날부터 이단(異端)의 종교는 그 시작이 사이비(似而非)한 것이 아님이 없고 끝에 가서는 짐승을 몰아다가 사람을 잡아먹게 합니다. 하물며 지금 양이(洋夷)들의 마음에서 토하는 말은 피해가 티끌처럼 작은 듯 하지만 그 화(禍)는 산악과 같습니다. 이것으로 견문을 넓히고 가슴을 트이게 하는 본질을 삼는다면 짐새(鴆)의 독이 섞인 물로 목을 축이려는 것과 무엇이 다릅니까? 황준셴(黃遵憲)의 책서(冊書)와 같은 것에 이르러서는 꼭 이 사람이 지은 것이 아니고 전하의 신료가 그들에게 빠진 자의 한 짓인 듯합니다. …… 만일 수신사(修信使)로 하여금 사학(邪學)을 엄하게 물리치게 하였더라면 저 사람이 어떻게 방자한 이런 짓을 하였겠습니까? 만일 집정대신으로 하여금 의연하게 바른 도리를 가졌더라면 저 수신사가 어찌 감히 방자하게 이렇게까지 하였겠습니까? 이 수신사와 집정대신은 전하의 수신사와 집정대신이 아니고 저 양이의 복심이고 내응하는 자이니 마치 주자(朱子)와 육구연(陸九淵)의 학설이 전해와도 무방하다는 것과 같습니다. 일본 군사를 맞아들여 훈련을 익힌 자들이 수신사에게 아뢰고 수신사는 이것으로 집정대신들에게 말하고 집정대신들은 이것으로 전하에게 권합니다. …… 신 등은 가만히 생각건대 공자·맹자·정자·주자의 가르침은 세상에서 금물(禁物)이 될 것이요 갓을 찢어버리고 면류관

(冕旒冠)을 망가뜨리는 화가 갑짠 사이에 닥쳐와서 저들에게 지배를 받아 무슨 변고가 생길지 알 수 없습니다. 그때 뉘우친들 어찌하겠습니까? …… 분발하여 임금께서 결단을 내려 싸워 지킬 계획을 결정하고 뜻을 세우고 기운을 가다듬어 사욕을 이기고 아랫사람들을 거느림에 국가의 모범이 되게 하고 서양의 물건이나 서양의 책을 거두어 큰 거리에서 불살라 버리소서. 무릇 양이(洋夷)의 앞잡이가 되기를 즐거워하거나 여론을 조성하고 유언비어를 만들어 위·아래 사람들을 위협하고 멀거나 가까운 곳의 사람들을 유혹시키는 자는 죄가 큰 사람이니 목을 베어 거리에 건 다음 그들의 왕래를 끊어버려 우리나라에 씨를 퍼뜨리지 말게 하소서. 무릇 도성 안팎의 각처에 머물러 출몰하는 서양 사람은 모두 쫓아내어 예절(禮節)·의리(義理)의 풍속을 오염되게 하지 마소서. 정도를 붙들고 사학을 물리치려다가 죄를 얻은 자는 그의 재주와 덕성에 따라 조정에 등용하고 기무처(機務處)를 없애고 옛날의 오위영(五衛營)을 되살려서 궁내에서 쓰는 경비를 옮겨 군졸의 급료를 후히 주고 무당이나 부처에게 비는 일을 중지시키고 배우들의 놀이를 끊어버려서 편하고 즐기는 관습을 고쳐 나라를 걱정하고 부지런한 실덕(實德)을 이루어 장수(將帥)와 정승(政丞)을 잘 가려 뽑고 스승과 어진 벗을 가까이 하소서. 어진 인재(人才)를 불러오고 간사한 사람을 쫓아내며 쓸데없는 비용을 절감하고 사치(奢侈)를 금하고 언로(言路)를 넓혀서 좋은 일들을 받아드리고 정학(正學)을 권장(勸獎)하며 음탕한 일을 끊어버려서 기강을 엄숙(嚴肅)하게 세워 풍속을 변화시키고 백성들을 사랑하고 군정(軍政)을 밝게 강구해야 합니다. 위아래와 멀고 가까운 사람들이 한 마음으로 깨끗하게 하여 금이나 돌처럼 오래 유지하도록 하고 신의를 사시(四時)처럼 한다면 삼군(三軍)의 사기가 배가 되고 팔도(八道)의 민심이 굳어지고 이런 소식이 사방에 진동하면 왜인(倭人)이나 양이(洋夷)를 견제할 수 있어서 러시아도 감히 우리에게 무례한 것으로 넘보지 못할 것입니다"[77]

위의 상소문의 내용을 보면 홍재학의 관동연명유소도 다른 상소와 마찬

---

[77] 『重菴先生文集』 권47, 墓誌銘, 勵志堂洪君墓誌銘; 상소문에 대해서는 강대덕, 「關東疏首 洪在鶴 墓誌銘 分析을 통한 辛巳衛斥運動」, 『華西學論叢』 V, 2012 참조.

가지로 척사와 척왜로 일관된 것이었다. 그러나 사설(邪說)이 묘당(廟堂)에 횡행하고 있음을 들어 정부를 공격하였고, 고종의 친정(親政) 이후 한 번도 위정척사의 정령(政令)을 편 일이 없음을 들며, 고종이 선대왕들부터 지금까지 없었던 일을 하고 있다고 통박하였다. 또 교린(交隣), 즉 일본과의 강화는 조종(祖宗)의 땅을 베어 주고 생령(生靈)의 피를 말리는 것이며, 척사는 여러 사람의 입을 막고 눈을 가리는 문구(文具)에 지나지 않는다 하여 국왕의 전교와 윤음을 비난하기도 하였다.

60일간 지속된 상소운동은 별다른 성과를 거두지 못하였다. 그러다가 고종이 청나라 사신을 접견하기 위해 예조(禮曹)에 갔다가 돌아올 때 홍재학은 여러 유생을 이끌고 길을 막고 상소를 올렸다. 그러나 고종은 받지 않고 길을 피하여 궁으로 돌아갔다. 이 일로 흥인군 이최응이 크게 노하여 형조판서에 명하여 체포하도록 하였으나 상소운동에 참여하고 있던 사람들의 도움으로 체포되지는 않았다. 또 개화에 앞장선 노론 당로자(當路者)와 이에 침묵한 민태호(閔台鎬)를 강력히 비판하였다. 민태호에게 편지를 보내 상소(上疏)의 봉입을 종용하였다. 이 글에는 1876년 이후 양인(洋人), 즉 일본인(日本人)을 받아들인 자들이 노론 당로자와 민태호이며, 통리기무아문의 설치, 기예학술의 연습·교습 등 개화정책으로 전 국토와 모든 백성을 양관(洋館)·양학(洋學)으로 몰아넣은 것이라고 주장하였다. 또 신하들의 강화(講和)건의를 지지하지 못한 민태호의 책임을 추궁하였다.[78] 이 편지가 전해지고 다음날인 윤7월 6일에 비로소 유소가 받아들여졌다. 하지만 정부로부터 '지흉절패(至凶絶悖)'한 무리로 지탄받고, 소수이며 제소자인 홍재학은 의금부에 체포되어 국문(鞫問)에 처해졌다.[79]

이 상소운동은 김평묵계를 중심으로 한 화서학파가 당시 개화를 몰고

---

[78] 『羅巖隨錄』, 263~267쪽.
[79] 권오영, 『조선후기 유림의 사상과 활동』, 돌베개, 2003, 192~193쪽.

온 『조선책략(朝鮮策略)』, 특히 천주교와 주자학, 양명학을 동일시하는 것에 대한 반발과 민씨정권에서 추진하고 있던 구미열강과 외교관계 수립 등의 개화정책에 대한 반대였다. 그런데 이 상소운동의 소수를 정하는 중요한 모임을 당시 화서학파의 주 활동무대인 춘천, 가평, 지평 등지가 아닌 원주에서 개최했던 점은 주목된다. 아울러 이 상소운동의 소수 홍재학의 양부(養父)인 홍운섭(洪雲燮)의 거주지가 횡성[80]이었다는 것 등을 감안하면 원주지역에도 화서학파의 근거지가 형성되어 있었다는 것을 알 수 있다.

　이와 관련하여 춘천의병장 이소응의 의병운동 직후 행적에 대해 주목할 필요가 있다. 이소응은 유인석 연합의병부대가 서북행을 결행하자 황해도 금천(金川)에 잠시 머문 후 1896년 겨울 원주 치악산 동쪽 배양산(培陽山)에 은둔하였다. 이후 1898년 유인석을 따라 서간도 통화현(通化縣) 오도구(五道溝)로 망명하였다가 1900년 말 국내로 돌아왔다. 국내로 돌아온 이소응은 1903년 3월 제천으로 이거하기 전까지 원주에 거주하였다.[81] 이소응은 어려운 시기에 지역적 기반이 없었던 원주에 장기간 머물고 있었던 것이다. 또한 화서(華西) 이항로(李恒老)의 문인으로 관서지방의 대표적 주자학자인 박문일(朴文一)·박문오(朴文五) 형제로부터 화서학파의 학풍을 받아 들였던 박은식도 1894년부터 1896년 2월까지 원주군 주천에 머물며 학문에 전념하였다.[82] 즉, 원주의 동쪽 지역인 신림, 주천 일대에 화서학파의 주요 인사들이 머물었던 것이다. 치악산(雉嶽山)은 나라의 동악(東嶽)으로 간주되어 예부터 존숭(尊崇)의 대상이 되었고 운곡 원천석을 비롯한 유학자들이 은둔하여 학문을 닦았던 곳이었지만 아무 연고가 없는 화서학

---

80) 『公文編案』 69, 강원도, 「유학 홍재학이 방면·신원되었으니 그의 적몰된 전답을 환급해달라는 횡성군 보고와 그 지령」
81) 이소응, 『습재집』 1, 내제문화연구회, 2006, 4~5쪽.
82) 이선희, 「韓末 白巖 朴殷植의 현실인식과 대응론」, 『한국사상사학』 11, 한국사상사학회, 1998, 356쪽.

파 인사들이 머물었다는 것은 또 다른 의미를 부여할 수 있다. 이 지역은 지리적 위치로 인해 화서학파의 영향력이 크게 미치고 있던 곳이었다. 신림과 주천은 당시 행정구역상 원주에 해당하였지만 실질적인 교류는 제천과 더 많이 이뤄지고 있었다. 주천은 솔치, 가리파 고개로 인해 원주보다는 제천으로 나아가기 용이하였다. 신림도 제천으로 진출하기 용이하였을 뿐만 아니라 화서학파의 중요한 근거지인 제천 봉양 장담마을과 인접해 있었다. 그러므로 학문적으로 화서학파의 영향을 받을 수 있는 곳이었으며, 그들과 교류하기 용이한 곳이었다. 이는 화서학파의 의조금(義助金) 모금에 참여한 인물들을 통해서도 확인이 된다.

1902년 화서학파가 중심이 되어 진행된 의조금(義助金) 모금에는 제천, 원주, 청풍, 연풍, 상주, 문경, 충주, 횡성, 단양, 지평 등지에 거주하는 인사 122명이 참여하였다. 원주는 전체의 약 21%에 해당하는 26명이 참여하여 제천의 37명 다음으로 많았다. 또한 기부한 금액은 전체 264냥 중 53냥으로 약 20%를 차지하였다. 이 또한 제천 다음으로 많은 액수였다. 제천이 가장 많았던 것은 당시 장담마을 중심으로 화서학파의 근거지가 되었기 때문이었다. 그런데 원주가 그 다음으로 많다는 것은 원주지역에도 화서학파의 근거지가 있으며, 활발한 활동을 하고 있었다는 것을 의미한다. 의조금 모금에 참여한 인사들은 화서학파 박정수, 이소응을 비롯하여 청송심씨 심의흠(沈宜欽)·심의기(沈宜起)·심광택(沈光澤)·심의흥(沈宜興)·심원택(沈元澤)·심성택(沈成澤)·심화택(沈和澤)·심인택(沈麟澤), 파주염씨 청강공파 염중희(廉重熙)·염중용(廉重庸)·염석구(廉錫龜)·염덕구(廉德龜), 원주원씨 원정상(元貞常)·원세흠(元世欽)·원희상(元羲常)·원구상(元龜常), 진위김씨 김병호(金炳浩)·김병효(金炳孝), 경주김씨 김두희(金斗熙), 선산김씨 김영준(金永俊), 밀양박씨 박수위(朴秀衛), 전주주씨 주현오(朱鉉五), 진주강씨 강위래(姜渭來), 정세환(鄭世煥)이었다.[83]

이 기록만으로 박정수, 이소응을 제외한 나머지 사람들이 화서학파인지는 명확히 알 수 없다. 하지만 첫째, 화서학파가 주도한 의조금 모금에 참여한 점, 둘째, 의조금 모금에 참여하였던 염중희의 묘소가 제천 백운면 모정리에, 염중용의 묘소가 원주 신림면 송계리에 등에 조성된 점[84], 셋째, 파주염씨 등의 근거지가 제천·영월 경계지역으로 화서학파와 교류하기 용이한 곳에 형성된 점, 넷째, 원세흠이 1905년 원용팔 의병부대에서 우군장으로 활약했던 점[85] 등을 생각해 볼 때 최소한 이들은 학문적으로 화서학파의 영향을 받았다고 볼 수 있다.

신림, 주천 일대는 화서학파의 학문적 영향을 받는 곳이었으며, 화서학파 인사들과 교류가 이뤄지고 있던 곳이었음을 알 수 있다. 그렇기 때문에 어려운 시기를 맞은 이소응이 지역적 기반이 없었던 원주로 이거할 수 있었던 것이다.

또한 원주의 화서학파 근거지를 이야기 할 때, 화서학파로 지평에 거주하고 있던 이근원이 원용정에게 보낸 편지도 주목된다. 이근원은 원용정에게 보내는 편지에서 "…유중악(柳重岳)이 이주하려는 계획은 남쪽으로 뜻을 정했었다가 충주를 놓아두고 원주로 간 것은 그대가 있기 때문이었네, 또 우리 서사(書舍)에서 그 마을과의 거리가 용전(龍田)보다 조금 가까우니 서로 자주 만나 모이기가 쉬울 것이네, 다행이고 다행이네…"[86] 라고 하여 춘천에 있던 유중악이 원주로 이거하게 되어 자주 모일 수 있음을 기뻐하고 있었다. 그런데 여기서 주목되는 것은 유중악이 충주로 이거하려는 계획을 원주로 변경하는 데 원용정이 결정적인 역할을 하였다는 것이다. 원용정은 유인석의 문인이면서 원주지역 토착세력으로 유력가문 중에 하나였던 원주원씨 가문의 사람이었다. 원주원씨는 원주, 여주 등지에 동족

---

83) 『義助 壬寅(1902년) 十二月 日』.
84) 『坡州廉氏大同譜』卷3, 412쪽.
85) 이구영 편역, 「元公三戒堂乙巳擧義始末」, 『호서의병사적』, 수서원, 1993.
86) 이근원 저/장석현 번역, 『國譯 金溪集』, 친환경농업박물관, 2009, 402쪽.

마을을 형성하였으며, 의병운동에도 직·간접적으로 참여하고 있었다. 즉, 원용정으로 대표되는 화서학파 문인이면서 원주·여주 지역에 거주하고 있던 원주원씨들이 유중악의 이거를 후원하고 있었던 것이다. 또한 이거하고자 하였던 곳은 원용정이 거주하는 원주 강촌(현 여주시 강촌면)에 인접해 있으면서 화서학파와 교류하기 용이한 지평, 여주 경계지역이었다. 즉, 원주와 여주의 접경지역에도 원주지역 화서학파의 근거지가 형성되어 있었던 것이다.

한편, 원주지역에서 화서학파와 관련된 인물은 함평이씨(咸平李氏) 이교인(李敎仁), 이지선(李智善), 박정수(朴貞洙), 원용정(元容正), 김사정(金思鼎), 구연상(具然庠), 심흥규(沈興奎), 주현삼(朱鉉三) 등이 있다.[87] 이들 중 이교인, 이지선은 유중교의 문인이었다. 이교인은 1891년 9월 27일 제천에서 유중교가 주인(主人)으로 개최된 향음례에 고인(鼓人)의 임무를 맡았으며, 『성재집』발간을 위한 경비모금에 원주지역에서 이지선과 함께 간역비 300냥을 염출하였다. 이외에 박정수, 원용정, 김사정, 구연상, 심흥규, 주현삼은 유인석의 문인으로 기록되어 있었다. 그런데 김사정의 경우 원용정의 『복은(卜隱)』에서 동문으로 표현하지 않고 '유지명지사(有知名之士)… 진사김사정(進士金思鼎)…'이라고 표현하고 있는 것으로 보아 의병운동기에 유인석의 문인으로 들어간 것으로 보인다. 또한 박정수, 심흥규, 주현삼은 다른 기록에서 거주지가 청풍, 제천 등지로 기재되어 있는데, 이는 이들이 상황에 따라 원주와 원주 인근 지역의 화서학파 근거지를 오가며 거주하고 있었기 때문이다.[88]

---

[87] 『毅菴門下同門錄』(독립기념관, 자료번호: 3-003823-009); 朴漢卨 編, 『增補 畏堂先生三世錄』, 강원일보사, 1995, 190쪽. 이 자료의 우측 상단 『義兵軍資金名單』이라는 제목은 후대인이 임의로 첨가한 것으로 실재로는 『성재집』 발간을 위한 경비모금 명단이다. 그러나 여기에 수록된 상당수 인물이 의병운동을 전개하고 있었다(구완회, 『한말 제천의병 연구』, 선인, 2005, 261쪽; 오영섭, 『華西學派의 思想과 民族運動』, 국학자료원, 1999, 237쪽).

이를 종합해 본다면, 원주지역은 지평, 제천, 춘천 등지의 김평묵, 유중교계열의 화서학파로부터 학문적 영향을 받았으며, 그들과 교류하기가 용이한 제천, 영월, 지평, 여주 경계지역을 중심으로 원주지역 화서학파의 근거지가 형성되었다. 그곳에 거주하고 있던 원주원씨, 파주염씨, 청송심씨 등의 가문은 자연스럽게 화서학파의 학문을 접하고 그 영향을 받게 되었으며 그들을 중심으로 화서학파의 주요 인물들을 후원하거나 화서학파의 정착을 지원하였던 것이다.

그러나 화서학파는 원주원씨를 제외하고는 원주지역 유력가문이었던 나주정씨, 청주한씨, 한산이씨, 초계정씨 등과는 직접적인 교류가 없었던 것으로 보인다. 이는 화서학파의 한 축인 김평묵의 남인관을 통해 알 수 있다. 김평묵은 실세한 남인, 소론 세력을 '뜻을 잃은 불령배'로 규정하여 이들이 개항을 틈타 정국을 바꾸게 될 것이라고 여겼다.[89] 즉, 개항 논의를 노론들이 주도하고 있기 때문에 장차 남인 정치 세력이 의리에 가탁하여 노론을 일망타진할 것이라고 보았다. 또한 남인 세력의 출현을 또 다른 양적의 출현으로 거듭 설파하였다.[90] 이러한 남인관이 강하게 지속되었으나 1880년 『조선책략』의 유입을 계기로 전개된 신사척사운동에 적극적으로 참여하던 남인들의 모습에서 남인관이 변화하기 시작하였다. 그리하여 척사론적 입장에서 일본의 침략을 비판하던 남인계열의 원주지역 유력가문과 연계하여 의병운동을 전개할 수 있는 문이 열렸다. 즉, 한동직(韓東直) 의병장 등이 유인석 연합의병부대에 참여하는 등 연합의병운동을 전개하였다. 하지만 노론에 뿌리를 두고 있던 화서학파와 남인은 출발점이 달랐

---

88) 박정수는 「義兵軍資金名單」에 거주지가 淸風으로, 심홍규는 1891년 제천향음례 참석자 명단에 堤川으로, 주현삼은 1895년 제천향음례 참석자 명단에 八松(현 제천시 봉양읍 팔송리)으로 각각 기재되어 있다.
89) 권오영, 『조선후기 유림의 사상과 활동』, 돌베개, 2003, 197~198쪽.
90) 권오영, 『조선후기 유림의 사상과 활동』, 돌베개, 2003, 201~202쪽.

기에 때문에 향촌사회에 전면적인 학문적 교류를 하거나 연합하여 활동하기는 힘들었던 것으로 보인다.

2) 지방제도개혁에 따른 의병세력 형성의 계기

원주지역의 사회·경제적으로 큰 영향을 미치고 있었던 것은 강원감영이었다. 강원감영은 원주민들에게 강원도의 수부(首府)라는 자부심과 함께 강원감영의 소요재정을 담당해야하는 부담을 주고 있었다. 이런 강원감영이 폐지되었을 때 강원감영을 유지하는 데 투입되던 지역 경제력은 역설적으로 의병들에게 훌륭한 물적 기반이 되었다. 뿐만 아니라 강원감영의 폐지가 조선을 침략하고 있던 일본과 이에 호응하고 있던 친일정권이 만들어낸 것으로 인식하여 의병운동에 참여하는 하나의 원인이 되었다. 또한 군사제도개혁으로 폐지된 감영군, 원주진, 중영 등 지방군의 존재는 의병부대의 병사층으로 매우 훌륭한 자원이었다. 그러므로 원주는 의병의 인적·물적 기반이 될 수 있었으며, 의병봉기의 중심지가 될 수 있었다. 이에 강원감영의 폐지, 군사제도의 개혁 등이 의병운동에 미친 영향에 대해 살펴보고자 한다.

(1) 강원감영의 춘천 이전에 따른 지역사회동향과 의병세력 형성의 계기

1894년 정권을 잡은 개화파는 근대적인 법제개혁을 단행하는 가운데 지방제도개혁을 추진하고자 하였으며, 그 방침은 갑오개혁 초기에 결정되었다.[91] 그러나 청일전쟁과 동학농민운동이 전개되고 있어 시행할 수 없다가 청일전쟁의 전선이 만주지역으로 넘어가고 조선이 일본에 의해 완전히

---

[91] 「外職의 任用 및 署經에 관한 件(1894년 7월 18일)」, 『韓末近代法令資料集』 1, 62~63쪽 등을 통해 알 수 있듯이 갑오개혁 초기부터 지방제도개혁을 시도하고 있었다.

장악되면서 가능해졌다. 일본에 망명해 있던 박영효가 일본의 후원을 받아 내무대신으로 취임하면서 지방제도개혁은 본격적으로 진행되었다.

지방제도개혁은 1894년 12월 감사(監司), 유수(留守), 병사(兵使), 수사(水使)의 봉주(封奏)를 금하고 사무(事務)를 분별(分別)하여 해당 아문(衙門)에 보고하는 것으로 시작되었다.[92] 또한 같은 날 지방제도를 개정할 때까지 주군(州郡)의 대소(大小), 도리(道里)의 원근(遠近)을 참작하여 한 명의 지방관으로 하여금 수읍(數邑)을 겸관(兼管)케 하였다.[93] 이는 23부제를 실시하기 전에 오랜 기간 조선의 지방행정조직이었던 8도제를 폐지하면서 생길 수 있는 부작용을 최대한 줄이고자 취했던 조치였다. 그리고 1895년 1월부터 일부 군현에 대한 통합 등의 개편이 시작되었다. 1월 11일에는 경기도 적성(積城)을 마전(麻田)에, 음죽(陰竹)을 이천(利川)에, 풍덕(豊德)을 개성(開城)에, 경상도 함양(咸陽)을 안의(安義)에, 현풍(玄風)을 창녕(昌寧)에, 1월 14일에는 경기도 교하(交河)를 파주(坡州)에 소속시켰다. 1월 29일에는 충청도 평택(平澤)은 직산(稷山)에, 경상도 곤양(昆陽)은 사천(泗川)에, 평안도 벽동(碧潼)은 초산(楚山)에 통합시켰으며, 월송만호(越松萬戶)가 겸임했던 울릉도는 독립된 도장(島長)을 임명하였다. 2월 5일에는 경상도 칠곡(漆谷)을 대구(大邱)에, 함경도 장진(長津)을 삼수(三水)에 통합시키는 등의 지방행정조직 개편을 단행하였다.[94] 이는 본격적

---

[92] 「勅令 제18호 監司·留守·兵使·水使의 封奏 禁止에 관한 件(1894년 12월 16일)」, 『韓末近代法令資料集』 1, 145~146쪽.

[93] 「勅令 제20호 一邑守가 數邑을 兼管하는 件(1894년 12월 16일)」, 『韓末近代法令資料集』 1, 147~148쪽.

[94] 「京畿積城을 麻田에, 陰竹을 利川에, 豊德을 開城에, 慶尙道 咸陽을 安義에, 玄風을 昌寧에 所屬시키는 件(1895년 1월 11일)」·「京畿交河를 坡州에 所屬시키는 件(1895년 1월 14일)」·「平澤은 稷山에, 昆陽은 泗川에, 碧潼은 楚山에 廢合하는 件(1895년 1월 29일)」·「越松萬戶의 鬱陵島長 兼任을 減下하고 島長을 別置하는 件(1895년 1월 29일)」·「漆谷을 大邱에 長津을 三水에 廢合하는 件(1895년 2월 5일)」, 『韓末近代法令資料集』 1, 172~173·177·179·181~182쪽.

인 지방제도개혁을 앞둔 기초 작업이었다. 이런 일련의 군현통합개편 작업을 끝내고 1895년 5월 26일 감영(監營)·안무영(按撫營)·유수부(留守府)를 폐지하는 칙령이 공포되었다. 그리하여 경기도, 충청도, 경상도, 전라도, 강원도, 황해도, 평안도, 함경남도의 감영과 함경북도의 안무영과 개성, 강화, 광주, 수원과 춘천의 유수부와 아울러 각도의 관찰사, 안무사와 유수부 이하의 관직이 1895년 윤5월 1일부로 폐지되었다.

이로써 원주에 설치된 강원감영은 폐지되었다. 강원감영의 폐지는 1896년 '원주의병'과 관련하여 두 가지 측면에서 영향을 미쳤다. 첫 번째는 경제적인 측면으로 의병운동의 경제적 기반을 제공하여 원주를 의병운동의 중심지로 만들었다. 두 번째는 의병운동의 봉기적 측면에서 강원도의 수부라는 자부심이 무너진 원주민인들이 의병운동에 참여하는 심리적 동기를 제공하였다.

우선 경제적인 측면을 보면, 정부는 감영, 안무영, 유수부를 폐지하는 것과 함께 감영, 안무영, 유수부의 기록, 장부, 토지, 가옥, 금전, 미곡 기타 일절의 물건은 별도로 정하는 규정에 의하여 그 지정하는 관사(官司)에게 탁부(托付)하도록 하였다.[95] 이것은 전수(傳授)하는 절차를 거쳤는데, 강원감영의 물자는 원주군수가 전수(傳授)하여 보관하고 접수(接受)한 장부의 등본을 작성하여 내부대신에게 보고하고 어떻게 처리할 것인지를 기다리라고 하였다.[96] 이 조치로 공식적으로 강원감영은 폐지되었지만 강원감영의 부세자료, 물자 등이 그대로 원주에 남아 있었다.

의병운동에는 많은 비용이 들었다. 의병에 참여한 포군에게 일정한 급료를 지불해야 했으며, 조직된 민병들에게도 일정한 고가(雇價)를 지급해

---

[95] 「勅令 제97호 監營·按撫營 및 留守府를 廢止하는 件(1895년 5월 26일)」, 『韓末近代法令資料集』 1, 398쪽.

[96] 「內部令 제1호 監營 按撫營幷留守府와 仁川·釜山·元山 三港監理署 及 濟州牧의 傳授하는 節次에 관한 件(1895년 윤5월 1일)」, 『韓末近代法令資料集』 1, 420~422쪽.

야 하였다. 또한 부대운영을 위한 자금도 필요하였다.97) 그러므로 의병운동은 전투도 중요하였지만 군자금 확보도 중요하였다. 그런 의미에서 강원감영이 폐지된 후에도 강원도 전체를 관할하던 재정구조가 그대로 남아있던 원주는 의병부대의 물적 기반으로 매우 훌륭한 곳이었다. 또한 강원감영의 환곡을 담당하던 창고도 그대로 남아 있어 환곡을 군자금으로 활용할 수 있었다.98) 즉, 원주는 여타지역보다 의병을 재정적으로 지원할 수 있는 기반이 형성되어 있었다. 그래서 의병들은 원주에서 봉기하였고, 이후 의병지도부는 의병운동을 전개하는 과정에서도 원주를 수성장체제로 확보하고자 하였다.

그런데 지방정부의 복잡한 재정구조 속에 있던 공화(公貨)는 의병이 자체적으로 확보할 수 있는 것이 아니었다. 부세문제와 관련된 것이었기에 기존의 부세자료와 이서조직이 필요하였다. 이서들도 강원감영 폐지로 실직하여 역둔토의 소작농이 되거나 중답주가 되어 생계를 유지해야 하는 상황99)에서 기존의 기능으로 돌아갈 수 있었기에 의병에 호응하였다. 더욱이 고종의 측근이었던 심상훈이 탁지부 재화에 대해 '국가 일을 하는 제공(諸公, 의병장들-필자주)을 돕지 않으면 장차 어찌 도울 수 있겠는가?'100)라고 하여 의병들이 공화(公貨)를 사용하는 정당성까지 확보해 주었다.

그리하여 의병들은 이서조직을 통해 농민들에게 결전(結錢)과 호전(戶錢)을 납부하도록 하였으며,101) 마름(舍音)을 통하여 도전(賭錢)을 책납(責

---

97) '전군장 홍대석이 명호치에 주둔하고, 자주 탄약, 탄알, 금전, 포목류의 군수품을 청구하므로 공이 청풍수성장 이건룡에게 명령하여 공급하게 하였다'라고 하는 것에서 알 수 있듯이 부대운영에 막대한 자금이 들어갔으며, 이를 공급하는게 수성장의 주요 임무였다(박정수, 「하사안공을미창의사실」, 『독립운동사자료집』 1, 1971, 401쪽).
98) 유인석을 비롯한 의병들은 의병운동이 난신적자를 처단하는 국가를 위한 일이기 때문에 국가의 재물을 사용해도 된다는 인식을 가지고 있었다.
99) 오영교, 『강원감영연구』, 2007, 원주시, 244쪽.
100) 원용정, 「복은」, 『국역 소의신편』, 의암학회, 2006, 401쪽.

納)하도록 하였다.102) 또한 각 창고에 보관하고 있던 사환미로 의병부대의 재정을 충당하기도 하였다. 당시 의병들이 원주지역에서 확보한 군자금이 얼마인지는 정확히 알 수 없으나, 앞서 살펴본 원주의 조세량, 강원감영의 재정규모, 환곡량과 원주군에서 의병운동 이후 결호전에 대한 견감이나 사환에 대한 견탕(蠲蕩)을 요구하였던 것103) 등을 고려한다면 의병으로 들어간 자금을 유추해 볼 수 있다. 그런 측면에서 1896년 2월 1일부터 4월 30일까지 3개월 동안 원주에 주둔하였던 관군의 주둔비가 7,248냥(兩) 3전(錢)이었다는 것은 시사하는 바가 있다.104) 당시 의병진압을 위해 출정한 부대는 친위대 1개 중대로 약 220명이었다. 의병은 원주 안창봉기 당시 약 400~500명으로 추정하고 있으며, 이후 유인석 연합의병으로 확대되면서 그 규모가 훨씬 커졌던 것을 감안하면 의병부대의 운영비는 관군 주둔비의 몇 배가 될 것이다. 또한 원주군에서 원주군의 사환입본조(社還立本條)인 1894년 당년(當年) 영읍환모가(營邑還耗價) 10,394냥(兩) 5전(錢) 6분(分)을 견탕(蠲蕩) 처분해 주고 사환(社還)은 이듬해 추수를 기다려 준봉(准捧)하겠다는 보고105)나 의병운동 직후 '1,000석만 입본(立本)하고 원주환총(原

---

101) 원주군수는 이 상황에 대한 보고를 의병에게 결전과 호전을 빼앗긴 민이 많다고 보고 하였다(「의병에게 빼앗긴 原州郡의 1895년 結戶錢 數爻에 관한 제3호 報告(1897년 1월 11일)」, 『公文偏案』 68冊, 奎 18154).
102) 「원주군 각 역답 作人들의 분반타작하려는 마름에 대한 제소와 처분(1896년 10월 3일)」, 『각사등록: 근현대편』.
103) 「의병항쟁 이후 백성들이 감당하기 곤란하니 原州郡의 社還立本條인 1894년 當年 4년 耗條 10,394兩 5戔 6分을 蠲蕩 처분해 주고 社還은 이듬해 추수를 기다려 准捧하겠다는 제4호 報告(1897년 2월 9일)」, 『公文偏案』 68冊, 奎 18154.
104) 「原州郡의 1896년도 結錢 중에서 2월 1일부터 4월 30일까지의 本郡出駐兵站費 7,248兩 3戔을 지체없이 劃送하고 해당 將官의 領收証을 받아 올려보내라는 訓令」, 『公文偏案』 68冊, 奎 18154.
105) 「의병항쟁 이후 백성들이 감당하기 곤란하니 原州郡의 社還立本條인 1894년 當年 營邑還耗價 10,394兩 5戔 6分을 蠲蕩 처분해 주고 社還은 이듬해 추수를 기다려 准捧하겠다는 제4호 報告(1897년 1월 10일)」, 『公文偏案』 68冊, 奎 18154.

州還摠) 12,543석을 견탕(蠲蕩)한다[106]'는 것을 보면 원주에서 의병운동으로 들어간 군자금은 수 만냥에 이를 것으로 보인다. 이러한 원주에서 군자금 확보 활동은 원주소모장으로 원주에 남아있던 김사정이 주도하다가 그가 유인석 연합의병부대에 합류하고 원주수성장 체제가 확립되면서 원주수성장에 의해 이뤄진 것으로 보여 진다. 이처럼 원주는 의병운동에서 중요한 경제적 기반이 되었으며, 의병봉기가 원주에서 일어나게 되는 하나의 원인이 되었다.

다음으로 의병봉기적 측면을 살펴보면, 23부제가 시행되면서 원주는 정선, 영월, 평창과 함께 충주부에 소속되었다. 특히, 원주는 감영이 설치되었던 곳 중에 유일하게 부(府)가 설치되지 않았으며, 기존에 감영이 설치되었던 도시들이 대부분 1, 2등급의 군(郡)으로 정해졌던 것에 비교 원주는 4등급 군(郡)으로 정해지면서 그 위격이 강등되었다.[107]

이처럼 강원감영이 폐지되고 충주부에 속한 일개 군으로 강등된 당시 원주의 상황에 대해 원주 유학 김준호(金駿鎬)는… "갑오년 이후 지방 제도를 고치게 되면서 수백 년 동안 관찰사를 두었던 고을을 단번에 한낱 군수의 독진(獨鎭)으로 강등하니, 우울해하고 탄식하는 백성의 심정과 황량하고 쓸쓸한 고을의 모양은 차마 일일이 열거할 수 없는 점이 있습니다"라고 하는 데서 알 수 있듯이 원주의 민인들은 수백 년을 이어온 강원도의 수부가 한낱 군으로 강등된 것에 대해 자부심이 무너져 내린 허탈감을 넘어 크게 분개하고 있었다. 이러한 분노는 자연스럽게 지방제도개혁을 추진한 세력에게 쏠리게 되었다. 즉, 개혁을 후원하고 있던 일본뿐만 아니라

---

[106] 「社還은 民逋 중 1,000石만 立本케 하되 各面里의 執綱을 모아 균등하게 排定하여 백성로 하여금 糶糴케 하며 1895·1896년 兩年의 耗條는 본래부터 받지 않아 올려 보낼 나머지 돈도 없다는 제39호 報告」, 『公文偏案』 68冊, 奎 18154

[107] 「勅令 164호 郡守官等俸給에 관한 件(1895년 9월 5일)」, 『韓末近代法令資料集』 1, 570~574쪽.

이에 호응하고 있던 친일정권에 대한 반대의 분위기가 형성되었다. 이는 의병운동에 호응하여 참여하는 심리적 동기가 될 수 있었다. "거주하던 백성들이 모두 떠나갈 마음을 품고 패악한 무리가 강도와 절도를 자행하고 있는데도, 관에서는 위엄을 펴 엄히 금하지 못하고 백성들은 보호받아 편안히 거주하지 못하니, 살 자리를 잃고 방황하는 광경을 바라보노라면…"[108] 라고 하여 상당수의 원주민인이 난을 생각하고 혼란 속에 있었음을 알 수 있다. 이 상소는 강원감영의 복설을 위해 작성된 것이었기에 강원감영이 폐지된 원주의 상황을 최대한 어렵게 표현하고자한 의도가 있었다. 또 작성 시기도 아관파천 이후인 1896년 8월 9일로 고종이 의병해산을 권유하고 의병에 대한 토벌방침을 명확히 하여 의병운동이 쇠퇴한 시점이었기에 시기적으로 약간의 차이가 있었다. 그러나 강원감영의 폐지로 '거주하던 백성들이 모두 떠나갈 마음을 품고 패악한 무리가 강도와 절도를 자행한다'고 하여 강원감영의 폐지가 의병운동의 한 원인이었음을 간접적으로 보여주고 있었다.

한편, 무리하게 추진된 23부제는 오래가지 못하였다. 그 개혁의 취지가 근대적 관료제와 재정제도의 확립에 있었다고 하여도 오랜 기간 형성되고 정착된 8도제의 지방행정조직을 일시에 개혁하기에는 어려움이 있었다. 여기에 더해 명성황후 시해사건과 단발령의 공포로 의병운동이 일어나면서 23부제의 운영은 사실상 불가능해졌다. 특히, 23부에 새로 임용되는 관찰사들이 개화의 앞잡이라고 이해되어 의병에 의해 처단되는 경우가 많아서 지방통제의 어려움이 있었다. 결국 23부제는 실시 15개월만인 1896년 8월 4일 칙령 제35호에 의해 폐지되고, 이어서 내린 칙령 제36호에 의해 13도제가 실시되었다.[109]

---

108) 『承政院日記』 1896年 8月 9日.
109) 「勅令 제36호 地方制度·官制·俸給·經費 改正(1896년 8월 4일)」, 『韓末近代法令資料集』 2, 115~124쪽.

13도제의 실시로 원주민인들은 강원감영이 다시 원주에 설치될 것이라고 기대하였다. 그러나 그러한 기대와 달리 강원감영은 춘천으로 이전되었다. 이것은 대부분의 도(道)가 23부제 이전에 감영이 설치되었던 곳에 다시 감영을 설치한 것과 대조되는 것이었다. 이에 원주에서는 강원감영의 춘천 이전을 반대하고 다시 원주에 설치할 것을 요구하는 여론이 형성되었다. 형성된 여론은 행동으로 이어져 유학(幼學) 김준호(金駿鎬)를 중심으로 원주민인들은 내부(內部)에 강원감영의 원주 재설치를 여러 차례 요구하였다. 그 과정에서 원주에 강원감영을 재설치해야 하는 몇 가지 이유를 들어 밝히고 있었다.110) 첫째, 원주가 차지하는 국가적 위상과 읍격(邑格)이었다. 원주의 읍격에 대해 '원주의 동쪽에 치악산(雉嶽山)이 있는데, 이는 바로 나라의 동악(東嶽)으로서 예부터 존숭(尊崇)하여 제사하던 곳입니다. 그러므로 봄가을로 어명을 받들어 향축(香祝)을 올리는 것이 근엄하고 정결하였던 것입니다. 옛날부터 이러하였다면 등한히 여기는 고을에 비할 바가 아닙니다'라고 하여 원주를 강원도의 여타 지역과 비교할 수 있는 곳이 아니라고 주장하였다. 둘째, 원주에는 감영을 운영할 수 있는 기반이 조성되어 있다는 것이었다. '원주에는 구제(舊制)에 따라 감영을 두고 춘천에는 다른 곳의 예에 따라 부윤(府尹)을 설치하면, 국가에 있어서는 비용을 낭비할 우려가 없고, 공사(公私)에 있어서는 한쪽으로 치우쳤다는 탄식이 없을 것입니다'라고 하여 조선 개국 이래 강원감영 소재지로 이를 운영하는 조직, 재정 등이 충분히 형성되어 있음을 강조하였다. 특히 재정낭비를 막을 수 있기에 현시점에서 춘천으로 무리하게 강원감영을 이전하기보다는 원주에 재설치하는 것이 국가적으로 훨씬 더 이익이라는 것이다.

강원감영 복설운동과 관련해 정주(定州), 개성, 강계 등에서 일어난 항의운동에 대해서도 주목해 볼 필요가 있다. 이들 지역에서 발생한 항의운동

---

110) 『承政院日記』 1896년 8월 9일; 『고종실록』 권34, 고종 33년 9월 15일.

도 읍격의 변화와 밀접한 관계가 있었다. 정주는 평안북도 수부로 정해진 지 몇 달 만에 영변(寧邊)으로 관찰부가 이전되면서 항의운동이 전개되었으며111), 강계에서는 23부제 하에서 설치된 관찰부가 폐지되고 일반 군(郡)으로 강등되자 격렬한 항의가 제기되었다.112) 개성부 역시 관찰부가 폐지되고 경기관찰부가 수원에 설치되면서 경기도 소속의 부(府)가 되어 김시행(金時行) 등 지역인사들이 수차례 부민(府民) 대집회를 개최하고 상경하여 참여하였다. 여기에 상인들도 동참하여 철시(撤市)하고 함께 상경하여 항의운동을 전개하였다.113) 이것은 정부정책에 대한 불만을 표출한 것으로 누적된 저항의식이 특정한 계기를 맞이하여 폭발할 수 있음을 보여준 것이라고 하겠다. 이러한 연장선상에서 강원감영 복설운동도 전개되고 있었던 것이다. 그러므로 강원감영 복설운동이 실패로 돌아갔다고 하더라도 정부정책에 불만을 품은 저항세력이 형성될 수 있었다. 따라서 정부는 이러한 불만에 대해 적절하게 대응할 필요가 있었다. 그리하여 원주에 군사적 측면을 고려하는 가운데 읍격에 대한 불만을 무마하기 위해 원주지방대를 설치하였고 이후 원주진위대로 확대 개편하였다.

(2) 군사제도개혁에 따른 포군의 의병참여

의병부대가 수행한 거의 모든 전투에서 일본군과 중앙군을 상대로 직접 전투를 행한 실질적인 무력기반은 포군이었다. 그들은 19세기 후반 지방군의 주력이었으며, 조선의 전략군으로 양성되었다. 그러나 청일전쟁 이후 지방제도 개혁으로 감영(監營)·안무영(按撫營)·유수부(留守府)가 폐지되

---

111) 『고종실록』 권35, 고종 34년 4월 13일.
112) 『고종실록』 권34, 고종 33년 11월 23일.
113) 『고종실록』 권34, 고종 33년 8월 27일; 9월 9일; 『駐韓日本公使館記錄』 11권 「二. 本省往報告」 (11)[施政一班 등 보고].

고 지방 군사제도에 대한 개혁이 추진되면서 포군을 중심으로 한 지방군의 지위가 크게 흔들리게 되었다.

지방제도 개혁과 함께 군제개혁도 진행되었다. 지방군제 개혁은 1894년 통제영(統制營)을 혁파(革罷)하고 해군의 절제(節制)를 강화 진무영에 이속하는 것으로 시작되었으며[114], 이와 동시에 진행된 경무청의 설치로 지방군의 역할이 변화하기 시작하였다. 당시 경무청은 좌우포청(左右捕廳)을 합쳐 경무청으로 설립하고 내무아문 소속으로 한성부(漢城府) 오부자내(五部字內)의 경찰사무를 담당하게 하였다.[115] 또한 「행정경찰장정(行政警察章程)」을 반포하여 지방관으로 하여금 무민사무(撫民事務)를 경무관총순(警務官總巡)이 담당하게 하였다.[116] 총순(總巡)의 지휘를 받는 순검(巡檢)은 백성의 보호, 풍기단속, 범죄예방 등의 활동을 하였다. 이렇게 되자 그동안 각영(各營)에서 실시하고 있던 발순(發巡)이 중단되었다.[117] 이제 지방의 치안은 신설되는 경찰기구가 담당하게 되었다.

이와 함께 군국기무처는 지방병제가 갈수록 해퇴(解頹)해져 위급할 때 제대로 운영되기 어렵다고 지적하고, 군무아문과 탁지아문에 위원을 특파하여 각도(各道) 진보(鎭堡) 및 산성(山城)을 순시(巡視)하여 전곡(錢穀)의 응입(應入) · 응하(應下)와 교졸액수(校卒額數)를 일일이 파악하도록 하였다. 지방군제의 개혁을 예고한 것이었다.[118] 그러나 군국기무처가 폐지되고 일본의 영향력이 심화되면서 군제개혁에 대한 논의만 있었을 뿐 실질적인 변화는 나타나지 않았다. 그러다가 1895년 이른바 을미개혁 때부터 본

---

114) 「統制營을 革罷하는 件(1894년 6월 22일)」, 『韓末近代法令資料集』 1, 1쪽.
115) 「警務官制 · 職掌을 議定한 뒤 內務衙門에 所屬시키는 件(1894년 7월 1일)」 · 「警務廳官制 職掌(1894년 7월 14일)」, 『韓末近代法令資料集』 1, 17 · 38~41쪽.
116) 「行政警察章程(1894년 7월 14일)」, 『韓末近代法令資料集』 1, 41~47쪽.
117) 「各營發巡을 停罷하는 건(1894년 7월 26일)」, 『韓末近代法令資料集』 1, 79쪽.
118) 『고종시대사』 3집, 1894년 8월 26일.

격적으로 군제개혁이 시작되었다. 1895년 3월 1일 친일정부는 5도(都) 유수개성·강화·광주(廣州)·수원·춘천와 각 도의 관찰사를 비롯하여 병마절도사·수군절도사·방어사가 패용하는 비밀 병부(兵符)와 각 읍·진의 수령·변장들이 사용하는 병부(兵符)가 실제로 효력이 없다고 하여 반부(頒符)하는 제도를 폐지하도록 하였다. 또 각도(各道)에 보관중인 병부(兵符)도 해당 감영에서 회수하여 중앙정부로 반납하도록 하였으며, 감영·유수영·병영·수영에 있는 마패(馬牌)도 일체 반납하도록 하였다.[119] 이는 전통적인 명령지휘체계의 운용을 정지시키는 조치로 구식군대의 문제점을 개선하기보다는 아무런 대안도 없이 제도 자체를 혁파해 버린 것이었다.

3월 29일에는 경외(京外)에 주둔하고 있는 지방군의 현황, 그 비용의 징수와 지판법(支辦法)을 조사하고 수영(水營)과 통영(統營)의 폐지법을 군부에서 조사하도록 하였다.[120] 이러한 조치들은 일본공사의 감시하에 시행됨으로써, 지방군제 개편에 일본의 입김이 작용하고 있었다.[121] 이후 5월 26일 칙령 제97호의 반포로 전통적인 지방군인 감영군이 혁파되었다. 윤5월 7일에는 각도(各道) 외영(外營)의 병정(兵丁)을 윤5월 20일부로 해산한다는 칙령 제111호를 반포하였다.[122] 이와 함께 윤5월 3일에 칙령 제110호 「군기등(軍器等)의 관사(管査)에 관한 건(件)」을 반포하여 지방군 혁파로 실직된 지방군이나 불만세력에게 무기류가 밀반출되는 것을 막고자 하였다.[123] 그러나 지방군제 개혁을 주도하던 박영효가 반역음모에 연

---

[119] 「各道 密兵符의 廢止 還收에 관한 件(1895년 3월 1일)」,『韓末近代法令資料集』1, 182~183쪽.

[120] 「京外舊新兵의 調査에 관한 件(1895년 3월 29일)」·「水營·統營廢止法에 관한 件(1895년 3월 29일)」,『韓末近代法令資料集』1, 276쪽.

[121] 서인한,『대한제국의 군사제도』, 혜안, 2000, 45쪽.

[122] 「勅令 제111호 各道外營兵丁의 解放에 관한 件(1895년 윤5월 7일)」,『韓末近代法令資料集』1, 433쪽.

루되어 윤5월 15일에 일본으로 망명하자 추진되고 있던 개혁은 중단되었다. 윤5월 19일 칙령 제117호를 반포하여 칙령 제111호로 해산 예정이었던 각도 외영 병정의 해산이 차후 군부령으로 해산일을 정할 때까지 유보되었다.[124]

이후 정국이 안정화되면서 일본과 군부대신 안경수의 주도로 7월 15일 칙령 제139호 '삼도통제영폐지건(三道統制營廢址件)' 제140호 '각도병영수영폐지건(各道兵營水營廢址件)' 제141호 '각진영폐지건(各鎭營廢址件)' 제142호 '각진보폐지건(各鎭堡廢址件)' 제143호 '감목관폐지건(監牧官廢址件)'을 동시에 반포하여 전국에 설치되어 있던 삼도통제영(三道統制營), 각도병영수영(各道兵營水營), 각진영(各鎭營), 각진보(各鎭堡) 등을 폐지하고 소속된 군인을 일제히 해산시켰다. 또한 그들이 사용하였던 군물(軍物) 중 통제영(統制營), 병영(兵營)·수영(水營), 진보(鎭堡) 소속의 군물은 군부로 이속시켰고, 진영(鎭營) 소속의 토포기구(討捕器具)는 각 진영 소재 부청(府廳)이나 군청(郡廳)에 이속하였다.[125] 이에 따라 원주지역에 설치되었던 강원감영, 원주진(原州鎭), 중영(中營) 등이 폐지되고 소속되었던 영리 및 지방군이 해산되었다.[126]

---

[123] 「勅令 제110호 軍器等의 管査에 관한 件(1895년 윤5월 3일)」, 『韓末近代法令資料集』 1, 423~424쪽.
[124] 『日省錄』 高宗 32年 閏5月 19日.
[125] 『日省錄』 高宗 32年 7月 15日.
[126] 19세기 후반 지방군 편제상 강원감영에는 千摠 2인, 把摠 4인, 牙兵哨官 28인, 敎鍊官 4인, 知彀官 2인, 旗鼓官 2인, 旗牌官 33인, 別軍官 1,000인, 別武士 815인, 都訓導 38인, 敎師 30인, 馬兵武學領將 5인, 旗牌官 2인, 烽武士 1,010인, 武學 639인, 牙兵 2,227명, 善防中哨砲手 122명, 屯牙兵 247명, 標下軍 46명, 諸執事隨率軍 33명, 旗奉持 4명, 勸武別武士卜馬軍并 91명, 吏奴作隊哨官 1인, 旗牌官 1인, 吏奴作隊軍 267명이 소속되어 있었고, 원주진에는 천총 2인, 파총 3인, 討捕軍官 137명, 鎭營軍官 58인, 軍器監官 2인, 束伍哨官 16인, 知彀官 4인, 旗鼓官 4인, 旗牌官 37인, 敎師官 12인, 武學領將 1인, 別隊領將 1인 都訓導 3인, 都訓導保 3명, 武學 294인, 別隊軍 134명, 武學保 13명, 元束伍差備軍并 2246명, 束伍差備軍保 127명, 吏奴作隊哨官 7인, 旗牌官 7인, 吏奴作隊軍 899명이 소속되어 있었으며, 중영에는 軍官 38인, 隨率軍 25명, 標下軍 12명, 討捕軍官 68인이 소속되어 있었다(『關東誌 1』, 監營·原州, 軍額).

이와 함께 정부는 해산군인들이 집단 반발할 것에 대비해 1896년 8월 2일 '구 각영에 속했던 병정과 서예(胥隸)들 중에서 해방된 자가 급료 혹은 기타 사항으로 호소할 사안이 있으면 전일 그 관할 두목을 통하여 본부에 와서 고하되 2인을 넘지 말고, 또한 어떠한 종류의 사건을 막론하고 예전 영속(營屬) 10인 이상이 모이다가 발각되면 그 주도자를 조사하여 죄의 경중에 따라 징치할 것이니 알기 바람'127)이라는 내용의 군부령 제1호를 내렸다. 또 같은 날 군부령 제2호로 해산군인이 휴대하였던 군장비와 무기도 빠짐없이 반납하도록 하였다.128) 이는 임오군란의 경험이 있던 정부에서 해산군인들의 집단행동을 극도로 경계하였기 때문이다. 혹시 모를 집단행동에 대비하여 여러 사람이 모이는 것을 사전에 막을 뿐만 아니라 무기를 회수하여 무력행동을 막고자 한 조치였다.

한편, 지방군이 해산되기 전인 1895년 3월 10일 내무아문에서 각 동리에 있는 군수물자와 총, 칼, 연환(鉛丸), 화약 등을 거둬들여 군문(軍門)의 관

---

127) 軍部令第一號 舊各營에 屬ᄒ야든 兵丁과 胥隸 等 中 解放된 者가 給料或外他事項으로 呼訴ᄒᆞᆯ 事案이 有ᄒ거든 前日 該管頭目을 囑托ᄒ야 本部에 來告ᄒ되 兩人에 踰치 勿ᄒ고 또ᄒᆞᆫ 何樣事件을 勿論ᄒ고 舊日 營屬十人以上이 群集ᄒ다가 現發ᄒᆞᆯ 境遇에는 該發起人은 查明ᄒ야 輕重을 隨ᄒ야 懲治ᄒᆞᆯ지니 知悉惕念ᄒ미可 홈(『官報』, 開國 504년 8월 2일, 「部令」).

128) 軍部令 第二號 舊各營에 屬ᄒ야든 馬步將卒 解放된 者의 軍裝軍器等 收納ᄒᆞᆯ 件을 左開ᄒ야 令飭홈. 開國五百四年七月三十日 軍部大臣 安駧壽
   第一條 舊各營 兵丁의 服裝을 營費로 製給ᄒ야든 者는 新舊를 勿論ᄒ고 左開를 依ᄒ야 來納ᄒ미可 홈. 一 軍裝 上下 一襲 一 革帶 并 彈藥入細囊
   第二條 舊各營 將卒의 帶持ᄒ야든 銃刀와 鐵槌(도리기)等物도 隨存來納ᄒ미 可홈.
   第三條 已上 諸物 外에 軍物 中 銅爐口 等 炊飯器具라도 各營으로셔 遺漏된 物을 藏置ᄒᆞᆫ 者는 一體 來納케 홈.
   第四條 本年 勅令 第一百十號 第五條에 定ᄒᆞᆫ바 護身刀銃이라도 警務廳 許可保證이 無ᄒ면 本部에 沒入 홈.
   第五條 兵額에 解放된 者가 軍器를 私藏ᄒ든지 軍衣를 冒着ᄒ다가 現發ᄒ면 一倂重律로 繩 홈.
   第六條 兵額에 解放된 者가 軍器軍衣를 私藏ᄒᆞᆫ 줄 的實이 查探ᄒᆞᆫ 後에는 巡檢이 該人家에 入ᄒ야 拿獲ᄒᆞᆷ을 得 홈.
   第七條 本令은 官報 揭載日로부터 實行 홈(『官報』, 開國 504년 8월 2일).

리, 관가의 포수, 군노(軍奴) 이외에는 소지하지 못하게 하는 훈시를 내렸다.[129] 지금까지 사적으로 관리되고 있던 모든 무기들을 정부에서 일일이 통제하겠다는 것이다. 여기에는 군대해산 등이 일어났을 때 해산군인들에게 무기가 흘러들어갈 수 있는 통로를 미리 차단하겠다는 의도가 내포되어 있었다. 그러나 이 조치가 얼마나 효과가 있었는지는 미지수이다. 오히려 사냥으로 생계를 이어가던 포수들에게 그들의 생활기반인 총기류가 압수될 수 있다는 인식을 심어주었다.

이러한 일련의 조치로 실직상태에 놓인 포군들은 친일정부와 개혁을 후원하고 있던 일본에 대한 불만을 점차 드러내기 시작하였다. 특히 포군 지도부의 불만이 강하였다. 지평포군의 영수(領袖)인 김백선의 경우 포군들을 이끌고 의병봉기를 시도하기도 하였다. 그는 1894년 동학농민운동 당시 감역(監役) 맹영재(孟英在)와 함께 동학농민군 진압에 큰 공을 세웠다. 그런데 맹영재는 군공(軍功)에 힘입어 지평현감(砥平縣監)에 임명되었던 반면, 김백선은 1년 후 지방군 해산 조칙에 따라 도리어 존재기반이 흔들리게 되었다.[130] 이러한 상황에서 을미사변이 일어나고 단발령이 반포되어 의병봉기의 분위기가 고조되자 김백선도 봉기하고자 하였다. 그리하여 맹영재를 찾아가 의병을 일으킬 것을 논의하였지만 맹영재의 반대로 그 뜻을 이루지 못하였다. 하지만 후일을 도모하기 위해 포군 명부를 챙겼기에 이춘영이 의병봉기를 제의하였을 때 적극적으로 참여할 수 있었다.[131]

원주지역도 강원감영, 원주진(原州鎭), 중영(中營) 등이 폐지되면서 존재기반을 상실한 포군, 강원감영 소속의 영리, 강원감영군, 진영(鎭營) 소

---

[129] 『高宗實錄』 卷33, 高宗 32年 3月 辛巳.
[130] 박정수, 「하사안공을미창의사실」, 『독립운동사자료집 1: 의병항쟁사자료집』(독립운동사편찬위원회), 1971, 352쪽(이하 「하사안공을미창의사실」이라고 함).
[131] 구완회, 「의병수시말 해제 및 해설」, 『한말 제천의병 연구』, 선인, 2005, 342쪽.

속의 지방군들 사이에서 정책을 추진한 친일내각 및 이를 후원한 일본에 대한 불만이 고조되었다.[132] 따라서 명성황후 시해에 대한 복수와 단발령 반대를 기치로 내세웠던 의병운동에 적극 참여하였다.

한편, 의병부대에 전투력을 제공한 포군은 이에 상응하는 일정한 대가를 받았다. 지급되는 대가의 형태는 첫째, 일정한 급료 형태로 포군에게 직접 지급하였다.[133] 둘째, 소작권을 보장해 주거나 현물을 지급하였다. 의병장은 포군들이 남의 전답을 빌어 소작하는 것을 혹시라도 다른 사람에게 옮겨주는 일이 없게 하며, 그 마을에서 힘을 모아 그들의 생계를 돌보아 주게 하였다.[134] 또한 지평포군의 경우에서 보이듯이 포군의 집에 시초와 양곡을 계속 지원하고, 병난 이들을 구원하며, 전답의 소작을 바꾸지 말아서 각기 마음 놓고 살게 하였다.[135] 즉, 소작권의 보장이나 현물의 지급 등 가족의 생계를 지원하는 방식으로 이루어졌다.

군제개혁으로 지방군이 해체되고 있는 상황에 대해 원주의 양반유생들도 심각하게 주목하였다. 그들의 인식은 「원주유민품목」에 연명하였던 이순범(李舜範)의 상소를 통해 간접적으로 확인할 수 있다.[136] 이순범은 상소를 통해 정부의 개혁정책에 대해 국제(國制)를 고쳐 새롭게 한다는 취지에 대해서는 동의하였으나 그 구체적인 내용에서 문제를 제기하였다. 그것은 첫째, 명분을 바로하고 기강을 세우는 것이었다. 둘째,

---

[132] 오영교, 『강원감영연구』, 원주시, 2007, 241쪽.
[133] 민용호 의진이나 진주의병, 노병대 의병 등의 경우에는 일정하게 급료를 지급하고 있었다(이상찬, 「갑오개혁과 1896년 의병의 관계」, 『역사연구』 5, 역사학연구소, 1997, 35쪽).
[134] 박정수, 「하사안공을미창의사실」, 『독립운동사자료집 1: 의병항쟁사자료집』(독립운동사편찬위원회), 1971, 377쪽(이하 「하사안공을미창의사실」이라고 함).
[135] 박정수, 「하사안공을미창의사실」, 1971, 424쪽.
[136] 물론 이순범의 상소가 원주지역 양반유생의 전체를 대변하는 것은 아니었지만, 통혼권 등을 통해 관계망을 형성하고 있던 유력가문은 사회문제에 대해 일정 정도 공감대를 형성하고 있었다.

학교를 일으키고 어질고 착한 사람을 등용하는 것이었다. 셋째, 문장(文章)을 표시하여 귀하고 천한 것을 구별하는 것이었다. 넷째, 순검(巡檢)을 줄이고 병정(兵丁)을 늘리는 것이었다. 다섯째, 부세(賦稅)를 가볍게 지우고 까다로운 법을 없애는 것이었다. 여섯째, 성문(城門)을 여닫는 규정을 엄격히 하는 것이었다.[137] 여기서 군제개혁과 관련해 병정을 증액할 것을 주장하였다. 그는 예로부터 내려오는 군액(軍額)을 줄이고 생소한 순검을 신설하는 것은 효과가 없고 헛되이 월급만 낭비하는 것이라고 하면서 감군(減軍)에 대해 반대하였다.[138] 또한 근대적 군제개혁을 주장하지는 않았지만 군액증가를 주장한 것은 자주적 군제개혁의 필요성을 암시한 것이었다. 하지만 일본의 후원 속에서 군제개혁이 진행되고 있었기에 그의 의견은 받아들여지지 않았고 감영군을 비롯한 지방군의 해산은 진행되었다.

3) 반일적 중앙정치세력과의 연계와 의병참여세력의 역할

(1) 반일적 중앙정치세력과의 관계

'원주의병'과 반일적 중앙정치세력과의 관계는 의병운동을 주도적으로 이끌었던 이춘영, 김사정 등을 통해 파악할 수 있다. 이들은 경기도 지평(현 경기도 양평군), 강원도 원주 등지에 거주하였는데, 이 지역의 양반가문은 통혼권 등을 통해 관계망이 형성되어 있었다. 또한 중앙정치세력과 연계되어 있었고 사상적으로 화서학파와 관계를 맺고 있었다. 따라서 '원

---

[137] 一曰 正名分立紀綱 二曰 興學校進賢良 三曰 表文章別貴賤 四曰 減巡檢增兵丁 五曰 輕賦斂除苛法 六曰 嚴城門開閉之規也(『高宗實錄』, 고종 32년 6월 24일).
[138] 除減舊來之軍額 新設生疎之巡檢 實無其效 徒費月給也(『高宗實錄』, 고종 32년 6월 24일).

주의병' 참여세력의 성격을 분명히 하기 위해 이러한 지역적·사상적 배경을 지닌 몇몇 인물에 대해 살펴볼 필요성이 있다. 먼저 주목해 볼 인물은 원주에서 의병을 일으킨 이춘영이다. 그는 중앙과 지역을 연결하는 핵심적인 역할을 하였다.

이춘영은 영조대(英祖代) 판돈녕부사를 역임한 이기진(李箕鎭)의 직계 6세손으로 지평에 세거하고 있던 덕수이씨 가문의 사람이었다. 이 가문은 17세기 이후 동족마을을 형성하였으며, 유력 가문이었던 남양홍씨, 기계유씨, 풍양조씨, 여흥민씨, 연안김씨 등과 혼인관계를 맺어 향촌내 지위를 확고히 하였다.[139] 특히 이춘영의 조모(祖母)는 여흥민씨로 참판(參判)을 지낸 민치문(閔致文)의 딸이었으며, 승지(承旨)를 지낸 연안김씨 김재익(金載翼)의 외손이었다. 민치문의 후손들은 문과에 급제하여 중앙관료로 활동하였다. 손자인 민영목(閔泳穆)은 민태호(閔台鎬)·민영익(閔泳翊)·민응식(閔應植)과 함께 이른바 '사민(四閔)체제'를 구축한 권력의 핵심인물이었다. 증손자인 민형식(閔亨植)은 강원감사를 역임하였다.[140] 이외에도 민영목과 함께 갑신정변 때 참살당한 민영일(閔泳一)이 손자였으며, 한성부판윤을 지낸 민정식(閔正植)이 증손자였다.[141] 즉, 민영목·민영일은 이춘영의 부(父) 이민화(李敏和)와 외종형제였으며, 민형식·민정식은 외종질이었다.

이춘영의 아버지인 이민화는 선공감감역(繕工監監役)을 지낸 이재신(李載信)의 3대 독자로 친가의 친족들이 많지 않았다. 이 점은 그가 외가와 각별한 관계를 맺을 수 있는 한 원인이 되었다. 특히 사마시(司馬試)에 입

---

[139] 이춘영의 고조부인 李澤模는 영의정을 지냈던 俞拓基의 손녀, 증조부인 李魯瓚은 부사를 지낸 洪配浩의 손녀, 조부인 李載信은 판서를 지낸 閔命爀의 손녀와 각 혼인하였다 (『德水李氏世譜』義編, 523~524쪽).
[140] 민영목은 명성황후 집안의 傍系의 계후손이 되었고 친조카인 형식을 입양하였다.
[141] 『驪興閔氏世系譜』卷4, 1973, 610~618쪽.

격한 다음해인 1853년 부친이 사망하고, 1860년 당시 20살이던 외아들 이관영(李觀永)이 사망하면서 유일한 친척인 외가와 빈번한 교류를 하였던 것으로 보인다. 이후 1868년 49세의 나이로 넷째부인 경주최씨(慶州崔氏)에게서 다시 아들을 얻으니 그가 바로 이춘영이었다.[142] 이민화에게 이춘영은 더없이 귀한 아들이었다. 그러므로 1873년 죽음을 앞둔 상황에서 어린 춘영의 장래를 매우 걱정하였고, 거의 유일한 친족이었던 외가 사람들에게 이춘영의 장래를 특별히 당부하였다. 명성황후 시해사건 후 민씨 척족의 모 대신이 이춘영을 그의 향장(鄕庄)으로 불러 선대의 부탁을 받았다며 적극 밀어주겠다는 의사를 표하기도 하였다.[143] 이처럼 이춘영은 여흥민씨 가문의 영향을 받았으며, 이들을 통해 당시 중앙의 정치상황에 대하여 파악할 수 있었다.

한편 이춘영은 원주지역과 깊은 인연을 맺고 있었다. 우선 그의 부친인 이민화가 사마시 입격 당시 원주에 거주하였는데,[144] 덕수이씨는 19세기 원주지역 유력가문 중에 하나였다. 또 처가가 원주지역 유력가문인 지정면 안창리 연안김씨 가문이었다. 즉, 이춘영은 원주지역에 관계망을 형성하고 있었으며, 특히 연안김씨 가문과 밀접한 관계를 맺고 있었다. 그래서 연안김씨 집안의 사람인 김사정 등과 의병봉기를 함께 준비한 것이었다. 이와 관련하여 연안김씨 가문에 대한 분석도 필요하다.

원주에 거주하는 연안김씨 가문은 연흥부원군(延興府院君) 김제남(金悌男)의 후손으로 김제남 사우(祠宇)를 중심으로 동족마을을 형성하여 향촌사회의 주도권을 장악하였으며, 유력 가문들과 혼인을 통하여 결속을 공고

---

[142] 덕수이씨세보간행위원회, 『德水李氏世譜』義編, 2001, 523~524쪽.
[143] 오영섭, 「여흥민씨척족과 한말의병」, 『한국근현대사연구』 31, 한국근현대사학회, 2004, 61~62쪽.
[144] 『司馬榜目』에 의하면 이민화는 1852년 식년 생원시에 합격하였으며, 본인 거주는 원주로 되어 있다.

히 하였다. 뿐만 아니라 지역사회에서 덕망 있는 가문으로 여론을 주도할 능력도 있었다. 1885년 원주농민운동에서 이미 확인된 것으로 농민들의 간절한 요청으로 소장을 작성한 김택수와 「원주유민품목(原州儒民稟目)」의 작성을 주도한 김관수가 바로 연안김씨 가문의 사람들로 이춘영의 처삼촌이었다.[145]

또한 형조판서 등을 역임한 김세기도 이 가문의 사람이었다. 김제남의 11대 종손인 김세기는 김제남의 봉사손이라 하여 1874년 사마시에 입격하자마자 수릉참봉(綏陵參奉)으로 관직생활을 시작하였다. 이후 공조좌랑, 홍산현감, 담양부사 등을 거치면서 주로 외직에 있다가 1882년 문과급제 후 부교리를 시작으로 중앙정계에서 활동하였다. 그는 1885년 진주사(陳奏使) 서장관(書狀官)에 임명되어 정사(正使)인 민종묵(閔種默)을 보좌하여 청나라에 다녀오기도 하였다. 경기관찰사, 개성유수, 병조참판, 이조참판, 형조참판, 형조판서 등 내외관직을 역임하였지만, 상당기간 승정원, 비서원, 궁내부 등에서 근무하며 고종을 보좌하였다. 뿐만 아니라 형조판서, 예조판서, 한성부판윤, 이조판서, 병조판서 등을 역임한 민영규(閔泳奎)와 사돈지간이었다. 즉, 김세기는 주요 관직을 역임하면서 민씨정권의 핵심인사들과 교류하였다.

주요 관직을 역임하며 고종을 지근거리에서 보좌했던 김세기는 개성유수로 근무하던 1893년 11월 안핵사 박용원(朴用元)으로부터 탄핵받았다. 그 이유는 전 감찰 김흔(金炘)이 중심이 되어 일어난 개성민란의 원인이 그의 불법적인 잠삼추장금(潛蔘推贓金) 사용 때문이라는 것이었다. 하지만 추장금이 공용으로 사용된 것이 확인되면서 오히려 안핵사가 문책을 받고 1894년 2월에 석방되었다.[146] 그러나 일본공사관 측에서는 김세기가 요로

---

[145] 심철기, 「19세기 原州지역의 환곡문제와 농민항쟁」, 『지방사와 지방문화』 제13권 2호, 2010, 366쪽.

자(要路者)에게 20만냥(萬兩)의 뇌물을 바쳤기 때문에 면죄되고 안핵사가 문책 받았다고 파악하였다.[147] 이 같은 인식은 이후 김세기가 유배를 떠나게 되는 결정적인 역할을 하였다. 1894년 6월 경복궁점령 이후 들어선 친일내각은 개성민란에 대해 재조사하였다. 그 과정에서 일본공사관의 시각이 반영되어 개성민란의 원인 중 하나로 김세기의 탐학이 거론되었다. 그 결과 원주에 낙향해 있던 김세기는 재차 체포되어 경상북도 영양현(英陽縣)으로 유배되었다.[148] 이때 사돈인 병조판서 민영규를 비롯하여 고종의 측근인 심상훈(沈相薰), 민응식, 민형식 등도 파직당하였다.[149]

유배를 떠난 김세기가 다시 풀려난 것은 1년여가 지난 1895년 6월 이후였다. 청일전쟁의 결과 1895년 4월 17일 시모노세키조약이 체결되자 4월 23일 러시아는 일본의 요동반도 점령 포기를 요구하는 삼국간섭을 일으켰다. 삼국간섭으로 조선을 둘러싼 정세의 변화가 나타나는 상황에서 군부대신 조희연(趙羲淵)이 박영효와 갈등으로 전격 파면되고 총리대신 김홍집, 외무대신 김윤식, 탁지부대신 어윤중 등이 사임하였다. 이후 민영환, 민영소, 민영달, 심상훈 등 고종 측근들이 궁중특진관 등으로 복귀하면서 친러내각이 구성되었다. 이때 김세기는 유배생활을 마치고 원주로 돌아와 조용히 칩거하였지만 친일내각에 의한 부패자 낙인과 유배로 인해 반일감정이 싹트고 있었다.

이런 상황에서 일본이 조선에서 영향력을 회복하고자 명성황후 시해사건을 일으키고, 이를 계기로 다시 친일내각이 성립되었다. 친일내각은 개

---

[146] 『承政院日記』高宗 31年 1月 29日;『承政院日記』高宗 31年 2月 3日.
[147] 前松都留守免罪의 件 외 4件, 「一. 通常報告 附雜件」, 『駐韓日本公使館記錄』3권.
[148] 당시 김세기는 1894년 4월 형조판서에 제수되었으나 병환중인 어머니의 간호를 위해 낙향할 것을 청하고 고향인 원주에 내려와 있었다(『承政院日記』高宗 31年 3月 7日;『承政院日記』高宗 31年 4月 1日).
[149] 『承政院日記』高宗 33年 8月 22日.

혁정책의 일환으로 지방제도개혁, 단발령 등을 시행하였다. 그중 단발령은 화서학파를 비롯한 전국 유생들의 커다란 반발을 가져왔다. '신체발부(身體髮膚) 수지부모(受之父母)'라는 문구에서 알 수 있듯이, 효를 중시하는 전통적인 도학적 유교사상의 입장에서 단발령은 도저히 받아들일 수 없었다. 원주지역은 또한 사천(私賤) 출신으로 국가로부터 현액까지 받은 효자 황무진 사우가 설치되어 있어 유생들뿐만 아니라 일반 민인도 단발령에 대한 반발이 심하였다.[150]

지방제도개혁, 단발령 등으로 민심이 격앙되어 의병운동의 분위기가 무르익어가는 상황에서 심상훈 등 반일적 중앙정치세력은 의병봉기에 대한 논의를 시작하였다. 원주에 칩거해 있던 김세기도 반일감정과 더불어 중앙정치에서 활동한 이력이 있었기에 참여하였던 것으로 보인다. 하지만 이들 반일적 중앙정치세력은 직접적으로 의병운동에 참여하지는 않았다. 심상훈이 1905년 10월 정운경 의병부대와 관련하여 내부(內部)에 출두하여 공술한 내용 중 의병들에게 '나는 척신(戚臣)으로 폐하의 명만 있으면 언제든지 경성(京城)에 가야 할 몸이기 때문에 원칙적으로 의병에 들어갈 수 없다'[151]라고 한 것에 알 수 있듯이 반일적 중앙정치세력은 상황변화에 따라 신속하게 중앙정계로 복귀해야 했기 때문에 의병에 직접 가담하여 활동하기 힘들었다. 더욱이 김세기는 손이 귀한 집안의 종손이었다는 점에서 전면에 나서 의병을 지원하기는 어려웠을 것이다.[152] 따라서 심상훈, 김세기 등은 의병운동을 간접적으로 지원하는 방안에 대해 논의하였다. 그 결과 의병운동에 적극적이었던 이춘영과 김세기의 삼종백숙부(三從伯叔父)로

---

[150] 심철기, 「19세기 原州지역의 환곡문제와 농민항쟁」, 『지방사와 지방문화』 제13권 2호, 2010, 338쪽.
[151] 義兵에 관한 沈相薰 구술 보고 件, 1905년 10월 12일, 「六. 顧問警察事故報告 (30)」, 『駐韓日本公使館記錄』 24권.
[152] 丁卯大同譜重修委員會, 『延安金氏大同譜』 下卷, 1987, 2213~2219쪽.

밀접한 관계에 있었던 김사정 등을 물밑에서 지원하기로 하였던 것이다. 그래서 안승우, 이범직, 원철상, 신지수 등이 김세기를 찾아가 군사들에게 먹일 군량을 준비케 하고 함께 안창에 모이자고 하였을 때 표면적으로 거절하였던 것이다.[153] 하지만 이후 의병이 단양 전투에서 승리하고도 와해되는 다급한 상황에 이르자 심상훈과 함께 의병을 직접 후원하고자 「원주창의소통문(原州倡義所通文)」이란 거의(擧義)촉구 통문을 각지에 발송하여 의병에 참여할 것을 독려하였다.[154] 김세기는 통문에서 변복령, 단발령,

19세	20세	21세	22세	23세	24세
載均 (1724~1781)	鉉 (1742~1815)	青淵 (1764~1809)	寂秀 (1793~1852)	思晳: 양자 (1838~1858)	世基: 양자 (1852~1908)
		魯淵 (1775~1887)	晚秀 (1863~1902)	思哲 (1888~1945)	續基 (1926~?)
	鍊 (1750~1809)	履淵 (1769~1815)	始秀: 양자 (1841~?)	思述 (1861~1895)	元基 (1884~1910)
				思遠 (1871~1908)	貞基 (1902~?)
				思進 (1878~1927)	亨基(1900~) 秉基(1905~) 宅基(1915~) 洛基(1919~) 連基(1921~)
		鼎淵 (1786~1859)	容秀 (1818~1895)	思翼 (1847~1906)	漢基 (1880~?)
				思翮 (1858~1920)	準基(1886~) 汶基(1889~)
				思翁 (1870~?)	潤基
				思興 (1873~?)	
	鑰: 진사 (1762~1816)	裕淵 (1808~1850)	能秀 (1847~1892)	思鼎: 생원 (1869~1942)	尙基 (1913~)
	鏳 (1778~1815)	左淵: 양자 (1823~1882)	駟秀: 양자 (1861~1886)	思玨: 양자 (1885~1961)	丙基(1907~) 洪基(1912~) 命基(1918~) 福基(1926~)
載說 (?~?)	鍊: 양자 (?~?)	晦淵 (1790~?)	永秀: 양자 (1815~1894)	思斗: 戰死 (1865~1896)	

[153] 이정규, 「종의록」, 『독립운동사자료집 1』, 독립운동사편찬위원회, 1971, 18쪽(이하 『종의록』이라고 함).

명성황후 시해사건을 강하게 비판하고, 그러한 변란을 일으킨 일본과 개화 성향의 10대신, 지방관리들을 징치(懲治)하기 위해 거의(擧義) 했음을 밝히고 있었다.155)

명성황후 시해사건으로 성립한 친일내각을 와해시키고자 하였던 여흥민씨, 심상훈, 김세기 등 반일적 중앙정치세력은 원주 안창에서 봉기한 의병부대를 물밑에서 후원하였다. 이들은 전면에 나서 의병운동을 주도할 수 없었으나 의병운동에 적극적이었으며 자신들과 특수한 관계에 있었던 이춘영, 김사정 등을 후원하였던 것이다. 특히 이춘영은 조모를 통해 여흥민씨와 긴밀한 관계를 맺고 있었으며, 처가가 원주의 유력가문인 연안김씨 김세기의 가문이었다. 또 지평에 세거하면서 화서학파 이근원과 서찰을 통해 학문의 도리 등에 대한 가르침을 받는 등156) 화서학파와 연계하여 활동할 수 있었다. 즉, 이춘영은 중앙정치세력의 후원을 받으면서 원주, 지평, 제천 등지의 유생 및 화서학파와 연합할 수 있는 인물이었다. 따라서 그를 연결고리로 '원주의병'이 준비되었던 것이다.

(2) 의병부대에서 참여세력의 역할

을미의병에 참여한 인물 중 현재까지 자료에서 확인되는 원주지역 관련자는 〈표 2〉와 같다.157) 그들은 크게 양반유생층과 포군층으로 나눠볼 수 있다.

---

154) 「원주창의소통문」에 대한 진위여부에 대해 논란이 있을 수 있으나 최소한 원주지역에서 의병소모를 위해 작성된 것으로 보인다. 자세한 내용은 3절 1896년 원주의병운동과 의병전략의 등장에서 다루고자 한다.
155) 오영섭, 「고종 측근 심상훈과 제천지역 의병운동과의 연관관계」, 『한국근현대사연구』 35, 한국근현대사학회, 2005.
156) 이근원 저/장석현 번역, 『國譯 錦溪集』, 친환경농업박물관, 2009, 358쪽.
157) 의병참여인물은 대부분 의병측 자료를 통해 확인되기 때문에 기록을 남겼던 의병지도부를 중심으로 의병참여자가 확인되는 한계가 있다.

〈표 2〉 원주지역 의병운동 참여자

성명	생몰년	본관	거주지	비고
具然詳	미상	능성 구씨	원주	관군 정탐
具哲祖	미상	능성 구씨	충주	司果, 유인석 연합의병부대 원주수성장
金敎憲	1859~?	경주 김씨	원주	進士(1882), 유인석 연합의병부대 원주 신림면 파수장
金蘭圭	미상	미상	미상	정선군수, 포군소모
金萬東	미상	미상	주천	충주정탐
金炳大	미상	미상	미상	홍산군수, 유인석 연합의병 원주수성장
金思斗	1865~1896	연안 김씨	원주	유의석 연합의병부대 중군 참모
金思鼎	1867~1942	연안 김씨	원주	進士(1891), 총독소모장, 헌책
武總	미상	미상	원주	구룡사 승려, 승장
朴雲瑞	미상	미상	원주	포군영수, 도령장
朴貞洙	1859~1917	죽산 박씨	원주	유인석 연합의병부대 중군 참모
沈相禧	1861~1931	청송 심씨	원주 지내면	여주의병장
元容正	1860~1907	원주 원씨	원주 강천	유인석 연합의병부대 유인석 종사
元容八 (元容錫)	1862~1907	원주 원씨	원주	심상희 의병부대 후군장, 유인석 연합의병부대 중군
劉錫吉	미상	미상	원주	포군, 포군소모
尹基榮	1856~1907	파평 윤씨	원주	유인석 연합의병부대 격진 중군장
李康赫	미상	미상	원주	이강년 의병부대 종사
李明魯	미상	미상	주천	進士, 유인석 연합의병 소모장
李錫吉	미상	미상	원주	포군, 이강년 의병부대 유격군
李麟榮	1860~1909	경주 이씨	원주	원주의병장
李哲和	1855~	전주 이씨	원주	進士(1876), 갑오군공, 괴산 등지 의병소모
李春永	1869~1896	덕수 이씨	지평	유인석 연합의병 중군장, 처가 안창리 연안 김씨
朱鉉三	?~1907	능성 주씨	원주	주용규 셋째아들, 유인석 연합의병 유인석 참모
韓東直	미상	청주 한씨	원주	오위장, 유인석 연합의병 참장
洪祐範	미상	미상	원주	유인석 연합의병 수성중군·수성장

※출처: 독립운동사편찬위원회, 1971,『독립운동사자료집 제1집』, 독립유공자사업기금운용위원회.

① 양반유생층

〈표 2〉에 나타난 의병운동에 참여한 원주지역 양반유생층은 크게 두 부류로 나눠 살펴볼 수 있다. 첫째, 원주지역 유력가문과 직·간접적으로 연계된 인사들이었다. 〈표 2〉에서 양반유생으로 본관이 확인되는 가문은 경

주김씨, 연안김씨, 죽산박씨, 원주원씨, 파평윤씨, 전주이씨, 덕수이씨, 능성주씨, 청주한씨, 경주이씨 등이다. 이 중 원주원씨, 덕수이씨, 연안김씨, 전주이씨, 청주한씨 등은 19세기 사마시 입격자를 10명 이상 배출한 유력 가문이었다. 즉, 의병지도부에 참여하고 있던 김사정, 김사두, 원용정, 원용팔, 한동직, 이춘영, 이철화[158] 등은 원주지역 유력가문 출신이거나 직·간접적으로 연계를 맺고 있는 인물이었다. 그들의 의병참여가 개인적인 차원에서 이루어진 것인지 가문의 후원을 등에 업고 이루어진 것인지는 명확하지 않다. 그런데 김사정·이춘영 등이 의병운동을 전개할 당시 연안김씨 가문의 종손인 김세기가 물밑에서 후원하였던 것과 원용정의 가문인 원주원씨를 비롯하여 신림, 주천 일대에 거주하던 청송심씨, 파주염씨 등의 인사 일부가 의조금 등을 기부하였던 것을 보면 가문전체 차원은 아니더라도 지역의 동족마을에서 의병운동을 후원하였다는 것을 알 수 있다. 둘째, 화서학파와 직·간접적으로 연계되어 있었다. 이는 의병운동에서 중추적인 역할을 한 김사정, 이춘영, 박정수, 원용정, 주현삼 등이 유인석의 문인으로 기록된 것을 통해 알 수 있다.

원주지역 양반유생들의 의병운동 참여 방식은 4가지로 나눠볼 수 있다. 첫째, 김사정 등과 같이 유력가문 출신이면서 사마시 입격으로 지역적 위상과 신망이 높았던 양반유생들은 의병모집을 주 임무로 하는 총독소모장, 소모장 등의 직책을 맡아 활동하였다. 둘째, 군수 등 관료를 역임한 인물들은 수성장의 임무를 맡아 지방행정권을 장악하여 의병부대에 군수물자 등을 공급하였다. 셋째, 유인석 등 주요 의병장의 참모로 활동하면서 그들이 원활하게 의병운동을 전개할 수 있도록 보좌하였다. 참모로 활동한 이들은 주로 사제관계로 맺어져 있던 측근들이었다. 넷째, 의병부대의 중군장 등

---

[158] 괴산 등지에서 의병활동을 전개한 이철화는 1885년 원주농민운동 태장봉기에 참여한 이재화의 사촌으로『原州儒民稟目』작성에 참여하였으며, 1894년에는 동학농민군 진압의 공으로 갑오군공록에 올랐다.

을 맡아 최일선에서 의병운동을 전개하였다.

그러나 대부분의 양반유생층은 의병을 모집하거나 핵심 참모로 활동하면서 격문, 통문 등을 작성하여 의병운동을 독려하였다. 이러한 활동은 의병부대에 물적·인적 지원과 의병운동 전략을 세우는 것을 의미한다. 이와 관련해서 연안김씨 가문의 역할이 주목된다. 우선 주목되는 것은 의병부대에 대한 인적·물적 지원이었다. 의병봉기 직후 김사정이 총독소모장에 임명되었던 것이나 안승우 등이 물적 지원을 위해 김세기를 찾아갔던 것에서 연안김씨 가문의 위상을 생각해 볼 수 있다. 또한 의병모의과정에서 이춘영의 장인인 김헌수가 물적 지원을 약속한 것에서도 알 수 있다. 의병이 연안김씨 가문으로부터 물적 지원을 기대한 것은 그 가문의 경제력이 이 일대에서 독보적이었기 때문이었다. 의병운동 당시 연안김씨 가문의 경제 규모를 정확히 알 수 있는 자료는 없으나 1910년대 시행된 토지조사사업을 통해 추정해 볼 수 있다. 토지조사사업 결과 연안김씨 가문의 세거지인 안창리의 토지는 답(畓) 215필지(144,160평), 대(垈) 82필지(20,047평), 분묘지 8필지(2,614평), 임야가 20필지(64,297평), 전(田) 531필지(382,584평)로 총 857필지(613,702평)였다. 이 중 연안김씨 가문의 소유지는 335필지(228,311평)로 안창리 전체 필지의 약 39%이고 면적은 37.2%에 해당하였다.159)

또한 의병전략을 수립하는 데도 일정 정도 역할을 하였다. 특히, 김사정이 제시한 「헌책(獻策)」은 주목된다. 김사정은 아관파천(俄館播遷) 이후 흔들리는 의병을 추스르기 위해 의병봉기의 이유, 목적, 나아갈 방향 등을 제시한 「헌책」을 작성하여 의병부대의 전략으로 제시하였다.160)

의병운동에 참여한 원주지역 양반유생층은 원주지역 유력가문, 화서학파와 직·간접적으로 연계되어 있었다. 이를 바탕으로 주로 의병지도부에

---

159) 『토지조사부』 원주 지정면 안창리.
160) 헌책의 주요 내용은 1장 3절 3) 원주의병의 활동과 연합의병 운동방략에서 자세히 다루고자 한다(이정규, 「倡義見聞錄」, 『독립운동사자료집 1』, 독립운동사편찬위원회, 1971, 112~115쪽).

서 핵심 참모로 활동하면서 의병전략을 구축하거나 격문·통문 등을 통해 의병운동을 독려하고 의병을 모집하였다. 뿐만 아니라 수성장체제 속에서 의병의 관할지역을 통치하는 등의 역할도 수행하였다. 즉 의병부대의 핵심 참모로 활동하면서 물적·인적자원 등의 군수지원 역할을 수행하였다. 그러나 이인영, 한동직 등에서 보이듯이 독립된 의병장으로 활동하면서 연합의병부대의 토대를 마련하기도 하였다.

② 포군층

원주지역 포군의 상당수가 의병운동에 참여하였지만 기록상 확인되는 인물은 그다지 많지 않다. 우선 거론되는 인물은 원주지역 포군의 영수인 박운서(朴雲瑞)이다. 그는 '원주의병'의 도령장에 임명되었지만 의병부대간 포군 확보 경쟁으로 민용호 의병부대에서 활동하게 되었다. 이 외에도 이강년 의병부대의 유격군으로 선봉에서 활동하다 전사한 이석길(李錫吉), 원주 서면 등지에 흩어져 있던 포군을 모집한 유석길(劉錫吉) 등이 있다.

포군들의 의병활동은 의병부대에서 포군들이 행하던 일반적인 역할이었다. 그것은 크게 4가지로 나눠볼 수 있다. 첫째, 박운서·유석길의 경우와 같이 포군을 모집하는 것이었다. 당시 일본군 및 중앙군과의 실질적인 전투는 포군이 담당하고 있었기에 포군의 확보는 의병운동의 성패를 좌우할 만큼 중요한 것이었다. 그런 점에서 각 의병부대는 강원감영, 원주진, 중영 등 기존에 지방군이 설치되어 상대적으로 뛰어난 능력을 지녔던 원주지역 포군을 확보하고자 노력하였다. 둘째, 이석길의 활동에서 보이듯이 의병부대의 실질적인 무력기반으로 적과 직접 전투를 수행하였다. 이는 을미의병 최대 세력이었던 유인석 연합의병부대의 전투과정에서 잘 드러나고 있다. 제천입성을 위한 포군의 공격로 확보, 김백선이 이끄는 선봉부대의 최일선전투, 충주성전투, 가흥전투, 수안보전투, 제천전투 등 수많은 전투에서 선봉에 서서 혁혁한 전과를 올렸다.161) 셋째, 의병에 비협조적이었던 청풍군수 서상기(徐相耆)와 단양군수 권숙(權潚)을 체포하는 데 포군 10여 명이 동원된 것에서 알 수 있듯이 개화 인사나 의병에 비협조적인 인물에 대한 체포활동을 전개하였다.[162) 넷째, 제천 포군 서장석(徐長石), 엄팔용(嚴八龍) 등이 충주성을 수비하는 지방대 두령을 포섭하여 충주성전투를 승리로 이끄는 데 일조한 것처럼 포군은 적군을 포섭하는 임무를 수행하기도 하였다.[163)

이처럼 포군은 의병부대의 핵심전투력이었다. 따라서 정부는 포군을 의병부대에서 이탈시켜 의병 전투력을 약화시키고자 하였다. 그 방법으로 강경책과 회유책을 동시에 펼쳤다. 강경책으로는 포군에 대한 대대적인 토벌작전이었다. 의병진압군은 의병에 참여한 포군의 정보를 파악하여 '서울 병정들이 가는 곳에는 의병진에 나온 포수들의 집이 모두 구박을 당하게 되어 촌락이 소란하다'[164)라고 할 정도로 포군들의 주거지에 대한 대대적인 수색과 토벌작전을 펼쳤다. 이에 따른 피해는 고스란히 민(民)에게 돌아가 촌락에서 이탈되는 민이 상당수 발생하였다. 1896년 8월 30일 원주군수 박제칠(朴齊七)의 보고에 의하면, 1895~1896년 동안 의병운동 이후 원주군내 호수(戶數)가 줄었는데 소실된 호(戶)는 274호였고 이산공호(離散空戶)는 1,151호였으며, 개걸호(丐乞戶)는 572호였다는 것이다.[165) 이것이 전부 의병운동의 영향이었다고 할 수 없더라도 의병운동의 중심지였던 당시 원주지역의 상황을 잘 보여주는 것이다.

회유책으로는 해산한 군대를 다시 설치하였다. '지방 군대 400여 명을

---

161) 구완회, 『한말의 제천의병』, 집문당, 1997, 89~90쪽.
162) 이정규, 『종의록』, 27쪽; 장익환, 「일기」(李九榮 編譯, 『〈修正增補〉 湖西義兵事蹟』, 修書院, 1998) 198쪽.
163) 이정규, 『종의록』, 30쪽.
164) 박정수, 「하사안공을미창의사실」, 『독립운동사자료집』 제1집, 1971, 455쪽(이하 『하사안공을미창의사실』이라고 함).
165) 「原州郡 報告 1호(1896년 8월 30일)」, 『公文編案』 江原道 69책(오영교·왕현종·심철기 엮음, 『원주독립운동사자료집Ⅰ: 의병관련 정부자료』, 혜안, 2004, 44~45쪽).

뽑아서 충주성을 방어하게 하였다'라고 한 것처럼 주요 격전지에 해산된 지방군을 중심으로 새롭게 지방대를 설치하였다.[166] 이는 포군을 이전과 같이 지방군으로 복귀시켜 의병에서 이탈시킨다는 것과 그들로 하여금 의병을 방어하고 진압하게 한다는 일석이조(一石二鳥)의 방책이었던 것이다. 그러나 소집하여 지방대로 편입만 시켰지 실질적으로 포군에 대한 어떠한 조직도 없었던 상황에서 이 같은 회유책은 실효를 거두기 힘들었다. 오히려 충주성전투에서 의병과 내응하고 있었던 것처럼 포군은 언제든 의병에 가담할 수 있었다. 회유책이 효과를 보기 시작한 것은 1896년 6월 11일 칙령 제28호 '일이 있는 지방의 각군(各郡)에 포수를 두되 군(郡)의 크기에 따라서 적당히 분배하며 그 세칙은 군부대신(軍部大臣)이 편한 대로 정하여 시행하는 데 관한 건'[167]을 반포하면서 부터였다. 일본 세력이 여전히 조선에 남아 있었지만 급진적인 개혁들이 후퇴하고 포수의 설치로 자신들의 생활터전이 마련되면서 상황은 변화하기 시작한 것이다.

3. 1896년 '원주의병'의 전개와 운동방략의 등장

1) 원주 안창봉기와 운동 방향의 설정

(1) 을미사변 전후 의병운동의 태동

1894년 6월 일본의 경복궁점령에 이어 복제개혁(服制改革)이 시행되자

---

[166] 심철기, 「堤川乙未義兵의 砲軍과 農民」, 『지역문화연구』 3, 세명대학교 지역문화연구소, 2004, 68쪽.
[167] 『高宗實錄』 卷34, 建陽 元年 6月 11日.

의병봉기의 분위기가 형성되었다. 특히, 화서학파는 경복궁점령과 복제개혁을 국초 이래 초유의 사건으로 파악하였다. 그중에서도 둥근 깃에 좁은 소매로 흑색의 서양식 복제(服制)를 채택한 복제개혁은 조선을 이적(夷狄)과 동일시하는 것으로 절대 받아들일 수 없는 것이었다.168) 그러므로 이에 대한 대응이 논의되었고, 유중교·김평묵 계열의 화서학파가 가장 적극적이었는데 그 중심에는 유인석이 있었다.

유인석은 1895년 윤5월 2일 제천 장담(長潭)에서 향음례(鄕飮禮)를 개최하여 화서학파 동문들과 구체적인 대응방안을 만들고자 하였다. 그런데 이 자리에 박영효의 측근으로 복제개혁을 강요하던 제천군수 김익진(金益鎭)이 새로 제정한 문패(門牌)와 명령장을 가지고 찾아왔다.169) 그의 방문을 개화의 강요로 인식한 화서학파 동문들은 동요하였고 서상렬(徐相烈)이 꾸짖으며 명령장을 찢고 문패를 불태우는 등 강력한 반개화 성향을 드러냈다.170) 장담에 모인 화서학파 동문들은 박영효 규탄과 복제개혁 반대운동을 전개하기로 결의하였다. 이런 장담의 결의는 지평, 원주 등지에 있는 화서학파 동문들에게 전달되어 반개화의 분위기가 크게 형성되었다.171) 그러나 삼국간섭을 계기로 친러내각이 들어서면서 박영효는 실각하였고, 박영효 규탄과 복제개혁 반대운동도 자연스럽게 누그러졌다.

삼국간섭으로 조선에서 정치적 입지가 약해진 일본은 이를 만회하고자 친러정책의 핵심 인물인 명성황후를 시해하고자 하였다. 그 첫 조치로 이

---

168) 복제개혁은 1차 때 中華와 夷狄을 가름하는 기준이 되는 넓은 소매를 둥근 깃에 좁은 소매로 개정하였고, 2차 때 朝臣의 大禮服을 黑團領으로 하고, 進宮 때의 통상 예복을 黑色周衣로 개정하였다.
169) 그는 일어통역관을 지낸 경력이 있는데 통역관으로 있을 때 박영효의 측근이 되었다.
170) 이정규, 『종의록』, 16쪽.
171) 유인석은 지평에 거주하면서 지평, 원주 일대 화서학파의 수장역할을 하는 이근원에게 향음례에 초청하지 못한 것에 대해 사과하는 동시에 毁服을 자행한 박영효 등을 비판하고 나아가 훼복에 이어 毁形이 조만간 닥칠 것을 걱정하는 편지를 보내고 있었다 (『毅菴集』 권7, 「答李文仲」).

노우에 가오루(井上馨) 일본공사의 후임으로 예비역 육군중장 미우라 고로우(三浦梧樓)가 부임하였다. 미우라는 일본공사관 서기관 스기무라 후카시(杉村濬)와 궁내부 고문관 오카모토 류노스케(岡本柳之助) 등을 참모로 하여 구체적인 계획을 모의하였다.

  1895년 8월 20일(음력) 새벽 미우라 일본공사의 지시에 따라 일본군 제18대 제1중대는 새벽 2시 용산방면으로 행군하여 대원군 일행을 이끌고 입궐하였다. 제2중대는 시라키(白木) 중위와 다케나가(武永) 소위가 경복궁의 북문으로, 제3중대는 광화문을 넘어 궁궐에 침입하였다. 또한 서울에 주재하고 있던 일본 낭인들도 동원되었다.[172] 일본군과 낭인들의 침입에 시위대가 저항하였으나 경복궁은 일본군에게 점령당하고 명성황후는 무참히 시해당하였다.

  일본군에 의해 자행되었던 을미사변(명성황후 시해사건)은 당일 미국인 군사고문 다이(W. M. Dye), 러시아인 사바틴(A. I. Seredin Sabatin), 현흥택 등이 현장에서 이를 목격하면서 알려지게 되었다. 또 이들의 증언을 바탕으로 작성된 명성황후 시해사건에 대한 미국공사의 보고와 「North China Herald」지의 1895년 10월 25일자[173] 보도 등을 통해 비참한 시해소식이 전해졌다. 국모시해의 소식을 접한 백성들은 분노하였으나 새롭게 정권을 잡은 친일내각은 8월 23일(음력) 폐비 조치를 내려 사건을 은폐하려고 하였다. 하지만 이 조치는 원주에서 재지사족들이 모여 국모시해에 대한 복수를 위해 거의(擧義)하는 계기가 되었다.[174] 이때 모인 사람들이 누구인지는 정확히 알 수 없으나 관동연명유소를 작성할 때 원주모임에 참여했던

---

[172] 김상기, 『한말의병연구』, 일조각, 1997, 60쪽.
[173] Allen to Olney. No.156, Seoul, Oct. 10, 1895, "Tai Won Khun Revolution", DUSMK(이민원, 「閔妃弑害의 背景과 構圖」, 『明成皇后 弑害事件』, 民音社, 1992).
[174] 中宮殿薨逝 廢黜의 實矣 臣民痛恨 安有其私 原州士林 聞起義(李晩燾, 『響山日記』(국사편찬위원회, 한국사료총서 제31, 1985), 1895년 9월 19일, 671쪽).

인물들로 보인다.175) 그들은 1880년대부터 반개화운동을 전개하였는데 실질적인 침략의 모습을 보면서 의병운동으로 나갈 것을 주장하였다. 또한 구월산에서 국모시해의 죄상을 성토하였다. 명성황후 시해사건 이후 전국적으로 의병운동이 태동하기 시작하였다.176)

여기에 친일내각이 을미개혁의 일환으로 1895년 11월 15일(음력) 단발령을 반포하자 전국적으로 반일감정이 폭발하였다. 단발의 명분은 '위생에 이롭고 작업에 편리하기 때문'이라고 하였지만 일반 백성들에게는 그렇게 받아들여지지 않았다. 유교 윤리가 깊이 뿌리내려져 있던 조선사회에서는 상투는 곧 효의 상징으로 인식되었다. 그러므로 단발은 직접적으로 신체에 가하는 박해였으며, 인간을 금수로 만드는 인륜의 파멸로 받아들여졌다.177) 따라서 단발령의 실시는 일제의 경복궁점령과 복제개혁보다 한층 더 심각한 도발이었다. 이렇듯 경복궁을 공격하여 국왕을 위협한 것에 그치지 않고 국모를 시해하고 이어 유교적 가치관을 훼손하는 단별령의 시행은 전국적으로 의병운동이 일어나는 중요한 계기가 되었다. 원주에서는 강원도 최초로 단발령 공포 13일 만에 의병이 봉기하였다.

을미의병은 경복궁점령, 명성황후 시해사건 등 노골화되는 일본의 침략과 복제개혁, 단발령 등 유교적 가치질서가 훼손되는 상황에서 일본의 침략을 물리치고 조선의 유교적 전통질서를 수호하고자 하였던 것이다.

---

175) 1880년대 관동연명상소운동 등 반개화운동에 참여했던 세력이 의병운동으로 나가고 있는 점을 고려했을 때 '原州士林'은 1880년대부터 관동연명상소에 참여하는 등 반개화운동을 주도했던 인물들로 추정해 볼 수 있다.
176) 九月山, 又有聚徒聲罪(李晩燾, 『響山日記』(국사편찬위원회, 한국사료총서 제31, 1985), 1895년 9월 19일, 671쪽).
177) 孝經에서는 '身體髮膚 受之父母'라고 하여 신체를 함부로 다룰 수 없었으며, 이는 효를 상징하는 것으로 중요한 사회덕목이었다.

(2) 의병봉기 모의과정

단발령 이후 전국적으로 의병이 확산되는 상황에서 원주, 지평일대 인사들은 의병봉기를 추진하였다. 그들은 원주와 지평을 오가면서 구체적으로 의병봉기 계획을 세웠는데, 그 중심에는 이춘영이 있었다. 이춘영은 지평 사람이었지만, 처가가 원주였다. 또한 중앙정계는 물론 지역의 인사까지 폭넓게 교류하고 있었다.[178] 그는 이러한 배경을 통해 의병 추진 세력을 하나로 통합할 수 있었다.

이춘영은 단발령 직후 지평과 원주를 오가면서 의병운동을 모의하였는데, 여기에 김하락(金河洛) 의병부대가 일정정도 영향을 미쳤던 것으로 보인다. 김하락이 남긴 『진중일기(陣中日記)』를 보면 (음력 1895년 12월 14일) 참모 이춘영을 충주·청주 등지로 보내어 의병을 일으키게 했다는 기록이 남아 있다.[179] 하지만 이 기록처럼 김하락이 이춘영을 보내 충주·청주 등지에서 의병을 일으켰던 것은 아니다. 당시 이춘영은 원주, 제천 등지에서 활동하고 있었으며, 아직 유인석은 연합의병대장에 취임하기 전이었다. 그렇지만 기록이 남아 있는 것으로 보아 이춘영과 김하락 의병부대는 모종의 관계를 맺고 있었던 것으로 보인다. 김하락 의병부대는 1896년 1월 1일(음력 11월 17일) 이천군(利川郡)에서 의병모집활동을 전개하였는데, 구연영(具然英) 의병장을 양근(陽根)·지평(砥平)으로 보내 300명의 의병을 모집해갔다.[180] 김하락 의병부대의 의병모집활동은 당시 의병봉기를

---

[178] 이춘영의 중앙정계, 지역 인사와의 관계는 반일적 중앙정치세력과의 연계에서 후술하기로 하겠다.

[179] 14일. 참모 이춘영을 충주·청주 등지에 보내어 의병을 일으키게 하였더니, 각 고을이 창의에 호응하여 모두 각 고을의 장사들을 모집하여 군의 형세가 심히 성하니, 그 대장은 바로 유인석이었다(金河洛, 「金河洛陣中日記」, 『독립운동사자료집』 제1집, 1970, 588쪽).

[180] 金河洛, 「金河洛陣中日記」, 『독립운동사자료집』 제1집, 1970, 585쪽.

계획하고 있던 이춘영이 즉각 계획을 실행에 옮기는 계기가 되었다. 이춘영은 각지에서 일어난 의병부대의 의병모집활동이 지평까지 확대되는 상황에서 더 지체했다가는 실기할 것으로 판단하였다.[181]

그리하여 이춘영은 자신의 처가인 연안김씨가와 원주 안창·경기 지평을 오가면서 의병봉기에 대한 구체적인 논의를 진행하였다. 이춘영이 연안김씨가와 의병봉기에 대해 논의한 것은 원주에서 이 가문의 위상 때문이었다. 연안김씨가는 1885년 원주농민운동에서 보았듯이 지역내 여론을 이끌 수 있는 지도력이 있어 의병모집, 의병부대에 대한 재정지원 등이 가능하였다. 이는 이춘영과 김백선의 대화에서도 확인된다.

> 김백선: 본 군(지평군 – 필자주)의 포군으로 쓸 만한 착실한 자는 내가 지휘하고 있으니 족히 먼저 봉기할 만한 밑천이 되며, …… 그러나 군사를 거느리자면 불가불 재물을 써야 할 것인데 장차 어찌하여 재물을 얻을 수 있을지 모르겠습니다.
> 이춘영: 그대가 이미 군사가 있다 하니 내 어찌 재물이 없겠는가. 내가 마땅히 원주 안창의 만수암에 가서 군사들을 먹일 음식과 사용할 물건을 준비할 도리가 있다.[182]

이 대화를 통해 지평에는 우수한 포군이 있지만 의병봉기를 추진할 만한 재원을 확보하기 힘들다는 것을 알 수 있다.[183] 의병봉기에는 전투 병력의 확보도 중요하지만 의병부대를 지탱할 수 있는 재정적 지원도 매우 중요하였다. 이춘영은 이를 연안김씨가를 통해 마련하고자 하였다. 우선 이춘영의 장인인 김헌수가 의병부대에 돈과 곡식 등 군수물자를 지원하기

---

181) 경기도에서만 용인, 안성, 포천, 시흥, 수원 안산 등에서 봉기하고 의병모집활동을 전개하고 있었다(金河洛,「金河洛陣中日記」,『독립운동사자료집』제1집, 1970, 585쪽).
182) 구완회,「부록:『의병ᄉ시말』」,『한말 제천의병 연구』, 선인, 2005, 391쪽.
183) 지평포군이 지평에서 봉기하지 못한 이유로 지평현감 맹영재의 방해가 있었다고 한다. 그러나 더 큰 이유는 군자금, 무기 등 군수물자 확보가 어려웠기 때문이었다.

로 약속하였다.184) 그는 원주농민운동을 주도했던 김택수, 김관수의 동생으로 지역사회에서 영향력을 행사하던 인물이었다. 이것은 단순히 군수물자의 지원을 넘어 지역 유생들의 조직적인 지원을 기대할 수 있는 것이었다. 또 당시 반일적 중앙정치세력의 일원으로 원주에 내려와 있던 김세기의 후원도 기대할 수 있는 것이었다. 그렇기 때문에 원주 안창에 모여 의병을 일으켰던 것이다.

여기에 김사정의 강력한 권고도 의병이 원주 안창에서 봉기하는 데 주요한 원인이 되었다.185) 김사정의 권고는 의병부대의 전투력 증강 측면에서 원주의 중요성을 강조한 것이었다. 원주는 강원감영의 폐지와 군제개혁 등으로 해산된 지방군들이 상당수 존재하였기 때문에 포군을 의병으로 모집하기에 유리하였다. 의병은 신식무기로 무장한 일본군과 관군을 상대로 전투를 전개하였기에 비록 화승총이라고 할지라도 총기류를 다룰 줄 아는 포군의 확보가 절대적으로 필요하였다.

이 점은 이춘영도 잘 알고 있었기 때문에 의병모의 초기단계부터 지평포군의 확보를 위해 노력하였다. 지평포군은 지평현감 맹영재 휘하로 지방비적(匪敵)을 방어하기 위해 양성되었다. 1894년 동학농민운동 당시에는 동학농민군 토벌에 큰 공을 세우기도 하였다.186) 그는 이들을 의병운동에 참여시키기 위해 지방제도개혁, 복제개혁, 단발령 등 일련의 개혁에 대한 부당성과 명성황후 시해사건에서 나타난 일본의 침략성을 강조하여 의병에 동참할 것을 권유하였다.187) 그 결과 지평포군이 대거 의병운동에 참여

---

184) 이춘영의 군수물자 요구에 장인인 김헌수가 응하면서 가능하게 되었다(구완회, 「부록: 『의병〻시말』」, 『한말 제천의병 연구』, 선인, 2005, 392쪽).
185) 박정수, 『하사안공을미창의사실』, 391쪽.
186) 박정수, 『하사안공을미창의사실』, 352쪽.
187) 심철기, 「提川乙未義兵의 砲軍과 農民」, 『지역문화연구』 3, 세명대학교 지역문화연구소, 2004, 62쪽.

하였다. 특히, 맹영재에게 거의(擧義)를 청하였다가 거절당한 지평포군의 영수 김백선의 참여는 지평포군이 조직적으로 의병에 가담하는 계기가 되었다.

이를 종합해 보면, 원주에서 의병봉기를 결정한 것은 첫째, 이춘영의 처족인 연안김씨가의 경제적 지원을 받기 위한 것이었다. 둘째, 연안김씨가의 지역적 위상을 통해 인적 지원도 받고자 한 것이었다. 셋째, 지방제도개혁과 군사제도개혁으로 해산된 지방군을 의병부대에 편입시키기 용이하였기 때문이다. 넷째, 원주관아에 보관되어있는 해산된 지방군의 무기를 확보하기 위한 것이다.

한편, 이춘영은 안창의 연안김씨가와 의병모의를 진행하는 동시에 지평의 순흥안씨 안종응(安鍾應)과도 접촉하였다. 순흥안씨가는 이춘영의 집안인 여주·지평·양근 일대의 덕수이씨 택당공파(澤堂公派)와 통혼권을 형성할 정도로 밀접한 관계였다.[188] 안종응은 이춘영을 도와 지평 인사들의 의병운동 참여를 독려할 수 있었다. 또 안종응의 아들 안승우는 유인석의 제자로 제천 장담에 거주하고 있었다. 이춘영은 안승우를 통해 제천의 화서학파에 의병봉기 사실을 알리고 그들과 연계하여 의병운동을 전개하고자 하였다.

화서학파는 앞서 보았듯이 이미 유인석을 중심으로 복제개혁 반대운동을 개최하는 등 반개화운동을 전개하였는데, 그 연속선상에서 명성황후 시해사건과 단발령이 반포되었을 때 의병봉기에 대한 주장이 일고 있었다. 유인석은 이근원에게 보낸 편지에서 의병에 대한 인식을 그대로 보여줬는데, 현금(現今)의 상황을 타개할 수 있는 방법은 오직 의병뿐임을 강조하였다.[189] 그러나 유인석은 갑자기 내간상(內艱喪)을 당하여 계획했던 의병운

---

[188] 「贊成公派」, 『順興安氏族譜』 권3, 1986; 「文靖公澤堂李植派」, 『德水李氏世譜』 禮編 下, 1931.

동을 추진할 수 없게 되었다. 그는 불타오르는 의병봉기의 열기를 자신의 개인적인 일로 사그라지게 할 수 없었기에 차선책으로 제자들을 모아놓고 '처의삼사(處義三事)'를 기본적인 행동강령으로 제시하였다.[190] 그 자리에서 유인석은 요동(遼東)으로 넘어가 의(義)를 지키겠다고 하면서 제자들에게 각자 소신에 따라 행동하라고 하였다. 이에 주용규(朱庸奎), 박정수(朴貞洙), 오인영(吳寅泳), 박주순(朴胄淳), 원용정(元容正), 최병식(崔炳軾), 최열(崔烈), 이조승(李肇承), 정화용(鄭華鎔), 홍선표(洪選杓), 홍덕표(洪德杓), 이정규(李正奎) 등은 유인석을 따라서 요동으로 들어가 의(義)를 지키기로 결정하였다. 양두환(梁斗煥) 등은 '자정(自靖)'하기로 결정하였다. 반면에 안승우, 이필희(李弼熙), 이범직(李範稷), 원용석(元容錫), 신지수(申芝秀) 등은 거의(擧義)할 것을 결정하였다.[191]

대부분의 화서학파가 요동으로 넘어가 의(義)를 지킬 것을 결정한 상황에서 이춘영의 거의(擧義)추진 소식과 함께 의병운동 연계 제의는 안승우를 비롯한 거의(擧義)주장자들이 대거 의병운동에 동참하는 계기가 되었다. 그리하여 안승우, 이범직, 원철상, 신지수 등은 의병봉기지인 원주 안창으로 이동하였다.

지금까지 살펴본 의병모의과정을 보면, 지역적으로는 원주, 지평, 제천 등지의 인사들이 중심이 되었으며, 사상적으로는 화서학파, 지역의 유생 등이 참여하였다. 또한 병사층으로 지평포군, 원주포군 및 민인들이 참여

---

[189] 유인석이 이근원에게 편지를 보내 '오로지 의병으로서 말하건대, 공적으로는 천하국가로 하여금 장차 이적·금수를 면하게 하고, 사적으로는 내 몸으로 하여금 장차 이적·금수를 면하게 함이었다'라고 하여 의병운동의 필요성을 강조하였다(『昭義新編』卷3, 「與李文仲根元書」, 134쪽).
[190] 처의삼사는 擧義掃淸, 去之守舊, 致命自靖으로 의병을 일으켜 개화파와 일본세력을 축출한다는 것이며, 고국을 떠나 외국으로 가서 성리학적 大道와 禮義를 보존한다는 것이고, 성리학적 대도와 예의를 보존하기 위해서 자결한다는 것이다.
[191] 이정규, 『종의록』, 17~18쪽.

하였으며, 이춘영, 김사정 등을 통해 김세기 등 중앙정치세력의 물밑 후원이 있었다. 즉, 지역의 한계를 넘어 다양한 지역, 다양한 세력이 연합하여 일어난 연합의병의 성격을 가지고 있었다.192) 그리고 이러한 연합이 가능했던 것은 이들 상호 간 학문적, 인적 연결망이 형성되어 있었기 때문이다. 특히 이춘영은 중앙정계, 화서학파, 지역인사에 이르기까지 폭넓게 교류하고 있었다.193) 이 점은 의병부대를 결성하는 데 있어 그가 중심에 서서 활동할 수 있는 배경이 되었다.

(3) 의병지도부의 충주성 공략 계획

1896년 1월 12일(음력 1895년 11월 28일) 원주 안창에서 이춘영, 김사정, 김백선 등은 지평포군과 원주민인 등을 이끌고 '원주의병'을 일으켰다. 제천에서 합류하는 안승우, 이범직, 원철상, 신지수 등은 김세기를 찾아가 군량의 지원과 안창에서 함께 봉기할 것을 요구하고 하루 늦은 1월 13일에 의병부대와 합류하였다.194) 안승우의 요구를 받은 김세기는 상황상 드러내놓고 의병에 참여할 수 없었기에 그들의 요구에 응할 수가 없었다.195)

봉기 직후 의병은 원주관아 점령을 1차 목표로 삼았다. 원주관아에는 강원감영에서 보관하고 있던 조총(鳥銃) 632병(柄), 화약(火藥) 4,458근(斤) 6

---

192) 기존연구에서는 지평의병, 또한 유인석 연합의병의 초기로 인식하였다. 그러나 擧義 추진 단계부터 김사정 등이 함께 모의하였다는 점, 거의 장소를 원주로 할 수밖에 없었던 점, 원주의 民人이 주도적으로 참여하고 있었다는 점 등 원주가 의병운동에서 중요한 역할을 하고 있었다는 것을 확인할 수 있다. 그렇기 때문에 원주의병으로 이해하는 것도 무리가 없을 것으로 여겨진다.
193) 이춘영의 중앙정계, 지역 인사와의 관계는 의병운동 참여세력에서 설명하겠다.
194) 이정규, 「육의사열전」, 『독립운동사자료집』 1, 1971, 182쪽(이하 『육의사열전』이라고 함).
195) 김세기가 안승우 등의 요구를 받아들이지 않았던 것과 의병참여에 대해서는 반일적 중앙정치세력과의 관계에서 서술하겠다.

냥(兩) 6전(戔) 5분(分), 연환(鉛丸) 272,298개(箇), 화승(火繩) 1,800개, 화약통(火藥桶) 710개(箇), 환도(還刀) 917병(柄) 등 군수물자가 다른 곳으로 이관되지 않고 상당수 남아 있었기 때문이다.[196] 의병봉기 초기 연안김씨가에서 물적 지원을 받고 있었지만 모집한 의병들에게 무기를 공급하고 의병부대를 안정적으로 운영하기 위해서는 군수물자의 확보가 중요하였다. 이춘영을 비롯한 의병주모자들은 원주군수 이병화(李秉和)에게 군량을 요청하고 그날 밤 원주관아로 진격하였다. 의병들의 기세에 놀란 이병화는 충주관찰부로 피신하였다. '원주의병'은 아무런 저항 없이 원주관아를 점령하였으며, 필요한 군수물자를 보충하였다. 원주관아 점령은 을미의병 초기 단계에서 얻은 쾌거로 이후 춘천·안동 등 각지에서 의병이 일어나는 데 큰 영향을 미쳤다.[197]

'원주의병'의 규모가 어느 정도였기에 원주관아를 무혈 입성했는지는 정확히 알 수 없지만 원주의 의병봉기 상황을 전하고 있는 『도쿄 아사히신문(東京朝日新聞)』을 통해 추측해 볼 수 있다.

> 약 1,000여 명이 원주에서 봉기하여 한 부대는 제천으로, 한 부대는 춘천으로 향하였는데 제천에 모인 의병수가 400~500명이었다.[198]

이 기사에 의하면 원주에서 의병 약 1,000여 명이 봉기하고 이후 두 부대로 나눠 한 부대는 제천으로, 한 부대는 춘천으로 나눠서 이동한 것으로 되어 있다. 하지만 이 인원이 전부 원주 안창에서 봉기한 것은 아니었다. 이와 관련해서 고무라(小村) 일본공사가 사이온지(西園寺) 외무대신에게 보낸 전보가 주목된다. 고무라 공사는 전보에서 원주에서 일어난 의병 400

---

[196] 「江原監營重記」(1891년: 규장각도서 NO. 16918).
[197] 김상기, 『韓末義兵研究』, 일조각, 1997, 193쪽.
[198] 「賊勢益猖獗」, 『東京朝日新聞』 1896년 2월 2일.

여 명이 제천으로 이동했다고 보고하였다.[199] '원주의병'이 원주관아를 점령한 이후 제천으로 이동한 것을 보면 이 두 기록에 제천으로 이동하였다는 400여 명의 의병이 원주 안창에서 봉기한 의병이었던 것이다. 이 400여 명은 지평포군, 원주 민인 등으로 구성되어 있었는데 지평포군은 100여 명 정도였으며[200], 나머지는 원주일대에서 참여한 의병들이었다.

의병의 원주관아 점령은 원주군수에 의해 충주관찰부에 보고되었다. 충주관찰부는 자체적으로 이들을 진압할 수 없었기에 일본군 가흥병참수비대에 두 번이나 출병을 요청하였다. 하지만 미야케(三宅) 대위(大尉)는 가흥병참수비대의 병력규모가 작다는 것을 이유로 충주부의 요청을 거절하였다. 그러면서도 의병운동이 확산되는 것을 경계하여 원주지역의 상황을 파악하기 위해 17일 오전에 5명으로 구성된 정찰대를 원주로 파견하였다.[201]

원주관아를 점령하여 1차 목표를 달성한 의병지도부는 원주관아에서 군사들의 노고를 치하하면서 다음 목표를 관찰부가 있는 충주성을 점령하는 것으로 결정하였다. 의병은 관찰부 점령이라는 상징성과 함께 경상도에서 서울로 올라가는 길목을 장악하고, 서울·부산간 군용전신선을 차단함으로써 친일내각과 일본공사관을 압박하고자 하였다. 이를 위한 구체적인 작

---

[199] 「電受 제34호(1896년 1월 23일)」, 『한말의병자료』Ⅰ, 독립기념관, 2쪽.
[200] 현재까지는 지평 포군 400여 명이 거의에 참여한 것으로 알려져 있지만, 실제로는 그렇지 않은 것으로 보인다. 지평 포군은 김하락 의진에도 참여하고 있었고, 당시 지평 포군의 규모가 400명이었던 것을 생각할 때 400명은 무리인 것으로 보인다. 이는 1894년 농민전쟁 때에도 맹영재가 지평 포군 100여 명을 이끌고 나가 농민군을 진압했다는 기록에서도 확인할 수 있다(『고종실록』, 고종 31년 9월 26일). 또한 오영섭은 당시 제천군수였던 정영원(鄭英源)의 기록(정영원, 『披襏記草』)에 의거하여 거의에 참여한 지평포군을 100여 명으로 보고 있다(오영섭, 『華西學派의 思想과 民族運動』, 국학자료원, 1999, 248쪽).
[201] 「朝鮮の暴動」, 『東京朝日新聞』1896년 1월 19일; 『주한일본공사관기록』7권, 「五. 機密通常和文電報往復 一·二 第3册」, 단발령 반대 민중봉기 상황 보고 1, 1896년 1월 17일.

전계획과 부대이동 등을 논의한 후 의병부대를 제천으로 이동하기로 결정하였다. 이 같은 결정에는 몇 가지 이유가 있었다. 첫째, 관찰부가 있던 충주로 진격하기 위한 의병근거지로 제천을 선택한 것이었다. 충주는 신설된 경찰제도에 의해 경무관 1명, 경무관보 1명, 총순 2명, 순검 70명과 잡급 4명이 주둔하고 있었다. 또한 원주에서 충주로 가는 길목인 가흥에는 일본군의 병참수비대로 제10연대 제2중대 1소대와 1분대 75명, 유동(遊動)예비대 60명이 주둔하고 있었다.202) 의병지도부는 현 전력으로 원주에서 직접 충주로 공격해 들어가면 필연적으로 일본군 가흥병참수비대와 교전하게 될 뿐만 아니라 충주의 조선경찰과도 교전하게 될 경우 막대한 피해를 입을 것으로 판단하였다.203) 또한 원주는 경기도, 강원도, 충청도를 연결하는 교통의 요지였다. 따라서 관동대로를 통해 경기도와 이어지고, 남한강과 섬강을 통해서는 충청도와 경기도로 나갈 수 있어서 서울의 친위대나 일본 군수비대가 다방면에서 공격해 들어오면 의병의 전력으로 막아내기 어려웠다. 더욱이 일본군은 동학농민운동 당시 후비보병(後備步兵) 제19대대의 1개 중대가 원주일대를 엄밀히 수색하고 진압한 경험이 있었다.204) 그러므로 충주로 진출하기 용이하면서도 산악지대를 이용하여 방어가 가능한 제천으로 이동한 것이었다.

둘째, 화서학파와 연계를 통한 의병전력 강화에 있었다. 안승우는 '유림의 고장인 제천이 군수의 단발 강요로 인심의 동요가 심하므로 군수를 축출하여 인심을 안정시키면 의리에 호응하는 무리가 늘어나 대사를 성공할

---

202) 김상기, 「前期義兵의 日本軍에 대한 抗戰」, 『한국근현대사연구』 20, 2002, 18쪽, 〈표 4〉 참조.
203) 「賊勢益猖獗」, 『東京朝日新聞』 1896년 2월 2일자에 의하면 원주의병이 洪州의병과 연합하여 公州를 공격하기 위해 공주로 진격하려고 하였으나 일본군이 주둔하고 있다는 것을 전해 듣고 공주로의 진격을 중지하고 제천으로 이동하였다는 것이다.
204) 『주한일본공사관기록』 1권, 「四. 東學黨에 關한 件 附巡査派遺의 件 一」, 後備步兵 제19대대에 관한 건, 1894년 11월 9일.

수 있다'205)고 하여 제천으로 진격할 것을 제안하였다. 안승우의 제안은 개화세력의 축출을 통한 민심의 안정과 의병운동의 성공을 이야기 한 것이었다. 그러나 그 내면에는 의병부대를 화서학파의 근거지인 제천으로 이동시켜 거의를 주장한 화서학파 인물들은 물론 요동으로 넘어가 의(義)를 지키고자 했던 대부분의 화서학파 인물들도 의병에 참여시키고자 한 의도였다. 또한 의병 내 자신의 입지를 강화하고, 화서학파 중심으로 의병부대를 재편하고자한 의도도 있었다. 요컨대 의병부대의 제천이동은 충주 공략을 위한 의병근거지 마련과 제천지역 화서학파의 참여를 통한 의병부대의 확대에 있었던 것이다.

이춘영 등은 제천으로 이동하면서 충주 공략을 위한 지속적인 물적 지원과 전투병력인 포군의 모집을 위해 소모장 김사정과 원주포군의 중심인물인 도령장(都領將) 박운서(朴雲瑞)를 원주에 남도록 하였다. 김사정은 원주지역 유생들의 지속적인 지원과 의병모집을 담당하였고 박운서는 원주포군의 모집을 담당하였다. 이들은 의병모집활동이 마무리 되는대로 제천으로 이동해 의병 본진에 합류하기로 하였다.

2) 운동 방향의 재설정에 따른 유인석 연합의병의 출범

원주관아를 점령한 의병부대가 제천으로 들어온다는 소식을 접한 제천군수 김익진은 충주관찰부로 급히 도피하였다. 1월 17일(음력 12월 3일) '원주의병'은 제천으로 들어왔다. 제천에 입성하자 안승우의 의도대로 거의를 주장하였던 이필희, 서상렬, 오인영(吳寅泳), 배시강(裵是綱) 등 화서학파 인물들이 대거 의병에 가담하였다. 의병부대에 화사학파의 비중이 높아지고, 제천을 근거지로 마련하고자 하면서 의병부대에 대한 재편성이 이뤄

---
205) 이정규, 『종의록』, 19쪽.

지게 되었다. 이필희를 의병장으로 추대하고 군사(軍師)는 서상렬, 군무도유사(軍務都有司)는 안승우, 중군장은 이춘영, 선봉장은 김백선, 서기는 원용정으로 임명하였다.206) 이필희가 의병장에 추대된 것은 거의를 주장한 화서학파 인물 중 무과 출신의 무장이었다는 점이 고려되었다. 그러나 실질적인 의병부대의 권한은 의병부대의 모든 사무를 총괄하는 중군장에 임명된 이춘영에게 있었다.

한편, 원주에서 의병이 봉기하였다는 보고를 받은 정부는 1월 18일(음력 12월 4일)에 조칙(詔勅)을 내어 내부협판 유세남(劉世南)을 선유사로 원주에 파견하는 동시에 전주(全州)로 행군 중인 친위대 1개 중대를 시위(示威)를 위해 충청도로 급파하였다.207) 1월 24일(음력 12월 10일)에는 추가로 1개 중대를 출병시켜 원주와 제천을 경유하여 충주 부근에서 앞서 보낸 1개 중대와 연대하도록 하였다. 그리하여 의병의 세력이 크면 2개 중대가 연합하여 안동으로 진군하고, 그렇지 않으면 1개 중대만 시위차 안동까지 진군하도록 하였다.

일본공사관에서도 다카이(高井) 병참감(兵站監)에게 수시로 의병들의 정황을 파악해 보고할 것을 지시하였다.208) 일본공사관의 의병 정보수집은 의병운동의 성격이 단순히 단발령에 의한 것인지 아니면 정치적 상황에 따른 조직적인 저항인지에 집중되었다. 이는 춘천에서 의병이 일어났을 때 일본이 취했던 행동과 동일선상에 있었다. 일본공사관은 춘천의병이 봉기하자 민영준(閔泳駿) 부자의 동향에 대해 파악하였다. 춘천의 여흥민씨들이 의병과 연계되었는지를 확인하고자 한 것이었다.209) 일본공사관은 의

---

206) 박정수, 『하사안공을미창의사실』, 355~356쪽.
207) 「暴徒鎭壓」, 「暴徒說諭」, 『東京朝日新聞』 1896년 1월 21일; 「暴徒鎭壓軍派遣」, 『東京朝日新聞』 1896년 1월 23일; 「賊勢猖獗」, 『東京朝日新聞』 1896년 1월 24일.
208) 『주한일본공사관기록』 7권, 「五. 機密通常和文電報往復 一·二. 第2册」, 단발령으로 인한 原州暴徒 情況 통보 요청, 1896년 1월 20일.

병운동이 중앙정치세력과 연계된 정치운동인지에 대한 의심을 가지고 있었다. 따라서 의병운동의 동향파악도 여기에 집중되어 있었던 것이다.

또한 일본공사관은 김홍집과 회담을 통해 의병진압은 조선정부의 자체 병력으로 행할 것을 강력하게 요구하였다. 이는 조선정부에서 동학농민운동 때와 마찬가지로 의병진압을 위해 혹시라도 있을지 모를 외국군대의 파병 요청을 사전에 미리 차단하려는 것이었다. 삼국간섭으로 러시아의 영향력이 강화된 상황에서 조선정부가 의병진압을 위해 러시아에 군대 파병이라도 요청한다면 조선에서 일본의 입지뿐만 아니라 일본에 대한 직접적인 위협이 될 수 있었기 때문이었다. 일본공사관은 문제의 씨앗이 될 수 있었던 의병운동이 조기에 진정되기를 원했기에 김홍집에게 칙유(勅諭)를 청해 의병운동의 원인인 단발을 강제할 의도가 아님을 명백히 하도록 하였다. 이와 동시에 내부대신(內部大臣) 유길준(俞吉濬)에게 '단발 여부는 오로지 각자의 편의에 따르도록 하여 가능한 지방민이 오해하지 않도록 하는 것이 급선무'라는 훈령을 각 지방에 내릴 것을 권고하였다.[210]

제천에서 의병부대를 재정비한 이필희, 이춘영 등은 선유사와 함께 친위대 1개 중대가 의병을 진압하기 위해 출병했다는 소식을 접하고 단양으로 이동하기로 결정하였다. 이들은 아직 원주에서 추가 병력이 오지 않은 상황에서 친위대를 막아낼 수 없다고 보았다. 따라서 친위대의 공격을 방어하기가 비교적 쉽고, 추가적인 포군 모집활동이 가능하였던 단양으로 이동하였다. 여기에는 유인석의 권고도 한 몫을 하였다. 그는 요동으로 들어가 수의(守義)하기로 결정하였지만 의병들과 관계를 맺고 있었다. 이에 유인석은

---

[209] 일본은 민영준 부자(민두호·민영휘 부자)가 오히려 의병진압에 나서고 있었으며 상경하여 김홍집을 만나 칙유를 내려 해산하는 방법을 논의하고 있었다고 보았다(「電受 제34호(1896년 1월 23일)」,『한말의병자료』Ⅰ, 독립기념관, 2쪽).

[210] 『주한일본공사관기록』 7권, 「五. 機密通常和文電報往復 一·二 第2冊」, 4個大隊 增設과 借款要請 및 暴徒情況과 開港條款 체결 件, 1896년 1월 23일.

제천에서 재정비하고 있던 의병들에게 다음과 같은 계책을 제시하였다.

> 우리나라의 강한 포군(炮軍)은 모두 서북에 있고, 돈과 곡식과 인재는 모두 동남에 있으니, 원주와 제천 사이에 근거를 두고 오른 쪽으로 서북의 군사를 모집하고 왼쪽으로 동남의 인재를 모집하여 굳게 지켜 8도의 인심을 고동(鼓動)시킨 연후라야 일이 성취될 것이다.211)

위의 제안에서 그가 생각하는 의병운동의 방략은 지역 방어를 통한 안정의 추구였다. 예컨대 포군의 모집과 지역 거점을 확보하는 것을 주요 계책으로 조언하고 있었다.

1월 19일(음력 12월 5일) 단양으로 들어온 의병은 단양군수 권숙을 생포하여 감금하였다. 그런데 다음 날에도 원주에서 추가 병력이 오지 않자 안승우는 한 부대를 이끌고 제천으로 돌아와서는 원주에서 올 의병을 기다리면서 자체적인 의병 모집활동을 전개하였다. 나머지 의병은 단양 장회협(長滙峽)으로 진출하여 매복하였다.212)

원주로 진군하던 친위대는 단양에 의병이 주둔하고 있다는 첩보를 입수하고 바로 단양으로 진로를 바꾸었다. 그리하여 1월 22일(음력 12월 8일) 장회협에서 친위대와 의병 간의 치열한 전투가 일어났다. 장회협전투에서 실질적으로 전투를 수행한 세력은 100여 명의 지평포군이었다. 그들은 그동안의 전투경험을 살려 장회협의 지리적 이점을 최대한 이용해서 친위대가 협곡으로 들어오길 기다렸다가 일제히 공격을 가해 전투를 승리로 이끌었다. 근대식 군대와 가진 첫 전투에서 거둔 승리로 의병부대의 사기가 높아질 수 있었지만 의병 내부에서는 심각한 동요가 일어났다. 그러한 사정은 다음을 통해 알 수 있다.

---

211) 이정규, 『종의록』, 19쪽.
212) 박정수, 『하사안공을미창의사실』, 357~358쪽.

원주·제천 군사가 한 사람도 단양으로 와 모인 일이 없고, 공(안승우-필자주)도 제천에 있으면서 미처 군사를 발송하지 못하였는데 갑자기 단양의 싸움이 있어 다행히 적을 격파하기는 하였지만 싸우는 군사들은 모두가 지평사람이라 자기들만 수고하는 것을 원망하며 저녁식사도 받지 않고 서로 어지러이 떠들면서 이미 영남 지방에 가까이 왔으니, 밤으로 죽령을 넘어가서 군사를 모집하여 세력을 크게 한 후에야 일을 할 수 있을 것이요, 그렇지 않는다면 병세(兵勢)가 단약(單弱)하여 반드시 좌절될 것이니 일찍이 집으로 돌아가는 것만 못하다고들 하니, 여러 장수들도 그 계획을 옳게 여겨 밤에 남쪽으로 행군하여 이튿날 군사가 풍기(豊基)에 진을 머물렀다.[213]

장회협전투를 승리로 이끈 지평포군은 첫 전투는 승리하였지만 원주에서 추가 병력이 오지 않는 상황에서 친위대와 일본군을 막아 낼 수 없다는 것을 잘 알고 있었다. 이에 의병들 사이에서 추가병력이 오지 않는 것에 대한 불만과 일이 잘못될 수 있다는 불안감이 급속토록 퍼져나갔다. 그 결과 의병부대를 이탈하는 자들이 발생하기 시작하자 영남에 가까이 왔으니 죽령을 넘어 군사를 보충하자는 의견이 대두되었다. 심사숙고한 의병지도부는 의병부대의 안정화와 안동을 비롯한 경북지역에 봉기한 의병과 연합하기 위해 죽령을 넘어 영남으로 이동할 것을 결정하였다. 그럼에도 불구하고 계속해서 의병들이 이탈하자 이필희는 군사권을 이춘영에게 넘겼다. 이는 군사들이 원래 이춘영을 따라 원주에서 거의한 자들이었기 때문이었다.[214]

일본공사관에서도 '원주의병'의 영남 이동이 안동의 의병들과 연합하고자 한 것으로 파악하였다. 경북일대의 의병부대에는 원주출신의 이철화 의병장과 같이 원주, 충주 등에 거주하던 의병들이 상당수 참여하고 있어 인

---

[213] 박정수, 『하사안공을미창의사실』, 359쪽.
[214] 박정수, 『하사안공을미창의사실』, 365쪽.

적으로도 연합하기에 용이한 부분이 있었다. 이시기 의병들은 궁극적으로 충청도·강원도·전라도·경상도 등지의 의병 연합을 추진하여 서울로 진격하고자 하였다.[215]

'원주의병'의 주력군이 영남으로 이동한 상황에서 제천에 남아 있던 안승우는 1월 26일(음력 12월 12일) 친위대의 공격을 받았다. 안승우는 친위대를 막아 낼 수 없음을 인지하고 북면(北面)의 지곡(芝谷)으로 후퇴하였다가 다시 원주 주천(酒泉, 현 영월 주천)으로 이동하였다. 안승우는 주천에 머물면서 박운서가 모집한 원주의 포군들이 민용호(閔龍鎬) 의병부대의 주력군이 되어 강릉방향으로 이동하였다는 소식을 접하였다.

〈그림 5〉 1896년 원주의병 전개도(대동여지도, 규장각 소장)

민용호 의병부대는 여주에서 창의(倡義)하였는데, 창의할 당시 규모는 크지 않았다. 그들은 창의 후 바로 원주로 들어와서 병력을 보충하였다. 특히 민용호는 박운서를 찾아가 안승우가 자신에게 원주의 군사를 거느리고 오라고 했다면서 박운서가 모집한 정예 포군을 흡수하였다. 민용호 의

---

[215] 『주한일본공사관기록』 7권, 「五. 機密通常和文電報往復 一·二 第2冊」, 단발령에 반대하는 暴徒의 情況 보고 1, 1896년 1월 27일

병부대로 들어간 원주포군의 규모는 정확히 알 수 없으나 다음의 기록을 통해 유추해 볼 수 있다. 첫째, 『도쿄 아사히신문(東京朝日新聞)』의 보도이다. 당시 신문기사는 원주에서 봉기한 의병 한부대가 춘천으로 향했다고 보도 하고 있었다. 둘째, 고무라(小村) 일본공사의 전보이다. 그는 원주 군청을 습격한 의병이 3~4일 체류하였다가 18일 그 일부가 평창(平昌)으로 이동하였다고 보고하였다.[216] 이 두 기록에서 우선 문제가 되는 것은 춘천으로 향한 부대와 평창으로 향한 부대가 같은 부대인가 하는 것이다. 이점을 이해하기 위해서는 안창 봉기 직후 원주지역에서 활동한 의병부대에 대한 파악이 필요하다. 1월 12일 봉기한 '원주의병'이 제천으로 이동한 직후 원주에 들어온 의병부대는 민용호 의병부대였다. 이 부대는 원주에서 포군을 충당한 다음 바로 평창 방면으로 이동하였는데, 그 이동경로가 고무라 공사가 의병봉기 직후 수집하여 보고한 내용과 일치하였다. 따라서 고무라 공사가 보고한 평창으로 이동한 부대는 민용호 의병부대였다는 것을 알 수 있다.

한편, 신문기사는 2월 2일자로 짧은 시간을 두고 원주에서 벌어졌던 '원주의병'과 민용호 의병부대의 활동을 정확히 파악하지 못한 상황에 부정확한 기사가 나온 것이다. 그러나 원주에서 봉기하였다는 의병의 숫자는 어느 정도 정확성을 가지고 있다. 신문기사는 짧은 기간에 두 부대가 원주에서 활동한 것에 대한 혼동이었을 뿐 의병 활동 내용을 파악하지 못한 것이 아니기 때문이다. 그렇다면 신문기사의 원주봉기 1,000명 중에 400~500명이 제천으로 이동하였으니, 나머지 500여 명이 민용호 의병부대로 볼 수 있는 것이다. 민용호 의병부대의 병력이 대부분 원주에서 충원되었던 것을 생각할 때 원주에서 모집된 의병은 포군을 포함하여 400여 명에 이를 것으로 추정된다. '원주의병'의 입장에서는 아주 큰 전투력의 손실이었다.

안승우는 기다리던 원주포군이 민용호 의병부대로 흡수되었다는 소식에

---

[216] 「電受 제34호」(1896.1.23.) 『한말의병자료』 I, 독립기념관, 2쪽.

극도로 분노하였다. 원주포군의 합류로 흔들리고 있던 의병부대를 재정비하고자 하였던 계획이 무산될 위기에 처한 것이었다. 이에 안승우는 민용호 의병부대를 쫓아 1월 27일(음력 12월 13일) 평창(平昌)으로 들어갔다. 평창에서 민용호 의병부대가 방림(芳林)에 있다는 소식을 듣고 1월 28일(음력 12월 14일) 사람을 보내 연합할 것을 요청하였지만 아무런 대답을 들을 수 없었다. 안승우는 계속해서 쫓아 1월 30일(음력 12월 16일) 방림에, 1월 31일(음력 12월 17일) 진부(珍富)까지 쫓아 들어갔다. 하지만 민용호 의병부대는 이미 대관령을 넘어 구산(龜山)에 유진하였다. 뒤늦게 민용호는 서신을 보내 안승우의 연합 제의에 대해 자신은 영동 9군을, 안승우는 영서와 4군(郡)을 맡아 활동하자고 하면서 안승우의 요청을 거절하고 강릉으로 들어갔다.[217] 이에 안승우는 크게 한탄하고 발길을 돌렸다. 하지만 평창 등지에서 뛰어난 포군을 모집할 수 있었으며, 원주 치악산 구룡사의 무총(武總)을 중심으로 하는 승군(僧軍)을 얻는 등 적지 않은 성과를 거두기도 하였다.

한편, 김사정이 원주에서 활동하던 1895년(을미년) 12월(음력) 원주지역에서 김세기, 심상훈 명의의 원주창의소통문이 작성되었다. 당시는 '원주의병'이 관군을 상대로 첫 승을 거뒀음에도 불구하고 영남 지역으로 넘어갔으며, 박운서가 모집한 원주포군은 민용호를 따라 강릉 지역으로 넘어간

---

[217] 장군이 계책을 단양에서 시험하여 사나운 무리들을 무찔렀으니, 난적으로 하여금 그 英勇이 무서운 줄을 알게 할 만합니다. 또, 보잘 것 없는 이 몸을 비루하게 여기지 않고 친히 심방해서 중요한 임무를 맡기려 한다 하시니, 내가 비록 어리석지만 감히 공손히 명령을 기다리지 아니 하오리까. 다만 기회를 놓쳐서는 안 될 일이 있으니 저 嶺東 9군에는 곰과 호랑이 잡는 포수들이 집마다 있는데 이들을 빨리 수집하지 않으면 어떻게 적을 무찌르겠습니까? 지금 영동이 머지않은 곳에 있으니 나는 영을 넘고, 공은 영서 쪽과 4郡을 돌면서 혹은 손발의 형세를 이루고 혹은 입술과 이가 되어야만 적의 머리를 벨 수 있고, 원수를 갚을 수 있을 것이며, 한 곳에만 모여 있어 손을 묶여 확장할 계책이 없고 비용은 많아 지탱하기 어려운 탄식이 있는 것에 비한다면 이해가 판이합니다. 엎드려 바라건대 재량하여 아뢰는 말씀을 들어 주신다면 나는 안심하고 노력하여 하고 싶은 일을 다 할 것이며, 혹시 하늘이 도와 살아 만나서 군막에 나아가 절을 드리게 된다면, 가시를 지고 무릎을 꿇고 원주에서 당돌했던 처사를 사죄하겠사오니 그렇게 알아주시오(박정수, 『하사안공을미창의사실』, 361~362쪽).

상황이었다. 이때 원주창의소통문이 유포되어 유생 및 포군들의 의병 참여를 독려하고 있었던 것이다. 그런데 원주창의소가 새롭게 형성된 것인지 아니면 원주포군이 민용호 의병부대로 흡수된 이후 김사정 등이 새롭게 의병을 모집하는 과정에서 이를 지원하기 위해 김세기, 심상훈 등이 전면에 나선 것인지는 정확히 알 수 없다.218) 하지만 확실한 것은 '원주의병'이 크게 흔들리고 있을 때 이 원주창의소통문이 돌았다는 것이다.

원주창의소통문의 주요 내용을 보면219), 그 창의 목적이 명성황후 시해

---

218) 원주창의소통문은 원주 일대에서만 확인되고 이외의 지역에서 확인되지 않아 실지로 원주창의소가 만들어지고 심상훈, 김세기가 통문을 작성한 것으로 보기에는 어려움이 있다. 하지만 원주지역에서는 유포된 것으로 보인다. 의병모의 단계부터 관여하였던 연안김씨가에서 김사정의 의병모집활동을 돕기 위해 원주지역에 연고가 있고 반일적 중앙정치세력이었던 김세기·심상훈의 명의로 된 통문을 돌린 것으로 보인다.

219) 原州倡義所 通文
右 通諭事가 그윽이 생각해 보건대, 身體髮膚는 부모로부터 받는 것으로, 그 은혜는 어떤 것도 이보다 중한 것이 없다. 그리고 머리와 의관과 의복이 華夷를 본받은 것으로 그 禮는 어떤 것도 이보다 큰 것이 없다. 아 슬프다 國運이 매우 어려워지니 王綱이 떨치지 못하고 좀과 같은 國賊의 무리들이 줄을 이어 이와 같이 일어나니 누가 이를 아프다고 하지 않겠는가? 섬나라 오랑캐의 猖獗이 너무도 심하여 우리에게는 사람이 없는 듯 欺罔을 하고 있으니 이번 8월의 大變은 실로 이는 천고에 없었던 일로써 君父를 협박하고 마침내는 저녁에 母后를 혹독하게 시해하였으니 이는 같은 하늘을 머리에 이고 살수 없는 원수로다. 소위 十大臣이라고 하는 놈들은 어떤 자도 그들의 비루하고 얕은 소견이 아닌 것이 없으니 소위 문물을 개화하여 백성을 교화한다는 것은 짐승으로 변하는 것에 지나지 않으며 나라를 부강하게 하고 병사를 강하게 한다는 것은 백성을 괴롭히고 두드리며 싫증을 내지 않는 것이 없다. 각 도의 관찰을 하는 사람이 살피는 것은 무엇을 살핀다는 말인가? 각 읍의 군수를 맡은 사람들은 어찌하여 巡檢의 말을 달리게 해서 머리를 깎게 하여 가련하게 중을 닮도록 하였으며, 나쁜 습속으로 바른 풍속을 바꾸기에, 지금 倡義의 의거를 일으키니, 血氣가 끓어오르고 忠義가 상관이 되는 것으로 한 나라의 머리를 깎고 백성을 핍박하는 것을 애통하게 여기는 것이며, 백성이 도탄에 빠진 것을 애석하게 여기는 것이니, 天人이 모두 응하고 귀신이 또한 같은 지혜로 모사를 함께 할 것이다. 이를 맡은 수많은 용사와 군사들은 다행히 이 글을 받는 날에, 뜻이 있는 선비는 같은 마음으로 용감하게 나아가 함께 소리 높여 향응하여, 위로는 國恥를 설욕하고 아래로는 백성이 바라는 뜻을 위로하여야 할 것이다. 먼저 이 글을 布告하노니, 모름지기 이를 깊이 안다면 매우 다행한 일이다. 崇禎後四 乙未 12月 日 倡義大將 前判書 金世基 沈相薰(김성근, 「원주창의소와 이강년의 격문을 통해 본 제천의병운동사」, 『지역문화연구』 2, 2003, 40쪽에서 재인용).

사건에 대한 복수, 변복령·단발령·지방제도개혁·군제개혁 등 근대화개혁에 대한 반대에 있음을 분명히 밝히고 있다. 따라서 국치(國恥)를 설욕하고 백성을 위로하기 위해 의병에 나가 싸워야한다는 것을 주장하였다. 여기서 주목되는 것은 다른 통문과 다르게 '나라를 부강하게 하고 병사를 강하게 한다는 것은 백성을 괴롭히고 두드리며 싫증을 내지 않는 것이 없다. 각 도의 관찰을 하는 사람이 살피는 것은 무엇을 살핀다는 말인가? 각 읍의 군수를 맡은 사람들은 어찌하여 순검(巡檢)의 말을 달리게 해서 머리를 깎게 하여 가련하게 중을 닮도록 하였으며'라고 하여 지방제도개혁과 군제개혁에 대해 비판하였다. 이것은 당시 근대화개혁에 대한 거부감과 함께 원주지역이 23부제와 군제개혁으로 강원감영이 폐지되고, 포군들이 실직한 상황을 염두에 둔 것이라고 할 수 있다. 정부의 개혁정책에 불만을 품고 있던 원주지역 유생, 포군 등을 적극적으로 의병운동에 참여시키고자 한 것이다. 원주창의소통문을 통한 의병모집활동은 김사정이 원주지역 의병을 이끌고 유인석 연합의병부대에 합류한 것으로 보아 일정정도 효과를 본 것으로 보인다.

장회협전투 이후 의병부대의 영남 이동, 민용호 의병부대와의 연합 실패 등 일련의 사건으로 의병부대에 대한 재정비의 필요성이 대두되었다. 이러한 상황에서 의병운동을 돕고 독려하기 위해 의병전략 등을 적은 유인석의 편지가 의병지도부에 전달되었다.[220] 이 편지를 계기로 안승우, 서상렬, 이춘영 등 의병지도부는 의병부대의 재정비를 시작하였다. 우선적으로 추진한 것은 유력한 지도력이 있는 새로운 의병장의 추대였다. 의병지도부는 편지를 통해 유인석이 의병에 참여할 가능성이 보이자 적극적으로 의병부대를 이끌어 줄 것을 요청하였다. 그 결과 2월 3일(음력 12월 20일) 안승우는 주천에서 유인석과 합류하여 영월로 돌아왔고, 2월 5일 이춘영, 이필희, 서

---

[220] 오영섭, 『화서학파의 사상과 민족운동』, 국학자료원, 1999, 253~254쪽.

상렬, 김백선 등은 영춘을 거쳐 영월로 들어왔다. 드디어 2월 7일(음력 12월 24일) 영월에서 유인석을 총대장으로 하는 연합의병부대가 출범하였다. 을미의병기 가장 중요한 의병장 중 한명인 유인석이 본격적으로 의병운동에 참여하였다.

'원주의병'은 원주관아·제천관아의 점령, 단양전투의 승리 등 초기 의병활동에 있어 커다란 성과를 거두었다. 하지만 제천으로 이동하면서 원주에서 오기로 한 원주포군이 민용호 의병부대에 편입되면서 급속히 흔들리게 되었으며, 그 타개책은 유인석을 총대장으로 한 연합의병부대의 출범이었다.[221]

3) '원주의병'의 연합의병 활동과 운동방략 수립

유인석을 총대장으로 하는 연합의병부대가 영월에서 출범하였다. 유인석 연합의병부대에는 안승우가 영서 지역을 돌면서 모집했던 의병, 영남으로 내려갔다 온 서상렬·이춘영의 의병부대, 신지수(申芝秀)가 4군(四郡) 지역으로부터 모집한 의병 등 평창, 영월, 정선, 충주, 진천, 단양, 영춘, 지평, 원주, 괴산, 제천, 청풍 등지의 의병들이 참여하였다. 강원도, 충청도, 경기도 일대를 아우르는 의병부대로 출범한 것이었다.

영월에서 의병부대를 재편성한 유인석은 제천을 의병근거지로 만들고자 하였다. 그리하여 먼저 포군 70명을 비밀리에 영월에서 제천으로 들어가는

---

[221] 이 점은 새로 출범하는 의병부대의 성격을 규정하는 데 중요한 잣대가 된다. 그동안 연구에서는 이 의병부대를 호좌의진, 제천의병으로 규정하였는데, 그 참여세력, 활동 등을 보아서는 그 범위를 확대시킬 필요가 있다. 즉, 호좌, 제천 등지를 넘어서는 중부권 일대를 장악한 의병부대라는 점을 확인할 필요가 있다. 또한 유인석 의병장을 중심으로 각기 다른 의병부대를 연합하고 있었던 것을 좀 더 구체화시킬 필요가 있다. 따라서 유인석을 구심점으로 연합의병부대가 형성되고 활동하였다는 점에서 유인석 연합의병부대라고 하고자 한다.

길목을 지키도록 하여 의병의 동태가 파악되지 않도록 하였다. 이후 김백선이 이끄는 선봉부대를 필두로 전군, 좌군, 중군, 우군, 후군 등이 제천을 포위 공격하였다.222) 의병의 공격을 받은 제천군수 정영원은 대항하고자 하였으나 의병의 기세에 눌려 후퇴하였다. 제천을 점령한 유인석은 격문을 띄워 전백성의 항일전 참여를 호소하였다. 이와 더불어 유인석 연합의병부대가 출범할 때부터 준비한 충주성 공략을 실행에 옮기기 시작하였다.

우선, 유인석은 본격적인 공격에 앞서 충주성 공략 시 배후에서 공격할 가능성이 있던 개화관료를 제거하였다. 즉, 2월 12일(음력 12월 29일) 포군 10여 명을 동원하여 단발을 강요한 단양군수 권숙과 청풍군수 서상기를 처형하였다.223) 이어 충주성 공격을 위해 2월 16일(음력 1896년 1월 4일) 4천 명의 군사를 이끌고 원서(院西)에 주둔하였다. 충주에는 경군(京軍) 400여 명, 진위대 500여 명, 일본군수비대가 주둔하고 있어서 전면전을 전개할 경우 의병의 피해가 막대하였다. 그래서 미리 포섭해 둔 지방대 두령들과 내응하여 충주성의 실정을 파악하였다. 사전준비작업을 끝낸 2월 17일(음력 1월 5일) 남한강 상류인 북창나루를 건너 충주성을 공격하였다. 본격적인 전투가 시작될 때 포섭된 지방대 두령들이 성문을 열어 유인석 연합의병의 충주성 진입을 용이하게 하였다. 이 때문에 유인석 연합의병은 큰 피해 없이 일본군과 경군의 저항을 격퇴하고 충주성을 장악할 수 있었다.224)

충주를 점령한 유인석 연합의병은 수안보와 가흥에 주둔하고 있던 일본군의 격퇴를 새로운 목표로 설정하였다. 2월 23일(음력 1월 11일) 유인석은 500여 명의 의병을 보내 수안보의 일본군 수비대를 공격하는 등 군세를 떨쳤다.225) 그러나 이 수안보 전투에서 이춘영이 전사하고, 충주성 공방전

---

222) 구완회, 『한말의 제천의병』, 집문당, 1997, 89~90쪽.
223) 이정규, 『종의록』, 27쪽.
224) 이조승, 「서행일기」/李九榮 編譯, 『(修正增補)湖西義兵事蹟』, 修書院, 1998, 54쪽.
225) 「忠州の暴徒」, 『東京朝日新聞』1896. 2. 25.

에서 주용규가 전사하는 등 큰 손실을 입었다. 특히, 안창봉기부터 의병을 이끌었던 이춘영 의병장의 전사는 유인석 연합의병부대 내 지평, 원주 지역 의병들의 입지약화로 이어졌다. 이것은 이후 선봉에서 전투를 이끌었던 김백선의 처형으로도 나타났다.

유인석 연합의병은 수안보 전투 이후 이춘영 등 주요 의병장의 전사로 그 위세가 크게 꺾이면서 충주성을 지키기 어려워졌다. 더욱이 충주지역 전투에서 패한 일본군이 충주성 탈환을 위해 부산수비대까지 충주로 급파하면서 전력이 증강되고 있었다.[226] 결국 3월 5일(음력 1월 22일) 충주성에서 퇴각하여 제천으로 후퇴하였다.[227]

이 무렵 원주지역에서는 이인영이 창의하여 활동하고 있었다. 그는 유인석 연합의병의 소모장 이범직(李範稷) 의병부대와 김하락의 막하인 광주의 김태원 의병부대의 측면과 배후를 방비하는 활동을 펼쳤다. 주로 일본군의 전신선을 끊거나 전신주를 절단하는 등의 활동을 전개하였다.[228] 그러나 고종의 의병해산령에 즈음하여 여주의 심상희 의병부대와 갈등을 빚게 되었다. 심상희 의병부대는 이인영 의병부대의 중군장 한진국(韓鎭國)이 배의표(背義表)를 거부하자 그 자리에서 처형하였다. 이에 이인영은 심상희 의병부대에 대항할 수 없음을 느끼고 일단 피했으며, 그 휘하의 의병들도 흩어졌다가 유인석 연합의병에 가담하였다.[229] 이때가 유인석 연합의병이 충주에서 퇴각하여 제천에 들어와 있을 때였다.

제천으로 돌아온 유인석 연합의병의 급선무는 의병부대를 재정비하는 것이었다. 먼저, 안승우를 중군에 임명하여 충주성전투에서 분실한 군안

---

[226] 「電報」(1896.3.4.), 『韓末義兵資料』 Ⅰ, 독립기념관, 72쪽.
[227] 김상기, 『韓末義兵研究』, 일조각, 1997, 141쪽~142쪽.
[228] 오영섭, 「韓末 13道倡義大將 李麟榮의 生涯와 活動」, 『한국독립운동사연구』 제19집, 2003, 209쪽.
[229] 박정수, 『하사안공을미창의사실』, 393~394쪽.

대신 새로운 군안을 만들어 병력을 재정비하였다. 또 병기를 수리하여 군사훈련을 거듭 실시하였다. 이와 동시에 충주지역 일본군의 공격에 대비하고 병력을 강화하기 위하여 각 지역의 수성장(守城將)·파수장(把守將)·소모장 등을 정비하였다. 특히, 원주·횡성 지역에서 군사를 모집하던 주천소모장 이명노(李明魯)를 급히 불러들여 병력을 강화하였다.

충주성전투 패배로 사기가 꺾여 있던 유인석 연합의병에 김사정이 김사두 등과 함께 의병을 이끌고 3월 17일(음력 2월 4일) 합류하였다.[230] 김사정의 합류는 병력 확보라는 차원에서 의병부대를 재정비할 수 있는 계기가 되었다. 또한 의병전략이라는 측면에서도 큰 도움이 되었다. 김사정 등은 직접 전투에 참여하기보다는 전략가로서 의병운동의 명분과 의병부대가 나갈 방향을 제시하였다. 김사정이 작성한 「헌책(獻策)」에 그의 의병전략이 잘 나타나 있다. 이 「헌책」은 김하락 의병부대가 남한산성을 점령한 2월 28일 이후 작성된 것으로 보인다. 김사정은 「헌책」을 통해 아관파천 이후 의병운동의 명분을 정확히 밝히고 있다. 그것은 첫째, 아관파천 직후 김홍집·유길준 등 몇몇 친일관료가 살해된 것은 개화파 내의 권력투쟁 과정에서 일어난 것이지 의병봉기의 목적인 명성황후 시해에 대한 복수와 단발령 반대가 달성된 것이 아니며, 둘째, 따라서 아직 남아 있는 역적의 무리들을 토벌해야 하고 그들의 죄상을 전국에 알려 의병의 대의명분을 분명히 알려야 한다고 주장하였다. 이는 새롭게 집권한 친러내각 역시 개화파로 친일내각과 별반 다를 것이 없다는 인식 속에서 정부의 선유활동으로 의병부대의 분열과 포군의 이탈을 막고 의병운동의 당위성을 널리 알리고자 한 것이었다.

이와 함께 향후 의병운동의 방향을 제시하였다. 그것은 첫째, 남한산성을 점령한 양주(楊州)·광주(廣州)의병장 김태원(金泰元)을 적극 후원하여

---

[230] 박정수, 『하사안공을미창의사실』, 391쪽.

서울로 진격할 교두보를 확보할 것. 둘째, 수원 등 삼남 지방으로 나아가는 길목을 장악하여 서울에 있는 개화파와 일본세력을 고립시킬 것. 셋째, 각 읍의 수성장들은 아전의 농간을 막아 민심을 수습하고 국세가 줄어드는 일이 없도록 할 것. 넷째, 의병모집에 있어 서북 삼도의 용맹한 군사들을 모집할 것 등을 제시하였다. 그중에서 운동방략과 관련하여 다음의 몇 가지가 주목된다.

첫째, 의병운동의 사실을 외국공사관에 알려 도움을 청한 점이다. '여러 역적의 죄상을 방에 써서 서울 사대문 및 각처 도회지에 걸되, 능히 그 놈의 목을 베어 군문에 바치는 자가 있으면 어김없이 몇천 금의 상을 준다는 뜻을 표시하면 의기를 사모하고 이익을 다투는 자가 없지도 않을 듯하며, 설사 반응이 없을지라도 그 놈들이 들으면 기가 죽고 담이 떨어질 것이며, 각국 공사(公使)들도 따라서 지목하게 되고'[231]라고 하여 서울 사대문 및 각처 도회지에 방을 걸어 역적들의 죄상을 알림으로써 자연스럽게 외국공사들도 알게 하였다. 이것은 서신을 통해 의병봉기의 목적을 직접적으로 알리는 것은 아니었지만, 외국공사도 간접적으로 알 수 있게 한다는 것을 감안했다는 점에서 초보적이지만 외국공사관의 도움을 기대하고 있었음을 알 수 있다.

둘째, 전국단위의 연합의병을 모색하였다. '조야의 물망을 짊어진 한 분을 맹주로 추대하고, 팔도 의병을 지휘하여 모두 통일되어 좌우(左右)와 진퇴(進退)에 대한 엄한 규제가 있어야 마침내 성사할 수 있으리니 …… 만약 서울의 양도(糧道)를 끊어 놓으면 1개월을 지나지 않아서 서울 내외의 인심이 크게 변하리니, 의병의 입성을 기다릴 것 없이 성 안 백성이 반드시 다투어 역적의 목을 베어서 의병과 응하게 될 것이며'[232]라고 하여 조야의 물망 있는 인물을 추대하여 8도의 의병을 지휘하게 한다는 것은 전국단위

---

231) 이정규 엮음, 「창의견문록」, 『독립운동사자료집』 제1집, 113쪽.
232) 이정규 엮음, 「창의견문록」, 『독립운동사자료집』 제1집, 114쪽.

의 단일 의병을 추진한다는 것이다. 이는 이후 원용팔 의병부대가 추진하였던 전국의병과 정미의병 당시 13도창의군과 그 맥을 같이하는 것이었다.

셋째, 서울진공작전의 기본 틀 형성이었다. 김사정은 서울의 양도(糧道)를 끊어 서울의 인심을 크게 변하게 하면 의병의 입성을 기다릴 것 없이 백성들이 일어나 의병과 호응할 것이라고 하였다. 이것은 서울을 직접적으로 공격해 들어가자는 주장은 아니었다. 그러나 서울을 포위하여 식량공급을 중단함으로써 역적들을 고립시켜 몰아낸다는 점에서 서울진공작전과 동일한 효과를 낼 수 있는 것이었다. 그런 측면에서 1907년 의병전쟁 당시 전개되었던 서울진공작전의 기본적인 틀이 이때 만들어졌다고 볼 수 있다.

또한 김사정은 원주 방어의 중요성을 강조하여 김병대(金炳大)를 원주수성장으로, 홍우범(洪祐範)을 수성중군으로 삼아 원주를 방어하도록 하였다. 이후 이필희가 진동장(鎭東將)으로 임명되고 이원하가 진동중군(鎭東中軍)으로 추천되어 원주를 방어하였다.[233] 이러한 원주의 방어는 5월 15일(음력 4월 3일) 관군이 진군하여 가리파로 철수하기까지 지속되었다. 이 기간 동안 원주지역은 의병의 인적·물적 자원을 충당하였다.[234]

김사정의 합류 등 의병부대를 재정비한 유인석 연합의병은 일본군 병참수비대가 주둔하고 있던 가흥과 수안보에 대한 공격을 계획하였다. 그리하여 유인석은 유격장 이강년 등으로 하여금 수안보를 공략하도록 하면서, 동시에 가흥 공격을 위한 병력을 출동시켰다. 특히, 가흥전투는 김백선의 처형과 관련하여 잘 알려져 있는 전투인 동시에 원주에서 군사를 일으킨 한동직(韓東直)이 독립부대로 유인석 연합의병에 참여한 첫 전투이기도 하였다. 가흥전투는 김백선의 선봉부대와 후군 및 좌군, 우군, 이범직의 소모군 등이 참여하였다.

---

[233] 박정수, 『하사안공을미창의사실』, 395쪽, 412쪽.
[234] 박정수, 『하사안공을미창의사실』, 395쪽, 455쪽.

가흥전투는 3월 18일(음력 2월 5일)에 유인석 연합의병이 가흥 쪽으로 진군하면서 본격적으로 시작되었다. 김백선의 선봉부대는 장미산에 매복하고 있었는데, 마침 일본군이 강 건너 가흥 맞은편의 청룡촌(靑龍村)으로 들어와 소동을 일으켰다. 그리하여 의병 한 부대가 이를 추적하여 강을 건너 봉황내 쪽 산에서 공격을 하였으며, 후군은 마을에 불을 질러 소란하게 하고 강 건너인 목계 부근의 산에 의지하여 두 방향에서 공격하였다. 그러나 40여 명에 불과했던 가흥의 일본군 병참수비대 병력은 충주에 파견했던 병력이 돌아와 합세하면서 80여 명으로 증강되었다. 일본군이 증강된 상황에서 목계 부근을 공격하던 후군이 강을 건너 진격하였는데, 이는 당초 작전계획에 없던 것이었다. 이로 인하여 정면공격에 이은 측면과 후면의 기습작전이 차질을 빚게 되자 장미산에 주둔하고 있던 김백선의 선봉부대는 이 전투에 참여하지 않았다. 한동직의 경우에도 가흥전투에 참여하고자 원주에서 가흥으로 직행하였는데 계획했던 작전과 상황이 달라지자 개별 공격으로 인한 피해를 염려하여 전투에 참여하지 않았다. 좌군도 역시 마찬가지였다. 결국 후군은 10명 이상의 전사자를 내고 후퇴하였다.[235]

가흥전투에서 유인석 연합의병은 적지 않은 손실을 입었다. 그 원인을 일차적으로 김백선, 한동직 등 특정 장수의 비협조적 태도에 있다고 할 수도 있겠지만, 그보다 더 중요한 이유는 여러 장수들이 일관된 작전계획에 따라 움직이지 않았던 점이다. 이는 이후 의병장들 간의 갈등으로 확산되어 가흥전투의 책임문제로 김백선과 안승우는 심각한 갈등을 빚었다. 급기야 3월 27일(음력 2월 14일) 김백선이 대장에게 칼을 빼어들고 항명했다는 이유로 처형당하였다. 이 사건은 의병부대 내의 군기확립의 차원에서 이루어진 것이지만 병사들에게는 오히려 사기를 떨어뜨리는 계기가 되었다. 의

---

[235] 가흥전투에 대해서는 구완회, 「1896년 제천의병의 可興전투와 金伯善」, 『한말 제천의병 연구』, 선인, 2005, 89~114쪽 참조.

병전력 측면에서도 유인석 연합의병의 전투력을 크게 약화시키는 결과를 초래하였다. 더욱이 이춘영이 전사한 이후 지평포군을 이끌고 있던 김백선마저 처형됨으로써 의병지도부에 초기 의병세력은 화서학파의 안승우 정도만 남게 되었다. 따라서 의병지도부의 의사결정구도가 화서학파 중심으로 흘러가게 되었다.

가흥전투 이후 한동직은 원주지역에서 의병모집활동에 집중하였으며, 이를 바탕으로 계속해서 가흥방면을 담당하였다. 특히 심상희 의병부대와 연합하여 가흥을 재차 공격하는 등 독자적인 부대로서 활동하면서 유인석 연합의병에 참여하였다.236) 원주지역 의병의 참여는 유인석 연합의병에 큰 도움을 주었으며, 부대를 재정비 할 수 있는 기회가 되었다.237)

한편, 이강년은 동창에 머물면서 재차 충주성 공격 계획을 수립하고 있다가 유인석으로부터 서신을 받았다. 서신내용은 영남에 있는 서상렬 연합의병이 일본군의 병참인 태봉을 공격하는데, 조령병참의 일본군이 태봉의 일본군을 지원하지 못하도록 막으라는 것이었다. 그리하여 원주 출신의 윤기영(尹基榮)을 중군으로 하여 9초의 병력을 이끌고 출진하였다. 이강년 의병부대는 문경의 동원촌(東院村)에 근거를 마련하여 조령을 차단하고자 하였다. 나아가 제1 조령관문의 일본군 무기고를 공격하여 무기와 화약류 등 62점을 노획하였다. 그러나 일본군의 반격으로 수세에 몰려 근거지인 동원촌으로 후퇴하였다. 이강년 의병부대는 동원촌에서 재정비할 때 임세연(林世淵)이 이끄는 무장세력의 기습공격을 받았다. 신식무기로 무장한 10여 명의 기습공격으로 중군이 한때 고립되었으며 원주 출신의 포군 이석길(李錫吉) 등이 전사하고 노획한 물자를 도로 빼앗기는 등 인

---

236) 박정수, 『하사안공을미창의사실』, 396·407쪽.
237) 당시 원주지역 의병뿐만 아니라 이강년 의병도 유인석 연합의병에 합류하였다. 이강년은 유인석 연합의병의 유격장으로서 다수의 전투에서 전과를 올리고 있어서, 원주지역 의병과 더불어 유인석 연합의병에 큰 힘이 되었다.

적·물적 피해를 입었다.[238]

유인석 연합의병은 계속된 전투에서 친위대와 일본군에게 패하게 되자 본거지인 제천을 방어하는 것이 가장 시급한 과제가 되었다. 우선, 제천 주위의 봉우리에 방어 성곽을 쌓아 의병진압군의 공격에 대비하였다. 이어서 각지에 있는 병력을 제천으로 집결시켰다. 원주별모장 이필희가 급히 제천으로 돌아왔고, 한동직·이범직 등도 원주에서 병력을 이끌고 합류하였다. 또 정인설이 수백 명의 의병을 모집하여 왔으며, 원주사람 이철화(李喆化)도 괴산에서 병력을 이끌고 제천으로 들어왔다. 이처럼 각지에서 제천을 방어하기 위해 유인석 연합의병에 참여하였는데, 원주출신들도 중요한 역할을 하였다.

유인석 연합의병이 제천의 본거지를 방어하는 동안 참령(參領) 조기신이 300명으로 편성된 정부 진압군을 이끌고 4월 26일 충주 부근에 도착하였다. 충주관찰사도 선유사의 임무를 맡아 원주 및 제천방면으로 출발하였다. 유인석 연합의병은 이러한 움직임을 미리 파악하고 대비하였다. 원주수성장 구철조와 심상희, 한동직 등은 친위대의 이동경로를 파악하여 유인석에게 보고하였다. 그 보고에 따르면 친위대는 송치(松峙, 원주 지정면 안창리에서 양평 양동면 삼산리로 넘어가는 길목에 크고 작은 두 개의 솔치가 이어져 있음)를 지나 원주 안창까지 들어왔다. 이에 유인석은 제천 봉양으로 들어오는 길목인 가리파(佳利坡)에서 친위대의 공격을 방어하고자 하였다. 그래서 이강년과 함께 청풍 방면의 북창과 방흥을 방어하던 홍대석과 정운경의 의병부대를 원주의 신림 방면으로 이동 배치하였다.

원주로 진군하던 친위대는 의병을 의병부대에서 이탈시키고자 의병가족에 대한 탄압을 실시하였다. 그 결과 원주에서 가옥 274채가 불타서 없어졌으며, 1,151채가 빈집으로 남았다.[239] 물론 이것이 모두 친위대의 탄압

---

[238] 구완회, 『한말의 제천의병』, 집문당, 1997, 133~135쪽.

으로 생긴 것으로 보기는 어렵지만 의병운동 직후에 조사된 보고임을 생각할 때 상당수 호(戶)가 영향을 받은 것으로 보인다.

유인석 연합의병은 신림 방면을 방어하면서 마지막 가흥공격을 단행하였다. 이 가흥공격은 심상희가 음죽의 이목정(梨木亭)과 문드러니고개(文德峴)를 장악한 이후 장호원으로 진군하면서 신지수에게 가흥공격을 요청하면서 이루어진 것이었다. 이 가흥전투에서 3월 중순 유인석 연합의병에 가담하였지만 이렇다 할 활동이 보이지 않았던 이인영이 크게 활약하였다. 특히, 의병전투력 측면에서 이인영은 청국병(淸國兵) 여국안(呂國安) 등 7명을 의병부대에 합류시킴으로써 의병부대의 전투력을 향상시켰다.[240] 이들 청국병사들은 청일전쟁 초기 아산현에서 패한 청국군으로 퇴로를 연기(燕岐)·송산(松山)·청풍(淸風)으로 잡고 강원도 원주로 들어가 북쪽으로 이동하던 청국병사 중 일부였다.[241]

가흥전투는 전선(電線)감시를 위해 이동하던 일본군에 대한 공격으로 시작되었다. 5월 1일 전선(電線)감시와 하물(荷物)을 호위하기 위하여 일본군 하사(下士) 이하 10명이 가흥을 출발하였다. 이들의 이동을 감시하고 있던 유인석 연합의병은 200명을 이끌고 하담(河潭) 남쪽에서 공격하였다. 총성을 들은 가흥(可興) 주재(駐在) 미야케(三宅) 대위(大尉)는 헌병 12명, 보병 14명을 이끌고 급히 출병하였고, 충주에서 출발한 전선감시 헌병과

---

[239] 「원주군 보고 1호(1896년 8월 30일)」, 『공문편안』 강원도 69책(오영교·왕현종·심철기 엮음, 『원주독립운동사자료집Ⅰ: 의병관련 정부자료』, 혜안, 2004, 44~45쪽).

[240] 박정수, 『하사안공을미창의사실』, 453쪽.

[241] 『주한일본공사관기록』 5권, 「三. 諸方機密公信往 三」, 旅團凱旋 후의 景況, 1894년 8월 11일. 이들 청국병사에 대해 오영섭은 을미의병 직후 이인영이 청국인 주봉령과 교섭하여 무기구입을 목적으로 대토지를 매각하고 우선 3백여 명의 청국인을 용병 계약하였는데, 오다가 일본군의 공격을 받아 되돌아가고 남인 병력이라고 하였다(오영섭, 『고종황제와 한말의병』, 선인, 2007, 305쪽). 이처럼 이인영은 일본군을 상대하기 위해서는 근대식 무기로 무장해서 전투할 수 있는 병력이 필요하다는 것을 이미 알고 있었기에 정미의병에서도 해산군인들과 결합할 수 있었다.

보병도 합류하였다. 원규상, 신지수 등은 강을 건너 반나절 동안 이들과 격전을 치렀지만 일본군 진지를 둘러싼 은폐물 때문에 공격은 효과적이지 못하였다.242) 또 흥원창(興原倉) 쪽에서 달려온 윤성호(尹聖鎬) 의병부대도 적극적으로 공격하지 않는 바람에 결국 가흥전투는 실패하고 후퇴하였다. 이 상황에 대해 일본군은 '의병들은 고로우(현 충주시 가금면 오석리 고랭이 마을) 방면으로 패주(敗走)하여 사상자를 상세히 알 수 없지만 아병은 무사하다'고 보고하였다.243)

5월 25일 유인석 연합의병은 제천 남산전투에서 신림 가리파 방어선을 뚫고 제천으로 들어온 친위대에게 크게 패하여 단양, 충주 등지로 후퇴하였다. 이때 이인영은 별영장으로 전투에 참여하였고, 곧이어 후군 소모장 별진에 소속되어 신지수·이범직 등과 의병모집활동을 전개하였다.244) 제천 남산전투 이후 근거지를 상실한 유인석 연합의병은 의병부대를 재정비할 새로운 근거지로 원주를 선택하였다. 유인석은 6월 14일(음력 5월 4일) 후군, 소모군 등 각 부대에 원주로 집결할 것을 지시하고 강천을 출발하여 원주로 향하였다. 유인석 연합의병은 원주의 홍호(興湖), 노수(魯藪), 봉현(鳳峴)을 거쳐 6월 16일(음력 5월 6일) 보안역(保安驛)에 도착하였다. 보안역에 도착하자 이인영은 유인석에게 대진(大陣)을 원주 안창으로 옮겨 재정비하고 새롭게 의병운동을 전개할 것을 권하고 지평으로 떠났다. 그는 여주, 지평 일대에서 활동하고 있던 의병부대와 연합하여 서울로 진격하고자 한 것으로 보인다.245) 이러한 전략은 김사정이 주장한 서울진공작전

---

242) 박정수, 『하사안공을미창의사실』, 453쪽.
243) 『주한일본공사관기록』 8권, 「七. 本邦人被害에 관한 件 一·二」, 暴徒狀況 報告 件, 1896년 5월 7일.
244) 오영섭, 『고종황제와 한말의병』, 선인, 2007, 304쪽.
245) 지평 등에서 활동하던 1,000여 명의 의병부대가 양근을 점령하였다는 기록이 있을 정도로 지평, 여주, 원주 일대는 의병운동이 활발하게 전개되고 있었다(『주한일본공사관기록』 11권, 「二. 本省往報告」, 內閣動靜 등 보고, 1896년 6월 30일).

과 일맥상통한 것으로 원주지역 의병운동의 특징이라고 할 수 있겠다. 지평으로 떠난 이인영은 이 일대에서 의병활동을 전개하다 마무리한 것으로 보인다.

그러나 유인석은 제천의 장기렴 군대가 내창을 거쳐 강천과 안창으로 병력을 나누어 공격해 온다는 보고를 받고 평안도 일대로 북상하기로 결정하였다. 평안도 일대의 화서학파와 연계하거나 어려우면 요동으로 넘어가기 위한 것으로 보여 진다. 유인석은 금대(琴臺, 현 원주시 판부면 금대리), 정선을 거쳐 북상하였다. 그 과정에서 서상렬, 이범직 등이 전사하였다. 주요 의병장들이 전사하면서 유인석 연합의병은 더욱 위축되었다. 결국 유인석 연합의병은 8월 29일 중국 회인현(懷仁縣)에서 무장해제되면서 해산되었다. 해산할 때까지 남아있던 의병은 원용정, 박정수, 정운경, 오인영, 김영록 등 21명이었다.[246] 원용정은 유인석을 따라 심양으로 들어가 의병에 대한 원조를 위해 청과 교섭하였지만 별다른 도움을 받지 못하였다. 이후 유인석과 중국 망명생활을 하다가 귀국하였다.[247] 유인석과 함께 망명하였던 박정수, 정운경 등은 원용팔과 함께 1905년 일본의 침략에 저항해 의병을 일으켜 을미의병을 잇고 있었다.

원주지역에 활동하던 의병 중 이인영, 한동직 등은 독립부대를 이끌고 유인석 연합의병에 참여해 의병진압군과 전투를 수행하였다. 또한 김사정, 김사두 등은 의병부대에 인적·물적 자원을 지원하였으며, 의병운동의 방략을 마련하거나 의병운동의 방향을 제시하였다. 이들은 유인석 연합의병이 북상할 때까지 함께하였다. 이처럼 원주지역 의병들이 유인석 연합의병에 참여한 것은 지역적 한계를 넘어 연합을 통한 전국의병으로 나가기 위한 포석이었다고 볼 수 있다.

---

[246] 원용정, 「복은」, 『국역 소의신편』, 의암학회, 2006, 424쪽.
[247] 원용정, 「의암유선생서행대략」, 『독립운동사자료집』 제1집, 1970, 504~505쪽.

제2장

제2장 1900년대 초 일제의 지역사회 침탈과 의병운동방략

1. 원주지역 침탈양상과 의병지도부의 현실인식

1) 러일전쟁과 한국주차군의 배치

1900년대 들어서면서 동아시아 국제질서에 변화가 나타나기 시작하였다. 우선, 러시아는 중국의 의화단 사건을 계기로 만주지역에 15만의 대병력을 증파하여 만주점령을 확고히 하는 동시에 대한제국 중립화를 추진하였다. 이러한 러시아의 정책은 동아시아에서 주도권 회복을 꾀하던 일본을 크게 자극하였다. 러시아의 군사력 증강은 동아시아에서 주도권 경쟁을 넘어 일본에 대한 군사적 위협으로 다가왔다. 이에 일본은 러시아가 추진하던 대한제국 중립화를 반대하였다. 오히려 1901년 12월에 러시아군의 만주철군을 주요 내용으로 하는 외교협상을 러시아에 제의하였다.[1] 이와 별개로 일본은 러시아 견제와 동아시아에서 주도권 회복을 위해 대한제국에 대

---

[1] 심헌용, 『한반도에서 전개된 러일전쟁 연구』, 국방부 군사편찬연구소, 2011, 31~32쪽.

한 보호국화를 추진하였다. 1901년 6월에 성립된 가쓰다 다로(桂太郞) 내각은 대한제국 보호국화를 하나의 정강으로 채택하였으며, 대한제국 보호국화 과정에서 발생할 수 있는 충돌에 선제적으로 대응하기 위해 러시아와 전쟁까지도 고려하였다. 그리하여 일본은 러시아와 경쟁관계에 있던 영국과 동맹을 최우선적으로 추진하였다.[2] 그 결과 1902년 1월 30일 영일동맹이 체결되었다. 영국의 외교·군사적 지원을 받을 수 있게 되자 일본은 러시아와의 외교협상에서 더욱 강경한 입장을 취하였다. 일본의 강경입장에 러시아는 극동총독부(極東總督府)를 뤼순(旅順)에 설치하기로 결정하는 등 더욱 적극적인 극동정책을 추진함과 동시에 만주 문제에 대해서는 전혀 협상이 불가하다는 방침으로 대응하였다. 그러면서 주일(駐日)러시아공사를 외교협상에 응하게 하여 대한제국에서 일본의 우월권을 승인하는 대신 러시아의 만주독점을 인정하고, 대한제국의 북위 39도 이북을 중립지대로 하자는 제안을 하였다.[3] 그러나 러시아의 제안은 일본 내 여론을 격앙시켰으며, 결국 협상은 결렬되었다.

그러한 가운데 일본은 러시아와 협상을 진행하면서 대한제국 보호국화를 위한 활동을 전개하였다. 일본은 러시아와의 협상 결과에 상관없이 광무황제를 자신들 편으로 만들고자 하였으나 당시 상황에서 그럴 가능성은 거의 없었다. 오히려 광무황제는 일본의 행동에 큰 의심을 하였고 상황에 따라서는 프랑스공사관으로 파천하거나 강원도 원주 또는 춘천으로 피난할 것을 계획하고 있다는 소문이 있었다. 그러므로 일본은 대한제국 정부를 안심시키는 한편, 적당한 위압 하에 일본의 이익을 지체 없이 획득하여 광무황제로 하여금 일본의 요구를 수용하도록 압박하는 방법을 취하기로 하였다.[4]

---

[2] 서영희, 『대한제국 정치사 연구』, 서울대학교출판부, 2003, 145쪽.
[3] 서영희, 앞의 책, 2003, 147쪽.

이러한 상황 속에서 1904년 2월 8일 밤 뤼순에 대한 일본군의 기습공격으로 러일전쟁이 발발하였다. 개전 직후 일본군은 배후 치안 확보차원에서 대한제국을 완벽하게 통제하고자 하였다. 이에 1904년 2월 말 일본군 제12사단장 이노우에(井上光貞)는 서울에서 '부로간첩급군사시행(俘虜間諜及軍事施行)에 유방해자처단법(有妨害者處斷法)'을 공포하여 러시아에 협조하거나 전쟁수행에 방해가 되는 자들을 처벌할 것을 선언하였다.[5] 이는 한국인들에게 군법을 일방적으로 적용시키겠다는 일종의 계엄령이었다. 대한제국이 일본군의 계엄통치아래 놓이게 된 것이었다. 또한 군용수형(軍用手形, 軍標)을 발급하여 전쟁물자를 확보하고자 하였다.[6] 군용수형은 전쟁시 물품구입과 인부의 임금지불을 위해 일본군이 발행하는 임시 어음이라 할 수 있는데 당시 통용되는 본위화와 대비할 때 군용수형의 실제 가치가 낮았기 때문에 이를 지급받은 사람들은 막대한 손해를 보게 되었다.[7]

이와 함께 일본은 1904년 2월 23일 전문 6조의 한일의정서를 강제로 체

---

[4] '……又或ル者ハ佛國公館番遷ノ儀……秘密ニ陰謀的ニ計劃セラレ右ニ依レハ萬一ノ場合ニハ江原道春川若クハ原州ニ避難セラルヘク旣ニ幾多ノ準備ヲ了セリト迄相傳ヘ居候……我ハ適宜ノ威壓ノ下ニ我後來進取スヘキ行動ノ根蒂的權利ヲ猶際ナク獲得シ韓帝ヲシテ終始餘儀ナク感セシムルノ外ナク……'(『駐韓日本公使館記錄』 18권, 「日韓密約附韓國中立」, 「韓國의 時局 및 장래에 관한 건 具申」, 機密第171號, 1903년 10월 30일).

[5] '再昨日에 日公使林權助氏가 我廷에 照會하되 我十二師團中將의 本日頒布件이 如左하니 俘虜間諜及軍事施行에 有妨害者處斷法中二條를 磨鍊하얏스니 貴政府에셔 一般告示하라하얏다더라'(『皇城新聞』, 光武 8年 3月 1日, 「請佈二條」).

[6] '外各地方人民ニ對シ右軍用手形ハ我軍ノ韓國內テ進行スルニ當リ取引上ノ便宜ヲ圖ル爲メ發行スルモノニシテ何時ニテモ相當銀貨ト引換ユルヲ得可シ帝國軍隊ハ全ク露國軍隊ヲ追討スル爲メ韓國內地ヲ行進スルモノニシテ韓國人ニ對シ秋毫モ犯ス所無シ殊ニ該手形ノ發行ハ韓國政府ノ承認ヲ得タルモノニ付各人相互ニ故障無ク接受ス可キ旨ヲ告示スル事ニ取計ヒ置ケリ'(『駐韓日本公使館記錄 23권』 二. 電本省往 一・二・三 (146) [韓國內에서의 軍用手票發行 件]

[7] 예컨대 평양지역에서는 일본 북진군대가 매입품의 대가로 한화 1圓에 대해 거의 절반가인 手形 53錢을 지불하였기 때문에 그 괴로움을 호소하는 자가 많았다고 한다(「平壤地方에 있어 軍用手形 使用의 件」, 明治 37年 3月 3日, 『日韓外交資料集成 5: 日露戰爭編』(金正明 편), 巖南堂書店, 1967, 103~104쪽).

결하였다. 이 중 '제4조 제3국의 침해에 의하거나 혹은 내란 때문에 대한제국 황실의 안녕과 영토보전에 위험이 있을 경우에는, 대일본제국 정부는 신속하게 상황에 따라 필요한 조치를 취하여야 하며, 그리고 대한제국 정부는 대일본제국 정부의 행동을 용이하게 하기 위하여 충분한 편의를 공여할 것. 일본제국 정부는 앞의 목적을 달성하기 위하여 군략상의 필요한 지점을 상황에 따라 수용(收用)할 수 있다'고 하여 대한제국에 일본군이 주둔할 수 있는 근거를 마련하였을 뿐만 아니라 물적·인적 수탈을 합법적으로 가능하게 만들었다.[8]

한일의정서를 바탕으로 서울에 주둔하고 있던 제12사단이 북진하자 일본정부는 항구적인 군사적 통제를 위해 3월 '한국주차군사령부 및 그 예속부대의 편성'을 의결하고 대한제국에 파견하였던 한국임시파견대(韓國臨時派遣隊)[9]를 중심으로 1904년 4월 3일 한국주차군(韓國駐箚軍)을 창설하였다.[10] 창설 당시 한국주차군은 한국주차군사령부, 한국주차군수비대, 한국주차헌병대, 한국주차군사령부 예하 각 부대로 구성되어 있었다. 병력은 1개 연대

---

[8] 議定書
大韓帝國皇帝陛下의 外部大臣臨時署理陸軍參將址鎔及大日本帝國皇帝陛下의 特命全權公使林權助는 各相當의 委任을 受호야 左開條款을 協定홈. (중략)
第三條 大日本帝國政府는 大韓帝國에 獨立及領土保全을 確實히 保証할 事
第四條 第三國의 侵害에 由호며 或은 內亂을 爲호야 大韓帝國皇室에 安寧과 領土保全에 危險이 有할境遇에는 大日本帝國政府는 速히 臨機必要호 措置를 行흠이 可홈 然이 大韓帝國政府는 右大日本帝國政府에 行動을 容易히 홈을 爲호야 十分便宜를 與할 事, 大日本帝國政府는 前項目的을 成就홈을 爲호야 軍署上必要호 地點을 隨機收用홈을 得할 事
光武八年二月二十三日 外部大臣臨時署理陸軍參將 李址鎔
明治三十七年二月二十三日 特命全權公使 林權助
(『駐韓日本公使館記錄』 18권, 一二. 日韓議定書, (74) 議定書寫差進ノ件)

[9] 일본군 제12사단 예하 4개 대대를 근간으로 편성되었으며, 사령관은 제23여단장인 기고시 야스쓰나(木越安綱)소장이었다. 한국임시파견대는 1904년 2월 8~9일 양일간 인천에 상륙한 후 서울을 침공하여 점령하였다.

[10] '今番京城에 在호 日本駐箚隊司令部를 廢호야 駐箚軍을 置하고 其司令部를 本月三日붓터 大觀亭에 設置하얏다더라'(『皇城新聞』, 光武 8年 4月 7日, 「廢部設軍」).

1,721명, 4개 대대 2,280명, 2개 중대 272명으로 총 4,273명이었다.[11] 주요 임무는 일본의 침략에 대항하는 의병을 비롯한 반일세력에 대한 탄압과 만주방면으로 북진한 일본군의 후방지원을 용이하게 하는 것이었다.[12]

이 중 의병탄압과 관련하여 한국주차군 예하 한국주차헌병대가 주목된다.[13] 한국주차헌병대는 첩보 및 서신감시, 반일운동의 탄압, 철도(鐵道)·전선(電線) 경비 등을 주 임무로 하였다. 즉, 한국주차헌병대는 대한제국의 치안을 담당한다는 명목 하에 반일운동의 선봉에 있던 의병을 적극적으로 탄압하였다.[14] 그런데 의병운동이 치열하게 전개되었던 원주지역에는 한국주차헌병대가 주둔하지 않았다. 그것은 원주에 원주진위대가 주둔하고 있었기 때문이었다. 한정된 병력으로 주요 철도와 전신선을 경비하고 더 나아가 대한제국의 치안까지 담당한다는 것은 한계가 있었기에 대한제국군을 최대한 활용하고자 한 것이었다. 그렇다고 원주지역이 일본군의 영향

---

[11] 柳漢喆, 「日帝 韓國駐箚軍의 韓國 侵略過程과 組織」, 『한국독립운동사연구』 6, 1992, 137쪽.

[12] 한국주차군의 임무는 1904년 3월 7일 한국주차군사령관에게 보낸 훈령에 잘 나타나 있는데, '제국 공사관, 영사관 및 거류민의 보호에 임하고 또 경성의 치안을 유지해 우리 작전군의 배후에 있어서 제 설비를 온전히 하여 그 운동을 용이하게 하는 데 있다'라고 하였다(「解題」, 『朝鮮駐箚軍歷史』(金正明 편), 巖南堂書店, 1967, 10쪽).

[13] 한국주차헌병대는 1896년 1월 임시헌병대가 설치된 후 1903년 12월 한국주차헌병대로 개편되고 1906년 10월 제14헌병대로 개편되었다. 이후 1907년 10월 한국주차헌병대로 다시 개편되면서 아카시 모도시로(明石元二郎)가 한국주차헌병대장으로 취임하였다(松田利彦, 『日本の朝鮮植民地支配と警察: 1905~1945年』, 東京, 校倉書房, 2009, 36쪽).

[14] 대한제국의 경찰계통은 크게 2가지가 있었다. 첫째는 한국경찰이었다. 한국경찰은 1894년 8월 갑오개혁의 일환으로 경무청이 설치되면서 만들어졌다. 이후 1904년 제1차 한일협약에 의해 1905년 顧問警察이 설치되었고, 1905년 11월 을사늑약에 의해 1907년 2월 한일경찰공조협정이 체결되었다. 또 1907년 7월 정미7조약에 의해 1907년 11월 한국경찰이 이사청 경찰로 흡수되었다. 1909년 7월 사법권을 일본에 위탁하면서 대한제국의 사법권은 일본으로 넘어갔고 1910년 6월 통감부경찰관서관제가 확립되면서 일본에 의한 헌병경찰제도가 완성되었다. 둘째는 일본영사관경찰이다. 일본영사관경찰은 1880년 4월 영사관경찰이 설치되고 1905년 12월 이사청 경찰로 개편되었으며 이후 통감부경찰관서관제로 통합되었다(松田利彦, 『日本の朝鮮植民地支配と警察: 1905~1945年』, 東京, 校倉書房, 2009, 34~36쪽).

력에서 벗어나 있었던 것은 아니었다. 1894년 이후 원주 인근지역인 충주 가흥에 가흥병참부가 설치되어 있었으며,15) 1904년에는 경성(京城)·부산(釜山) 간 군용전선 수비를 위해 추가적인 병력배치가 이뤄지고 있어 언제든지 일본군의 출동이 가능하였다.16) 이는 1896년 원주에서 봉기한 의병을 정찰하기 위해 가흥병참부 소속 일본군이 원주로 출병하였던 것에서도 알 수 있다.

한편, 서울에서 북진한 제12사단 중심의 제1군은 5월 1일 압록강변에서 러시아군 동부지원대를 격파하고 안둥[安東, 현 단둥(丹東)] 일대를 점령하였다. 이어 제2군은 난산(南山)과 다롄(大連)을 점령하여 뤼순을 고립시켰다. 6월 6일에는 제3군을 편성하여 뤼순 요새를 포위하였다. 7월 중순에 오오야마 이와오(大山巖) 총사령관, 고마다 겐타로(兒玉源太郎) 참모장의 만주군 총사령부가 현지에 도착한 가운데 독립 제10사단을 증강시켜 제4군을 편성하였다. 그리고 8월 말부터 랴오양(遼陽)의 러시아군 진지에 대한 공격을 개시하면서 러일전쟁이 한층 더 고조되었다.17) 일본은 러시아군과 만주일대에서 전선이 형성되자 배후지인 대한제국에 대한 통제를 더욱 강화해 나가고자 하였다. 당시 대한제국에서는 제1차 한일협약으로 일본인 재정고문과 일본이 추천한 외교 고문이 초빙되면서 '토왜(討倭)'를 목적으로 한 의병활동이 나타나기 시작하였다. 또 러시아군이 함경도 일대로 진출을 시도하는 등 한국주차군의 증강 필요성이 확대되었다. 그리하여 일본은 1904년 8월 21일 내각 회의에서 러시아군의 공격에 대비하고 의병탄

---

15) 1894년 일본이 청일전쟁을 수행하기 위해 충주시 가금면 가흥지역에 설치한 병참기지이다. 일본은 조선정부의 승인도 받지 않고 부산, 낙동, 안동, 문경, 가흥, 이천, 서울 송파로 이어지는 병참로를 개설하였다.
16) '四月 十七日 原口軍司令官 ノ命令二基キ左 ノ各地二隊員ヲ配置シ以テ京城釜山間 ノ軍用電線守備 ノ任二當レリ 京城 松亭 可興 開慶 洛東 大邱 密陽 釜山 金海 馬山浦'(朝鮮憲兵隊司令部 編, 『朝鮮憲兵隊歷史』 제1권, 不二出版, 96쪽).
17) 이태진, 「1905년 條約의 强制時의 韓國駐箚軍의 성격」, 『韓國史論』 54, 2008, 342~343쪽.

압을 목적으로 「한국주차군확장안(韓國駐箚軍擴張案)」을 결정하였다. 그 내용은 다음과 같다.

> 한국주차군을 (1)일한의정서 제3조에 의해 한국의 독립 및 영토보전을 확보하고, (2)대륙방면에서 오는 적의 습격에 대해 제국 국방의 주축이 되는 두 요지에 의해 2사단 및 약간의 특종으로 된 1군을 확장한다(사단의 병력은 대략 內地와 같다).
> 배병(配兵)
> 인방(隣邦)의 형세와 한국 진압의 고려에서 1사단을 평안도에, 다른 1사단을 각도에 배치하고 군사령부를 경성에, 각 사단 사령부를 경성 및 평양에 두고 제(諸) 병참부를 주둔시킨다. 기병(騎兵)은 유사시의 이용을 고려해 대부(大部)를 의주에 둔다.[18]

이러한 「한국주차군확장안」에 따라 1개 사단은 러시아군의 공격에 대비해 평안도에, 나머지 1개 사단은 의병탄압을 목적으로 각도에 배치되었다. 이와 함께 한국주차헌병대도 재편되어 1905년 3월에는 〈표 3〉과 같이 경성, 부산, 원산, 인천, 의주, 평양, 안주, 개성, 임명, 수성, 전주, 대구 등 12개 지역에 분대를 설치하고 그 아래 56개 처의 분견소를 두었다. 원주는 경성분대의 관할구역에 들어가 있었다.[19]

〈표 3〉 1905년 3월 헌병분대표

分隊	本部	釜山	元山	仁川	義州	平壤	安州	開城	京城	臨溟	全州	大邱
分隊長	小河 大尉	木島 大尉	大久保 大尉	山本 大尉	堀 大尉	吉岡 大尉	渡邊 大尉	福島 少尉	怡土 中尉	杉 中尉	保井 少尉	池田 少尉
分遣所	-	8	2	3	3	2	4	2	15	4	4	9

※출처: 朝鮮憲兵隊司令部 編, 『朝鮮憲兵隊歷史』 제1권, 不二出版, 103쪽.

---

[18] 「解題」, 『朝鮮駐箚軍歷史』(金正明 編), 巖南堂書店, 1967, 10~11쪽.
[19] 朝鮮憲兵隊司令部 編, 『朝鮮憲兵隊歷史』 제1권, 不二出版, 103쪽.

한국주차군의 확장 논의와 별도로 한국주차군사령부는 제12사단장이 공포하였던 '부로간첩급군사시행(俘虜間諜及軍事施行)에 유방해자처단법(有妨害者處斷法)'을 넘어 1904년 7월 20일 '작전군의 배후에 있어 치안을 도모하기 위해 경성(京城) 내외에 군사경찰을 시행한다'고 대한제국 정부에 통보하였다.[20] 이는 서울에 계엄령을 적용하여 전시개념의 '군령(軍令)'을 적용시키겠다는 것이다. 그런데 한국주차군사령부는 여기서 머물지 않고 더 나아가 1905년 1월 8일에 경성 및 부근 일대의 치안경찰을 한국관헌 대신 일본군이 담당하겠다고 통보해 왔다.[21] 이제는 대한제국정부의 경찰권을 배제하고 일본군이 직접 서울과 인근지역의 치안을 담당하겠다는 것이었다.[22] 이러한 의도는 공포한 군령에 적용되는 범죄의 내용을 통해서 확인되는데, 그중에서도 다음의 항목이 주목된다.

　　4. 당을 결성하고 반항을 기도하거나, 기타 일본군에 대해서 항적(抗敵)행위를 한 자
　　9. 무기, 탄약, 군량과 말 먹일 꼴, 피복, 기타 군수품 및 군용 우편물을 파괴 또는 절취한 자

---

[20] '作戰軍背後ニ於ケル治安ヲ圖リ以テ作戰軍ヲシテ後顧ノ患ナカラシメンカ爲メ韓國目下ノ狀勢ニ照シ京城內外ニ軍事警察ヲ施行スルノ必要ヲ認メ夫々部下ニ命令致候條別紙之通リ韓國政府ヘ移牒相成度此段申進候也. 明治三十七年七月二十日. 韓國駐箚軍司令官 原口兼濟'(『駐韓日本公使館記錄』 21권, 七. 陸海軍往復 一進會, (28) [對露軍事作戰上 京城內外에 軍事警察施行에 관한 件]).

[21] '京城及其ノ附近ニ於ケル治安警察ハ我軍ニ於テ貴國官憲ニ代リ担任執行スルノ必要ヲ認メ別紙軍令ヲ公表シ'(『駐韓日本公使館記錄』 25권' 一一. 本省往 (2) [京城 및 그 外廓의 治安業務 日軍에의 代替決定과 韓國政情에 관한 報告]).

[22] 1905년 대한제국내 한국인 경찰관은 2,250명(1904년)에서 1,728명으로 줄어들었다. 이에 반해 대한제국 일본인 경찰관은 0명(1904년)에서 109명으로 증가하였다. 또 일본영사경찰관은 254명(1904년)에서 268명으로, 헌병은 311명(1904년)에서 318명으로 소폭 증가하였다. 이는 대한제국의 치안이 일본군경에 의해 통제되기 시작하였음을 보여주는 것이다. 이러한 현상은 1907년 이후 의병전쟁에서도 뚜렷하게 보인다. 다음은 1911년까지 각 경찰기구의 인원수 변화와 일본인의 추이를 나타낸 표이다.

15. 집회, 결사 또는 신문잡지, 광고, 기타의 수단을 써서 공안질서를 문란케 하는 자
16. 일정한 지역 내에 출입 체재를 금지시킨 장소에서 그 금지사항을 범한 자[23]

 이는 전시 상황이라 제한적이지만 서울을 중심으로 하여 일본을 반대하는 어떠한 집단의 활동도 용납하지 않겠다는 것이다. 특히, 광무황제를 중심으로 전개될 수 있는 반일운동을 차단하고, 의병운동을 비롯하여 대도시를 중심으로 점차 증가하고 있던 반일운동에 대한 탄압을 더욱 강화하려는

〈각 경찰기구의 인원수 및 일본인 추이〉

		1894/1895	1904	1905	1906	1907	1908	1909	1910	1911
한국경찰	경찰관(일본)		0	109	667	1,513	1,656	2,016	2,266	2,305
	경찰관(한국)		2,250	1,728	2,737	2,242	2,731	3,299	3,428	3,702
	합계		2,250	1,837	3,404	3,755	4,387	5,315	5,694	6,007
헌병	헌병(일본)		311	318	284	797	2,398	2,431	1,007	3,296
	보조원(한국)		0	0	0	0	4,234	4,392	1,012	4,453
	합계		311	318	284	797	6,632	6,823	2,019	7,749
영사관경찰(일본)			254	268	499					
일본인		9,354/12,303	29,197(1903년)	42,460	83,315				171,543	

※출처: 松田利彦, 『日本の朝鮮植民地支配と警察: 1905~1945年』, 東京, 校倉書房, 2009, 36쪽; 단국대학교 동양학연구소, 『개화기 한국과 세계의 상호 교류』, 국학자료원, 2004, 13쪽.

[23] 軍令 (중략)
 四. 黨ヲ結ヒ反抗ヲ企テ其他我軍ニ對シ抗敵ノ行爲アリタル者 (중략)
 九. 兵器彈藥糧秣被服其他ノ軍需品及軍用郵便物ヲ破毁若クハ盜取シタルモノ (중략)
 十五. 集會結社又ハ新聞雜誌廣告其他ノ手段ヲ以テ公安秩序ヲ紊亂シタル者
 十六. 一定ノ地域內ニ出入滯在ヲ禁セラレタル場合ニ於テ其禁ヲ犯シタル者
(『駐韓日本公使館記錄』 25권, 一一. 本省往, (2) [京城 및 그 外廓의 治安業務 日軍에의 代替決定과 韓國政情에 관한 報告]).

것이었다. 러일전쟁을 계기로 창설된 한국주차군은 '공안질서'를 확립하는 명목으로 대한제국을 점령해 나갔으며, 이후 일본의 식민정책의 군사적 배경이 되었다.

2) 원주지역의 침탈양상

대한제국은 러일전쟁을 전후한 시점부터 일본의 본격적인 침략을 받았다. 이는 일본군의 배후지로 대한제국에 대한 독점적 지배권과 러일전쟁 이후 일본의 정치·경제적 이권을 확보하기 위해서였다. 그리하여 일본은 우선적으로 대한제국에 대한 보호국화를 추진하였다. 보호국화는 1904년 2월 한일의정서 체결로 시작되었는데, 5월 18일에 「한러수호통상조약」을 폐기함으로써 대한제국에 대한 러시아의 간섭을 차단하였다. 대한제국에서 러시아의 이권을 일체 무효로 선포하고 본격적인 침탈에 들어간 것이었다.[24] 즉, 일본내각에서는 5월 31일 이토 히로부미(伊藤博文)가 대한제국 답사 후 건의한 보호국화 실천방안 내용을 받아들여 「대한방침(對韓方針)」과 그 실행을 위한 「시설강령(施設綱領)」을 결정하였다. 「대한방침」과 「시설강령」은 국방, 외정(外政), 경제에 관한 것으로 주요 내용은 다음과 같다.[25]

---

[24] 對露條約廢棄の議決 昨日の議政府會議にては露韓國交斷絶の結果 として都て兩國間の合同條約廢棄に歸すべきを議決し夫の千八百九十七年露公使を經て露人ソリノモの間に締結せし鴨綠江一帶, 豆滿江, 茂山, 鬱陵島の森林伐採の合同條約も破棄する事を決議せり(『朝日新聞(大阪)』, 明治 37년 5월 19일, 「韓京電報(十八日)」).

[25] 對韓施設綱領 (중략)
一. 防備ヲ全フスルコト. 韓國內ニ我軍隊ヲ屯駐セシムルハ當ニ我國防上必要ナルノミナラス (중략)
二. 外政ヲ監督スルコト. (중략) 外部衙門ニ一ノ顧問官ヲ入レ裡面ニ在リテ此政務ヲ監督指揮セシムルコト而シテ該顧問ハ寧ロ外國人ヲ以テ之ニ充テ帝國公使監督ノ下ニ其職務ヲ執ラシメンニハ內外ニ對シ圓滑ニ我目的ヲ達シ易カルヘシ (중략)
三. 財政ヲ監督スルコト. (중략) 我邦人中ヨリ適當ノ顧問官ヲ入レ差當リテハ少ナクト

첫째, 대한제국 내에 군사 전략상 필요한 지역에 일본군을 주둔시켜 방비(防備)를 완수할 것

둘째, 외무아문에 일본공사의 감독 아래에 있는 외국인으로 고문관을 두어 외정(外政)을 감독할 것

셋째, 재정(財政)을 감독하는 것으로 일본인 고문관을 두어 징세법의 개량, 화폐제도의 개혁 등에 착수하여 대한제국의 실권을 일본의 수중에 들어오게 하고, 군대를 축소하여 경상비를 줄이며, 일본정부 관리 하에 식염, 담배 등의 전매사업을 일으켜 이권을 확장할 것

넷째, 경부철도, 경의철도, 경원철도 및 원산에서 웅기만(雄基灣)에 이르는 철도, 마산(馬山)·삼랑진(三浪津) 철도 등 교통기관을 장악할 것

다섯째, 대한제국 정부로 하여금 우편, 전신 및 전화 사업의 관리를 일본정부에 위탁시켜 일본의 통신사업과 하나의 조직을 만들어 통신기관을 장악할 것

여섯째, 농업, 임업, 광업, 어업 등에서 척식(拓植)을 도모할 것

「대한방침」의 내용 중 지방에 직접적으로 영향을 미칠 수 있었던 것은

> 毛現今ヨリ以上財政ノ紊亂ニ至ルヲ防キ追テ徵稅法ノ改良貨幣制度ノ改革等ニ着手シ遂ニ韓國財務ノ實權ヲ我掌中ニ收ムルヲ期スヘシ. 韓國財政紊亂ノ原因ハ素ヨリ一ニシテ足ラサルモ軍隊ノ爲メニ過當ノ費用ヲ要スルコト其主タル一因ナリ(중략)然ルニ將來韓國ノ防備ハ我邦自ラ之ニ任スヘキヲ以テ韓國軍隊ハ親衛隊ヲ除ク外漸次ニ其數ヲ滅セシムヘシ, 韓國ノ爲メニ新ニ財源ヲ得併セテ我利權擴張ノ目的ヲ以テ帝國政府管理ノ下ニ韓國ニ於テ食鹽煙草等ノ專賣ヲ起サシムヘク而シテ其方法ハ直接韓國政府ヲシテ之ヲ實行セシムヘキカ或ハ一箇人ノ名義ヲ以テ特約ヲ結ヒ之ヲ實行セシムヘキカニ付キテハ尙講究ヲ要ス.
> 四. 交通機關ヲ掌握スルコト. (중략) 甲. 京釜鐵道 (중략) 乙. 京義鐵道 (중략) 丙. 京元及元山ヨリ雄基灣ニ至ル鐵道 (중략) 丁. 馬山三浪津鐵道 (중략)
> 五. 通信機關ヲ掌握スルコト. (중략) 韓國政府ヲシテ郵便電信及電話事業ノ管理ヲ帝國政府ニ委托セシメ帝國政府ハ本邦ノ通信事業ト合同經理シテ兩國共通ノ一組織トナスニ在リ(중략)
> 六. 拓殖ヲ圖ルコト. (중략) 甲. 農業 (중략) 乙. 林業 (중략) 丙. 礦業 (중략) 丁. 漁業
> (『駐韓日本公使館記錄』22권, 「長谷川·丸山·스티븐슨에 대한 訓令及對韓施設綱領並加藤增雄傭聘契約」, [일본 정부의 對韓 施政 방침 훈령 示達 건], 1904년 7월 8일).

'여섯째, 농업·임업·광업·어업 등에서 척식(拓植)을 도모할 것'이었다. 특히, 농업은 전국에서 이뤄지고 있던 대한제국 경제의 기반이었기에 농업에 대한 침탈은 자연스럽게 지방에 대한 침탈로 이어졌다.

당시 일본 내에서 대한제국은 '미개지'라는 이미지가 유포되어 있어서 일본인이 대한제국에 진출할 경우 막대한 이익을 창출할 수 있다는 믿음이 있었다. 이에 일본정부, 민간단체 등에서 대한제국에 대한 경제 시찰과 조사연구가 늘어났다. 우선적으로 실시되었던 것은 농업관련 조사였다. 1904년 일본 농상무성 주관으로 시행된 토지농산조사는 본격적인 침탈의 출발점이 되었다. 이 조사는 대한제국 농업기술 연구를 목적으로 하였지만, 미경지를 포함한 대한제국 전체에 대한 토지조사도 함께 이뤄졌다. 특히 미경지에 대한 조사가 시행되었다. 경기도의 경우 산간 미경지의 개측면적은 약 40,000정보였다. 이는 전체 면적에 약 3.2%에 해당하며 전체 미경지 면적의 42%가 조금 안 되는 것으로 하변 미경지보다 조금 많은 정도였다.[26] 강원도의 경우는 미경지의 대부분이 산간지대에 존재하였고 총면적은 약 59,000정보로 강원도 면적의 2%를 차지하였다.[27] 이는 강원도의 90%가 산악인 것을 감안할 때 상당히 넓은 면적이었다.

이와 함께 민간단체에서도 대한제국 경영에 대한 조사연구가 진행되었다. 그 중심에는 우메 켄지로(梅謙次郎)가 이끄는 시마네현법정회(島根縣法政会)가 있었다. 시마네현법정회는 도쿄(東京)에서 활동하던 시마네현(島根縣法) 출신자 모임이었다. 이 단체는 1905년 '어업과 수산에 관한 건' '이민 회사를 마쓰에와 하마다(浜田)에 설립할 건' '대한제국에서의 토지 구매 건' '철도부설에 관한 건' 등 상세한 조사 연구를 실시하였다.[28] 이 또한

---

[26] 고바야시 후사지로·나카무라히코 지음, 구자옥·강수정·김장규·한상찬 옮김, 『한국토지농산조사보고 Ⅱ: 경기도·충청도·강원도』, 민속원, 2012, 201~202쪽(이하 『한국토지농산조사보고 Ⅱ』로 함).

[27] 『한국토지농산조사보고 Ⅱ』, 208쪽.

농업, 수산업, 일본인 이주 등에 대해 집중되었다. 이러한 일본내 조사 연구에 호응하여 재한일본인 실업가들 사이에서 한국 개발을 위한 정보 제공을 목적으로 1905년 5월 조선실업협회가 결성되고 잡지 『조선지실업(朝鮮之實業)』이 창간되었다. 조선실업협회는 그 설립 취지에서 "한반도가 우리의 보호세력 범위에 들었으니 내치, 외교는 물론, 농상공업, 어업, 광업, 철도의 경영에 이르기까지 우리 대일본제국의 부액(扶腋)·개발에 의지하지 않을 수 없게 되었다"[29]라고 하였다.

이러한 조사의 궁극적인 목적은 일본인을 대한제국으로 이주시켜 일본내 식량문제와 인구문제를 해결하고 대한제국의 식민지화를 강화하는 것이었다.[30] 즉, 대한제국의 토지이용 현황을 조사해 이주 일본인에게 공급할 토지를 확보하고자 한 것이었다. 일본은 그러한 토지로 황무지를 주목하였다. 황무지는 소유관계에서 분쟁이 적을 수 있었고, 미경지도 포함되어 규모가 막대하였다. 따라서 일본은 황무지개척권을 요구하였는데, 이는 황무지를 개척한다는 미명 아래 대한제국의 토지를 침탈하고자 한 것이었다. 황무지개척권 요구는 지역사회에서 일본의 침략을 실질적으로 느끼게 하는 계기가 되었으며, 이에 반대하는 운동이 각지에서 일어났다. 원주에서도 황무지개척권에 대한 반대 분위기가 확산되었다.

우선 주목되는 것은 1885년 원주농민운동 당시 작성된 「원주유민품목」에 연명한 봉상시부제학(奉常司副提學) 이순범(李舜範)이 올린 상소였다.

---

[28] 다카사키 소지 지음, 이규수 옮김, 『식민지 조선의 일본인들』, 역사비평사, 2006, 109쪽.
[29] 朝鮮實業協會, 『朝鮮之實業』 창간호, 1905(단국대학교 동양학연구소, 『開化期 在韓日本人 雜誌資料集: 朝鮮之實業』 1, 國學資料院, 2003).
[30] 於玆歟我朝鮮半島に內地に於ける過剩の人口を利殖し, 一は以て半島の農業を發達せしめ, 本土の足らさるを補はんとするものなり. 此のことたるや, 帝國の政策にして變易すべからさる所のものなり(原田彦能·小松天浪, 『朝鮮開拓地』, 1913, 102쪽); 윤병석, 「일본인의 황무지개간권 요구에 대하여: 1904년 長森名儀의 委任契約企圖를 中心으로」, 『歷史學報』 22, 1964, 30~31쪽.

그는 상소문을 통해 대한제국의 토지이용 현황과 일본의 황무지개척권 요구를 비판하였다.

> 우리나라는 땅덩이가 작으므로 길이가 3,000리를 넘지 못하고 너비가 1,000리도 안 되는데 산림·강·못·들판·황무지가 그중의 10분의 8~9이고 나라와 백성들의 소유로서 원 대장에 등록(謄錄)된 토지란 10분의 1~2밖에 안 됩니다.[31]

> 10분의 8~9를 남에게 넘겨주면 조종(祖宗)의 능침(陵寢)이 일본 사람에게 들어간 땅에 있게 되고 백성들의 묘지가 일본 사람에게 들어간 땅에 있게 될 것이며 비단과 마(麻), 오곡(五穀)·금·은·구리·철·새·짐승·물고기·초목·갈대·대나무 등 나라의 정규적인 세와 백성들의 생활 밑천이 될 만한 것들이 모조리 일본 거류민의 재부(財賦)의 원천으로 되어 버릴 것입니다. 피 한 방울 흘리지 않고 재물을 티끌만큼도 쓰지 않고서 한 개의 탁자를 놓고 세 치도 못 되는 혀를 놀려 한국 땅의 8~9를 얻는 것이니 옛날에 무력을 다 기울여 싸움에서 이긴 자라 할지라도 이만큼은 차지하지 못하였을 것입니다.[32]

이를 보면, 이순범은 당시 대한제국의 토지이용현황에 대해 전 국토의 80~90%가 산림, 강, 황무지 등이고 토지대장에 등재된 토지는 10~20% 밖에 되지 않는다고 파악하였다. 즉, 경작지는 전 국토의 10~20%이고 나머지는 황무지로 보고 있었던 것이다. 이러한 상황에서 일본이 전 국토의 80~90%에 해당하는 황무지를 빼앗기 위해 황무지개척권을 요구한다고 보았다. 그

---

[31] 我國褊小 長不過三千里 廣不滿一千里 山林 川澤 原野 陳荒之地 居十之八九 官有民有之原田 帳簿居十之一二(『高宗實錄』 권44, 光武 8년 7월 10일).

[32] 以十之八九 讓與他人 則祖宗陵寢 借寓日土 人民塚墓 借寓日土 絲麻五穀 金銀銅鐵 鳥獸魚鼈 草木蘆竹 凡可爲國庫應稅 生民利殖 莫非日本居民財賦之源也. 兵不血刃 財不費毫 一掉三寸之舌 已得韓國之八九 雖古之窮兵黷武 戰勝攻取者 莫之能及也(『高宗實錄』 권44, 光武 8년 7월 10일).

는 일본이 요구하는 황무지개척권은 크게 두 가지 측면에서 대한제국을 침탈하는 것으로 보았다. 첫째, 정치적인 측면으로 황무지개척권 요구는 국토에 대한 침탈뿐만 아니라 대한제국 주권에 대한 침탈로 인식하였다. 특히, 국토의 80~90%가 일본의 소유가 되면 그 안에 있는 왕릉, 백성들의 분묘 등도 함께 넘어감으로써 종묘사직이 크게 위태롭게 되는 것으로 보았다. 또 조선에서 상장의례(喪葬儀禮)가 갖는 의미와 산송문제가 항상 중요한 문제였던 것을 감안한다면 기본적 가치관의 훼손으로 인식되었다. 둘째, 경제적인 측면으로 전국의 재부(財富)가 전부 일본 거류민들이 정착하는 기반이 된다는 것이다. 전국에서 생산된 산물이 국세와 일반백성에게 돌아가는 것이 아니라 일본의 토지침탈과 함께 일본인들에게 돌아간다는 것이다. 이는 일본이 어떠한 대가도 없이 손쉽게 국부를 차지하게 되는 것이라고 보았다. 그러므로 절대로 일본의 황무지개척권 요구를 받아들여서는 안 된다고 주장하였다.

이순범이 올린 상소는 원주지역 양반유생들의 공통된 인식을 보여주는 것이라고 할 수 있다. 원주지역 양반유생들은 「원주유민품목」 작성에서 보였듯이 상호 관계망이 형성되어 있어서 정세에 대해 어느 정도 공통된 인식을 가지고 있었다. 이러한 인식 속에서 원용팔 의병장도 격문을 통해 의병봉기의 한 원인이 황무지개척권을 통한 일본의 침략이라는 것을 밝히고 있다.[33] 원주지역은 상대적으로 강원도 여타지역보다 역둔토, 황무지 등이 폭넓게 분포되어 있어서 일본의 황무지개척권 요구로 인한 피해가 직접적으로 미칠 수 있었기에 위기감이 더욱 고조되었다.

한편, 일본이 농업 못지않게 중요시한 것은 광업이었다. 일본이 파악한 대한제국의 광산은 대한제국 최고의 부원(富源)이었다. 그중에서도 금광은

---

[33] 山林川澤占盡無餘賊賦版籍更作己物(「檄告文」, 『義士三戒元公乙巳倡義遺蹟』 卷上, 오영교·왕현종·심철기 엮음, 『원주독립운동사자료집 Ⅲ』, 혜안, 2004(이하 『義士三戒元公乙巳倡義遺蹟』라고 함), 338쪽).

단연 최고로 인식하였다. 그러므로 일본은 농업과 더불어 광업에 대한 상세한 조사를 실시하였고, 각 도별로 유명한 금광지를 파악해 놓았다. 강원도는 원주를 비롯하여 금성, 평강, 회양, 홍천, 춘천, 인제, 횡성, 삼척 등지를 주요한 금광지로 파악하였다.[34] 원주지역은 금광뿐만 아니라 석영(石英) 등 다양한 광산이 있었다. 주요 광산으로 신림면 용암리 용소막(龍沼幕), 지정면 월송리(月松里) 부곡(釜谷) 및 하다둔(下多屯), 지정면 안창리(安昌里) 언론동(言論洞) 및 안창(安倉), 지정면 판대리(判垈里), 건등면(建登面) 취병리(翠屛里) 이전동(泥田洞) 및 석지곡(石芝谷), 판부면(板富面) 서곡리(瑞谷里) 외남송(外南松), 건등면 반계리(磻溪里) 안정동(安靜洞), 귀래면(貴來面) 귀래리(貴來里), 탑동(塔洞), 귀래면 용암리(龍巖里) 생산동(生山洞), 부론면(富論面) 손곡리(蓀谷里) 신촌(新村), 부론면 법천리(法泉里) 탄동(炭洞), 부론면 정산리(鼎山里) 단내(檀內)·거론(巨論)·관덕황학산(觀德黃鶴山)·한강변 등이 있었다.[35] 이들 지역은 섬강, 한강 주변과 동남부 산간지역이었다. 또한 의병운동이 활발하게 전개된 곳이기도 하였다. 일본의 광산에 대한 조사가 진행된 후 주요 광산을 중심으로 일본인들의 진출이 활발하게 이뤄졌다.

농업, 광업에 이어 산림에 대한 침탈도 일어났다. 일본은 「한러수호통상조약」의 폐기로 러시아가 가지고 있던 압록강 일대, 두만강, 무산, 울릉도의 산림벌채권을 차지하면서 대한제국 내의 산림에 대한 침탈을 가속화하였다.[36] 원주에서는 지정면 안창리 뒤편에 있는 덕가산 등지에서 일본인에 의한 산림벌목이 이뤄졌으며, 벌채된 목재는 섬강을 통해 서울로 이동되었다. 이러한

---

[34] 『朝鮮協會會報』 제1회, 4~5쪽.
[35] 조선총독부지질조사소, 『朝鮮鑛末調査報告』 제7권-2(강원도).
[36] 對露條約廢棄の議決 昨日の議政府會議にては露韓國交斷絶の結果もして都て兩國間の合同條約廢棄に歸すべきを議決し夫の千八百九十七年露公使を經て露人ソリノモの間に締結せし鴨綠江一帶, 豆滿江, 茂山, 鬱陵島の森林伐採の合同條約も破棄する事を決議せり(『朝日新聞(大阪)』, 明治 37년 5월 19일, 「韓京電報(十八日)」).

일본의 산림침탈은 지역민들의 저항을 받기도 하였는데, 원주에서도 지역민들의 조직적인 방해로 인해 제대로 진행되지 못하는 경우가 많았다.[37]

이상과 같은 일본의 조사 및 이주 정책으로 일본인의 이주가 급격히 늘어났는데, 원주에는 100인 이상 거주하였다.[38] 일본의 농림, 광업 조사 정책과 일본인 인구의 증가는 지역사회의 위기감을 고조시켰다. 예컨대 원주 유생 이제하(李濟夏), 박춘화(朴春和) 등이 원용팔 구명운동의 일환으로 일본공사에게 보낸 서한에서 지금 원주는 일본에 의해 금광(金鑛)이 강제로 채굴당하고 토지와 가옥이 침탈당하여 매우 어려운 상황이라는 것을 밝히고 있었다.[39]

일본은 토지침탈, 일본인 이주 정책을 실시하는 동시에 한국화폐제도와 일본화폐제도를 동일하게 하는 화폐정리 작업을 실시하였다. 화폐정리를 통해 조선을 엔화 통용권에 포함시켜 대한제국에서 일본상공업의 우위를 보장하고, 강제병합 이후 일어날 수 있는 경제적 혼란을 미리 방지하고자 하였다. 그리하여 1905년 1월 「화폐정리사무에 관한 계약」을 일본제일은행과 체결하고 그해 7월 1일부터 구화폐와 신화폐의 교환을 개시하였다. 교환 방식은 구화인 백동화 2원을 오사카 조폐국에서 만든 신화 1원으로 교환하는 2:1 비율의 교환이었다. 그러나 이는 관(官)에서 만든 화폐만을 교환대상으로 하고 있어서 사주(私鑄)는 해당되지 않았다.[40] 따라서 이러한 조치는 시중에 허다하게 퍼져 있던 사주악화에 대한 처리 문제를 일으

---

[37] 덕가산은 현 원주시 지정면 안창1리 욕바위에 있는 산으로 이 지역은 의병운동이 일어났던 의병운동의 중심지였다. 일본인의 벌목행위를 방해한 사람들은 의병운동에 참여했던 사람들로 추정해 볼 수 있다.

[38] 統監官房, 『韓國施政年報(1906~1907년)』 2, 1984, 408쪽 지도 참조.

[39] 「原州義儒書啣 又」, 『義士三戒元公乙巳倡義遺蹟』 卷下, 422쪽.

[40] 大抵 自新舊貨幣交換條件之頒佈以來로 度支之訓示는 但稱自本年七月一日노 爲始ᄒᆞ야 舊貨 二元에 新貨 一元式 交換云云ᄒᆞ니 舊貨는 卽現行白銅貨 等이 是已오 新貨는 卽近日 大阪造幣局所鑄之貨 等이 是已나 然而混稱舊貨而已오 不言惡貨處置之如何方法ᄒᆞ니 …… 以謂官鑄以外에 一切 惡貨는 不許交換云이라(『황성신문』 1905년 5월 19일, 「新舊貨交換之問題」).

컸다. 특히, 충청도, 강원도, 황해도, 평안도 등지는 관세를 사주악화로 납부할 만큼 일상화되어 있었고, 그 유통량도 경기(京畿)·강원(江原)·양남(兩南, 전라도와 경상도)·양서(兩西, 황해도와 평안도) 등지에 수 천 만원이나 되었다.[41] 그러므로 사주악화에 대한 교환금지는 사주악화의 유통이 보편화되었던 지역을 중심으로 물가가 폭등하는 등 시장에 커다란 혼란을 가져 왔다. 이러한 현상은 원주지역에서도 마찬가지였다. 원주는 강원감영이 춘천으로 이전하면서 상대적으로 경기침체를 맞지만 곧 원주지방대의 설치와 서울과 연결된 편리한 수운·육로로 인해 여전히 서울과 연계된 상업 활동의 중심지였다. 또 영서와 영동의 조세와 기타 재화의 집산지, 경유지로 많은 화폐가 유통되고 있었다. 이처럼 많은 화폐가 유통되고 있었기에 화폐개혁에 따른 지역민의 혼란과 피해를 짐작해 볼 수 있다.

한일의정서 체결 이후 진행된 황무지개척권 요구, 광산조사, 산림벌채, 화폐개혁 등 일본의 침략정책을 발판으로 대한제국에 진출한 일본인들은 지방의 중소도시까지 자기들의 이익을 위한 침탈의 장으로 만들고 있었다. 이 같은 현상이 원주에서도 일어나고 있었던 것을 확인할 수 있었다. 이제는 관념적인 일본의 침탈이 아닌 실질적인, 몸소 체험할 수 있는 침탈에 직면하게 되었다. 이러한 상황은 지역사회 내에서 반일감정을 고조시켰으며, 지역민들이 의병운동에 참여하거나 의병을 후원, 협조하는 하나의 계기가 되었다. 더욱이 원주는 강원감영 이래 원주진위대까지 중요 행정, 군사기구가 설치되어 있어서 일본의 침략정책에 직접적인 영향을 받고 있었다.

이러한 지역적 배경이 의병운동으로 이어질 수 있었던 것은 내적으로 축적된 저항의식이 군대해산 등 직접적인 일본의 침략정책에 노출되거나

---

[41] 如忠淸 江原 黃海 平安 等道 其各項 官稅之上納도 亦以此惡貨而收捧 니 …… 一切 惡貨를 不許交換이면 則 京畿 江原 兩南 兩西 等 諸道에 許多流通之額이 必不下千百萬 元이리니 此皆幾百萬生命財産之攸係也라(『황성신문』 1905년 5월 19일, 「新舊貨交換之 問題」).

의병 지도부의 사상적·학문적 연대를 바탕으로 의병운동의 당위성이 표출되면서 가능하였다. 전자는 원주진위대 봉기로 시작된 의병전쟁으로 알 수 있으며, 후자는 원용팔 연합의병의 봉기로 알 수 있다. 특히, 원용팔 연합의병은 일본의 침략이 본격적으로 일어나기 시작하는 시점에서 일어난 것으로 의병 지도부의 사상적·학문적 연대를 잘 보여는 주는 사건으로 주목해 볼 만하다. 원용팔 연합의병은 1896년 의병운동이 실패로 돌아간 이후 그 세력이 재기하는 출발점이 된 의병이었기 때문이다. 그러므로 원용팔 연합의병은 의병지도부의 사상적 배경과 일본의 침략이 서로 연계되어 일어난 의병운동으로 본격적인 의병전쟁으로 나아가는 선구적인 성격을 가지고 있다고 하겠다. 그런 의미에서 원용팔 의병부대가 가지고 있던 현실인식에 대해 파악할 필요가 있다.

3) 원용팔의 일제침략 상황인식

원용팔 의병부대는 1905년 8월 원주 주천에서 봉기하여 강원도, 충청도 일대에서 활동한 의병이었다. 을사의병이 대한제국 외교권이 박탈된 1905년 11월 17일 한일협상조약(제2차 한일협약, 을사조약) 체결 이후 본격적으로 일어났던 것과 비교해 볼 때 원용팔 의병은 이보다 한발 앞서 일어났다. 즉, 러일전쟁을 전후해 나타나기 시작한 일본의 침탈에 대한 본질을 간파하고 이에 대항하여 일어난 의병이었다. 그것은 원용팔이 발표한 격문, 유인석 의병장과 나눈 서신, 각국 공사관에 보낸 서신 등을 통해 알 수 있다.

원용팔의 일제침략 상황에 대한 인식은 의병봉기에 앞서 유인석에게 자문을 구하려는 목적으로 보낸 서신을 통해 분명히 알 수 있다. 그는 이 서신에서 당시 상황을 첫째, 일본이 고문관(顧問官)이라는 명목으로 국권을 빼앗아 대한제국 정부의 10부를 무력화시켰을 뿐만 아니라 구래의 조선적 전통도 사라지게 되었다고 보았다. 특히, 일본의 강압에 의해 체결된 한일의정서, 제1차 한일협약 등으로 작성된 116조항을 통해 대한제국의 재판권, 조세권 등이 일본의 손아귀에 들어가게 되었을 뿐만 아니라 결국에는 대한제국의 국권이 일본에 넘어가게 될 것이라는 것이었다.[42] 둘째, 일반 백성들의 삶과 직접적으로 연계되어 있는 산림천택에 대해 일본이 황무지 개척권을 통해 장악하고자 하였고, 호구등록이나 군대개혁 등도 일본의 침략정책에 맞게 추진되고 있다고 보았다. 이에 대한제국의 주권을 지키고 일본의 침략에 대항하기 위해서는 의병을 일으켜야 한다고 주장하였다.[43] 즉, 원용팔은 대한제국의 국권이 일본에 의해 유린되고 있는 상황에서 가만히 묵도만 할 수 없었으며, 일본의 침략에 대항하는 최선의 방법은 의병봉기라고 생각하였다.

이러한 그의 인식은 의병봉기 직후인 1905년 8월 20일경에 전국에 보낸 「격고문(檄告文)」에 좀 더 구체적으로 나타나 있다. 그 첫 문장을 보면, '오호라, 슬프도다. 어찌 차마 소중화(小中華)의 강토를 들어다 즐거운 마음으로 불구대천(不俱戴天)의 왜추(倭酋)에게 바칠 수가 있단 말인가?'[44] 라고 하여 대한제국이 오랑캐가 되어가는 현실을 개탄하였다. 유학자로서의 기본적인 시각을 보여준 것이라고 할 수 있다. 그러나 격문의 핵심은 이런 관념적인 문제가 아니었다. 당면한 현실문제의 타개였다.

---

[42] 現在禍色言之顧問名色專奪國權所謂十部固己化爲日本政府燎原之火延及八域 鄕曲間區區舊俗指日就盡并所謂裁判捧稅輩偃 制方面新定約條一百十六條云者不知何等凶謀 至此多也將見次第施行充欲乃己此時光景何異受得人之任他挋刃之殺我也(「上毅菴 柳瞵錫先生」,『義士三戒元公乙巳倡義遺蹟』卷上(오영교·왕현종·심철기 엮음,『원주독립운동사자료집 Ⅲ』, 혜안, 2004, 362쪽; 이하『義士三戒元公乙巳倡義遺蹟』이라고 함).

[43] 若其山林川澤之占據也籍民戶革兵勇也惟意所欲曾不以我國視之嗚呼可以人而忍見此樣乎削禍并行其間然論其爲害反甚勒削(「上毅菴 柳瞵錫先生」,『義士三戒元公乙巳倡義遺蹟』卷上 363쪽).

[44] 嗚乎慟矣何忍擧小中華之疆土甘心納不共天之倭酋(「檄告文」,『義士三戒元公乙巳倡義遺蹟』卷上, 336쪽).

그것은 첫째, 일본에 의해 시도되었던 황무지개척권 요구와 역둔토 정리의 문제였다.[45] 원용팔은 일반 백성들의 삶과 직접적으로 연계되어 있는 산림천택(山林川澤)이 일본에 의해 장악되어 가는 현실을 비판하였다. 그런데 그는 일본에 의한 토지 장악만을 문제 삼은 것이 아니었다. 토지장악을 바탕으로 대한제국의 농업생산물을 일본이 독점하는 상황으로 확대될 것을 우려하였다. 이것은 일본공사관에 보낸 격문을 통해서 알 수 있다. 그 내용은 다음과 같다.

> 산림천택(山林川澤), 궁둔역도(宮屯驛賭) 등의 땅에 대해 너희들이 장차 그 산물을 독점하고 그 이익을 독점한다고 하니, 이는 더욱 놀라움을 금할 수 없다. 지푸라기 하나라도 줄 수 없다는 것은 물건을 아껴서가 아니다. 의리상 줄 수 없기 때문이다. 지금 토지는 나라의 근본이고, 백성들의 목숨이다. 우리나라가 이것을 너희에게 주면 허다한 생민들은 생활할 근거가 없게 된다. 원래 땅이 좁고 사람이 많아 매번 식량난을 걱정하였거니와, 한번 흉년을 만나면 유망(流亡)하는 백성들이 길에 가득하게 된다. 만약 너희의 요청을 따른다면 이는 우리의 백만 생령(生靈)을 강제로 죽이는 것이니, 생령이 된 자가 어찌 묵묵히 죽음으로 나아가려고 하겠는가?[46]

격문에서 원용팔은 일본에 의한 대한제국 토지 침탈뿐만 아니라 거기서 생산되는 생산물까지 독점적하는 상황을 경계하고 비판하고 있었던 것을 알 수 있다. 또 일본의 토지침탈이 영토주권에 대한 침해라는 인식과 더불어 일반 백성들의 생존권 문제라는 인식으로 확대되고 있었다. 대한제국 경제의 근간

---

45) 山林川澤占盡無餘燉攲版籍更作己物(「檄告文」, 『義士三戒元公乙巳倡義遺蹟』 卷上, 338쪽).
46) 山林川澤宮屯驛賭等地爾將專其物權其利云此則尤不勝駭然一芥不子非惜物也義不可子故也今土地國本也民命也我國以此子爾許多生民無以資活來地褊人衆每患艱食遭歲一歉流亡屬道若依爾請是强殺我百萬生靈也爲生靈者豈肯泯默就死(「傳檄日本公使館」, 『義士三戒元公乙巳倡義遺蹟』 卷上, 344쪽).

이 농업이고 그 바탕은 토지인데 토지를 일본에 빼앗기는 것은 국가 기간산업의 몰락은 물론이거니와 백성들을 사지(死地)로 내모는 것으로 인식하였던 것이다. 이전까지 정치문제나 유교적 가치관의 문제가 의병을 일으키는 중요한 원인이었다면, 이제는 이에 더하여 일본의 침략을 현실적으로 체감할 수 있는 토지침탈 등의 생존권 문제가 더 중요한 원인으로 부상하였다.

둘째, 대한제국의 내치행정을 장악한 고문정치에 대한 문제였다. 당시 일본은 제1차 한일협약을 통해 고문관을 설치하였다. 이에 대해 원용팔은 '고문관(顧問官)이라는 명목으로 10부를 점거하고 각도(各道)와 열읍(列邑)에까지 확대하여 진퇴(進退)와 출척(黜陟)을 너희가 하고자 하는 대로 하였으니, 장차 우리나라의 군신(君臣)은 어디에 놓으려는가?'[47]라고 하여 일본이 고문관을 통해 대한제국의 중앙행정조직인 10부를 장악하고 내정간섭을 강화하여 우리 관원에 의한 내치가 이뤄지지 않는다고 비판하였다. 일본의 고문정치에 의한 행정기구의 장악은 비단 중앙정치기구에서만 나타난 것이 아니었다. 지방행정의 중심인 관찰부에서도 나타났다. 관찰부의 고문관 설치에 대해 원용팔은 '고문관(顧問官)을 설치하고 주현(州縣)의 임무를 빼앗아 산만하게 팔도에 그 당(黨)의 조아(爪牙)를 배치하고, 사방을 망라하여 우리나라 사람들에게 속박을 가하였다'[48]고 하였다. 또 '10부 고문관이라는 것을 설치한 뒤 13도의 관찰부에까지 확대하여 우리나라로 하여금 한 가지 일에도 입을 다물고 관여하지 못하게 하니, 나라가 우리나라가 아닌 지가 오래되었다'[49]고 비판하였다. 일본이 대한제국 전체를 장악하기 위해 13도에도 고문관을 설치함으로써 지방마저 대한제국 정부의 통

---

[47] 「檄告文」, 『義士三戒元公乙巳倡義遺蹟』卷上, 340쪽.
[48] 設顧問之官奪州縣之任散漫八域布厥黨之瓜牙綱羅四陲加我人之束縛(「檄告文」, 『義士三戒元公乙巳倡義遺蹟』卷上, 338쪽).
[49] 設十部顧問官名色延及十三觀察 府使我國噤不得于一事國非我國久矣(「布告京城及各道列邑文」, 『義士三戒元公乙巳倡義遺蹟』卷上, 371쪽).

제권이 미치지 못하는 상황을 우려하였다. 그는 이 같은 일본에 의한 지방통제가 결국에는 관찰부를 넘어 주면(州面), 리동(里洞)의 최말단 행정조직까지 미칠 뿐 아니라 통호(統戶)의 우두머리조차 일본에 의해 임명되게 될 것이라고 파악하였다.[50] 그러면서 이러한 현실을 인정하지 않으려고 하여도 일본의 무력 앞에 인정할 수밖에 없다고 하였다.

일본의 의한 지방통제는 백성들의 삶에 영향을 미치는 것이었다. 이점에 대해서도 원용팔은 '칼날로 죽이든 몽둥이로 죽이든 한결같이 저들의 명에 따라야 하니, 화색(貨色)을 유통하는 것도 당연하고 몰아서 군인으로 만드는 것도 당연한 것이다. 횡포를 멋대로 부리는 데 무엇을 아끼겠는가?'[51] 또 '비록 재물과 양식이 있어도 우리의 재물과 양식이 아니요, 비록 전답이 있어도 우리의 전답이 아니니, 결코 의지해 살아나갈 이치가 없게 되었다'라고 하였다.[52] 즉, 일본의 침략정책인 황무지개척권 요구, 화폐개혁, 산림벌채 등으로 일반백성들의 삶이 어렵게 되었으며, 이제는 지방민들도 일본의 침략을 피부로 느낄 수 있는 상황이 조성되었다고 본 것이다. 그러므로 이런 상황을 극복하기 위해서는 의병을 일으켜 일본 침략에 대항해야 한다고 주장하였다.

셋째, 일진회에 대한 비판이었다. 일진회에 대해서는 '일진회(一進會)라는 것은 어찌나 간사한 난적의 무리인지, 만약 그들이 하는 대로 내버려두면 반드시 나라를 망치고야 말 것이다'[53]라고 하여 이들에 대한 극도의

---

[50] 若語其次第事州面里洞無一任員非倭所做雖統戶之首渠女爲之(「布告京城及各道列邑文」, 『義士三戒元公乙巳倡義遺蹟』卷上, 371쪽).

[51] 伊時我雖欲冷鯀○得乎忍殺挺殺一聽渠命通貨色固也驅爲兵固也陵暴恣用夫何所惜耶(「布告京城及各道列邑文」, 『義士三戒元公乙巳倡義遺蹟』卷上, 371쪽).

[52] 雖有貲粮非我貲粮也雖有田疇非我田疇也決無資生之理(「布告京城及各道列邑文」, 『義士三戒元公乙巳倡義遺蹟』卷上, 371쪽).

[53] 所謂一進之會何許亂賊之徒若使任渠所爲必至 無國乃己(「檄告文」, 『義士三戒元公乙巳倡義遺蹟』卷上, 338쪽).

적대감을 표명하였다. 그는 일진회가 자신들의 이익을 위해 일본의 대한제국 침략에 대한 합리화를 옹호해 주고 있다고 보았다. 그것은 ① '이른바 일진회 같은 것은 우리나라의 적민(賊民)이요, 왜놈의 앞잡이다. 왜놈은 적민(賊民)을 내세워 여론을 주도하는 사람으로 삼고, 그들이 모여서 하는 말을 공론이라 하여 대동(大同)의 꾀에 의탁하여 속임수를 쓰면서 각국에 과시하여 말하기를, "우리가 한 것이 아니라 민원을 따른 것이다"라고 하니 각국이 어찌 분별할 수 있겠습니까'54)라고 한 것이나 ② '왜적이 먼저 우리나라의 난민들을 유혹하여 일진회(一進會)라고 일컫고 그들의 조아(爪牙)로 포진시켜 온 나라에 가득 채웠다. 곳곳에서 윗사람을 능멸하면서 마침내 백성들의 공의(公議)라고 하고 각국에 과시하여 이르기를, "우리가 한 것이 아니라, 백성들이 그러기를 원했다"고 하였다'55)라고 한 것에서 잘 알 수 있다. 즉, 원용팔은 일진회가 자신들의 정치적 위상과 이익을 위해 일본에 협력하여 앞잡이 노릇을 하는 적민(賊民)이라고 규정하였다. 특히, 문제가 되었던 것은 일본이 추진하고 있었던 모든 침략정책이 자국의 이익을 위한 것이 아니라 대한제국 민중의 요구라고 포장하여 서구열강에 선전하는 데 일진회가 적극 협조하고 있는 것이었다. 이로 인해 일본이 무력을 동원해 대한제국의 국권을 침탈하고 있던 현실상황을 국제사회에 알리고 국제사회의 도움을 받을 수 있는 길이 제한되었다고 본 것이다. 그러므로 일진회도 의병이 타도해야할 대상이 되었다.

원용팔은 당시 일본의 침략상황을 토지침탈, 국정운영침탈, 침략여론의 조작 등으로 파악하고 이런 현실을 타개하기 위한 최선의 방안은 의병을

---

54) 所謂一進會我國之賊民倭酋之爪牙也彼以賊民爲興人會言爲公議託大同之謀而濟謠邪之術誇示各國曰非我也從民願他各國豈能辨之乎嗚乎慘巧矣(「疏草」, 『義士三戒元公乙巳倡義遺蹟』卷上, 333쪽).

55) 賊倭先誘我國亂民稱爲一進會布厥爪牙充滿一國所在犯上乃謂興人公議誇示各國曰非我爲也民願然也(「布告京城及各道列邑文」, 『義士三戒元公乙巳倡義遺蹟』卷上, 371쪽).

일으켜 싸우는 것으로 보았다. 그는 의병운동을 전개함에 있어 무조건적인 항쟁이 아닌 구체적인 전략을 가지고 접근하였다. 그 전략의 핵심은 의병거점지역을 확보하고 지역성을 탈피해 서울로 진격하는 것이었다. 여기에 각국공사관 등의 지원을 받아 의병운동의 정당성을 확보하고자 하였다. 이러한 의병운동 방략은 1896년 '원주의병'의 맥을 잇는 것이고 1907년 의병전쟁의 13도창의군과 서울진공작전의 모태가 되는 것이었다.

2. 연합의병의 추진과 운동방략의 구체화

1) 연합의병의 추진과 중앙정치세력과의 연계

(1) 의병운동의 지역성 탈피

원용팔 의병장은 거의(擧義)를 모의하는 단계에서부터 지역을 넘어 전국단위 의병으로 출발하고자 하였다.[56] 그것은 당시 상황이 의병을 일으키기에 좋지 않은 여건이었기 때문이었다. 대부분의 사람들은 '지금은 물정이 모두 을병년(乙丙年, 1895~1896년)에 미치지 못하니, 정녕코 일을 일으키기가 어렵다'라고 하였다.[57] 지금의 사회·정치·경제적 상황이 을미의병 당시에 비해 일본의 영향력이 훨씬 강하고 의(義)도 많이 약해져 있으며, 일진회 등 친일파들의 활동이 두드러져 의병을 일으켜도 참여도 극

---

[56] 그동안의 원용팔 연합의병에 대한 연구는 주로 의병소모활동과 각종 격문, 서신, 상소문을 통해 의병운동의 목적을 밝히는 데 집중되어 있었다. 여기서는 기존 연구성과를 바탕으로 원용팔 연합의병이 추구하였던 의병운동의 방략과 원주진위대와의 연합에 대해 좀 더 구체적으로 밝혀보고자 한다.

[57] 或謂今物情不及乙丙崢嶸難可起事(「布告 京城及各道列邑文」, 『義士三戒元公乙巳倡義遺蹟』, 卷上, 372쪽).

히 떨어질 거라는 것이다.

이에 원용팔은 현재의 상황이 을병년(1895~1896)보다 훨씬 심각하여 의병이 일어나야 할 때이고, 대적할 만한지 못할지는 알 수 없으며, 이미 성패(成敗)와 이둔(利鈍)에 대해 나름대로 짐작하는 바가 있기에 의병을 일으킬 계획을 세워야 한다고 하였다.[58] 원용팔이 생각했던 나름의 방책에 대해서는 호남에서 활동한 의병장 기우만에게 보낸 편지에서 대략을 가늠할 수 있다.

> 시세를 틈타 큰일을 도모할만한 동지들을 결집하여 자기가 사는 곳에서 의병을 일으키게 하여 나라 안을 크게 시끄럽게 만들어야 할 것입니다. 설사 적을 소탕하지는 못하고 겨우 제지하여 괴롭히는 정도라고 하더라도 오히려 한 가닥의 양맥(陽脈)이 끊어지는 것을 조금은 늦출 수가 있습니다. 어찌 속수무책으로 사지(死地)로 나아가겠습니까?[59]

원용팔이 생각한 방책은 의병동지들이 서로 연계를 맺어 전국이 의병운동으로 뒤덮이는 것이었다. 이를 통해 일본을 몰아내고자 하였고, 설사 몰아내지 못한다고 해도 일본이 추진하고 있던 각종 침략정책을 지연시킬 수 있어 속수무책으로 죽는 것이 아니라는 것이었다. 이것은 유인석과 거의(擧義)를 두고 서신을 교환하며 의병운동의 방법과 결의를 다지는 내용에서도 볼 수 있다. 원용팔은 유인석에게 '같은 죽음이라도 일을 도모하다가 죽는 것이 낫고, 같은 망함이라면 의리를 지키다가 망하는 것이 낫습니다'라고 하여 의병운동을 일으켜 의(義)를 지키다 죽음을 맞이하겠다는 결의

---

58) 彼我器械安知不相敵(「上毅菴先生」, 『義士三戒元公乙巳倡義遺蹟』, 卷上, 361쪽); 容八一介書生儜弱無比然忠憤所激爲此擧義不共天之計卽成敗利鈍間有所斟量焉爾猥以哀曲布告于八域巨室世族及持士論之君子(「布告 京城及各道列邑文」, 『義士三戒元公乙巳倡義遺蹟』, 卷上, 372쪽).
59) 時勢結同志有可爲處所在起義要使國中大噪設未至掃蕩僅得以撓之使若猶足少綏一脉之墜絶也奈何杏手就死乎(「與奇松沙書」, 『義士三戒元公乙巳倡義遺蹟』, 卷上, 376쪽).

를 보여주었다.

원용팔의 의지를 확인한 유인석은 의병을 일으키기 전에 서신을 보내 '지극히 큰일이니 거사하기 전에 마땅히 종전에 거의한 여러 곳에 먼저 의논해야 하며, 비록 천리 밖에 있다 하더라도 또한 마땅히 가부를 물어 이에 특별히 소홀함이 없어야 한다'[60]고 하여 다른 지역의 의병 동지들과 먼저 논의할 것을 충고하였다. 그래서 기우만에게 의병을 함께 일으키자는 편지를 보내게 되었다. 또 해서(海西), 관서 등지에 있는 화서학파 동문들에게도 의병봉기를 알리고 도움을 청하였다.[61]

이는 의병운동의 지향점이 국지적 한계를 극복하려는 방향으로 바뀌고 있음을 보여주는 것이다. 예컨대, 그는 앞서 의병운동에서 나타난 지역성을 탈피해서 다른 지역, 다양한 세력들과 연합하여 전국적인 의병운동으로 발전시키고자 했던 것이다.

그의 이러한 의도는 의병을 일으키는 방식에 그대로 드러나고 있다. 원용팔은 먼저 1896년 '원주의병'이 취한 것과 같은 방식으로 추가적인 포군의 확보와 전투 외적인 지원을 받을 수 있는 배후지역을 확보하고자 하였다.[62] 그리하여 영월, 정선, 평창, 홍천 등지로 이동하며 의병모집활동을 전개하는 동시에 그 지역을 담당할 수성장 및 파수장을 임명하였다. 이는 궁극적으로 다른 지역의 의병들과 연합하여 의병운동을 전개하겠다는 의도가 내포된 것이었다. 다음으로 의병진압세력인 원주진위대와 연계도 추진하여, 강원도, 충청도 일대 의병의 통합은 물론 원주진위대와 연합하는

---

60) 極大事擧事之前直先收議於曾前擧義諸處雖在千里外亦當相質可否而乃不出此殊甚踈忽也(「與元復汝」, 『義士三戒元公乙巳倡義遺蹟』, 卷下, 403~404쪽).
61) 「與海西僉士友書」, 『義士三戒元公乙巳倡義遺蹟』, 卷上, 365쪽;「與關西僉士友書」, 『義士三戒元公乙巳倡義遺蹟』, 卷上, 377쪽.
62) 당시 의병의 무장상태는 열악하였는데, 일본측 파악에 의하면 탄약 없는 총 50~60정을 휴대하고 있었다(『駐韓日本公使館記錄』 24권, 六, 顧問警察事故報告, (10)「폭도의 狀況에 대하여」).

전국단위의 의병부대를 조직하고자 하였다. 그렇기 때문에 원용팔 연합의 병의 활동이 의병모집활동과 거점지역확보에 주력하면서 원주진위대와 연합을 추구하였던 것이다.

한편, 그는 서양각국공사관, 청국공사관, 일본공사관, 정부 등에도 서신을 보내 자신의 의병운동이 지닌 정당성, 목적, 일본의 침략성 등을 알렸다. 이를 통해 자신의 의병운동에 호응하는 서울에 있는 반일세력과도 연계를 시도하여 친일내각과 일본의 간섭을 배제하고자 하였다.

(2) 중앙정치세력과의 연계

원용팔은 의병운동의 지역성을 탈피해 전국의병을 추진하면서 중앙정치세력과도 연계를 맺고 있었다. 이점은 1896년 '원주의병' 당시 이춘영을 중심으로 반일적 중앙정치세력과 연계를 맺고 있었던 것과 유사한 모습이었다. 반일적 중앙정치세력과의 연계는 원용팔의 가문과 학맥 등을 통해 이해할 수 있다. 그의 가문은 원주지역 유력가문인 원주원씨[63]로 여주, 원주 일대에 세거하면서 다수의 무과급제자를 배출한 무반가문이었다.[64] 특히, 원용팔의 형인 원용전(元容銓)은 1887년 무과에 장원급제하여 훈련원 판

---

[63] 원주원씨에 대해서는 1장을 참고.
[64] 원용팔의 가계도는 다음과 같다(『원주원씨대동보』 卷之二, 1987, 829~876쪽).

24세	25세	26세
元世黙(1803~辛巳(1821?)年) 配:靑松沈氏	元翼常(1836~丁巳(1857)年) 生父: 元世寧, 配: 咸安李氏	元容銓(1857~1924), 初諱: 容善, 字: 士良 生父: 元度常, 配: 綾城具氏, 慶州李氏, 全州劉氏 丁亥年 무과장원급제, 宣傳官, 嘉山郡守, 彦陽縣監, 中樞院議官
	元度常(1838~1882) 生父: 元世經, 配: 南原梁氏 辛酉年 무과급제, 宣傳, 總都, 總經, 監察御郎, 武哨, 中和府使	元容銓
		元容八(1862~1906), 初諱: 容錫, 字: 福女, 號: 三戒堂, 配: 慶州李氏 丁亥年 무과급제
		元容觀(1880~1977) 字: 良卿, 配: 潘南朴氏

관, 선전관, 가산군수(嘉山郡守), 언양현감(彦陽縣監), 내금위장, 시종원 분시어(侍從院分侍御), 중추원 일등의관을 거쳐 종2품에 오르는 등 중앙정치무대에서 일정한 영향력을 행사하면서 활동하였다.[65] 원주지역에도 원용전의 영향력이 미치고 있었는데, 독립협회 활동으로 면직 당했던 김구현(金龜鉉)을 원주진위대 중대장으로 추천하여 임명되게 하였다.[66]

원용팔은 형에 미치지는 못했지만 자신 또한 무과에 급제함으로써 중앙정치세력과 연계를 맺을 수 있는 관계망을 형성하고 있었다. 그가 조직한 의병부대와 중앙정치세력과의 관계에 대해서는 의병과 적대적 관계에 있던 일진회가 1905년 9월 6일 『황성신문(皇城新聞)』에 낸 광고를 통해 파악할 수 있다.

> 現今 江原一道로셔 延及忠淸道列郡에 所謂 名稱義兵者가 處處蜂屯而蟻聚하야 搶攘州郡에 爲其觀察守宰者는 袖手傍觀而有若陽斥陰和하고 所謂 義兵魁首者는 武宰 元禹常之弟 元用常也라 究其原因ᄒ면 乃弟則 爛種加學類於外而嘯聚作梗ᄒ고 乃兄則 因緣權奸而假借聲勢於內ᄒ야 另圖媒進ᄒ니 元氏弟兄은 抑何心腸으로 不顧國家之危急存亡ᄒ고 祗貪自己之富貴하야 迨此國家之艱難ᄒ야 行此危險之事하니 唯我同胞는 認以國賊으로 同聲討之ᄒ오니 僉君子는 照亮하시오
> 　　　　　　　　　　　　　　　光武九年九月六日
> 　　　　　　　　　　　　　　　一進會 告白[67]

위 기사는 의병장이 원용상이고 중앙정치세력인 원우상[68]과 연계되어

---

[65] 『승정원일기』, 고종 25년 7월 10일; 『승정원일기』, 고종 26년 11월 25일; 『승정원일기』, 고종 27년 12월 14일; 『승정원일기』 고종 29년 10월 17일; 『승정원일기』, 고종 31년 5월 17일; 『승정원일기』, 광무 1년 10월 6일(음력 9월 11일); 『승정원일기』, 광무 1년 11월 16일(음력 10월 22일); 『승정원일기』, 광무 10년 2월 10일(음력 1월 17일).

[66] 金龜鉉之爲隊長也公之舍侄容銓有力贊功渠甚德之且有兵民合一庶幾可圖等語(「元公三戒堂乙巳舉義始末」, 『義士三戒元公乙巳倡義遺蹟』 卷下, 413쪽).

[67] 『皇城新聞』, 광무 9년 9월 7일·8일·9일, 광고, 「今日江原一道로셔 延及忠淸道列郡에」.

있다는 일진회의 광고이다. 그런데 원용상이 원용팔 의병부대에서 어떤 역할을 하였는지는 위 신문자료 이외에는 전혀 나타나지 않는다. 때문에 일진회 측에서 원용상을 의병장으로 보았던 이유가 원용팔 의병장과 원용상을 혼돈한 것인지, 아니면 중앙정치세력과의 연계를 강조하기 위해 원우상의 동생이었던 원용상을 의병장으로 부각시켰는지는 정확히 알 수 없다. 그러나 당시 강원도와 충청도 일대에서 활동한 의병부대는 원용팔 의병부대뿐이었기에 위 신문기사에서 설명하는 의병부대는 원용팔 의병부대였다. 그러므로 표현의 부정확성이 있다고 하더라도 원용상이 재야에서 의병을 모집하고 원우상이 서울에서 권귀(權貴)의 힘을 빌려 항일운동을 전개하였다는 것을 통해 원용팔 연합의병이 중앙정치세력과 연계 속에서 의병운동을 전개하고 있었음을 추정할 수 있다.[69] 또한 원용팔의 형인 원용전이 중앙정치무대에서 활동하고 있었기에 한 가문인 원우상과 교류하고 있었음을 충분히 알 수 있다. 이는 원용팔과 원우상과의 교류도 예상할 수 있는 부분이다.

한편, 원용팔은 지역적 연고도 확실히 가지고 있었다. 원용팔의 지역적 연고에 대한 특징으로 첫째, 그의 가문인 원주원씨가 원주, 여주일대의 유력가문이라는 점이다. 둘째, 원용팔은 지평에 거주하는 이근원(李根元)으로부터 화서학파 학문을 접하고, 유중교(柳重敎)의 제자가 되어 강원도,

---

[68] 1871년 迎日縣監을 시작으로 관직에 입문하여 1890년에 평안도병마절도사를 거쳐서 1896년 중추원 1등의관 칙임관 2등과 함경북도관찰사 칙임관 3등. 1897년 중추원 1등의관 칙임관 2등을 역임하였다. 1898년에 정2품이 되었으며, 이듬해 경무사 칙임관 2등으로 근무하던 중에 咸寧殿 黃義秀가 난입한 사건으로 智島郡 古群山에 귀양 3년에 처해졌으나 곧 특별 석방되었다. 1904년에는 陸軍參領에서 參將에 승진하여 경무사 칙임관 2등, 流行病豫防委員長, 헌병사령관, 중추원의관 칙임관 2등을 역임하였다. 이듬해 陸軍法院長이 되었다(『고종실록』).

[69] 오영섭은 원용상이 원우상의 막내동생이라고 하였다. 또 신문기사에서 말하는 權貴는 원주, 제천, 충주지역에 연고를 가진 심상훈과 민영기를 뽑을 수 있으며 그 중에서도 심상훈이 권귀일 가능성이 더 높다고 보았다(오영섭, 『고종황제와 한말의병』, 선인, 2007, 281~283쪽).

충청도 일대의 화서학파와 깊은 인연을 맺고 있다는 점이다. 이런 지역적 배경으로 원용팔은 1896년 의병운동과 1905년 의병운동에서 원주, 지평, 제천, 단양, 영춘 등지의 유생과 화서학파 동문의 참여와 후원을 받을 수 있었다. 이들은 1896년 의병운동을 통해 의병운동의 경험을 공유함으로써 원용팔의 거의(擧義) 목적에 함께하여 1896년 의병운동에 이어 1905년 의병운동에서도 원용팔을 지지하고 후원했던 것이다.

(3) 원주진위대와 연합시도

원용팔은 의병운동을 추진하면서 다양한 세력, 다양한 지역과 연합계를 시도하면서 원주진위대와도 연합을 추진하였다. 이는 무장투쟁의 새로운 전략적 모색이었다. 1905년 8월 16일 원주 주천(현 영월 주천)에서 봉기한 원용팔은 강원도, 충청도 일대를 이동하면서 포군을 모집하였지만 이들만으로 일본군을 상대한다는 것은 매우 어려운 일이라는 것을 잘 알고 있었다. 그러므로 그는 의병운동 초기부터 의병모집와 의병거점지역을 확보하는 활동을 전개하는 동시에 정규군인 원주진위대를 무력기반으로 활용하고자 하였다. 이것은 대한제국 정규군이 일본군과 전투를 전개하게 되는 것으로 의병운동을 의병전쟁으로 확대시키는 것이었다.

원용팔의 원주진위대와 연합시도는 유인석이 원용팔에게 보낸 서신에도 잘 나타나 있다. 유인석은 '원주부대와 합병할 것을 계획하고 있다 하니 몸도 마음도 짐승인 자를 어찌 깊이 믿고서 함께 일할 수 있겠는가. 홍주(洪州)의 일을 보지 못했는가? 염두에 두는 것이 좋을 것이네'[70]라고 하여 원

---

[70] 與原州兵隊謀合形獸心獸者何可深信同事不見洪州事乎亦可念也(「與元復汝」, 『義士三戒元公乙巳倡義遺蹟』 卷下, 404쪽).

주진위대와 연합함에 있어 특별히 주의하라고 당부하였다. 이는 유인석이 의병진압세력인 진위대와 연합하는 과정에서 생길 수 있는 위험에 대해 주의를 주려고 하는 것이었다. 특히, 연합 대상이었던 원주진위대 중대장 김구현은 을미의병 당시 의병을 진압했던 전력을 가진 인물이었다.[71] 그리고 당시에도 의병과 동도(東徒, 진보회)를 해산시키기 위해 여주로 이동하는 등 지속적으로 의병진압 활동을 하고 있었다.[72]

하지만 원용팔은 의병부대가 평창에 주둔했을 때 원주진위대와 연합할 목적으로 10여 일 동안 비밀리에 협의를 하였다.[73] 유인석의 우려에도 불구하고 그가 협상을 할 수 있었던 배경에는 원용팔과 김구현의 특별한 인연이 있었기 때문이다. 김구현은 1895년 3월 제2훈련대 참위로 군 생활을 시작하였는데, 웅천군수(熊川郡守) 재직 시 독립협회 회원으로 활동하다가 태(笞) 40대의 징계에 처해지고 1898년 11월 26일 해임 당하였다. 이후 1904년 9월 23일 원주진위대 중대장으로 복직하였다.[74] 약 6년 동안 공직을 떠나있던 김구현이 복직하는 과정에서 원용팔의 형인 원용전(元容銓)이 여러 차례 추천하여 복직하는 데 큰 도움을 주었다. 이것이 인연이 되어 원용팔과 김구현은 관계를 맺었다. 또 김구현은

---

[71] 「소의신편」 제8권, 『국역 소의신편』, 의암학회, 2006, 427쪽.
[72] 前正尉金龜鉉氏가 多年休職閒居하더니 日昨에 原州隊中隊長으로 補職되얏난듸 東徒와 義兵의 會集함을 曉諭解散할 次로 下去하야 驪州에 駐紮할터이라더라(『皇城新聞』, 광무 8년 9월 17일, 「中隊任重」) 김구현은 의병과 함께 거의를 할 수 있는 인물이 아니었던 것으로 보인다. 그는 1898년 熊川郡守로 재직할 때 독립협회 활동으로 笞 40대 징계를 받고 해임 당하였다(『高宗實錄』 권38, 고종35년 11월 10일), 各道義徒를 偵察ᄒ기 爲ᄒ야 內部에서 解隊尉官中으로 警視를 叙任ᄒ야 各道에 派送ᄒ다홈은 前報에 揭載ᄒ얏거니와 該尉官中에 金龜鉉氏는 再昨日에 全羅南道로 發向ᄒ얏다더라(『皇城新聞』, 융희 2년 2월 20일, 「尉官警視發程」)라는 기사에서 보이듯이 1908년 2월 전남지역 의병을 정찰하기 위해 정부에서 파견된 인사이기도 하였던 점에서 김구현은 의병과의 연계를 적극적으로 생각했던 인물은 아닌 것으로 보여 진다.
[73] 至平昌(중략)時公潛住原州約鎭衛軍隊合力往返十餘日(「元公三戒堂乙巳擧義始末」, 『義士三戒元公乙巳倡義遺蹟』 卷下, 410쪽).
[74] 『대한제국관원이력서』 41책, 880쪽.

원용팔에게 '군대와 민간이 하나로 합친다면 거의(擧義)를 도모할 가망이 있다'[75]라고 하여 연합하여 일본군을 토벌할 약속을 하였다. 무과(武科)의 단출신(單出身)이었던 원용팔은 무인으로써 약속한 김구현을 믿고 원주진위대와 연합하기 위해 협상에 나섰던 것이다. 그런데 원용팔이 그 약속을 더욱 믿었던 것은 시위대와 진위대가 군대로서 국가의 명령에 따라 의병을 진압하고 있었지만, 그중에서는 같은 민족끼리 연합하여 일본군에 대항하기를 원하는 세력도 있었기 때문이었다.[76] 군인으로서 국가의 명령에 따라야 하지만 같은 민족을 탄압해야하는 인간적인 고뇌를 가진 자들도 있었던 것이다.[77]

그러나 일본군 헌병대의 의병진압 개입협박에 상황이 변하였다. 원주진위대는 소극적인 진압에서 적극적인 진압으로 방침을 바꿔 진압작전에 나섰다. 결국 원주진위대는 원용팔을 체포하였다. 그런데 주목되는 점은 의병진압이 의병부대를 완전히 와해시키기 위한 전면적인 공격이 아니라 의병장이었던 원용팔을 체포하는 선에서 마무리 되었다는 것이다. 원주진위대가 의병진압에 적극적으로 나섰음을 보여주는 것으로 의병장 체포만큼 확실한 것은 없었다. 그러나 진압작전에 나섰던 원주진위대 중대장 김구현이 정부로부터 문책을 받았다. 또 민긍호(閔肯鎬)도 잘못된 소문을 듣고 대장에게 보고하였다는 죄로 견책을 받았다.[78] 이는

---

[75] 金龜鉉之爲隊長也公之舍任容銓有力贊功渠甚德之且有兵民合一庶幾可圖等語(「元公三戒堂乙巳擧義始末」, 『義士三戒元公乙巳倡義遺蹟』 卷下, 413쪽).

[76] 然猶以本國産故或望其共義(「元公三戒堂乙巳擧義始末」, 『義士三戒元公乙巳倡義遺蹟』 卷下, 413쪽).

[77] 진위대는 의병만 만났을 때 최익현의 경우와 같이 전주진위대와 남원진위대에 토벌당하는 경우도 있었지만 1905년 6월 광주에서 具萬書가 의병을 일으켰을 때 토벌하라는 명령을 내렸음에도 불구하고 수원진위대는 이를 묵살하였다. 또 1906년 6월 경북 평해에서 기병한 申乭石 부대의 토벌을 명령받고 출동한 대구진위대와 원주진위대가 신돌석 부대와 조우하고도 서로 전투를 회피하기도 하였다(왕현종, 「1907년 이후 원주진위대의 의병참여와 전술변화」, 『역사교육』 96, 2005, 140쪽).

강력하게 의병을 진압하길 원했던 일본의 불만이 전해져 이뤄진 조치로 보인다. 일본은 직접 헌병대를 파견하여 진압하겠다고 할 정도로 원주진위대의 의병진압과정 내내 불만을 표현하였다. 따라서 일본의 의도대로 의병부대를 확실히 진압하지 않은 것에 대한 불만이 반영되어 현장 지휘관이었던 김구현과 잘못된 정보를 제공하였던 민긍호에게 죄를 물었던 것이다.[79]

원용팔은 원주진위대에 체포되어 심문받는 과정에서도 원주진위대가 의병들과 연합하여 활동할 것을 이야기하였다. 원용팔은 '지금 전국이 모두 일본의 침략에 의해 더 이상 우리의 소유가 아니라는 것은 눈이 있는 자라면 똑같이 본다'[80]라고 하여 이미 국가의 주권이 일본에 넘어간 것으로 보았다. 그리고 그 경우 군대를 통솔하는 데 나오는 명령은 황제의 명령이 아니라고 하였다. 그렇기 때문에 그는 군대가 옳은 선택을 하여야 한다고 하였다. 대한제국에서 진위대(鎭衛隊)를 설치한 가장 큰 이유는 국권을 침탈 받고 있을 때 좌시하지 말고 싸우라는 것인데 지금 좌시하고 있는 것은 황제와 국가에 대한 막대한 죄라고 강조하였다. 그렇기 때문에 지금이라도 일어나 일본의 침략으로부터 나라를 구해야한다고 하였다.[81] 또 지금 진위대가 다른 의병들을 체포하여 나라를 위할 수 없게 하니, 무슨 마음인지 모르겠다고 하여 의병을 진압하지 말고 의병과 연합하여 일본의 침략에 대항하여 싸울 것을 요구하였다.[82] 원용팔이 이렇게

---

[78] 1905년 8월 31일자로 김구현은 '徑放罪徒罪'로 민긍호는 '設問之說告及隊長罪'로 견책을 받았다(『관보』 3235, 1905년 9월 4일).

[79] 민긍호는 이후 의병활동을 전개하는 것이나 진위대 내부에서 원용팔 의병장과 내응하려고 했다는 것 등을 보았을 때 원용팔 의병부대의 안전한 후퇴를 위해 고의로 잘못된 정보를 보고했을 가능성도 있다.

[80] 答曰今我全國皆倭有非復我有有目所共見(「原州京甡甫供辦」, 『義士三戒元公乙巳倡義遺蹟』 卷上, 394쪽).

[81] 國家置鎭衛隊欲何爲當此時軍隊坐視罪已莫大(「原州京甡甫供辦」, 『義士三戒元公乙巳倡義遺蹟』 卷上, 394쪽).

말할 수 있었던 것은 이미 진위대 내부에서도 동요하는 세력들이 있었기 때문이었다.

2) 상소·서신을 통한 의병지원요청과 효유

원용팔이 의병운동을 전개함에 있어 중요하게 생각했던 것은 의병모집 활동, 거점지역 확보, 격문·서신 등을 통한 의병지원요청이었다. 그중에서도 격문·서신 등을 통한 의병지원요청은 당시 객관적인 의병부대의 전력을 생각했을 때 매우 중요한 전술이었다. 의병의 객관적인 전력은 일본군을 상대로 승리를 할 수 있는 것이 아니었다. 그러므로 의병전력 이외의 도움이 필요하였는데, 일본에 실질적으로 압력을 가할 수 있는 서구열강의 지지와 지원을 받고자 하였다. 또 각지에 있는 화서학파 동문들의 의병참여와 지원을 구하고, 타 지역에서 일어난 의병들과 연합하고자 하였다. 원용팔은 그 방법으로 의병봉기의 원인, 목적, 필요성, 정당성 등을 기재한 서신을 각지로 보내고 있었다. 이와 함께 의병운동의 정당성을 확보하기 위해 광무황제의 지지를 확보하고자 상소를 올렸다.

그가 광무황제에게 올린 상소에는 당시 정치상황을 비교적 정확히 파악하여 지적하고 있었다. 그 내용은 다음과 같다.

> 대개 土地와 人民, 政事는 나라를 나라답게 만드는 것입니다. 지금 山林川澤, 茫茫大海가 모두 저 사람들의 수중에 들어갔으니, 이는 우리에게 토지가 없는 것입니다. 民戶의 호적을 만들고 兵勇을 혁파하는 것을 오직 자신의 뜻대로 하니, 이는 우리에게 백성이 없는 것입니다. 10부를 신설하여 이른바 顧問官이라는 명목을 두어 우리나라로 하여금

---
82) 況捕他起義者使不得爲國不知何心(「原州就捕供辨」, 『義士三戒元公乙巳倡義遺蹟』卷上, 394쪽).

해당 관원에 대해서는 벙어리처럼 시행을 할 수 없게 하고, 팔도로 확대하여 모두 그렇지 않은 것이 없으니, 이는 우리에게 정사가 없는 것입니다.[83]

원용팔은 국가를 이루는 요건인 토지(土地), 인민(人民), 정사(政事)가 일본의 수중에 넘어가 대한제국의 주권을 지키기 어려운 상황임을 강조하였다. 따라서 이를 타개하는 것이 가장 시급한 과제이고 이를 해결하기 위한 방법으로 의병운동을 주장하였다. 그는 '오늘날의 계책으로는 싸워서 지키지 않으면 자강할 수가 없고, 자강할 수가 없으면 스스로 보존할 수 없는 까닭에 재주가 미약하고 적이 강성하다는 것을 헤아리지 않고 약간의 의병을 규합하여 원수인 일본을 토멸하여 평소에 쌓였던 것을 풀기를 기약하였다'라고 하여 의병을 일으켰다는 것을 밝히고 있었다.[84] 그러면서 정부에서 '만약 장수에게 명하여 군대를 내어서 신속하게 일본의 침략에 대응할 수 없다면 그 일을 의병에게 맡겨주는 것이 오히려 보존을 도모하는 방법이요 목숨을 구하는 방도'라고 하여 의병운동에 대한 광무황제의 지지와 지원을 요청하였다.[85] 원용팔은 황제의 지지와 지원을 통해 의병운동의 정당성을 확보하고자 하였다.

그의 이러한 의도는 대한제국 정부에 올리는 글에서도 나타나고 있다. 원용팔은 '정부가 이미 일본에 의해 장악된 상황이지만 일이 이미 끝나버려 어찌할 수 없다고 할 것이 아니라 하늘을 감동시킬 수 있고 신을 감동시킬 수 있다'고 하면서, '씩씩하게 자임하여 뒤돌아보지 않고 곧바로 전진하

---

[83] 夫士地人民政事國之所以爲國也今山林川澤沜瀁之海盡入於彼人搜討是我無士地也籍民戶革兵勇惟意所欲是我無人民也新設十部有所謂顧問名色俾我國該官嚬不得施用延及八域莫不皆然是我無政事也(「疏草」, 『義士三戒元公乙巳倡義遺蹟』卷上, 333쪽).

[84] 今之計非戰守無以自强非自强無以自保……玆敢不揆才弱敵强紏合若干義旅期滅讎倭以泄素所蓄積(「疏草」, 『義士三戒元公乙巳倡義遺蹟』卷上, 334쪽).

[85] 命將出師迅掃腥羶任他諸義旅之盡心敵愾猶是圖存之術求生之方也(「疏草」, 『義士三戒元公乙巳倡義遺蹟』卷上, 335쪽).

여 기어코 일본을 토멸하고 국권을 회복하고야 말고 중흥하고야 말겠다고 하는 것이 신자(臣子)의 직분을 다하는 것'이라고 하여 현 상황에 주저앉지 말고 일본의 침략과 이에 동조한 적신(敵臣)의 득세, 일진회의 횡포 등에 맞서 싸워야한고 주장하였다.[86] 하지만 정부 스스로가 일본과 싸울 수 없다면 재야의 도움을 받을 수 있도록 두루 방문하여 초야의 인재를 빠뜨림이 없게 하고 여러 계책 중에서 제일 좋은 것을 모아서 따라야 한다고 하였다. 그러나 그 역시 스스로 마련할 수 없다면, 다른 사람이 하는 것을 용납하여 그 성공을 기대하되, 기회가 되는대로 지휘하기도 하고 힘이 닿는 한 보호하기도 하여 일을 이룰 수 있게 하여야 할 것이니, 이것이 바로 나라를 위하는 것이라고 하였다. 이는 어떤 형태로든 정부의 책임이 있어야 하고, 일반백성들은 정부의 이런 책임 있는 태도를 기대하고 있다는 것이었다.[87] 다시 말해 정부는 일본의 침략에 대항해 초야에 있는 인재들의 좋은 뜻을 모아 정사에 반영하여야 하는데 그렇지 못한다면 민간에서 일어나고 있던, 즉 의병운동에 대해 인정하고 성공할 수 있도록 지지하고 지원해야 한다는 것이었다.

 이처럼 원용팔은 광무황제나 정부에 올린 상소문에서는 일본의 침탈이 가중되고 있는 상황에서 의병봉기를 일으킬 수밖에 없었던 이유와 그 당위성을 밝히면서 의병운동의 정당성 확보차원에서 정부의 지지와 지원을 요청하였다. 그리고 다른 한편으로는 서구열강의 공사관과 청국공사관에 보낸 서신으로 의병운동에 대한 실질적인 지원을 요청하였다.

 우선, 서구열강에 보낸 서신에서도 일본에 의해 왜곡된 대한제국 침략상

---

86) 今國勢雖不振如此興起鼓動之力比諸在野不商反堂勿謂事己去而莫之如何謂天可感謂神可格軒然自任直前不顧期於討復乃己中興乃己豈非爲臣子盡職(「上政府」, 『義士三戒元公乙巳倡義遺蹟』卷上, 356쪽).
87) 耶設不能自辨則屈己延訪巖穴無遺集羣策之最以有事焉又其次也亦不能自辦容人有爲冀其有成或隨機指諭或隨力保佑俾底集事其於爲國三者一也此固政府之責而國人亦以此望於政府者也(「上政府」, 『義士三戒元公乙巳倡義遺蹟』卷上, 357쪽).

을 알리고 의병운동의 정당성을 다시 한 번 밝히고 있다. 원용팔은 일본이 대한제국의 국권을 침탈하고 나라 전체를 전제(專制)하여 물산(物産)과 민용(民用)을 모두 강탈하여 우리 백성들은 의식할 것이 없고, 주거할 곳이 없어서 의지하여 살아갈 수 없게 되었다고 하였다.[88] 이러한 현실 속에서 누구라도 분노하지 않을 수 없어 분연히 죽기를 각오하고 의병(義兵)을 일으켰음을 강조하였다. 그러므로 각지에서 일어난 의병들은 성훈(聖訓)을 받들어 국가를 위하고 공의(公議)를 따라 대의를 결정하면서 스스로 힘을 헤아리지 않은 것이라고 하였다.[89] 원용팔은 서신을 통해 의병봉기의 원인, 목적, 정당성을 서구열강에 알림으로써 그들의 실질적인 도움을 요청하였다. 여기에는 일본의 침략에 대한 원용팔의 대응인식과 당시 상황이 반영되었다. 유교적 세계관을 가지고 있던 원용팔은 일본의 노예가 되어 짓밟히는 것을 면하고 스스로 몸을 깨끗이 하기 위해서는 의병으로 싸워 죽는 것이 가장 좋다고 생각하였다.[90] 또한 일반민들 사이에 일본의 침탈로 굶어 죽느니 차라리 의병으로 싸우다 죽는 것이 낫다는 인식이 퍼지기 시작하였다.

그는 서구열강이 대한제국을 도와주는 것은 대한제국만을 위한 방안에 그치는 것이 아님을 역설하였다. 즉 일본의 침략성은 자국의 이익을 위해 대한제국을 넘어 또 다른 서구열강에도 미칠 수 있다는 사실을 주장하였다.[91] 따라서 그는 '세 사람이 모였을 때 두 사람이 다투게 되면 나머지

---

[88] 奪國權專制方域物産民用爲吾邦命脉者盡入其囊橐我國生靈無所衣食無所住(「書告泰西各國公使館」,『義士三戒元公乙巳倡義遺蹟』卷上, 352쪽).

[89] 故所在佩起助成義討俺等奉聖訓爲國家因公議決大義不自量力萬不得而已乙爲(「書告泰西各國公使館」,『義士三戒元公乙巳倡義遺蹟』卷上, 352쪽).

[90] 接末由資生苟有人心者莫不奮然欲死盖餓死兵死死一也得免倭酋奴隷我陵踏我猶爲自潔其身則無寧兵死(「書告泰西各國公使館」,『義士三戒元公乙巳倡義遺蹟』卷上, 352쪽).

[91] 聊朝鮮者豈有厚於各國之理也(「書告泰西各國公使館」,『義士三戒元公乙巳倡義遺蹟』卷上, 352쪽).

한 사람은 경계를 설정하여 말리게 되니, 공의가 있기 때문입니다. 하물며 지금 각국에서 이 일을 들어서 알 것이니, 어찌 시비, 곡직을 분별할 수 있는 자가 없겠습니까?92)라고 하여 서구열강도 일본의 불법적인 침탈에 대해 경계하고 대한제국의 독립을 위해 도와줄 것을 요청하였다.

그런데 원용팔이 요청한 서구열강의 지원은 지지 성명에 머무르는 것이 아니라 서구열강도 일본을 상대로 출병하여 의병을 도와 일본을 토멸하는 것이었다.93) 이러한 무력지원요청은 원용팔이 가지고 있던 기본적인 인식을 반영한 것이라고 할 수 있는데, 그는 직접적인 무력만이 일본의 침략을 격퇴할 수 있다고 생각하였다.

다음으로 청국공사관에 보낸 서신을 보면, 청국공사관에도 역시 의병봉기의 원인, 목적, 정당성 등을 밝히고 있었다.94) 대한제국이 처해있는 상황이 마치 포로로 잡힌 사람이 그 사명(死命)을 받는 것과 같다고 하였다. 일본의 침략에 고통 받고 있는 상황에서 이를 타개하기 위해 의병을 일으켰다는 것이다. 그러므로 청국은 대한제국을 도와 일본의 침략에 대항해야 한다고 하였다. 다만 이는 서구열강에 대한 요청이 호소에 가까웠다면 청국에는 대한제국의 지정학적 위치의 중요성을 이야기하면서 대한제국을 도와 일본의 침략을 막아야 하는 당위성을 강조하였다. 즉 대한제국은 청국의 울타리가 되어 일본의 침략을 막아주었지만 대한제국이 무너지면 청국의 랴오둥(遼東), 선양(瀋陽)은 물론이거니와 수도인 베이징도 일본의 침략을 받게 된다는 것이다.95) 그러므로 청국은 자국의 보호를 위해서라도

---

92) 夫三人會二人爭鬪其一人說經界以扶抑之有公議故也況今諸各國聽知此事豈無能辨是非曲直者乎(「書告泰西各國公使館」, 『義士三戒元公乙巳倡義遺蹟』 卷上, 353쪽).

93) 俺等果是且直非但論議以扶之亦各出兵而助之以見天下同聲薄海同仇之義然後方盡好惡之性(「書告泰西各國公使館」, 『義士三戒元公乙巳倡義遺蹟』 卷上, 353쪽).

94) 今則設其官專國政收輯圖之廣籍生齒之衆我國如被縛人之受其死命也吁亦慘矣古今有此變否俺等不勝悲憤不計在朝在野玆敢擧義扶國爲計(「書告淸國公使館」, 『義士三戒元公乙巳倡義遺蹟』 卷上, 358쪽).

대한제국을 도와 일본의 침략을 막아내야 한다고 주장하고 있었던 것이다.

원용팔이 작성한 상소문과 각국 공사관에 보내진 서신을 종합해 보면, 원용팔은 러일전쟁 이후 일본이 취한 화폐개혁, 고문정치, 황무지개척권 요구, 철도부설에 따른 토지수용 등의 침략정책의 본질에 대해 정확히 알고 있었으며 이를 타개하는 방법으로 의병봉기를 선택하였다. 또한 일본은 자신들의 침략정책에 대한 국제사회의 여론을 호도하기 위한 기만책으로 일진회를 활용해 여론을 조장하였다. 예컨대, 일진회가「일진회선언서」[96]을 통해 대한제국의 외교권을 일본에 이양할 것을 주장한 것이 마치 대한제국의 민의(民意)인 것처럼 호도하였다. 일본은 대한제국의 민의(民意)를 수용하여 일련의 정책들을 진행하는 것처럼 선전하였다. 그러므로 원용팔은 서양 각국 및 청국에 대한제국 내에서 일어나고 있던 일본의 침략의 실상을 알려야만 했다. 그것은 생존권의 문제였음을 분명히 밝히면서 일본이 말하는 민의라는 것은 일본의 앞잡이로 활동하는 일진회에 의해 조작된 것임을 알렸다. 그러면서 각국의 도움을 요청하였는데, 이는 일본의 잠재적 위협을 부각시켜 의병과 연합하여 군사활동을 전개할 수 있는 실질적인 도움인 출병이었다. 이처럼 서신, 상소 등을 통한 의병지지 및 지원확보는 의병운동의 중요한 전략 중 하나였다.

한편, 원용팔은 일본공사관과 일진회에도 서신과 격문을 보내 그들이 추진하고 있던 정책 등에 대해 비판하면서 스스로 물러나기를 촉구하였다. 먼저, 일본공사관에 보낸 서신을 보면, 원용팔은 서신을 통해 일본의 침략에 대해 크게 5가지로 비판하였다. 첫째, 대한제국 국정운영권의 강탈이었

---

[95] 朝鮮𪠆即中國藩屛也若無朝鮮禍中淸國不旋踵失……朝鮮獨當倭禍𪠆旡不支則遼藩烏得免遼藩然矣則北京諸省豈能安批耶爲今計之貴國與我并力仇倭可也(「書告淸國公使館」,『義士三戒元公乙巳倡義遺蹟』卷上, 359쪽).
[96] 1905년 11월 일진회가 대한제국의 외교권을 일본에 이양할 것을 제창한 것으로 '일본의 보호지도를 받기 위해 내치, 외교권을 일본에 일임할 것'을 주장하였다(『大韓每日申報』, 1905년 11월 18일,「大韓十三道儒約所에서 一進會宣言書에」).

다. 일본이 대한제국 정부를 개혁한다는 명목으로 각종 제도를 혁파하고 고문관이라는 명목으로 10부를 장악하여 대한제국의 정사를 논단하였다고 비판하였다. 원용팔은 대한제국의 국정운영은 대한제국 사람들이 해야 할 문제이지 일본이 간섭할 문제가 아니라고 하면서 내정간섭 중단을 요구하였다.[97] 둘째, 토지에 대한 강탈과 생산물의 독점 및 이익의 문제였다. 일본은 대한제국내의 산림천택(山林川澤), 궁둔(宮屯), 역도(驛賭) 등을 정리하면서 토지침탈을 시도하였으며 그 산물과 이익을 독점하고자 하였다. 이는 일반백성들의 삶과 직결된 것으로 절대로 받아들일 수 있는 것이 아닌데 무력으로 강제하고 있다며 비판하였다.[98] 셋째, 친일단체인 일진회를 통한 국정 혼란이다. 일진회는 일본의 힘만 믿고 정부의 명령에 따르지 않고 오히려 예속(禮俗)을 어지럽히고 강상(綱常)과 도리를 멸절(滅絕)하였다고 비판하였다. 그러므로 일본이 일진회를 이용하지 말 것을 요구하였다.[99] 넷째, 화폐개혁을 통한 일본의 이익 추구였다. 화폐는 백성과 나라의 경용(經用)인데 화폐개혁이라는 명목으로 농간하여 대한제국 경제가 큰 피해를 입어 장차 고갈되어 죽기에 이르렀다는 것이다.[100] 다섯째, 철도 부설로 지맥이 손상되고 토지·가옥·분묘 등이 파헤쳐진 문

---

[97] 革盡我國舊制布列瓜牙專用威劫每我國政所謂顧問名色盤據十部而延及於各道列邑進退黜陟惟爾所欲然置我國君臣於可他耶無論爲政之善不善朝鮮有改柄當在鮮人日本政柄當在日人今倭執鮮政此何說也(「傳檄日本公使館」, 『義士三戒元公乙巳倡義遺蹟』 卷上, 343~344쪽).

[98] 山林川澤宮屯驛賭等也爾將專其物權其利云此則尤不勝憝然一芥不子非惜物也義不可予故也今土地國本也民命也我國以此子爾請多生民無以資活元來地編人衆每患艱食遭歲一歉流亡屬道若依爾請是强殺我百萬生靈也爲生靈者豈肯泯默就死耶早罷妄念早活爾命可也 至若賊臣之强使叙用大砲之掛向　王宮此何等悖驚何等凶獗流傳四方聽者搤腕可謂非人所爲也(「傳檄日本公使館」, 『義士三戒元公乙巳倡義遺蹟』 卷上, 344쪽).

[99] 又如誘聚我國亂民稱以一進會所在犯上政府有不得行八政州牧無以行其令國內壞亂莫此爲甚爾之瓜牙莫此爲要亂類固不足責爾之惡極奸極不亦甚乎且無別無義亂我禮俗尤極可醜若此不已綱常道理滅絕無餘變孰加此乎(「傳檄日本公使館」, 『義士三戒元公乙巳倡義遺蹟』 卷上, 344~345쪽).

[100] 又錢幣者民國經用也爾奸弄變革惟利是圖使吾民國受害將至渴死至(「傳檄日本公使館」, 『義士三戒元公乙巳倡義遺蹟』 卷上, 345쪽).

제였다. 일본이 철도를 부설하면서 지맥을 손상시키고, 분묘 등을 훼손한 것은 유교적 가치관을 무너트리고 있다는 것이다. 또 토지·가옥 등의 훼손으로 백성들이 많은 어려움을 겪고 있음을 강조하였다.[101] 원용팔은 의병운동도 일본이 물러난 다음에 멈출 수 있으니 서로 각자의 영토에서 편안한 삶을 누리기 위해서라도 현명한 선택을 할 것을 요구하였다.[102] 이러한 비판은 결국 일본이 이 모든 침략행위를 중단하고 서둘러 철수할 것을 요구한 것이었다.

일본공사관에 보낸 서신은 일본의 침략에 대한 원용팔의 인식을 그대로 보여준 것일 뿐만 아니라 그가 추구한 최상의 의병전략도 엿볼 수 있었다. 원용팔은 일본군과 전투 없이 일본이 스스로 물러나는 것이 최상의 방법이라고 생각하였다. 그렇기 때문에 일본공사관에 서신을 보내 그들의 잘못을 깨우치고자 하였던 것이다. 또 각국 공사관에도 서신을 보내 서구열강의 대한제국 지원을 받아내 일본에 압력을 가하고자 하였던 것이다.

다음으로 일진회에 보낸 효유문을 보면, 원용팔은 일진회의 친일활동에 대해 중단할 것을 요구하였다. 그는 일진회가 스스로 나라를 보존하고 백성들을 편안히 한다고 하지만 그것은 명분일 뿐 행동은 나라에 화를 끼치고 백성들을 해치는 것이라고 비판하였다.[103] 일진회의 악행으로 첫째, 당을 이뤄 생민(生民)을 침탈하고, 둘째, 빚을 독촉하며, 셋째, 분묘를 파헤치고 종종 행패를 부려 갑오년(甲午年, 1894년)의 동학농민운동을

---

[101] 若山川險夷因地形施人力自古然也今鐵路所到鑿傷也脉菱斁我民田疇家毛墳墓之屬盡入掘毀騷然使萬物不寧此皆傷害人物不仁甚者也萬民若之(「傳檄日本公使館」, 『義士三戒元公乙巳倡義遺蹟』 卷上, 345쪽).

[102] 爲爾計者宜丞撤回告爾國君與政府以下爲先刷還……盖滅爾吾所不得己乃所遇之不幸也各安壤土各遂其生吾所至願亦公心之本然也可不知睪處歟(「傳檄日本公使館」, 『義士三戒元公乙巳倡義遺蹟』 卷上, 348쪽).

[103] 一進會自謂保國安民名則好矣考其行事則保國乃所以禍國安民乃所以害民請(「曉諭一進會文」, 『義士三戒元公乙巳倡義遺蹟』 卷上, 381쪽).

다시 답습하려 한다고 하였다.104) 그는 이러한 사실들을 들며 일진회는 가장 먼저 타도해야할 대상이지만 그래도 우리나라 백성이기에 개과천선(改過遷善)하여 귀화하기를 바라며 이것이 효유문을 보낸 이유라고 밝혔다. 따라서 수일 내로 해산하여 옛 제도를 따르고 본업으로 돌아와, 일본을 원수로 여긴다면 살려주겠지만 그렇지 않으면 드러나는 대로 잡아서 죽일 것이니 의병이 일반백성에게 재앙을 미친다고 말하지 말라고 경고하였다.105)

원용팔이 보낸 효유문 등 의병들의 경고는 일진회원들에게 큰 위협으로 다가왔다. 실제로 1905년 8월 27일 밤 영춘에서 숙박하던 일진회원들이 총소리에 놀라 잠적한다거나, 의병이 출몰하는 지역에 거주하는 일진회원들은 피난가기에 바빴다.106) 이에 일진회원들은 의병을 무력화시키기 위해 의병으로 위장하여 의병부대에 침투한 후 의병부대 내부사정을 파악하거나 의병들의 강제 이탈을 주도하였다.107) 또한 입수한 의병부대 내부사정은 일본군에 제공하는 등 의병탄압에 적극적으로 동조하여 일진회는 의병의 주요 공격대상 가운데 하나가 되었다.

의병은 일진회가 일본의 침략정책에 동조하고 그 속에서 자신들의 지위를 찾고 유지하고자 한 행위는 일본의 침략행위와 별반 다를 것이 없다고 보았다. 그렇기 때문에 일진회도 타도의 대상이 되었으며, 일진회에 대한

---

104) 結黨肆惡侵虐生民勒債掘塚吹竟咆哮種種行悖復重甲午東擾則誰信其自稱女民乎(「曉諭一進會文」,『義士三戒元公乙巳倡義遺蹟』卷上, 382쪽).

105) 義旗之下當先誅黨與猶以我國人類故望其遷改歸化玆以曉飭不日散歸長髮服舊復其本業大同公心爲國謝委是乃我人不然溘見足誅噬臍無及母或曰義陣之殃民也(「曉諭一進會文」,『義士三戒元公乙巳倡義遺蹟』卷上, 383쪽).

106) 去月二十七日夜一進會員ガ永春ニ宿泊セル際不意ニ銃聲ヲ聽キ危害ノ及ハンコトヲ怖レテ所在ヲ晦マシタリト云フ尙同地附近ニ於ケル同會員ハ大ニ危懼ノ念ヲ懷キ孰レモ他ニ避難シタリト云フ(『駐韓日本公使館記錄』24권, 六. 顧問警察事故報告, (8)「폭도의 狀況에 대하여」1905년 9월 7일).

107) 구완회,『한말의 제천의병』, 집문당, 1997, 265쪽.

공격이 빈번하게 일어나고 있었던 것이다.

3. 원용팔 연합의병의 활동과 1907년 의병전쟁의 기반조성

1) 의병운동세력의 재결집과 거점지역의 확보

(1) 을미의병 참여세력의 재기

1905년 당시 강원도 원주 가정리에 거주한 원용팔은 대한제국 주권 침탈의 당면 과제를 일본의 침략과 이에 동조한 일진회의 친일활동으로 파악하였다. 그러므로 주변 상황이 어렵다고 하여도 일본의 침략에 대응하여 '적과 싸워서 지키지 않으면 자강할 수 없으니 자강할 수 없으면 스스로 보존할 수 없다'[108]고 하여 맞서 싸울 것을 강조하였다. 이러한 원용팔의 인식은 유인석에게 보낸 서신에도 자세히 나타나 있다. 그는 의병을 일으켜야 하는 이유에 대해 다음과 같이 강조하였다.

> 지금의 시의(時義)가 을미년(乙未年, 1895년), 병신년(丙申年, 1896년)과 비교하여도 추호라도 다를 것이 없기에 스스로 생각하기에 화이(華夷), 인수(人獸)는 비단 도리가 서로 섞이지 않을 뿐만 아니라 함께 살아가려고 해도 되지 않는다. 나중에 의병을 일으키지 않은 것을 후회한들 아무런 소용이 없으며, 인지상정은 반드시 사지(死地)에 빠진 다음에야 비로소 스스로 분발할 줄 알고, 만약 한 번이라도 편안하게 되면 흘겨보며 그것을 잃어버릴까 두려워하고 목전에 일이 없음을 다행으로 여깁니다. 그래서 혹여 조금이라도 사리를 이야기 하는 자가 "전날의 거사도 오히려 와해되

---

[108] '非戰守無以自强非自强無以自保'(「疏草」,『義士三戒元公乙巳倡義遺蹟』卷上, 334쪽).

었으니, 용기 때문이고, 기계 때문이다. 그런데 이제 어떻게 이 거사를 이룰 수가 있겠는가? 유독 시세의 난역(難易)을 생각하지 않는다." 하나 10년간 용기가 바뀌지 않았다는 것을 어떻게 알 것이며, 피아(彼我)의 기계가 대적할 만하지 못하다는 것을 어떻게 알 것이며, 피아의 천의(天意)와 인심이 그 사이에 순환, 왕복하지 않을 것을 어떻게 알 것입니까? 설사 그렇지 않더라도 같은 죽음이라면 차라리 일을 도모하다가 죽는 것이 낫고, 같은 망함이라면 의리를 지키다가 망하는 것이 낫다고 하였다.[109]

이를 보면, 일본이 강성해서 대적할 수 없음을 말하는 것에 대해 1896년 의병운동 이후 10년이 지난 지금의 상황은 그때와 달라 일본군에 대적할지 못할지는 알 수 없다고 하였다. 1896년 의병운동이 명성황후 시해사건, 단발령 등 왕실에 대한 위협과 조선적 유교가치가 침탈당하는 것에 대한 반발로 일어난 것이라면 지금은 국가가 망하는 것을 막고, 세상을 구하기 위해 일어나야 한다는 것이다. 그러므로 설사 일본군이 강성하여 이기지 못한다 하더라도 나라가 망해가는 상황에서 의리를 지키다 죽는 것이 훨씬 훌륭한 죽음이므로 시기를 놓치지 말고 일어나야 한다고 강조하였다. 또한 유자(儒者)로서 이를 택하는 것이 도리라고 하였다. 일본의 침략에서 나라를 구하기 위해 유불리(有不利)를 떠나 의병을 일으켜야한다는 것을 강력하게 주장하였다.[110] 이것은 의병봉기의 목적과 정

---

109) '今之時義與乙丙何能毫髮殊窃擄愚見則華夷人獸非但道理所不相混幷與圖生之計而不得逐焉雖許其奴隸我臣妾我百端可憎屈己忍之其於彼之欲使東土噍類無存何哉或驅之而塡海或迫之而爲兵恣意所用夫何所惜兇憝誠不可料伊捕雖恨不蚤圖且將何勾人之常情必陷死地方知自奮苟有一枕奠女盼盼然惟失此幸其目前無事其或稍談事理者謂前日之擧猶且瓦鮮勇怵故也器械故也今何能爲而做此擧哉獨不余時勢難易亦有移步換形者乎十年間勇怵安知不易置彼我器械安知不相敵彼我天意人心安知不循環往復於其間耶假使不然等是死也則無寧有事而死等是亡也則無寧守義而亡所謂死亡之狀旣如右所陳然此猶逆論其必然耳以'(「上毅菴 柳麟錫先生」, 『義士三戒元公乙巳倡義遺蹟』卷上, 361~362쪽).
110) '盖乙丙之擧專主救削削不止則亡國在其中今日之事專主救亡也世旣亡則人形亦難保故夷獸始入境則叫閤斥之旣來肆毒則擧義討之旣毒之而奪我家國則寧可緩其問哉若有事與'(「上毅菴 柳麟錫先生」, 『義士三戒元公乙巳倡義遺蹟』卷上, 363쪽).

당성을 밝히는 것이지만, 그 내면에는 일본군의 전력 등 시세를 파악하고 있었음을 알 수 있다. 따라서 원용팔이 의병봉기를 추진할 때 이미 구체적인 운동방략을 구상했을 것으로 생각할 수 있다. 그것은 그가 의병운동을 전개하는 과정에서 나타난 것으로 지역성을 탈피하여 전국 연합의병으로 나가는 것이었다.

의병봉기를 계획한 원용팔은 우선 뜻을 함께할 동지들을 모으기 위해 원주 주천, 신림 방면으로 이동하였다. 이 지역은 화서학파의 근거지인 장담마을이 있는 제천 봉양읍과 접하고 있고, 화서학파와 관련된 인사들이 다수 거주하는 곳이었다. 특히, 1896년 의병운동을 같이 했던 이소응, 박정수(朴貞洙), 주현삼(朱鉉三) 등이 거주하였고, 1902년 화서학파가 중심이 된 의조금 모금운동에 동참한 파주염씨, 청송심씨의 근거지였다.111) 또한 경제적으로 광무사검(光武査檢) 당시 증세가 되지 않을 정도로 척박한 토지를 소유하고 있음에도 불구하고 신림(가리파)에 16칸 규모의 둔창(屯倉), 주천에 39칸 규모의 동창(東倉)이 설치되었다. 지리적으로는 중요 거점역인 신림역 등이 설치되어 있어 창촌(倉村)·역촌(驛村)으로 지역경제의 중심지가 되었다.112) 더불어 가리파전영둔(加里坡前營屯) 등 역둔토가 설치되어 있었고, 산악지형이었기에 사냥으로 생계를 유지하는 다수의 포수가 설치되어 있었다.113) 즉, 주천·신림 일대는 원주지역 화서학파의 근거지로 화서학파 동문들이 많이 거주하고 있어 의병봉기를 논의하고 세를 규합하기에 용이할 뿐만 아니라 지역경제의 중심지로서 의병운동에 대한 경제적 지원을 기대할 수 있는 곳이었다.

---

111) 심철기, 「원주지역 전기의병의 학문적 배경과 참여세력」, 『한국사상사학』 38, 2011, 182~183쪽.
112) 『關東誌』一, 監營, 原州(한국학문헌연구소 편, 『邑誌』 十八 江原道 ①, 아세아문화사, 1986, 20쪽·56쪽)
113) 신림면 금창리 지역에는 둔창이 있었으며, 加里坡前營屯이 설치되어 있었다.

원용팔은 원주 주천, 신림 일대에서 화서학파 동문들을 규합하고 그들을 중심으로 의병봉기를 준비하면서 의병운동에 대한 경제적 지원과 포군 등 인적자원을 확보하는 데 노력하였다. 그 일환으로 원주 주천 금마둔(金馬屯)에 거주하면서 이 지역에서 박부자 집으로 불릴 만큼 경제적으로 부유한 인물이었던 박수창(朴受昌)을 찾아가 의병운동에 대한 지원을 요청하였다. 이에 박수창은 적극 호응하여 원용팔을 극진히 대접하였을 뿐만 아니라 의병운동에 필요한 군자금을 비롯하여 화포, 나귀 등의 군수품을 지원하였으며, 포수 등 인적자원에 대한 지원도 약속하였다.114) 이런 인적·물적 자원의 확보는 초기 의병운동의 성패를 좌우할 만큼 중요한 것이었다.

〈그림 6〉 원용팔 연합의병 봉기지역(대동여지도, 규장각 소장)

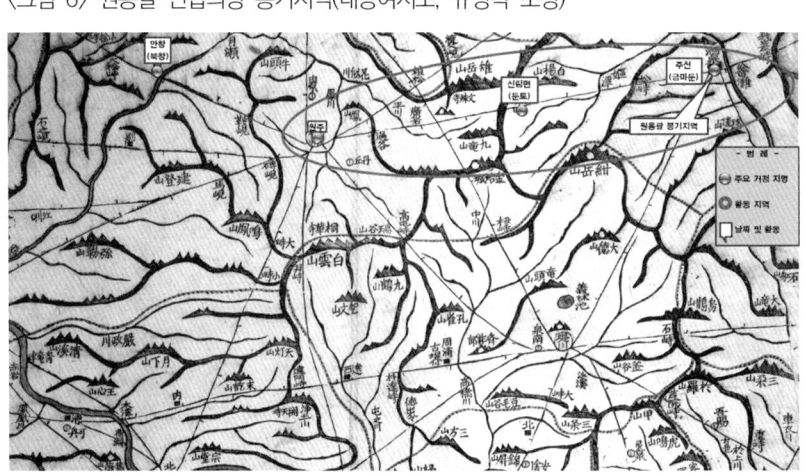

　의병봉기를 위한 준비 작업을 어느 정도 마친 원용팔은 소를 잡아 하늘

---

114) 구완회, 『韓末의 堤川義兵』, 집문당, 1997, 260쪽, 주 11)에 의하면 박수창은 밀양박씨로 위인이 출중하고 재력이 있어 박 부자집으로 불렸다고 한다. 한편, 신림면에 설치되었던 가리파전영둔의 마름은 박창운이었다.

에 의병봉기를 알리는 제사를 지내며 성공을 기원하였다. 드디어 8월 16일 (음력 7월 16일) 풍정(楓亭)에 원용팔을 비롯하여 종제인 원용수(元容銖)와 채순묵(蔡淳默), 김낙중(金洛中), 박정수, 박수창이 보낸 포수 최병덕(崔炳德), 정재식(鄭在植) 등이 모였다. 이 자리에서 의병대장으로 추대된 원용팔은 중군에 김낙중, 좌(左)·우총독장(右總督將)에 최병덕과 정재식을 각각 임명하고 의병부대를 출범시켰다. 풍정에서 출범한 의병부대는 〈그림 6〉과 같이 주천, 신림 일대에서 소모활동을 전개하여 포군 수십 명을 모집하였다. 이어 의병봉기의 뜻을 같이한 정운경, 이구영, 장익환, 이규현, 지원영 등과 연합하기 위해 단양, 영춘 방면으로 이동하였다.[115]

한편, 일본이 원용팔의 의병봉기를 처음 인지한 것은 8월 19일경 충주 주재 일본 경시(警視)의 전보를 받고서였다. 충주 주재 일본경찰이 파악한 의병봉기는 단양, 영춘 지방에서 의병 100여 명이 봉기하여 격문을 통해 일본배척론을 주장한다는 것이었다. 당시 의병봉기를 심각하게 받아들인 일본은 좀 더 정확한 사정을 파악하기 위해 순검 10명을 급파하였다.[116]

(2) 의병소모활동과 거점지역 확보

8월 19일경 단양, 영춘 지방으로 들어온 원용팔은 격문을 발표하는 등 의병활동을 전개하면서 정운경(鄭雲慶), 이구영(李九永), 장익환(張益煥), 이규현(李奎顯), 지원영(池源永) 등과 단양에서 회합하였다. 이들이 단양으로 집결한 결정적인 이유는 단양 향약에 설치된 포군 때문이었다. 단양지

---

[115] 「元公三戒堂乙巳擧義始末」, 『義士三戒元公乙巳倡義遺蹟』 卷下, 407쪽.
[116] 忠淸道忠州在勤我警視及憲兵隊ノ電報ニ丹陽永春郡地方ニ義兵ト稱スル賊徒約百名蜂起シ不穩ノ檄文ヲ散シ日本排斥論ヲ主唱シツヽアリ我警視ハ不取敢巡檢十名ヲ派遣セリト云フ(『駐韓日本公使館記錄』 26권, 一. 本省往電, 「충청도 丹陽·永春郡 지방에 의병 봉기 件」 1905년 8월 29일.)

역은 일찍이 향약을 설치하여 도적에 대비한 포군조직이 있었는데, 이를 의병에 편입시키고자 한 것이었다.117) 즉, 원용팔을 비롯한 의병지도부는 의병의 핵심전투력인 포군을 안정적으로 확보하여 의병운동 초기에 의병의 질적·양적 확대와 안정화를 꾀하고자 하였다.

원용팔의 의병모집활동은 의병봉기 초기 가장 중요하게 전개된 활동이었다. 성공적인 의병모집활동을 위해서는 현지의 적극적인 협조가 필요하였다. 또 의병이 무뢰배와 다른 일본의 침략에 저항하는 유일한 조직임을 보여줄 필요가 있다. 그러므로 의병모집활동에 있어 엄격한 규칙을 두어 이치에 어긋나 소란을 피우는 것을 엄금하면서도 현지인들의 적극적인 협조를 요구하였다. 특히, 주로 포군과 무기가 있는 곳에서 상세히 의병의 모집 사실을 알려 포군들이 의병에 합류할 수 있도록 하였다. 그러나 만약 의병을 피하거나 막는다면 이것은 일본 편에 서는 반역의 무리로 판단하여 처단하겠다는 것을 강조하였다.118)

실제로 8월 24일(음력 7월 24일) 단양에서 전개된 의병모집활동을 보면, 사방에 파수꾼을 세우고 각 동리의 포수(砲手)를 모집하였는데, 이에 응하지 않고 도망가는 이들이 나오자 병사들로 하여금 총을 들게 하고 위세를 크게 떨치게 하였다.119) 이는 의병모집활동이 의(義)에 호소하여 전개되지만 때로는 강압적으로 이루어질 수 있음을 보여주는 것이다. 단양에서 전개된 의병모집활동의 결과 향약의 포군조직을 그대로 흡수하여 의병부대

---

117) 「元公三戒堂乙巳擧義始末」, 『義士三戒元公乙巳倡義遺蹟』 卷下, 407쪽.
118) 「召募傳令」, 『義士三戒元公乙巳倡義遺蹟』 卷下, 381~382쪽.
119) '丹陽郡守 林初陽 報告內에 稱以義兵ᄒᆞ고 近百名이 來到本郡梅浦ᄒᆞ야 勒募砲手軍器ᄒᆞ고 轉向永春 等地ᄒᆞ야 亦有檄文이라 事係緊急 故로 先此電報라 ᄒᆞ얏는듸'(『皇城新聞』, 광무 9년 8월 31일, 「義兵電報」); '本郡北一面梅浦槐谷里洞任所報內에 陰七月二十四日午間에 有人이 率近百人ᄒᆞ고 自永春으로 來住梅浦 而倡言義擧라 ᄒᆞ고 四處把守ᄒᆞ고 各洞砲手를 盡爲募集則 皆爲驚駭逃散也라 自彼所로 使兵持砲에 大張威勢ᄒᆞ야 仍爲勒執ᄒᆞ야 翌日朝後에 離發ᄒᆞ야 還向于永春地이라'(『皇城新聞』, 광무 9년 9월 2일, 잡보, 「忠北義兵」)

의 규모가 수백여 명으로 증가하였다.

단양에서 성공리에 의병모집활동을 마친 의병부대는 〈그림 7〉과 같이 영춘으로 이동하였다. 이 지역은 의병운동에 참여했던 정운경, 이회승 등의 근거지였다. 을미의병 이후 정운경은 향약을 만들어 김호연(金昊淵)을 도약장(都約長)으로, 이회승(李會升)을 도유사로, 자신은 장의(掌議)로 활동한 곳이었다.120) 이들은 부호들의 빈민 침탈에 맞서 농민들을 지도하고 관(官)에 호소하는 등 향촌사회 지도자로 활동하고 있던 곳이었다.121) 즉, 이 지역은 의병운동에 참여했던 정운경, 이회승 등의 근거지였다.

〈그림 7〉 원용팔 연합의병 원주 주천~평창 이동경로(대동여지도, 규장각 소장)

---

120) 渡遼到天津而歸 見世道之難回 禀于毅菴丈席 與同志某某 設鄕約于春西 推議官金昊淵 爲都約長 李會升爲都有司 自爲掌議 期扶頹綱(정운경, 「松雲行蹟」, 『同遊錄』(독립운동사편찬위원회, 『독립운동사자료집 1』, 1971, 575쪽).
121) 구완회, 『한말의 제천의병』, 집문당, 1997, 266쪽.

영춘으로 이동한 의병부대는 계속적인 의병모집활동을 전개하는 것과 동시에 450여 명으로 크게 증가한 병력에 대한 재정비를 실시하였다.[122] 그리하여 전군장(前軍將)에 영춘사람 이정의(李正義)를 임명하고, 의병의 배후지역인 영춘을 다스릴 수성장(守城將)에 정운경과 함께 영춘에서 활동하고 있던 이회승을 임명하였다. 또 영춘지역을 방어할 파수장에 한준○(韓俊○), 조윤식(趙潤植), 순교(巡校) 김순익(金順益)을 임명하였고, 수교(首校) 오두갑(吳斗甲), 오위장(五衛將) 유해붕(柳海鵬), 사인(士人) 조준원(趙濬元), 남필원(南泌元), 엄○○(嚴○○), 엄태간(嚴泰簡) 등을 소모장(召募將)으로 임명하여 영춘에서 의병모집활동을 책임지게 하였다. 그리고 원주(原州)의 사인(士人) 김태관(金泰寬), 채경묵(蔡敬黙), 영춘사람 엄성하(嚴聖河), 엄기섭(嚴基燮), 정대억(丁大檍), 제천(堤川)의 지규창(池奎昌), 지병언(池秉彦)을 참모종사(參謀從事)로, 장지환(張之煥), 홍범식(洪範植)을 서기(書記)로 삼았다.[123] 주천에서 봉기한 원용팔 의병부대는 영춘에서 처음으로 부대를 정비하여 전군장 등 새로운 직책을 만들어 조직을 확대 개편하였다. 그리고 이 과정에서 의병에 참여한 경험이 있는 해당 지역의 영향력이 있는 인물들을 수성장, 파수장 등으로 임명하였다. 이러한 조직개편은 이후 각 지역을 순회하며 확대된 의병부대를 재정비하는 기본방침이 되었다. 여기서 주목되는 것은 수성장, 파수장의 설치이다. 이것은 수성장, 파수장이 설치된 지역을 의병의 거점지역으로 확보하겠다는 것이다. 원용팔 의병부대는 거점지역을 통해 의병부대에 대한 물적·인적 지원 등을 받을 뿐만 아니라 군사적으로도 의병운동의 배후지역으로 확보하고자 했던 것이다.

---

[122] '暴徒ハ漸次勢力ヲ加フルモノゝ如ク現時義兵ト稱シテ永春ニ在ル者四五百人ナラント云フ而シテ主魁ハ元貴錫,金泗川,元容八等ナル由ナルモ僞名ナルヤ保シ難シト'『駐韓日本公使館記錄』 24권, 六. 顧問警察事故報告, (8)「폭도의 狀況에 대하여」(1905. 9. 7.)
[123]「元公三戒堂乙巳擧義始末」,『義士三戒元公乙巳倡義遺蹟』卷下, 408~409쪽.

따라서 의병봉기 이후 가장 먼저 수성장과 파수장이 설치된 영춘은 의병의 거점지역 확보라는 기본전략이 시작된 곳이라고 할 수 있다. 그것은 영춘에서 의병부대가 경제적 지원도 받고 있었던 것에서 확인된다. 의병부대는 영춘사람 천국환(千國煥)으로부터 돈 백 냥과 화포 두 정을, 이학렬(李學烈)로부터 2백 냥을, 수서기(首書記)로부터 납 90여 두(斗)를 헌납 받았다.[124]

그런데 영춘에서 정비를 마친 원용팔은 이후 의병운동의 전개방향에 대해 고민을 하였다. 그는 당시 의병의 전력으로 신식무기로 무장하고 전투경험이 많은 일본군을 독자적으로 상대하기에는 한없이 부족하다는 것을 잘 알고 있었다.[125] 이는 서양 각국 공사관, 청국공사관, 정부에 보낸 서신 등에도 나타나 있듯이 이미 인지하고 있었던 것이었다. 이에 동지들의 충고를 받고자 하였는데, 이는 서신을 통한 다음과 같은 유인석의 권고에서 비롯된 것이었다.

> 거사(擧事)에 앞서 전에 거의 했던 여러 곳에서 먼저 의견을 수렴하는 것이 마땅하네. 비록 천리 밖에 있더라도 서로 가부를 질정하는 것이 마땅한데 이렇게 하지 않으니 소홀하기 짝이 없네.[126]

유인석의 권고를 받은 원용팔은 해서(海西)·관서(關西)의 화서학파 동문을 비롯하여 호남의 기우만 의병장 등 각 세력과 연합을 추진하면서 을미의병 당시 '원주의병'에서 취한 것과 같은 방식으로 의병운동을 전개하고

---

124) 「元公三戒堂乙巳舉義始末」, 『義士三戒元公乙巳倡義遺蹟』 卷下, 409쪽.
125) 당시 의병의 무장상태는 열악하였는데, 일본측 파악에 의하면 탄약 없는 총 50~60정을 휴대하고 있었다. 『駐韓日本公使館記錄』 24권, 六. 顧問警察事故報告, (10) 「폭도의 狀況에 대하여」(1905. 9. 7.).
126) 第此極大事舉事之前宜先收議於曾前舉義諸處雖在千里外亦當相質可否而乃不出此殊甚踈忽也(「與元復汝」, 『義士三戒元公乙巳倡義遺蹟』 卷下, 404쪽). 이 서신은 원용팔이 주천에서 봉기하고 단양, 영춘 일대로 이동하고 있던 당시에 유인석으로부터 온 것으로 보인다.

자 하였다. 이에 따라 추가적인 포군의 확보와 전투 외적인 지원을 받을 수 있는 배후지역의 확보는 더욱 중요하였다. 영월, 정선, 평창, 홍천 등지로 이동하면서 의병모집활동을 전개하는 동시에 그 지역을 담당할 수성장 및 파수장 임명을 통한 의병거점지역 확보는 그의 의병운동에 있어 중요한 전략이 되었다.

원용팔은 영춘 주둔 의병부대를 〈그림 7〉과 같이 영월로 이동시키면서 자신은 의병모집활동을 위해 직할부대를 이끌고 8월 26일(음력 7월 26일) 영춘 이청(吏廳)에 주둔하였다. 원용팔은 포군 30여 명과 종사 수십 명을 이끌고 의병모집활동을 전개한 결과 외촌포군(外村砲軍) 10여 명을 의병에 합류시킬 수 있었다.[127] 다음날인 27일(음력 7월 27일) 원용팔은 130여 명의 의병을 이끌고 동강(東江) 건너편 덕포점(德浦店, 현 영월군 영월읍 덕포리)으로 이동하여 임시 주둔하고 영월읍내로의 진격할 준비를 하였다. 그날 저녁 8시경 임시주둔지를 출발한 의병들은 영월읍내로 진격해와 격문을 발표하고 영월군수 김선규(金善圭)에게 협조할 것을 요구하였다. 이어 동강 양안(兩岸)을 점령하고 주요 교통로를 통제하였다. 그 과정에서 일반백성들의 피해는 없었다. 이는 의병부대의 규율이 엄격하고 통제가 잘 이뤄지고 있었던 것과 일반백성들의 피해를 최소화하겠다는 의지를 보여주는 것이다. 영월을 장악한 이후 속속 의병들이 도착하여 영월에 집결한 의병의 규모는 1,000여 명에 이르렀다. 이 중 200명은 다시 의병모집활동을 위해 청풍으로 이동하였다.

원용팔 의병이 영월을 장악하였다는 소식은 영월군을 관할하고 있던 강원관찰부(춘천)에 보고되었다. 의병에 의해 영월이 점령되고 영월군수가

---

[127] 堤川郡守 安必瑢氏의 報告를 據훈 則 陰七月二十六日에 倡義所將이 率砲軍 三十餘名과 從事 數十人하고 來到永春郡하야 一日을 留宿於吏廳하고 召募外村砲軍 十餘名하야 翌二十七日에 向往于寧越郡이라 하얏더라(『皇城新聞』, 광무 9년 9월 7일, 잡보, 「義兵又報」).

경성(京城)방향으로 피신하였다는 보고를 받은 강원도관찰사 이용익(李容翊)은 중앙정부에 보고하는 동시에 의병해산을 효유(曉諭)하였다. 그런데 당시 이용익은 군부대신에서 체임되어 강원도관찰사로 내려간 것으로 일본의 감시를 계속해서 받고 있었다. 그렇기 때문에 그가 원용팔 의병부대를 적극적으로 진압하지 않고 해산을 효유했을 가능성도 있다.[128] 그러나 의병이 해산 효유에 응하지 않자 원주진위대에 군대 파견 진압방안을 조회하였다. 한편, 대한제국 정부와 별개로 일본은 강원관찰부 경무고문(警務顧問)을 통해 영월지역으로 즉시 순검을 파견함과 동시에 헌병대를 파견하여 영월지역 상황과 의병부대를 정탐하였다.[129]

영월에 주둔한 원용팔 의병은 영춘에서와 마찬가지로 조직을 확대 개편하여 기존조직에 추가로 영월수성장, 영월소모장, 영월파수장 등의 직(職)을 만들었다. 영월수성장에는 을미의병 당시 영월민병대장으로 활동하였

---

[128] 日公使 林權助氏가 日昨 外部에 照會호 槪意를 得聞호 則 遞任軍大 李容翊이 鑄造惡貨호야 紊亂行政호고 結毛外人호야 陰謀行動에 妨害政治호야 貴政府非政을 作호는 故로 帝國政府에서 李氏에 對호야 永不敍用케 호라는 訓令이 來到홀 際에 聖意로 江原觀察使로 移任호얏스니 李氏가 赴任호 後에 不容의監視 故로 依左開施行홀심을 爲要
一 該觀察이 赴任後 行政規則을 違背홈이 無케 홀 事
一 該觀察이 赴任時에 當該主務長官에 命令을 聽施호며 或 受由上京홀 時에는 帝國代表者와 商議認許홀 事
一 該觀察이 電信與報告를 勿爲直奏호고 主務長官을 經由後 上奏홀 事
『황성신문』, 광무 9년 8월 21일, 잡보,「照請監視」.

[129] '客月二十七日午後八時頃本道寧越郡東江越邊德浦店二於テ暴徒約百三十名各々銃器或ハ鎗棒ヲ携ヘ一名ハ騎馬二乘リ刀ヲ持ツテ之ヲ指揮シ邑內二來リテ (郡衙所在地) 檄文ノ如キモノヲ郡守二示シ自カラ義兵ト稱シテ邑ノ東江兩岸二點在シ發銃セシヲ以テ郡民ノ交通ヲ杜絕セシメタリ然レトモ人民二於テハ損害ヲ受ケタルモノナク主動者ハ元容八二シテ郡守ヨリ懇諭セラレタルモ解散セス直二權任一名巡檢二名ヲ派シ向觀察ハ原州鎭衛隊二向ツテ軍隊派遣鎭壓方照會中ナリ'『駐韓日本公使館記錄』24권, 六. 顧問警察事故報告, (12)「폭도 내습에 대한 左藤 警視의 보고 移牒 件」(1905. 9. 14.);'可興駐屯日本憲兵隊二於テ目下鎭壓ノ手配中ナリト云フ'『駐韓日本公使館記錄』24권, 六. 顧問警察事故報告, (8)「폭도의 狀況에 대하여」(1905. 9. 7.);'寧越郡守 金善圭氏가 民事騷屑에 不思安戢之策호고 先於民而輕動호야 有若諜避者然호야 投印隣郡호고 經先擅移홈은 故犯章程이니 極爲駭歎이라 호야 內部에서 重譴責호얏더라'『皇城新聞』, 광무 9년 9월 26일, 잡보,「犯章譴責」.

으며, 영춘에서 참모종사로 의병부대에 가담한 엄성하를, 영월소모장에는 김내현(金乃鉉)을 임명하였으며, 박제방(朴齊昉), 이극하(李棘河), 강릉 출신의 정이항(丁履恒)을 참모로 삼았다. 이어 마차(磨瑳, 현 영월군 북면 마차리)로 이동하여 그곳에서 의병에 가담한 윤덕배(尹德培), 김경로(金敬魯)를 영월파수장에, 신식군인 출신의 김영두(金盈斗), 양한용(梁漢用)을 교련장에 임명하여 의병을 신식군대에 맞게 교육·훈련시켰다.[130]

영월에서 정비를 마친 의병부대는 계속된 의병모집활동과 배후지 확보를 위해 〈그림 7〉과 같이 정선으로 이동하였다. 정선에서는 의병의 규모가 더욱 확대되어 을미의병 당시 서상렬 의병부대에서 활동하였고, 영춘에서 참모종사로 의병에 참여한 엄기섭을 선봉장(先鋒將)으로, 김상호(金尙鎬)를 후군장(後軍將)으로, 을미의병 당시 순절한 주용규의 셋째 아들 주현삼(朱鉉三), 박운양(朴運陽), 원주의 원재덕(元在德)을 소모총독(召募總督)으로, 신양집(辛養集)을 원재덕의 참모로, 전세하(全世河)를 수성장으로, 강우서(姜禹瑞), 감창호(金昌浩), 강만조(姜萬祚), 엄석준(嚴錫俊), 고연학(高演學), 강영조(姜永祚), 채경묵(蔡敬黙), 원용수(元容銖)를 소모장으로, 고인상(高仁相), 고덕기(高德基), 김치순(金致順), 박화실(朴花實)을 파수장으로, 여주(驪州)의 민응호(閔應鎬), 평창(平昌)의 우필규(禹弼圭)와 정선의 윤춘배(尹春培), 고석정(高奭鼎), 고창우(高昌禹), 홍종수(洪鍾秀), 우경칠(禹敬七), 김석하(金錫夏), 고창학(高昌學)과 영춘의 황주목(黃周穆), 우희영(禹僖榮), 원용갑(元容甲)과 여주의 우선하(禹善河), 영월의 우근영(禹根榮)을 참모종사로, 정선군의 책실(冊室) 강필수(姜弼秀)를 경상북도도소모장(慶尙北道都召謀將)으로 임명하였다. 경제적인 측면에서도 정선수성장 전세하, 참모종사 고창학 등은 군자금 1천 3백여 원을 만들어 의병부대에 제공하였다.[131]

---

[130] 「元公三戒堂乙巳擧義始末」, 『義士三戒元公乙巳倡義遺蹟』 卷下, 409쪽.

〈그림 8〉 원용팔 연합의병 평창 봉평~홍천 이동경로(대동여지도, 규장각 소장)

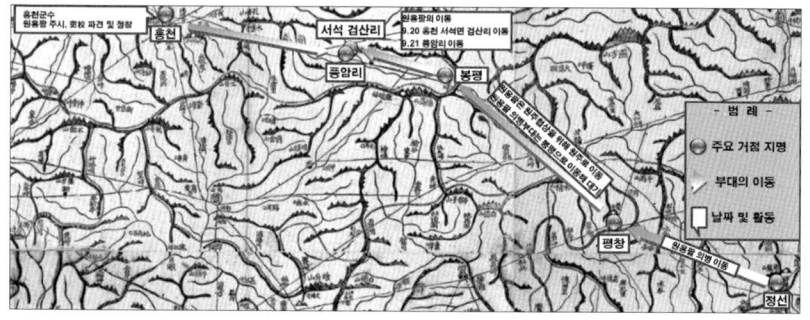

　정선에서 의병모집활동을 마친 원용팔은 〈그림 8〉과 같이 평창으로 이동하였는데, 단양의 이규현(李奎顯), 어성선(魚性善), 김재연(金在淵) 등이 따라 도착하였다. 평창에서는 을미의병 당시 좌익장을 맡았던 우필규(禹弼圭)를 수성장으로, 약수(藥水)의 심경화(沈景化), 진두(津頭)의 김명심(金明心), 주진(舟津)의 양숙도(梁叔道)를 파수장으로 이상렬(李象烈), 정태영(鄭台永), 김홍근(金鴻根), 정병도(鄭炳燾), 최한섭(崔漢燮)을 참모종사로 임명하였다. 평창에서 의병부대를 정비할 당시 원용팔은 원주진위대와 연합할 목적으로 10여 일 동안 비밀리에 원주에 다녀오기도 했다.132)

　원용팔이 원주로 간 사이 의병부대는 〈그림 8〉과 같이 강릉방향으로 이동하여 봉평에 도착하였다. 거기서 동지 추성구(秋性求), 천낙구(千洛龜), 배진환(裵縉煥), 추병철(秋秉喆), 천후근(千厚根), 강윤중(姜潤重), 강현진(姜亨鎭), 곽재호(郭載鎬), 신경집(辛景集) 등이 의병부대에 합류하였다. 이들 모두를 의병부대의 참모종사로 임명하였다. 그리고 단양의 장익환(張益煥)은 좌군장에, 원주의 원세흠(元世欽)133)은 우군장에 임명하였다.

---

131) 「元公三戒堂乙巳擧義始末」, 『義士三戒元公乙巳倡義遺蹟』 卷下, 409쪽.
132) 원용팔 의병부대와 원주진위대 사이에서 일어났던 연합시도는 후술하겠다.
133) 원세흠은 원용팔이 체포되었을 때 50냥을 마련하여 서울로 가 면회한 적이 있다.

다시 9월 20일 밤에 원용팔 의병은 〈그림 8〉과 같이 홍천군(洪川郡) 서석면(瑞石面) 검산리로 들어와 주둔하고 다음날 풍암리로 이동하였다.[134] 홍천에 들어온 의병부대는 이전과 마찬가지로 의병모집활동을 전개하여 권영섭(權永燮), 정장화(鄭鏘和), 이은상(李殷相), 이규원(李奎元), 이곤하(李坤夏), 남궁풍(南宮灃), 이상현(李象顯), 이상덕(李象德), 채근묵(蔡近黙), 임주선(林周善), 고영보(高永輔), 안종옥(安鍾玉), 안상덕(安相悳), 용영록(龍永祿), 허인섭(許仁燮), 김경태(金卿泰), 박수채(朴壽綵)를 참모종사로 임명하였다. 그러나 평창에서 의병부대에 합류했던 이규현은 휴가를 받고 의병부대를 떠났다.[135] 원용팔 의병이 홍천에 들어오자 홍천군수는 재빠르게 이교(吏校)들을 파견하여 의병의 동태를 살폈으나, 의병의 위세에 눌려 정탐만 할 뿐 달리 대처하지 못하였다.[136]

이처럼 원용팔 의병은 강원도, 충청도 일대에서 의병모집활동을 전개하는 동시에 해당 지역에 수성장, 파수장 등을 임명하였다. 이러한 조치는 이들 지역을 의병운동의 배후지역으로 만들어 원용팔 의병의 전략이었던 연합의병을 통한 서울진공작전을 지원하기 위한 것이었다.

한편, 원용팔 의병은 의병모집활동 이외에도 관할지역내 일본의 침략기

---

[134] 江原觀察府來報를 據훈 則 洪川郡守 金榮鎭이 到府報告內에 義兵二百名이 本月二十日 夜에 留宿於本郡儉山里하고 翌日에 纔到十里許豊嚴里하야 號稱 五百名이라 ᄒ기로 連次 偵探이라 하얏고 江陵郡宰 朴承彦報告內에ᄂ 本郡이 近日 寧越 平昌 旌善 等地에 何許人 等이 稱以義兵ᄒ고 屢百成羣ᄒ야 自村至邑에 行㗋多端ᄒ야 民難支保이 옵고 或 犯向於本郡嶺大和地云하니 行文於原州鎭衛隊하야 即爲派兵彈壓케 ᄒ라 ᄒ얏더라『皇城新聞』, 광무 9년 9월 28일, 잡보 「果義兵乎」.

[135] 「元公三戒堂乙巳擧義始末」, 『義士三戒元公乙巳倡義遺蹟』 卷下, 411쪽.

[136] 洪川郡守 金榮鎭氏가 內部에 報告ᄒ되 陰八月十九日에 本郡瑞石面儉山里에 義兵 三百餘名이 自江陵 寧越 等地로 來到하야 召募砲軍에 勢焰張大하고 民心騷動이라 偵探次 派送吏校하고 連爲該面內各洞統長의 所報則 陰本月二十三日에 三百餘名이 來宿於化村面三浦君業 等地ᄒ고 卄四日에 轉向泳歸美 等地 故로 偵探次로 又派吏校於各處이오나 殘郡弱局에 防禦無策이라 하얏더라『皇城新聞』, 광무 9년 9월 30일, 잡보 「洪川義兵」).

구나 친일세력을 공격하였다. 특히, 충주출장소 체송부 서백순(徐百順)이 한때 억류되었던 것이나 영월우체소 임시주사가 살해당했다는 소문이 퍼졌던 것처럼 일본 침략정책의 첨병이라고 할 수 있고 의병의 동향을 살필 수 있었던 우체사 등에 대한 공격이 집중적으로 이뤄졌다.[137]

〈표 4〉 원용팔 연합의병의 소모활동과 의병참여자

직임	원주 주천 (8.16)	단양 (8.19)	영춘 (8.24)	영월 (8.27)	영월 마차	정선	평창	평창 봉평	홍천 (9.20~21)
의병장	원용팔								
중군장	김낙중								
좌총독장	최병덕								
우총독장	정재식								
전군장			이정의						
좌군장								장익환	
우군장								원세흠	
선봉장						엄기섭			
후군장						김상호			
수성장			이회승	엄성하		전세하	**우필규**		
소모장			오두갑 유해붕 조준원 남필원 엄○○ 엄태간	김내현		강우서, 김창호 강만조, 엄석준 고연학, 강영조 **채경목**, 원용수			
소모총독						주현삼, 박운양 원재덕(신양집: 원재덕의 참모)			
파수장			한준○ 조윤식 김순의		윤덕배 김경로	고인상, 고덕기 김치순, 박화실	심경화 김명심 양숙도		
참모종사			김태관 **채경목** **엄성하** **엄기섭** 정대억 지규창 지병언		민응호, **우필규** 윤춘배, 고석정 고창우, 홍종수 우경칠, 김석하 고창학, 항주목 우희영, 원용갑 우선하, 우근영	이상렬 정태영 김홍근 정병도 최한섭	추성구 천낙구 배진환 추병철 천후근 강윤중 강형진 곽재호 신경집	권영섭, 정장화 이은상, 이규원 이곤하, 남궁풍 이상현, 이상덕 채근묵, 임주선 고영보, 안종옥 안상덕, 용영록 허인섭, 김경태 박수채	

[137]「元公三戒堂乙巳擧義始末」,『義士三戒元公乙巳倡義遺蹟』卷下, 410쪽.

참모			박제방 이극하 정이항			
서기		장지환 홍범식				
승장			김상의			
교련장				김영두 양한용		
경상북도 도소모장					강필수	
참여자	박정수	정운경 이구영 장익환 이규현 지원영 단양향 교포군	천국환 이승열 外村 砲軍(8.26)		이규현 어성선 김재연	이규현 휴가받고 떠남

※진하게 표시된 인물은 이동하면서 직책이 변경된 인물임.

2) 의병운동의 좌절과 원용팔 의병장 구명운동

원용팔 의병장이 의병모집활동을 중심으로 의병운동을 전개하는 동안 의병봉기의 소식은 신문 등을 통해 전국적으로 퍼져나갔다. 정부에서도 이에 대한 대책을 마련하기 시작하였는데, 그것은 원주진위대를 통한 의병진압이었다. 정부방침에 따라 원주진위대는 바로 의병진압작전에 들어갔다. 우선, 원용팔 의병이 제천에서 의병모집활동을 전개한 후 영월에 주둔하고 있을 때, 원주진위대는 부관(尉官)을 부대장으로 한 50명 규모의 진압부대를 영월지역으로 파견하여 의병진압 작전을 개시하였다.[138] 그런데 원주진위대는 원용팔 의병부대가 정선, 평창, 봉평을 거쳐 홍천에 주둔했을 때

---

138) 原州隊參領이 軍部에 報告하되 寧越 等地에 義兵作弊事로 部訓을 承准ᄒ야 派兵鎭壓하고 另飭各郡各隊하야 隨機剿討라 하얏더라(『皇城新聞』, 광무 9년 9월 13일, 「原隊報告」); 軍部大臣 權重顯氏가 上奏ᄒ되 寧越 堤川 等郡에 義兵이 猖獗云矣니 鎭五隊尉官 一員으로 領率士卒 五十名ᄒ고 前往하야 使之不日 剿除라 하얏고 又奏하되 馬隊營舍가 年久頹圮하얏슨 則 前外宿衛所門外加立馬隊處所와 徵上三隊所管空廊으로 移妾케 홈이 何如하올지 하얏더라(『皇城新聞』, 광무 9년 9월 18일, 「軍部奏本」).

에도 진압작전을 진행하였지만 적극적으로 의병을 진압하지 않았다. 오히려 의병의 움직임만 예의주시하고 있는 것처럼 보였다.

원주진위대의 진압작전에 별다른 성과가 없자 일본공사는 대한제국 정부에 의병진압을 강력하게 주문하면서 조속히 진압하지 않을 경우 일본헌병대를 직접 파병하여 진압하겠다고 위협하였다.139) 이러한 일본의 위협은 원주진위대 진압작전에 영향을 미쳤다. 즉, 원용팔 의병부대와 연합을 도모하기 위해 소극적으로 진압작전을 진행하고 있었던 원주진위대는 일본군 헌병대의 개입가능 소식에 적극적으로 진압하는 것처럼 보여줄 필요가 있었다. 그것은 일본군 헌병대가 직접 진압에 나서면 원용팔 의병부대뿐만 아니라 의병이 출몰하였던 지역의 마을까지 초토화될 것이 뻔했기 때문이었다. 그리하여 원주진위대는 원용팔 의병장을 체포하는 선에서 마무리할 계획으로 그를 체포하기 위해 적극적으로 나서게 되었다.

한편, 원주진위대와 연합하기 위해 원주로 향한 원용팔 의병장은 9월 24일(음력 8월 26일) 원주의 궁곡(弓谷)에 주둔하였다. 그날 저녁 원주진위대 소속 병사 둘이 친지를 찾는다고 의병부대를 찾아와 묵으면서 부대 내부사정을 정탐하였다. 다음날 새벽 원주진위대는 의병부대 후방을 공격해왔다.140) 이에 원용팔은 의병부대를 빠르게 이동시키고 본인은 호위병 10여 명과 '곽자의(郭子儀)가 홀로 위그루족의 군대로 들어가 약갈라(藥葛羅)를 깨우쳐 연합하여 티벳트족을 격파했던 고사'처럼 원주진위대를 깨우치고

---

139) 日公使 林權助氏가 內部에 公函ᄒᆞ되 寧越地方에셔 暴民이 義兵이라 藉稱하고 聚會不散하니 貴政府에서 江原觀察使에게 命令하야 該暴民을 措處하라 하얏더라(『皇城新聞』, 광무 9년 9월 18일, 「函請措處」); 寧越 等地에 義兵이 猖獗ᄒᆞᆷ으로 日公使 林權助氏가 外部에 照會하되 暴民이 蜂起ᄒᆞ야 地方安寧秩序를 攪亂하야 郵遞線路를 杜絕ᄒᆞ고 官人을 殺害하ᄂᆞᆫ되 貴政府에서 派兵鎭壓치 아니하면 我國兵憲을 派遣剿除홀 터이라 ᄒᆞᆫ 故로 外部에서 答照하되 本政府에서 另派兵丁ᄒᆞ야 鎭壓홀 터이니 貴兵弁을 不必煩途이라 하고 政府에 日使照會를 等因하야 移照하고 速卽派兵하야 剿除匪類하야 使之安靖케 ᄒᆞ라 ᄒᆞ얏라라(『皇城新聞』, 광무 9년 9월 27일, 「匪徒速鎭」).
140) 「元公三戒堂乙巳擧義始末」, 『義士三戒元公乙巳倡義遺蹟』 卷下, 411쪽.

이전에 연합하기로 한 약속을 확인하기 위해 원주진위대를 기다리고 있었다. 하지만 원용팔의 기대와 달리 원주진위대 김구현(金龜鉉)의 부대와 일진회원의 합동작전으로 원용팔은 정수달(鄭秀達)에게 체포되었다.[141] 그런데 의병진압에 나섰던 원주진위대 간부들도 문책을 받았다. 8월 31일 중대장 김구현이 문책을 받았고, 정교 민긍호도 잘못된 정보를 보고한 죄로 문책을 받았다.[142] 이들에 대한 문책은 원주진위대의 의병진압방식에 불만을 가지고 있던 일본의 압력에 의해 이뤄진 것으로 보인다.

원용팔이 체포된 이후 그를 구출하기 위한 노력은 다방면에서 일어났다. 첫째, 원용팔과 함께 의병운동을 전개하기로 했던 인사들의 활동이다. 원용팔이 원주에서 봉기한 이후 삼남(三南)지방과 양서(兩西)지방에서 호응하여 의병에 참여하는 사람들이 매우 많았는데 원용팔이 체포되면서 이들을 중심으로 원용팔 구명운동이 전개되었다. 영남의 권병하(權丙夏)는 의병에 가담한지 며칠 만에 원주진위대 김구현(金龜鉉)이 변심했다는 소리를 듣고 원주진위대로 그를 찾아가 크게 꾸짖었다. 이 일로 권병하는 체포되어 원주진위대에서 혹독한 형벌을 받고 춘천감옥서로 옮겨져 투옥되었다가 연말에 석방되었다. 또 참모였던 오인영도 권병하에 이어 원주로 갔지만 원용팔을 구하는 데 아무런 도움을 줄 수 없음을 알고 황해도로 이동해서 의병을 일으키고자 하였다. 그러나 그것도 뜻대로 되지 않자 고향으로 돌아갔다.[143]

둘째, 원용팔 의병부대 지도부의 활동이다. 원용팔이 체포된 이후 의병지도부는 향후 의병운동의 방향에 대해 논의하였다. 박정수는 중군에 나아가 대처할 방법을 의논하였으나 중론이 분분할 뿐 일치된 결론을 내지 못

---

[141] '原州鎭衛隊尉官 金龜鉉氏가 一進會員과 合同ᄒᆞ야 義兵魁首 元容八을 橫城 等地에서 捕縛ᄒᆞ얏더라'(『皇城新聞』, 광무 9년 10월 3일, 「義魁被足」).
[142] 왕현종, 「1907년 이후 원주진위대의 의병참여와 전술변화」, 『역사교육』 96, 2005, 140쪽.
[143] 「元公三戒堂乙巳擧義始末」, 『義士三戒元公乙巳倡義遺蹟』 卷下, 414~415쪽.

하였다. 박정수는 단독으로 원용팔을 구출하기로 결정하고 각림(覺林)방면으로 진출하였다. 그러나 악천후로 길이 막혀 원주로 진군하지 못하고 다시 영월로 이동하였다. 그는 당장 원용팔을 구출할 생각에 출병하였지만 주변의 호응이 없는 상황에서 자신의 힘만으로 원주진위대를 격파하고 원용팔을 구출한다는 것은 불가능하다고 생각하였다. 오히려 원용팔의 생사는 하늘의 뜻에 맡겨두고 새롭게 의병을 모집하고 훈련시켜 원수를 갚는 것이 원용팔의 뜻을 이루는 것이라고 생각하였다. 이처럼 원용팔 체포 이후 의병부대가 이처럼 일치된 행동을 하지 못했다는 것은 부대 내부의 결속이 약했다는 것을 의미한다. 원용팔 이외에는 원주, 제천, 단양, 평창 등지에서 소모된 의병을 결속시킬 장치가 없었다는 것을 보여주는 것이다.

셋째, 중앙정치세력의 활동이다. 원용팔과 연결되어 있던 중앙정치세력은 원용팔을 구출하기 위해 다각도로 시도해보았지만 일본군의 감시가 심한 상황에서 할 수 있는 일이 극히 제한적이었다. 중앙정치세력이 선택한 것은 원용팔을 탈출시키는 것이었다. 하지만 일본군의 감시가 심한 서울에서는 불가능한 일이었다. 따라서 그들은 원용팔의 형 원용전이 말했듯이 '원용팔이 사형선고를 받고 원주로 보내지도록 하는 것'밖에 없었다.[144] 이 의도는 상대적으로 일본군의 감시가 심하지 않은 원주에서 원주진위대 내 동조세력의 도움을 받아 원용팔을 탈출시키려는 것이었다. 하지만 원용팔 구출작전은 이뤄지지 않았다.

넷째, 원주지역 인사들의 활동이다. 원용팔에 대한 구출 논의는 원주지역 인사들 사이에서 적극적으로 표출되었다. 주천에서는 박승양(朴勝陽), 김목여(金睦汝)가 사람들을 모아 박정수에게 원용팔을 구출하기를 청하였지만 일진회의 방해로 흩어져 버렸다.[145] 원주(原州)향교에서는 유생들에

---

[144] 「元公三戒堂乙巳擧義始末」, 『義士三戒元公乙巳倡義遺蹟』 卷下, 417~418쪽.
[145] 「元公三戒堂乙巳擧義始末」, 『義士三戒元公乙巳倡義遺蹟』 卷下, 415쪽.

게 통문을 발송하여 행동에 나서려고 하였지만 10월 8일(음력 9월 10일) 원용팔이 서울로 압송되면서 중단되었다.146) 또 원주유생 이제하(李濟夏), 박춘화(朴春和)는 각국공사관과 일본공사관에 서한을 보내 원용팔의 석방을 탄원하였다.147) 이 서한에는 원주지역 유생들의 정세인식이 그대로 나타나 있었다.

각국공사관에 보낸 탄원서에는 일본의 만행을 규탄하면서 대한제국을 도와줄 것을 요청하였다. 원주유생들은 현실적인 힘의 문제에서 일본에 대항할 수 없다는 것을 잘 알고 있었기 때문에 각국공사관에 탄원서를 넣어 도움을 청한 것이었다. 그들은 대한제국은 시모노세키조약으로 자주독립국이고, 한일의정서(韓日議定書)로 영토 보존과 독립을 보장받았다는 것을 강조하였다. 즉, 만국공법체제 속에서 대한제국은 자주독립국이라는 것을 알리는 것이었다. 그런데 일본이 공법을 무시하고 있어 공법체계가 흔들리니 공법을 지키는 것도 자국의 백성들을 보호하는 것만큼 중요한 것이기 때문에 각국에서 일본을 토벌해 줄 것을 요청하였다.

일본공사관에 보낸 서신에서는 현재 일본은 안으로 깊은 욕심을 품고서 밖으로 이웃나라를 모욕한다고 비판하였다. 원주유생들은 일본의 욕심이라는 것이 대한제국을 침탈하는 것으로 이를 몇 가지로 나눠 설명하였다. 첫째, 대한제국의 주권을 빼앗고 황제를 억압하는 문제이다. 이로 인해 대한제국의 재원이 고갈되어 백성들이 자활하지 못하니, 공사(公私)가 모두 어려워졌고, 상하의 명이 끊어졌다고 하였다. 둘째, 경찰들의 횡포가 심해졌으며, 주군(州郡)의 관리들이 철도(鐵道)를 군용으로 전용하는 문제이다. 셋째, 대관(大官)이나 소민(小民)들을 마음대로 구금하여 국도(國道)를 파괴하고, 무덤을 강제로 파헤치고 인민을 살해하는 문제이다. 넷째, 문묘(文廟)를 훼철

---

146) '向日 江原道橫城郡에셔 捕縛훈 義兵大將 元容八을 原州鎭衛隊에셔 昨日 軍部로 押上 하얏더라'(『皇城新聞』, 광무 9년 10월 9일, 「義魁押上」).
147) 「原州義儒書函」, 『義士三戒元公乙巳倡義遺蹟』 卷下, 420~424쪽.

하고 황비(皇碑)를 때려 부순 문제이다. 다섯째, 산림천택(山林川澤)과 연해 항안(沿海港岸)을 위협하여 조인하였으며, 군사령부(軍司令部)를 두어 생사를 일본 마음대로 행한 문제이다. 여섯째, 아홉 항구를 차관(借款)하고 다섯 강을 점거한 문제이다. 일곱째, 금광(金鑛)을 강제로 채굴하고 토지와 가옥을 침탈한 문제이다. 여덟째, 어염(魚鹽)과 상업(商業)을 독점하여 농단하는 문제이다. 이처럼 원주유생들은 일본의 침탈을 크게 8가지로 나눴지만 이 외에도 수많은 일들이 벌어지고 있어 일일이 거론하기 어렵다고 하였다. 원주유생들은 당시 일본의 침략상황을 비교적 정확히 파악하고 있었다.

또 원주유생들은 원용팔의 석방을 강력하게 요구하였다. 일본이 명성황후를 시해하고 시모노세키조약에서 보장한 대한제국의 독립을 무시한 채 대한제국을 식민지로 만들고 있기 때문에 원용팔이 의병봉기를 한 것이다. 그런데 일본공사가 우리 군주를 위협하여 원용팔을 체포하였다고 비판하였다. 그러면서 원용팔을 처벌하면, 100명, 1,000명의 원용팔 같은 사람이 나올 것이며, 만국공법에 따라 각국 공사들과 논의한다면 오히려 일본공사가 처벌받게 될 것이니 원용팔을 석방하라고 요구하였다.

원용팔에 대한 구명운동이 각계에서 일어났지만 법부에서는 원용팔을 보통재판소의 범인으로 취급하여 조사하였다. 원용팔은 옥중에서 신법(新法)이 더럽다 하여 조식(粗食)을 먹지 않아서 곤핍(困乏)에 이르기도 했다. 결국 1906년 3월 7일 전염병에 감염되어 옥중에서 병사하였다.[148]

3) 원주진위대의 반일진회 활동

원용팔 의병을 진압한 주체는 원주진위대였다. 이것은 원주진위대가 국

---

[148] 監獄署在囚義兵魁首元容八氏가 近日傳染病을 罹ᄒ야 獄中에셔 呻吟ᄒ다가 日昨에 致斃ᄒ얏다더라(『大韓每日申報』, 1906. 3. 10, 「元氏獄斃」).

가의 명령에 따라야하는 군대라는 한계를 보여준 것이었다. 그러나 이런 한계에도 불구하고 그들은 원용팔 의병과 연합을 계획하는 등 의병운동에 동참하고자 하였다. 이 같은 모습은 원주진위대 내에 반일의식이 형성되어 있었기에 가능한 것이었으며, 1907년 의병전쟁에서 가장 강력한 의병부대로 탈바꿈하는 원동력이 되었다. 그러므로 원주진위대의 반일의식이 형성되는 과정을 살펴볼 필요가 있다.

군제개혁으로 폐지된 지방군이 다시 설치된 것은 1896년 5월 30일 지방의 구식군대를 중심으로 지방대를 편성하면서부터였다. 설치 당시 지방대는 지방군으로서 지역통제를 위해 편성되었다기보다는 의병운동에 참여한 포군을 포섭하기 위한 성격이 더 강하였다. 그러나 의병운동이 끝나고 몇 번의 개정을 거친 후 1898년 12월 지방대와 진위대의 편제개정을 통해 지방군의 임무가 확정되었다. 지방군의 임무는 '전국 각 도의 부(府)와 군(郡)에서 지방진무(地方鎭撫)와 변경수비(邊境守備)를 전담하기 위해 지방대와 진위대를 설치'한다고 한 것에서 알 수 있듯이, 변경(邊境)에서 외적을 방비하는 국방의 기능은 물론이고 향촌의 치안유지 등도 담당하였다. 신설된 경찰력으로 해결할 수 없는 큰 규모의 토적이나 의병진압 등을 지방군이 담당한 것이었다.[149] 원주지역은 1897년 구식군대를 중심으로 원주지방대가 창설되었다가 1900년에 원주진위대로 개편되어 강원도 일대의 국방 및 치안을 담당하였다. 이는 원주진위대의 지위가 관찰부와 동등해지는 것을 의미하였다.

각 지방에 설치된 진위대의 유지와 운영을 위해서는 재원마련이 매우 중요하였다. 진위대 재정으로 배정된 것은 진위대 인근 고을의 공전(公錢), 역토(驛土)의 도전(賭錢), 폐지된 각 영(營)·읍(邑)이나 진(鎭)·보(堡)에 소속된 공토(公土)의 도전(賭錢) 등이었다. 다른 국가기관에서 관리하던

---

[149] 서태원, 「대한제국기 원주진위대 연구」, 『湖西史學』 37, 2004, 205쪽.

것을 진위대에서 직접 관리하기 시작하면서 진위대는 지역에서 주요 조세 수취자로서 역할을 하였다. 이에 따라 진위대는 수세문제로 기존의 관리기관과 갈등을 빚기도 하였는데, 이는 재정과 직결된 것이어서 민감하게 반응하였다. 공전의 경우에는 탁지부와 갈등이 있었다. 원주지방대 시절인 1898년 산호전(山戶錢)과 훈둔전(訓屯田)의 도전(賭錢)과 관둔전의 도조(賭租) 등을 재원으로 편입시키려다가 탁지부의 제지를 받았으며, 1903년에는 징상비(徵上費) 2만 냥을 원주군에 요구하였다가 탁지부의 제지를 받았다.[150] 또 도전(賭錢)과 관련해서는 농상공부나 각 군(郡)과 빈번하게 마찰이 일어났다.[151] 따라서 도조를 제대로 걷지 못하는 경우도 있었으며, 더욱이 모든 역토가 진위대 비용으로 사용된 것도 아니었다. 국엽(國獵)에 소용되는 도조는 계속 진상에 사용되다가 후에 내장원으로 귀속되었다.[152] 이에 진위대는 부족한 비용을 확보하기 위해서 여러 가지 수단을 발휘하였다. 예컨대 강원도 각지에서 온 감영의 영리들이 40년 전 숙식비를 마련하려고 공동으로 돈을 내어 횡성에 땅을 사두었는데, 이것을 둔토로 편입시켜 도지를 받기도 하였다.[153]

진위대의 재정구조와 관련하여 의병운동 당시 공전 및 도전의 군자금화는 진위대 재정에 타격을 줄 수 있었다. 의병의 군자금화로 농민들은 의병과 국가기관으로부터 이중과세를 부담함으로써 담세능력을 상실하게 되었다. 이는 진위대의 재정악화로 이어지게 되었으며, 이를 방지하기 위해 진위대는 농민들을 보호하고 치안을 유지한다는 명분아래 이를 위협하는 세력에 대해 단속하였다.[154] 그것은 비단 의병세력에만 해당한 것은 아니었

---

[150] 서태원, 「대한제국기 원주진위대 연구」, 『湖西史學』 37, 2004, 199쪽.
[151] 管下橫城原州兩郡驛屯賭租中五千石을 移劃于原州鎭衛隊之意로 訓飭矣러니(『각사등록』 28, 1901년 7월 26일 보고서 제31호, 국사편찬위원회, 169쪽).
[152] 『각사등록』 28, 1901년 8월 12일 보고서 제43호, 국사편찬위원회, 171쪽.
[153] 『각사등록』 28, 1899년 10월 10일 보고서 제3호, 국사편찬위원회, 131~132쪽.

다. 정부는 지방의 수취문제를 비롯하여 지방지배질서와 관련하여 문제를 일으키는 세력은 다 억압하였다. 그런 이유로 일진회는 대한제국 정부에 대해 적대적이었고 진위대 입장에서는 일진회도 억압해야할 대상이었다. 특히, 역둔토에 대해 일진회가 개입하면서 여러 문제가 발생하였다. 원주군의 경우 수도마름(收賭舍音)이 있음에도 불구하고 일진회원 5~6명이 세장(稅場)으로 와서는 도조(賭租)는 일진회가 관할하여 거두라는 통첩이 일진회 중앙회에서 내려왔다고 하면서 세금수취를 방해하는 문제가 발생하였다.[155] 이런 식으로 일진회는 역둔토의 마름을 차지하여 세금수취권을 장악하고자 하였다. 또 일진회는 진위대가 운영자금으로 수취하는 세금을 무명잡세로 취급하여 혁파해야한다고 주장하였다.[156]

이처럼 일진회가 진위대와 대립할 수 있었던 것은 일본을 배경으로 하고 있었기 때문이었다. 일진회는 일본과 밀착하여 정치세력의 지위를 공고히 하고자 하였다. 1904년 10월에서 1905년 8월까지 경의선철도 건설에 노무자를 지원하고 북진수송대를 결성하여 일본군 군수물자 수송에 앞장서는 등 일본군에 대한 직접적인 지원에 나섰다. 더 나아가 1905년 11월 5일 '을사보호조약' 찬성선언서를 발표하기에 이르렀다.[157] 일본의 침략과 맞물려 일진회는 그 세력을 확장한 것이었다.

일진회의 행동에 반감을 가질 수밖에 없었던 진위대는 농민들을 보호하

---

[154] 의병운동 직후 원주군수는 의병에게 빼앗긴 결전과 호전을 감해줄 것을 요청하지만 탁지부에서 받아들이지 않는 등 의병운동 직후 발생한 공전, 환곡 등의 문제로 농민들이 민란을 일으키기도 하였다(「文幕里 부근에서 通會한 原州民亂의 원인과 대책에 관한 제25호 報告」, 『公文編案』 68冊(奎 18154)). 천재지변인 가뭄에 의해 줄어든 도조로 재정문제를 겪기도 하였다(『각사등록』 28, 강원도각군보고 제6책, 보고서 제22호, 1905년 1월 25일, 306쪽; 보고서 제32호, 1905년 4월 11일, 315~316쪽).

[155] 『訓令照會存案』 제80책(奎19143), 「原州郡 賭租를 수납하는 데에 一進會 사람이 관여하는 것을 금하라는 訓令 제9호」, 1906년 12월 13일.

[156] 『皇城新聞』, 광무 11년 7월 8일, 「事當嚴懲」.

[157] 이태훈, 『일제하 친일정치운동 연구』, 연세대학교대학원 박사학위논문, 2010, 34~35쪽.

고 안정적인 지방 지배질서를 유지한다는 명분아래 일진회를 단속하였다. 원주에서는 원주진위대장 이민화(李敏和)와 중대장(中隊長) 김구현(金龜鉉)이 원주일진지회 개회식 때 병력을 이끌고 회의장에 들어와 지회장인 임순화(林淳化)를 체포하고 다수의 회원을 구타하는 사건이 발생하였다.158) 이 외에도 1904년 12월 의주진위대가 일진회 조사위원 윤길병 일행과 평양지부 총대 등을 감금 폭행하는 사건이 발생하였다.159) 또 진위대 병정이 일진회원을 포형(砲刑)하기도 하였으며160), 일진회 부녀를 겁간(劫奸)하고 가산(家産)을 몰수하는 일도 발생하는161) 등 진위대의 일진회에 대한 공격이 전국적으로 이어졌다. 이처럼 지역에서 진위대는 일진회의 가장 강력한 견제집단이었고, 탄압세력이었던 것이다.

일진회도 진위대의 탄압에 대항하였다. 앞서 일어났던 원주일진지회 개회식 사건을 통해 그 모습을 살펴볼 수 있다. 일진회 중앙회는 원주일진지회 개회식 사건을 문제 삼아 군부대신 이윤용(李允用)에게 공함(公函)을 보내어 책임자 처벌을 요구하였고162), 체포되었던 원주일진지회장 임순화

---

158) 敬啓者現接原州支會所報이온즉 開會之際에 鎭衛隊兵이 侵入會場ᄒ야 百般威嚇타가 至有踩躪亂打而浦縛會長林淳化ᄒ고 搶奪各會員盤費가 洽過葉一萬餘金이요 被打會員이 不知其數則所謂掌兵者保護人民은 尙矣라(『皇城新聞』, 광무 8년 12월 21일, 「函質軍大」).

159) 尹吉炳이 率幾個人下來ᄒ야 周旋設會之事ᄒ고 留連三四日이다가 尹吉炳은 向往平北이고 總代田大潤이 設事務所於府下ᄒ야 各處斷髮人이 往來多聚而未詳其數오 屢次曉諭ᄒ야 使之解散安業이나 頓無退散之意ᄒ니 勅令之下에 伏不勝惶悚이라ᄒ얏며라(『皇城新聞』, 광무 8년 11월 28일, 「平察報告」); 일진회 순찰원 윤길병씨는 평안북도 일대를 순찰하러 다니던 차에 의주에서 진위대에 구류가 되었다고 전보하였더라(『대한매일신보』, 1904, 12, 26, 「순찰원구류」).

160) 昨日一進會에서 平北鎭衛隊兵丁이 會民을 砲刑한 事(『皇城新聞』, 광무 8년 11월 18일, 「質問部長」).

161) 鎭衛隊하야 會員을 砲刑하며 婦女○劫奸하며 家産을 沒入케하니 其罪可殺이 一也오(『皇城新聞』, 광무 8년 12월 26일, 「最後函佈」).

162) 一進會에서 軍大李允用氏에게 公函홈이 如左ᄒ니 (중략) 該隊長을 不日押工ᄒ야 嚴止紀律ᄒ시고 其被搶金額과 一應○帶什物을 這這嚴查推給하시와 以副政存生命財産保護之認許ᄒ야 昭示信義케홈심을 敬要 又以鐵原地方隊에서 一進支會員을 亂打迫逐하야 盤費與衣件 ○掠奪홀 事○軍大에게 再度公函하얏더라(『皇城新聞』, 광무 8년 12월 21일, 「函質軍大」).

의 석방을 요구하였다.163) 이와 함께 원주에서 일진지회 설립을 탄압하였던 원주진위대 참령(參領) 이민화와 교위(校尉) 김구현을 고발하였다.164) 그 결과 임순화는 석방되었지만 일진회의 계속된 문제제기로 이민화는 서울로 압송되었다. 어민화는 이례적으로 한국주차군(韓國駐箚軍) 헌병대사령부(憲兵隊司令部)로 이송되었고, 일본군은 한국군 고위 장교를 직접 심문하여 고문까지 한 후 결국 해임시켜버렸다.165) 이 사건은 당시 일진회의 위세가 어느 정도로 커지고 있는지를 단적으로 보여준 사건이었다.

> 가산군수(嘉山郡守)가 일진회원 김수길(金洙吉), 김용덕(金龍德), 노진구(盧鎭九)을 잡아 가두고 형벌을 가하다가 안주(安州)진위대장이 양김(兩金)을 포살(砲殺)하고…'166)

그러나 위 신문기사에서도 보이듯이 일진회와 진위대 사이의 갈등은 계속해서 내재되어 있었다. 진위대가 위축되기 시작한 것은 러일전쟁에서 승리한 일본의 대한제국 군제개편에서 출발하였다. 일본은 대한제국 식민지화에 걸림돌이 될 수 있는 군대를 제거하기 위한 1단계 조치로 군비축소, 인원도태 등의 작업을 진행하였다. 1905년 4월 14일 「시위보병제1연대편제」(칙령 제27호)를 비롯하여 「공병대편제」(칙령 제28호), 「헌병조례」(칙령 제29호), 「진위보병대대편제」(칙령 제32호), 「기병대편제」(칙령 제30호),

---

163) 昨日 內部에서 一進會質問을 因하야 各道에 電訓흠이 如左하니 (중략) 江原觀察府에 난 本府在囚原州會長 任順和을 卽放後에 詳繳回電ᄒ라 ᄒ얏고(『皇城新聞』, 광무 9년 1월 19일, 「電訓各道」).
164) 原州隊參領 李敏和氏가 一進支會을 妨害하야 白笠 百餘立과 行橐을 縱兵掠奪한 事로 該會에서 軍部에 屢次 質問하고 押上裁判흠을 請하더니 陸軍法院에서 再昨日에 李參領을 押上하야 會員과 對質裁判하얏더라(『皇城新聞』, 광무 9년 2월 15일, 「李氏裁判」).
165) 誤薦人材흠 罪로 拘拿하야 슈法部로 懲辦하다던 參領李敏和ᄂᆞᆫ 日本憲兵司令部에 被捉하야 小山司令官이 窮覈하ᄂᆞᆫ딕 抵賴不服ᄒ다하야 無數毒刑을 當하얏다더라(『대한매일신보』, 1906년 7월 12일, 「李被毒刑」).
166) 『대한매일신보』, 1906년 2월 24일, 「貪吏何多」.

「포병대편제」(칙령 제31호) 등으로 중앙군의 경우 친위대 2개 연대 4천여 병력이 폐지되고, 시위대의 병력도 4천 명에서 2,513명으로 크게 감축되었다. 또 진위대도 1901년 8월 18개 대대 18,000명에서 8개 대대 5,072명으로 감축되었다. 8개 대대는 수원·청주·대구·광주·원주·해주·안주·북청 등 8도에 하나씩 설치되었다.[167] 원주진위대는 진위보병 제5대대로 개편되어 분견대 포함 634명으로 감축되었다.[168] 이어 군사교관을 대한제국 정부와 협의 없이 일본 정부에서 일방적으로 파견하여 한국주차군사령부에 배속시켜 시위대와 진위대를 훈련시키도록 하였다. 또 러시아 교관 밑에서 훈련하던『보병조전』을 폐지하고 군제를 일본식으로 개정하여 대한제국 군대를 일본군의 통제 하에 두고자 하였다.[169] 이후 군대해산을 위한 2단계 조치로 1907년 4월「시위혼성여단살여부관제」를 등을 반포하여 병력을 더욱 줄여나갔다.[170]

계속된 감축으로 군대로서의 기능을 점차 상실하고 존재기반까지 흔들리게 되면서 대한제국 군대 내에는 반일의식이 형성되었다. 따라서 대한제국 군대는 대한제국 정부가 와해되어 더 이상 정부의 명령을 따를 필요가 없다고 판단될 때는 언제든 반일세력으로 전환될 가능성이 있었다. 이러한 모습은 원용팔 의병부대의 진위대 평가에서도 나타나고 있다.

---

[167] 북청의 진위보병 제8대대의 설치가 유보되어 실제로는 진위대대 총 군인 수는 4,305명
[168] 서인한,『대한제국의 군사제도』, 혜안, 2000, 250~252쪽.
[169] 日本에서 敎官八名을 直接派遣ᄒ야 我韓軍隊를 訓鍊홀 次로 業已日昨着京이라ᄒ얏는 딕 其內容인 則曰萬若我韓政府와 交涉ᄒ야 合同招聘케홀 境遇에는 畢竟期限을 遲延케ᄒ야 其時機를 失홀가 慮ᄒ야 日本政府에서 直接派遣ᄒ야 斯速實行ᄒ기로 決定ᄒ고 我政府에 通告만홀 而已인딕 該敎官八名은 駐漢城軍司令官部附로 補ᄒ야 長谷川司令官의 指揮下에서 我韓軍隊를 訓鍊호다며 旣히 軍司令部附가되야서는 我國의 步騎砲工兵四科로 分ᄒ야 步兵敎官五名′騎砲工兵敎官各一名을 訓鍊에 着手홀 터이오 已往俄國將校下에서 訓鍊ᄒ던 步兵操典은 一切廢止ᄒ고 日本制度로써 改定ᄒ며(『皇城新聞』, 광무 10년 7월 3일, 「軍隊敎官派來」).
[170]『관보』17, 제3749호, 광무 11년 4월 25일. 칙령22호.

우리나라의 군대는 병자년(丙子年, 1876년)에 왜군의 조직을 받아들여 옛 제도를 전부 개혁하고 경향에 군대를 설치하면서부터 모양도 왜식이요 기술도 왜식이었고 조정의 정치도 전부 왜놈의 손에서 나왔으므로 창의(倡義)하는 자가 있으면 이 경향의 군대를 보내어 공격하였다. 경향군들은 자연 의병을 체포하는 것으로 이로움을 삼으니 사람들은 그들을 토왜(土倭)라고 하였다. 그러나 그런 가운데에서도 내 나라 내 민족인 까닭에 의로운 일을 함께하기를 바라는 이도 있었다.[171]

즉, 진위대 내부에서 의병에 동조하는 세력이 있었음을 알 수 있다. 이런 분위기가 형성되어 있었기 때문에 원용팔 의병장이 원주진위대 중대장 김구현에게 연합할 것을 제안하였던 것이다. 진위대는 군인이라는 계급적 한계 속에서 일본의 침략에 침묵할 수밖에 없었지만 반일의식이 축적되어 의병으로 전환되는 조건이 만들어지고 있었던 것이다.

원주진위대는 대한제국 정규군으로 강원도 일대의 국방과 치안유지를 담당하고 있었기에 원주일대의 의병운동에 대한 진압을 담당하였다. 그래서 원주지역에는 일본군 헌병대가 설치되지 않았다. 일본군은 제한된 병력과 재원 때문에 주요 철도를 중심으로 헌병대를 설치하였으며, 이외에 지역은 대한제국군을 최대한 활용하고자 하였다. 그러나 반대로 원주진위대의 경우에서 보듯이 진위대 주둔지역이 최대 의병격전지가 될 수도 있었다. 원주진위대가 대한제국 정부의 통제 속에서 의병진압을 하였지만 대한제국의 통제에서 벗어나면 의병으로 나갈 수 있었던 것이다.

결국 1907년 4월 제2단계 감축이 이뤄지면서 시위대, 진위대는 반일적 모습을 보이게 되었다. 광무황제강제퇴위반대운동으로 일어난 수백 명이 일진회를 공격하는 상황에서도 진위대는 방관하였다.[172] 더 나아가 진위

---

[171] 所謂軍隊我國自丙子納倭革盡舊制設置京鄕兵形俀技倭朝政專出倭手有倡義遣此擊之此輩以捕義爲利人稱土倭然猶以本國産故或望其共義(「元公三戒堂乙巳擧義始末」, 『義士三戒元公乙巳倡義遺蹟』 卷下, 414~415쪽).

대는 이들과 연계하여 활동하고자 하는 모습들도 나타나기 시작하였다. 그 결과 군대해산으로 봉기한 진위대는 여타 의병부대와 연계를 맺을 수 있었다.

---

172) 안성지방에서는 백성 수백 명이 일어나서 일진회 지부와 전 궁내대신의 집을 쳐서 부수되 그곳에 있는 진위대는 경찰관을 구원하는 모양이 없었다더라(『대한매일신보』, 1907년 7월 26일, 「지방정형」).

제3장

제3장 1907년 의병전쟁의 운동방략과 민족운동의 확대

1. 의병운동세력의 확대와 의병전술 변화

1) 광무황제의 강제퇴위와 원주지역 저항운동

(1) 광무황제강제퇴위반대운동

1907년 의병전쟁의 직접적인 도화선은 대한제국 군대해산에 반발한 군인들의 봉기였지만, 그 시작은 헤이그특사사건의 처리에서 비롯되었다. 일본은 헤이그특사사건을 계기로 대한제국 외교권 박탈을 넘어 내정에 대한 전권을 장악하여 대한제국을 식민지로 만들고자 하였다. 이는 이토 히로부미(伊藤博文) 통감이 1907년 7월 3일 하야시(林董) 외무대신에게 보낸 문서에서 확인된다.

> 과연 칙명을 바탕으로 한 것이라면, 우리정부도 이때 대한제국에 대해 국면을 일변케 하는 행동을 취할 수 있는 호기라고 믿는다. 이전 음모가 확실해지는 즉시 세권(稅權), 병권(兵權) 또는 재판권을 우리가 거

두는 데 있어 좋은 기회를 주는 것으로 인식한다.[1]

이를 보면 외교권을 강탈해 간 이후 남아있던 조세권, 군권, 재판권마저 빼앗는 대한제국의 주권을 침탈하는 데 헤이그특사사건을 이용하겠다는 의도를 보여준다. 또 일본내각도 내각회의에서 결정한 「헤이그밀사사건처리방침」을 1907년 7월 12일 이토 통감에게 타전하였다. 그 내용은

> 일본정부(日本政府)는 이번 헤이그밀사사건을 기회로 한국내정(韓國內政)에 관한 전권(全權)을 장악하는 것을 목적으로 하고 이의 실천 방법으로서 첫째 한국황제(韓國皇帝)로 하여금 황태자(皇太子)에게 양위(讓位)하게 할 것, 둘째 한국정부의 행정은 통감(統監)의 동의를 얻어 실행하게 할 것, 셋째 대신(大臣)·차관(次官)이하 중요관리를 일본인으로 임명하거나 또는 통감의 동의를 얻어 임명하게 할 것 등[2]

이었다. 이는 일본정부의 향후 대한제국에 대한 방침으로 대한제국의 전권을 장악하겠다는 의도가 통감부뿐만 아니라 일본 내각에서도 강력하게 제기되고 있었음을 보여주는 것이다. 그리고 장악 방법으로 광무황제[3]를 강제퇴위 시키고, 통감의 주도하에 대한제국 내각에 일본인 관리를 임명하는 차관정치를 추진하였다.

이토 통감은 「헤이그밀사사건처리방침」 기초하여 광무황제의 양위를 강력하게 추진하였다. 그러나 일본정부가 전면에 나서서 양위문제를 다룰

---

[1] 果シテ勅命ニ基クモノナレハ我カ政府ニ於テモ此ノ際韓國ニ對シ局面一變ノ行動ヲ執ルノ好時機ナナリト信ス卽チ前記ノ陰謀確實ナルニ於テハ稅權兵權又ハ裁判權ヲ吾レニ收ムルノ好機會ヲ(「(3)전보 제55호 海牙滯在 韓國密使의 姓名·資格 照會 및 對韓措置에 관한 件」, 1907년 7월 3일, 『통감부문서』 5권, 2쪽).
[2] 『고종시대사』 6집, 1907년 7월 12일.
[3] 조선의 역대 왕에 대한 호칭이 廟號를 사용하고 있어 공식학술용어로 고종(태)황제를 주로 사용하나 본고에서는 1907년 당시 황제퇴위반대운동을 강조하는 의미에서 광무황제를 사용하였다.

경우 발생할 수 있는 비판 여론을 피하고, 대한제국 내각에서 스스로 결정한 것처럼 보이기 위해 대한제국 내각에 이 문제를 논의하게 하였다. 이에 총리대신 이완용, 내부대신 임선준, 농상공부대신 송병준, 법부대신 조중응, 학부대신 이재곤, 탁지부대신 고영희, 군부대신 이병무 등이 참석하여 비상내각회의를 개최하였다. 이 자리에서 송병준은 "폐하께옵서 두 가지 방침이 있으니 하나는 친히 일본에 건너가서 일황에게 사죄하고 황태자 교육시켜 주기를 요구하며, 둘은 하세가와(長谷川)에게 사죄하옵소서 만일 그렇지 않으면 반드시 전쟁을 일으킬 듯 하오니"[4]라고 황제를 협박하였다. 마치 이토 통감을 대신해서 책임을 추궁하고 있는 모습이었다. 이를 시작으로 내각에서는 거듭 황제의 책임을 추궁하면서 양위할 것을 요구하였다. 또한 이완용 등은 이 상황을 수습할 방책으로

첫째, 광무 9년 11월 17일에 체결한 한일신조약(韓日新條約)에 어새(御璽)를 눌러 이를 추인할 것
둘째, 섭정(攝政)을 둘 것
셋째, 황제가 친히 일본으로 가서 일본황제(日本皇帝)에게 사과할 것[5]

을 황제에게 요구하였다. 이들은 이번 기회를 통해 자신들이 불법으로 진행한 을사조약을 합법화시키고자 하였으며, 일본의 요구대로 황제를 퇴위시키고 나아가 일본에 사죄하게 만들어 그 권위를 떨어트리고자 하였다. 하지만 광무황제는 이를 거부하였다. 이후에도 계속해서 이완용은 양위할 것을 요구하였으나 황제는 이에 응하지 않았다.[6] 그러나 계속된 협박에 결국 '군국(軍國)의 대사(大事)를 황태자로 하여금 대리(代理)하게 한다'[7]는

---

[4] 박은식, 『한국통사』, 제90장, 1917, 326쪽.
[5] 『고종시대사』 6집, 1907년 7월 16일.
[6] 午後 2時에 大臣들이 다시 內閣에 모여 海牙密使事件收拾策의 決行에 대하여 議論하고 밤에 大臣 一同이 入闕하여 다시 讓位를 청하였으나 皇帝가 激怒하여 그대로 退出하다 (『고종시대사』 6집, 1907년 7월 17일).

조칙을 내리고 말았다. 여기서 주목되는 것은 광무황제가 '양위'를 한 것이 아니라 '대리'를 하였다는 것이다. 즉, 황제의 지위에 있으면서 정사만 황태자에게 대리한다는 것이었다. 하지만 일본은 이를 의도적으로 양위한다는 것으로 해석하고 무력으로 강압하여 황제가 황태자에게 완전히 정권을 인계한 뜻으로 7월 20일 황태자대리식(皇太子代理式)을 거행하게 하였다.[8] 더욱이 같은 날 일본에서 황태자의 황제 즉위를 축하하는 전보가 오자 양위의 조칙을 내릴 것을 압박하였다. 이와 동시에 7월 20일자로 황제 즉위식에서 서울주재영사단(駐在領事團) 접견에 관한 통첩접수를 통보함으로써 양위를 국제적으로 기정사실화 하였다.[9] 결국 7월 21일 광무황제는 태

---

[7] 朕이 今玆軍國大事를 슌皇太子로 代理ᄒ노니(『고종실록』 권48, 광무 11년 7월 18일).

[8] 光武 11年 7月 20日(土) 午前 8時에 皇太子代理式을 擧行하다. 이는 日本側에서 皇帝가 皇太子로 하여금 代理케 한다는 詔勅을 皇帝가 皇太子에게 讓位한다는 것으로 解釋하고 武力으로 强壓하여 皇帝가 皇太子에게 完全히 政權을 引繼한 뜻으로 行하게 한 것이다(『고종시대사』 6집, 1907년 7월 20일).

[9] (DRAFT) H.I.J.M's Residency General,Seoul, July 20th, 1907.
Sir:
By request of the Minister of Imperial Household, I have the honour to inform you that His Majesty the Emperor has signified His pleasure on the occasion of His accession to the throne to receive you at Chung-Myong Palace at 4 30 o'clock(Japanese time) this afternoon, when His Excellency the Resident General will present you to His Majesty.
I have the honour to be,
Full Uniform Sir.
Your obedient servant,
(Sigened) S. Tsuruhara
To all Consuls, at Seoul.
No 81. German Consul General,
No 82. French Consul General,
No 83. Russian Consul General,
No 84. American Consul General,
No 85. Brithish Consul General,
No 86. Italian Consul General,
No 87. Chinese Consul General,
No 88. Belgian Consul General
『統監府文書』3권, 一三. 讓位及立太子關係書類, (14) 「皇帝 卽位式에서의 서울 駐在領事團 接見에 관한 通牒」, 1907년 7월 20일.

황제(太皇帝)의 칭호(稱號)로 올리는 것을 재가(裁可)하고 이를 황태자(皇太子)가 조칙(詔勅)으로 발포(發布)하였다. 또 양위(讓位)를 명확히 하기 위해 연호(年號)도 고칠 것을 재가하였다.[10] 이어 8월 27일 융희황제의 즉위식이 거행되면서 광무황제의 강제퇴위는 마무리되었다.[11]

한편, 일본은 광무황제강제퇴위 과정에서 정미7조약을 체결하였다. 7월 23일 시작된 교섭은 착수 하루만인 24일 밤에 약간의 문언(文言)수정을 거쳐 기명 조인을 끝냈다. 다음날에는 임시 내각회의, 추밀원회의가 개최되어 정미7조약 체결이 결정되고 곧바로 관보에 공시되었다.[12] 정미7조약은 교섭에서 공시까지 3일밖에 걸리지 않을 만큼 이례적으로 단시일 내에 체결되었다. 마치 일본이 만들어 놓은 기본 방침을 대한제국 정부가 인정하는 형태로 진행된 것처럼 보였다. 이러한 점은 정미7조약의 주요 내용인 '첫째, 한국정부는 시정개선을 위해 통감(統監)의 지도를 받아야 할 것, 둘째, 한국정부의 법령과 제정과 중요한 행정상의 처분은 통감의 승인을 받을 것, 셋째, 한국고등관리의 임면은 통감의 동의로써 행할 것, 넷째, 한국정부는 통감이 추천한 일본인을 한국관리에 임명할 것'[13] 등과 이토 통감

---

[10] 『日本外交文書』第40卷 第1冊 513호 明治 40년 7월 22일;『日本外交文書』第40卷 第1冊 514호 明治 40년 7월 22일;『日本外交文書』第40卷 第1冊 515호 明治 40년 7월 22일;『梅泉野錄』光武 11년 6월;『大韓季年史』下 光武 11년 7월 21일;『續陰晴史』下 光武 11년 7월 22일.

[11] 『순종실록』1권, 순종 즉위년 8월 27일.

[12] 한일신협약은 한일협약으로 1907년 7월 25일자 「관보」號外2에 공시되었다.

[13] 정미7조약의 내용은 다음과 같다.
 '日本國政府及韓國政府는 速히 韓國의富强을 圖ᄒ고 韓國民의 幸福을 增進ᄒ고져ᄒᄂ 目的으로 左開條欵을 約定홈
 第一條 韓國政府는 施政改善에 關ᄒ야 統監의 指導를 受홀 事.
 第二條 韓國政府의 法令의 制定 及 重要ᄒ 行政上의 處分은 豫히 統監의 承認을 經홀 事
 第三條 韓國의 司法事務는 普通行政事務와 此를 區別홀 事
 第四條 韓國高等官吏의 任免은 統監의 同意로써 此를 行홀 事
 第五條 韓國政府는 統監의 推薦ᄒ 日本人을 韓國官吏에 任命홀 事
 第六條 韓國政府는 統監의 同意업시 外國人을 傭聘아니홀 事

이 일본 내각에 보낸 문서의 내용 및 일본 내각에서 결정한 「헤이그밀사사건처리방침」이 거의 유사하다는 점에서도 알 수 있다. 더욱이 부속 각서로 군대해산에 관한 비밀협정이 있었다는 것은 일본의 침략의도를 잘 보여주는 것이다. 군대해산은 의병전쟁의 한 원인이 되기도 하였다. 이후 일본은 대한제국에 대한 주권침탈이 협약에 의한 합법적인 것이라는 것을 알리기 위해 대한제국과 조약을 체결한 나라의 일본 대사나 공사들에게 협약 조문을 통첩하였다.

한편 광무황제강제퇴위가 진행되고 있던 그 시점에 서울에서는 황제 양위와 관련하여 무성한 소문이 퍼지고 있었다. 그 내용은 통감대리 하세가와 한국주차군사령관의 보고에 잘 나타나 있는데, '때때로 한인들 사이에서는 유언비어가 분분하여 혹은 황제의 양위는 일본의 박해에서 비롯된 것이라고 말하고 있고, 혹은 황제는 머지않아 일본으로 유치(誘致)될 것이라고 말하고 있으며, 혹은 황제의 소재는 이미 알 수가 없다고 하고 또 일본이 앞으로 어떤 강경한 요구를 해올지 알 수가 없다는 등[14])이었다. 이러한 소문에 더해 일본의 외무대신이 국내로 들어온다는 소식이 전해지자 일본의 외무대신이 황제를 강제로 퇴위시키기 위해 입국하는 것으로 판단하고 광무황제강제퇴위반대운동이 전개되었다. 이 반대운동에는 동우회를 주축으로 대한자강회, 황성기독교청년회, 문우회(文友會), 개진교육회(開進敎育會) 등 정치세력과 서울의 일반 백성들이 참여하였다.[15])

第七條 明治三十七年 八月 二十二日 調印훈 日韓協約 第一項을 廢止훈 事
右爲證據훔으로下名은各本國政府에셔相當훈委任을受호야本協約에記名調印훔이라
光武十一年七月二十四日 內閣總理大臣勳二等 李完用 官章
明治四十年七月二十四日 統監侯爵 伊藤博文 官印(『관보』, 1907년 7월 25일, 「號外2」).

14) 「機統發 제40호」, 『한말의병자료 Ⅳ』, 독립기념관, 2002, 74쪽.
15) 「機統發 제40호」, 『한말의병자료 Ⅳ』, 독립기념관, 2002, 75쪽. 동우회는 '황실존중', '청년교육', '동양평화', '독립유지'를 목표로 설립된 단체로 황제가 궁궐 안에서 핍박받고 있다는 소식에 반대운동에 적극 참여하였던 것이다.

7월 17일 밤 동우회는 특별회의를 개최하여 광무황제를 일본에 행행하라고 강요한 대신은 국적(國賊)이라고 분개하면서 퇴위반대 투쟁을 펼칠 것을 결의하였다. 그러면서 청년회 회원 등과 함께 국가가 위급한 지경에 처해 있을 때 평상시와 같이 상업활동을 영위하는 등의 행위는 선량한 국민이 해야 할 일이 아니라고 주창하면서 인근 상인들에게 시위에 참여할 것을 독려하였다.[16)]

17일에 시작된 시위는 다음날인 18일에도 계속되었다. 특히, 내각대신들이 황제에게 을사조약에 어보를 날인할 것, 황태자에게 양위할 것, 일본에 가서 일왕에게 사죄할 것 등을 상주하였는데, 황제가 이를 윤허하지 않았다는 내용의『대한매일신보』「호외」가 발행되면서 시위는 더욱 확대되었다.[17)] 「호외」의 내용은 대한제국 주권에 대한 훼손, 국가적 자존심에 대한 상처 등으로 인식되어 일본과 친일관료에 대한 분노가 한층 더 높아졌다.[18)] 그리하여 계속된 연설회에서 동우회의 새 회장으로 추

---

16) 김상기, 「高宗의 헤이그특사 파견과 국내항일투쟁」, 『한국독립운동사연구』 29, 2007, 267~268쪽.
17) 뎨일은 광무구년 십일월 십칠일에 톄결흔 신됴약에 어보를 치실 일이오, 뎨이는 황뎨폐하의 셥졍홀 이를 츄쳔홀 일이오, 뎨삼은 황뎨폐하씌셔 친히 동경에 가셔서 일황폐하씌 샤과ᄒ실 일이올시다 ᄒ엿ᄂ디 황상폐하씌읍셔는 이 세가지를 다 윤허치 아니ᄒ읍셧다더라(『대한매일신보』, 1907년 7월 18일, 「호외」); 당시 시위상황에 대해 황현은 『매천야록』에서 "伊藤博文이 고종을 일본으로 송치하기 위해 별도로 만든 차를 대궐 밖에 숨겨 놓고 고종에게 그 차를 타라고 위협하였다. 이때 都民들은 그 소문을 듣고 남녀 노소가 방망이와 몽둥이를 가지고 달려와 잠시 사이에 길거리를 메우고, 또 각 학교 학생들도 서로 연락하여 조수처럼 몰려오며 고함을 지르고 사투를 벌일 기세를 보이므로, 이등박문은 노도 같은 군중이 결사적으로 몰려든 것을 보고 즉시 그 음모를 중지하였다"라고 하여 비분강개하는 모습을 전하고 있다.
18) 당시 시위상황에 대해 황현은 『매천야록』에서 "伊藤博文이 고종을 일본으로 송치하기 위해 별도로 만든 차를 대궐 밖에 숨겨 놓고 고종에게 그 차를 타라고 위협하였다. 이때 都民들은 그 소문을 듣고 남녀노소가 방망이와 몽둥이를 가지고 달려와 잠시 사이에 길거리를 메우고, 또 각 학교 학생들도 서로 연락하여 조수처럼 몰려오며 고함을 지르고 사투를 벌일 기세를 보이므로, 伊藤博文은 노도 같은 군중이 결사적으로 몰려든 것을 보고 즉시 그 음모를 중지하였다"라고 하여 비분강개하는 모습을 전하고 있다.

대된 윤이병은 통감 및 일본외무대신에게 대한제국 인민의 뜻을 전하고, 폐하께 정부대신을 주살할 것과 일본 행행을 중지할 것을 간청하며, 종로에서 연설회를 개최하여 공중(公衆)의 인심을 격동케 하자는 안을 결의하였다.[19] 그 결과 국민결사회(國民決死會)를 조직하고 국민결사회 이름 아래 상주문을 올리기로 하였다. 이어 밤 9시경 종로로 모여든 군중들과 함께 대한문 앞으로 이동하여 시위를 전개하였으나 일본순사대의 제지에 밀려 포덕문(布德門) 앞까지 밀려났다. 그러다가 19일 새벽 3시경 광무황제가 양위한다는 비보가 전해지면서 시위는 더욱 격렬해지기 시작하였다.[20]

19일 아침부터 표훈원(表勳院)에 모여 돌을 던지며 시위를 전개하던 시위대는 오후에 종로에 모여 노상 연설 등을 통해 시위를 독려하였다. 당시 연설의 내용을 통해 시위대의 인식과 행동방침을 볼 수 있는데,

> 이전에 국모(國母)를 잃고 지금 또 머지않아 국부(國父)를 잃을 지경에 있다. 국민이 이러한 경우에 처하여 어찌 편안함을 얻을 것인가. 특히 일본순사에 의해 우리들의 행동이 방해받는 것과 같은 일은 도저히 묵시할 수 없는 일이다. 마땅히 국가의 적인 대신을 죽여야만 한다. 그리하여 그 집을 불태워야 한다. 우리 동포는 이러한 결심으로 왕성(王城) 앞에 집합해야 한다.[21]

라고 하여 광무황제의 강제퇴위문제로 나타난 일련의 사건들이 명성황후 시해사건에 버금가는 것으로 황제가 시해 당할지도 모른다는 인식을 가지고 있었다. 그러므로 황제를 핍박하고 양위를 주청하는 친일대신들을 처단

---

[19] 「윤이병 등 한말 동우회사건 판결문」, 평리원, 1907년 12월 29일.
[20] 「헌병사령관 보고(7월 19일 오후 7시 50분)」, 『한말의병자료 Ⅳ』, 독립기념관, 2002, 1쪽.
[21] 「機統發 제40호」, 『한말의병자료 Ⅳ』, 독립기념관, 2002, 74쪽.

하여야 하고 그들의 가산을 불태워버려야 한다고 하였다.

아침부터 종로에서 시민들이 주축이 되어 전개되던 시위는 오후 4시를 지나면서 대한제국 군인들이 참여하기 시작하였다. 오후 4시 50분경 종로에서 약 218미터(2町) 정도 떨어진 시위대(侍衛隊) 제3대대 병사 약 40명이 부대를 둘로 나눠서 한 부대는 종로 순사파출소를 공격하여 파괴하였고, 다른 한 부대는 전망의 도로에서 경계근무를 서고 있던 경찰관을 공격하여 사살하였다. 또 시위대(侍衛隊) 제2대대의 병사들이 병영을 나와 경무청을 공격하였고, 혼성여단사령부 소속의 대한제국 군인들도 함께 경무청을 공격하였으나 장교의 제지로 영내로 돌아왔다.[22] 이렇게 19일에만 광무황제강제퇴위반대운동에 대한제국 군인 100여 명이 참여하였다. 그 결과 일본 경부 2명, 순사 1명, 한국 순검 2명을 사살, 경부 1명, 순사 9명(이 중 1명은 입원 후 사망) 부상, 일본인 1명 사살, 2명 부상의 전과를 거두었다.[23]

시위대(侍衛隊), 혼성여단사령부 소속 대한제국 군인들의 참여는 강제퇴위반대운동에 다변화를 가져왔다. 이전까지 시위가 연설회, 투석 등에 머물러 있으면서 일본순사 등의 진압에 수세적이었다면, 군인들의 참여로 종로순사파출소, 경무청 등 경찰관서를 공격하거나 경계근무를 하는 경찰관 등을 사살하는 등 공세적으로 전환될 수 있었다. 시민들도 군인들과의 연대를 위해 시위대(侍衛隊) 주둔지 부근에서 활발하게 시위를 전개하였다. 이러한 시위에 호응하였던 군인들은 주로 하사 이하의 병사층이었다. 군통수권자인 황제가 핍박받아 강제퇴위되는 상황에서 일반 백성들의 시위는 군인들을 크게 자극하였으며, 상대적으로 정치권력에 자유로울 수 있었던 병사층이 적극적으로 참여하고 있었던 것이다. 이는 의병전쟁 당

---

[22] 「機統發 제40호」, 『한말의병자료 Ⅳ』, 독립기념관, 2002, 74~75쪽.
[23] 「電報」, 『한말의병자료 Ⅳ』, 독립기념관, 2002, 2쪽.

시 의병부대에 해산군인들이 참여하고 있던 것과 일맥상통한 부분이었으며, 대한제국 군인과 의병들이 연합할 수 있는 모습을 보여준 것이라고 하겠다.

광무황제강제퇴위반대운동에 시위대(侍衛隊) 등 대한제국 군인들까지 참여하면서 무장봉기 형태로 확대되자 하세가와(長谷川) 한국주차군사령관은 급히 평양에 주둔하고 있던 제13사단 소속의 보병 1개 대대를 서울로 이동할 것을 명령하였다.24) 이와 함께 보병 2개 중대에 기관총을 부여하여 덕수궁 포덕문(布德門) 내에 집합하여 덕수궁으로 모여드는 시위대를 대비하였다. 이는 당시 시위가 얼마나 격렬했는지를 보여주는 것과 동시에 향후 일본군의 시위대 진압방식에 대해 가늠할 수 있다. 여기에는 대한제국 군대의 시위참여를 경계하면서 이들이 본격적으로 행동에 나설 경우 강경하게 진압하겠다는 뜻을 내포하고 있었다. 일본은 시위가 확대되어 무력집단인 군인들이 조직적으로 참여하게 되면 광무황제를 강제퇴위 시킨 후 대한제국의 전권을 장악하려는 계획에 차질을 빚을 수 있다고 판단하였기에 군사적 조치로 평양에서 1개 대대를 서울로 급파하고 보병 2개 중대를 포덕문에 배치하였던 것이다.

일부 시위대 군인들의 참여로 한층 고양된 시위대는 19일 밤 11시경 미동에 있는 일진회의 기관지인 국민신보사(國民新報社)를 파괴하고 사원을 구타하였으며, 일본인 가옥을 부수고 일본군과 투석전을 감행하였다. 광무황제의 강제퇴위 발표 이후 일본인에 대한 공격을 감행하는 등 시위가 확대되자 긴급하게 서울에 있는 일본군을 추가로 배치하여 밤 11시 50분부

---

24) 「電報」(1907년 7월 19일) 『한말의병자료 Ⅳ』, 독립기념관, 2002, 2쪽; 일본은 러일전쟁 이후 대한제국에 제13사단, 제15사단을 주둔시켜 을사조약을 강제로 체결하고 의병운동을 진압하였다. 이후 2개 사단 주둔의 부담을 느낀 일본은 1907년 3월 제15사단을 철수시키고 제13사단만 주둔하였다. 그러므로 광무황제강제퇴위반대운동 당시에는 한국주차군과 제13사단이 주요 도시에 배치되어 있었다.

터 20일 새벽 2시 사이에 보병 1개 대대에 기관총 4문을 부여하여 덕수궁 부근을 점령하도록 하였다. 그리하여 각 병영에 1개 소대만 남기고 보병과 기병은 한국주차군사령부에 집합하고, 포병은 남산 동북 기슭의 화성대(和城臺)에 배치하여 덕수궁 주변을 위협하였다. 이후 평양에서 1개 대대가 도착하자 덕수궁 부근의 점령대(占領隊)는 한국주차군사령부에 1개 중대를, 화성대 부근에 포병 1개 중대를 남기고 숙영지로 귀대하였다. 숙영지로 돌아간 후에도 척후와 순찰을 통해 경계작전을 지속적으로 전개하였다.

광무황제강제퇴위반대운동은 20일에도 이어져 오전 8시부터 동우회 사무소 앞에 약 300명의 회원이 결집하여 황제를 핍박하고 있는 총리대신 이완용 등 친일대신들의 저택을 소각하기로 하였다. 원래는 적신(敵臣)들이라고 하여 처형하고자 하였으나 입궐해 있는 관계로 이들의 집을 소각하기로 하였다. 이에 회원들과 일반 시민들은 죽기를 각오하고 서소문 밖의 이완용의 집을 비롯하여 농상공부대신 송병준, 전 내부대신 이지용, 전 군부대신 이근택, 이근호, 일진회장 등의 집과 별장을 소각하고 일진회 사무소를 공격하였다. 또 황제의 행행을 막기 위해 남대문 및 서대문 두 정거장을 소각해 철도를 파괴하자고 결의하였다.[25] 이러한 극렬한 반대운동에도 불구하고 20일 황태자대리식(皇太子代理式)이 거행되었다.

황태자대리식 이후 이완용 집이 소각되는 등 강제퇴위반대운동이 한층 더 격렬해지면서 군인들의 참여를 우려했던 일본군은 용산에 있는 한국군 군기고(軍器庫), 군부(軍部) 내에 있는 탄약고 등을 점령하고, 위병근무를 서는 대한제국 군인의 탄약 휴대를 금지시켰다. 이는 실질적인 무장해제에 해당하는 것으로 강제퇴위반대운동이 의병전쟁으로 확대되는 것을 사전에 차단하기 위한 것이었다. 이것은 함흥에 있던 13사단 소

---

[25] 「機統發 제40호」, 『한말의병자료 Ⅳ』, 독립기념관, 2002, 75~76쪽.

속의 공병 제13대대 제1중대를 서울로 파견한 것이나 용산, 임진강, 청천강 등의 철도교에 감시병을 파견하여 경계근무를 강화했던 것에서도 알 수 있다.

이와 함께 통감부는 일본에 지원부대의 파견을 요청하였다. 그리하여 일본 육군에서는 대한제국으로 신속하게 이동할 수 있는 큐슈(九州) 고쿠라(小倉)에 사령부를 둔 제12사단에서 1개 여단을 편성하여 파견하도록 결정하였다.26) 이렇게 해서 파견된 여단은 제12여단으로 여단사령부, 보병 제14연대, 보병 제47연대로 편성되어 있었다. 제12여단의 파견 목적은 제14연대 연대장의 훈시에서 나오듯이 "한국소요 때문에 파견하니 명예를 걸고"라고 하여 광무황제강제퇴위반대운동에 대응하고 나아가 군대해산 이후 일어날 가능성이 높았던 의병전쟁에 대비하고자 하였다.27)

7월 23일 제12사단장으로부터 파견 명령을 하달받은 제12여단은 출발준비를 개시하여 선발대로 25일 여단사령부와, 보병 제14연대의 2개 대대가 출발한 것을 시작으로 27일 마지막 부대가 부산에 도착하였다. 이들은 부산에 도착한 즉후 하달된 지역으로 이동하여 광무황제강제퇴위반대운동 진압과 대한제국 군대해산 작전에 투입되었다. 또한 군대해산 과정에서 저항하는 해산군인과 이후 의병전쟁을 진압하는 주력부대로 활동하였다. 강원도, 충청도 일대는 제47연대 제3대대, 제14연대 제2대대, 강제퇴위반대운동을 진압하기위해 서울로 파견되었던 제13사단 소속 제51연대가 중심이 되어 의병진압에 투입되었다. 즉, 광무황제강제퇴위반대운동을 진압하

---

26) 12사단은 러일전쟁에 참전한 부대로 개전 초 서울을 장악하였으며, 일본군 23개 사단 중 가장 강력한 전투력을 자랑하는 부대였다.
27) 김상기는 일제가 한국군에 대한 강제해산의 계획을 짜놓고 혹시 일어날 한국 군인의 반발을 대비하여 12여단을 파견한 것으로 보았으나 좀 더 구체적으로 12여단의 직접적인 파견 원인은 광무황제강제퇴위반대운동에 일부 군인들이 참여하고 지방으로 확산되면서 의병전쟁으로 확대될 기미가 보이자 이를 차단하고 그들이 추진하는 군대해산 등의 침략정책을 안정적으로 진행하기 위한 것이었다.

기 위해 파견되었던 각 부대들이 이후 의병진압부대로 각지에 파견되었던 것이다.

(2) 원주지역의 강제퇴위반대운동

광무황제강제퇴위반대운동은 지방에서도 일어났다. 가장 먼저 일어난 곳은 평양, 개성, 원산, 개항장 등 대도시나 상업중심도시였다. 특히, 평양은 평양에 주둔하고 있던 제13사단 소속의 보병 1개 대대가 19일 밤 서울로 출동하라는 명령을 받는 상황에서 광무황제강제퇴위반대운동의 분위기가 고양되었다.[28] 이에 20일 주요 상점들이 모두 문을 닫고 평양성 안에 있는 종로에 모여 시국에 관해서 분개하는 연설회를 개최하였다. 또 종로에 500여 명과 대동문 밖 100여 명이 일본 경찰을 상대로 투석전을 전개하였다.[29]

지방의 중소도시에서도 황태자 대리조칙이 전해지면서 광무황제강제퇴위반대운동이 전개되기 시작하였다.[30] 22일 공주에서는 상점이 전부 철시하고 민인들이 각처에 모여들었으며, 양주에서는 기독교 목사 홍태순이 울분을 참지 못하고 음독하였다.[31] 24일에는 을미의병 당시 안승우 의병부대에 군량미를 제공하며 의병활동을 한 안성청년회장 강태영(姜泰榮)이 결사대를 조직하여 일진회 안성사무소를 파괴하였다. 이어 평택에서 열차를 저지시킬 계획을 추진하던 중 일본군에 체포되어 수원 서문 밖에서 총살당

---

[28] 19일 평양에서 출동명령을 받은 일본군 1개 대대는 20일 전부 서울에 도착하여 주둔하였다(「電報」, 『한말의병자료 Ⅳ』, 독립기념관, 2002, 3쪽).
[29] 『梅泉野錄』 제5권, 光武 11년 丁未(1907년), 9. 伊藤博文의 고종일본送致 陰謀와 決死會의 투쟁;「機統發 제40호」, 『한말의병자료 Ⅳ』, 독립기념관, 2002, 76쪽; 『대한매일신보』, 1907년 7월 24일.
[30] 『대한매일신보』, 1907년 7월 24일.
[31] 『대한매일신보』, 1907년 7월 24일.

하였다.32) 25일에는 통영에서 민인들과 진위대가 연합하여 경무서를 공격하고 일본인 가옥을 파괴하였다.33) 또한 청주에서 청주진위대 참령 류기원이 자결을 시도하였으며, 민인들은 결사회를 조직하였다. 동래에서도 민인들이 결의하고 고을 무기창에 들어가 소총을 탈취하였다. 대구에서는 상민들이 저자문을 닫고 반대운동에 대해 협의하였으며, 진주에서는 유생 2천여 명이 집회를 열었다.34) 26일에는 경기 이천군(利川郡)에서 사민(士民) 수백 명이 집회를 열어 결사대를 조직하였다.35) 경남 진남군에서는 진위대와 일본군의 충돌이 있었으며, 진남군민이 진위대와 연합하여 일본인 시설을 공격하기도 하였다. 통영에서도 진위대와 일본군과의 충돌이 있었다.36) 이처럼 각지에서 결사대를 조직하거나 민인들과 진위대가 연합하여 일본군을 공격하는 등 광무황제강제퇴위반대운동이 확산되고 있었다.

원주에서는 7월 말쯤 광무황제강제퇴위반대운동이 일어났다. 당시 원주의 상황에 대해 강원도관찰사는 내부에 보낸 전보에서 '원주군의 민정이 매우 소요(騷擾)하니 군부에 조회하여 금지케 하라'37)고 하였다. 일본군은 첩보를 통해 원주에 황제의 강제퇴위 소식이 전해진 이후 '인심이 흉흉하다'38)고 하여 경계를 강화할 것을 주문하였다. 이를 통해 볼 때 당시 원주에서 전개되고 있던 시위가 군부에 조회하여 진압을 요청할 정도로 격렬하였으며, 이런 격렬한 시위를 일본군이 경계하고 있었음을 알 수 있다. 이는

---

32) 「폭도사편집자료」, 『독립운동사자료집』 제3권, 독립운동사편찬위원회, 1971, 512~513쪽; 『대한매일신보』, 1907년 7월 26일.
33) 「官房機密 제302호」, 『한말의병자료 Ⅳ』, 독립기념관, 2002, 10~11쪽.
34) 『대한매일신보』, 1907년 7월 27일.
35) 『황성신문』, 1907년 7월 29일.
36) 『대한매일신보』, 1907년 7월 28일.
37) 『대한매일신보』, 1907년 7월 31일, 「원주인민소요」.
38) 작년 7월 돌연 양위의 소식이 전해지자 인심이 흉흉하여 그 기인되는 바를 알 길 없던 차(「폭도사편집자료」, 『독립운동사자료집』 제3권, 독립운동사편찬위원회, 1971, 597쪽).

을미의병, 을사의병이 연달아 일어났던 원주에서 의병세력을 비롯한 저항세력이 광무황제강제퇴위반대운동을 계기로 다시 결집하여 의병봉기로 이어질 것을 경계한 것이다.

이처럼 원주에서 광무황제강제퇴위반대운동이 일어나게 된 것은 원주가 중앙정치세력과 연계되어 있었기 때문이었다. 원주를 비롯한 지방에서 강제퇴위반대운동이 전개된 직접적인 원인은 광무황제의 퇴위소식이 전해진 것이지만 이면에는 중앙정치세력과의 연계도 있었다. 당시 서울에서 강제퇴위반대운동을 주도하고 있던 세력은 앞서 살펴보았듯이 동우회, 문우회(文友會), 개진교육회(開進敎育會), 황성청년회(皇城靑年會) 등이었다. 이들은 광무황제의 측근인 엄비(嚴妃), 엄준원(嚴俊源), 민영식(閔泳植), 심상훈(沈相薰), 김영진(金永振) 등의 지원을 받고 있었다. 특히, 엄비는 막대한 자금을 지원하고 있었고, 김영진과 심상훈도 자금을 지원하였다. 이들 단체는 지원 받은 자금을 바탕으로 각지에 유설원(遊說員)을 파견하였다. 이에 각 지방에서는 보부상 조직이 중심이 되어 호응하여 강제퇴위반대운동의 분위기를 고조시켰다. 보부상 조직이 호응할 수 있었던 것은 위 단체를 이끌고 있던 윤이병, 원세식(元世植), 한성규(韓成圭), 임덕호(任德鎬), 유병철(劉秉轍), 이범교(李範喬), 김교각(金敎珏), 이시우(李時雨) 등 중에서 원래 보부상단의 임원이었던 자들이 다수 있었기 때문이었다.[39] 보부상 조직은 1906년에 해산되었지만 지방에서는 아직 유지되고 있었으며, 그 조직을 통해 조직적으로 움직일 수 있었다.

원주에서도 의병운동의 중심지였던 신림면을 중심으로 보부상 조직이 형성되어 있었는데, 1890년대 들어서는 성황계를 조직할 정도로 활발한 활동을 전개하였다. 이 성황계는 '백운치악성황계(白雲雉岳城隍契)'로 강원도, 충청도, 서울을 포함한 경기도, 경상도, 황해도, 평안도, 제주도, 청국

---

[39] 「機統發 제40호」, 『한말의병자료 Ⅳ』, 독립기념관, 2002, 75쪽.

상인들이 가입되어 있었다.[40] 활동무대는 원주 전역을 포함하여 강원도, 충청도, 경기도, 경상도 등지였다. 또한 신림면의 보부상단은 1905년 10월에 창설된 동아개진교육회(東亞開進敎育會)의 지방지회로 등록되어 있었다.[41] 동아개진교육회는 공진회를 전신으로 하는 단체로 광무황제강제퇴위반대운동을 지원하거나 주도하고 있던 심상훈, 김교각 등이 중앙임원으로 임명되어 있었다.[42] 따라서 보부상 조직을 통해 원주에 광무황제강제퇴위반대운동이 빠르게 확산될 수 있었다.

황제의 측근세력은 강제퇴위반대운동이 전국으로 확산되어 의병전쟁으로 확대되도록 지원하고 있었던 것이다. 그런 측면에서 황제의 측근세력은 의병전쟁에도 영향을 미치고 있었다. 의병들은 의병봉기의 한 원인으로 광무황제의 강제퇴위를 들고 있었다. 이강년 의병장은 동지들에게 보내는 글에서 '조정에 가득한 역적들이 모두 왜적에게 붙어, 지존(至尊)을 협박하여 국권을 위임하게 하여 종사(宗社)를 뒤엎고 인륜을 없애는 지경에까지 이르렀다'[43]고 하였으며, 단양 출신의 의병장 이명상(李明相)은 일본의 죄상으로 '국모시해', '군부폐위(君父廢位)', '군대해산' 등을 들고 있었다. 또 채응언 의병장도 '국모시해', '국부위협(國父威脅)'을 일본의 죄상으로 지적하였으며, 임실 출신의 이석용 의병장도 의병봉기의 이유를 명성황후 시해와 광무황제의 폐위를 들고 있는 등 전국에서 봉기하고 있던 의병들은 광무황제의 강제

---

40) 원주를 제외한 계원들의 주소지를 보면 경성(서빙고), 경기 양평, 여주, 시흥, 양주(구리면), 강원 영월(수주면, 양변면), 평창, 정선, 양양, 횡성(서원면, 정곡면 하안흥리), 충청 단양, 천안, 제천(봉양면, 덕산면), 충주(동양면 용대리, 이유면 대소리), 홍주, 경상 경상도 내성, 대구, 풍기, 칠곡, 거창(남상면), 제주, 황해 재령, 평안 안주, 청국 산동(巨神林)이었다(이소래, 「원주시 신림면의 마을신앙 연구」, 연세대학교 대학원 석사학위논문, 2007, 61~63쪽).
41) 이소래, 「원주시 신림면의 마을신앙 연구」, 연세대학교 대학원 석사학위논문, 2007, 62쪽.
42) 1905년 중앙임원 명단에서 심상훈은 贊成員으로, 김교각은 副司務에 임명되었다(조재곤, 『한국근대사회와 보부상』, 혜안, 2001, 259쪽).
43) 「운강선생창의일록」, 『독립운동사자료집』 제1권, 독립운동사편찬위원회, 1971, 294쪽.

퇴위가 의병봉기의 중요한 원인임을 밝히고 있었다. 황제의 강제퇴위가 일본에 의한 실질적인 국권침탈이라고 인식하였던 의병들은 구국운동으로 의병전쟁을 일으키고 있었던 것이다. 이러한 의병봉기에 광무황제의 측근세력은 황제의 밀지를 전하여 의병봉기의 정당성을 부여해 주었다. 이는 강제퇴위반대운동을 지원한 것과 동일 선상에 있는 것으로 이들은 을미의병 때와 마찬가지로 지방의 의병들과 연합하여 강제퇴위반대운동을 의병전쟁으로 확대시킴으로써 서울의 정치상황을 변화시켜보고자 하였던 것이다.

원주는 을미의병부터 중앙정치세력과 연계하여 의병운동을 전개한 곳이었다.[44] 1896년 1월 12일 원주 안창에서 봉기한 '원주의병'이나 1905년 8월 16일 원주 주천에서 봉기한 원용팔 연합의병은 중앙정치세력과 연계되어 일어나고 전개된 의병이었다.[45] 이러한 연장선상에서 광무황제강제퇴위반대운동이 지방으로 확산될 때 원주에서 호응할 수 있는 분위기가 형성되어 있었다. 이와 관련하여 광무황제강제퇴위반대운동을 지원하고 있던 심상훈은 주목된다. 그는 제천·충주·단양 등지에 재지기반을 둔 청송심씨(靑松沈氏) 안효공파(安孝公派) 온양공손(溫陽公係)이었다. 그러나 큰며느리 우봉이씨(牛峰李氏)의 분묘가 원주 신림에 조성된 것이나 부인인 안동김씨(安東金氏)의 분묘가 원주 경계인 충주 엄정면 목계리에, 장남인 심이섭(沈理燮)의 분묘가 충주 가흥에 조성된 것에서 알 수 있듯이 원주지역과 일정 정도 연관을 맺고 있었다.[46] 그러므로 그는 재야세력과 연계를 맺고자 할

---

[44] 의병운동이 중앙정치세력과 연계되었다는 주장은 오영섭에 의해 제기되었다. 오영섭은 "의병운동은 고종세력과 향촌의 재야세력이 외세구축이라는 대의명분으로 굳게 뭉쳐 조직적·체계적으로 전개한 항일민족운동이다"고 하였다(오영섭, 『고종황제와 한말의병』, 선인, 2007). 이러한 기존 연구를 바탕으로 원주의병은 좀 더 확대되어 고종세력뿐만 아니라 반일적 중앙정치세력이 의병운동을 지원하고 있다고 본 것이다.

[45] 을미의병 당시 원주지역 양반유생층과 반일적 중앙정치세력과의 관계는 심철기, 「원주지역 전기의병의 학문적 배경과 참여세력」, 『한국사상사학』 38집, 2011 참조, 원용팔 의병의 중앙정치세력과의 관계는 심철기, 「1905년 원용팔 의병의 창의와 운동방략」, 『한국근현대사연구』 70집, 2014 참조.

때 우선적으로 연고지인 제천, 원주 일대 인사들과 접촉하였으며, 이 지역의 의병운동에도 관여하였다. 이러한 모습은 을미의병 당시부터 있었는데, 특히, 원주지역과 관련해서는 황제의 밀지를 전하는 것 외에도 의병운동이 위축되었을 때 원주 안창에 내려와 있던 전 판서 김세기와 함께 원주창의 소통문을 돌려 의병운동을 독려하기도 하였다.47) 을사의병 때에도 일진회로부터 원용팔 연합의병을 지원하고 있다는 의심을 받았으며, 충주에 근무하고 있던 일본군 장교들은 '폭도수령' 심상훈이 "요로(要路)의 내명(內命)을 받고 의병에 투신했다는 풍설이 돌고 있다"고 상부에 보고하고 있었다.48) 즉, 원주지역 의병운동은 심상훈, 김세기 등 반일적 중앙정치세력과 연계를 맺으면서 전개되고 있었던 것을 알 수 있다. 심상훈은 자신의 연고지를 중심으로 낙향해 있던 반일적 중앙정치세력, 재지사족층과 연계하여 은밀히 지방의 의병장에게 광무황제의 밀지를 전하여 의병전쟁의 정당성을 부여해 주는 동시에 적극적인 항쟁으로 이어지도록 독려하였다.49) 그것은 호서지역을 근거지로 원주지역 의병들과 관계를 맺고 있던 이강년 의병장에게 황제의 밀지를 전한 것 등으로 알 수 있다.50)

이와 함께 원주, 여주 일대에서 거주하면서 관동창의대장과 13도창의대장을 역임한 이인영의 인적관계도 주목된다. 그는 의병봉기 직전에 비밀리에 상경하여 이소영(李紹榮)과 2~3인의 유지(有志) 등과 거의(擧義)를 협의한 일이 있었다. 이소영은 고종 측근인 이유인(李裕寅)의 아들이었으며,

---

46) 『靑松沈氏大同世譜』, 124쪽. 원주경계인 목계, 가흥은 남한강, 섬강을 따라 원주 부론면, 문막읍, 지정면과 이어져 있다. 특히, 지정면 안창리는 을미의병이 봉기한 곳이고 심상훈과 함께 창의통문을 발송한 김세기의 가문인 연안김씨 동족마을이 형성된 곳이다.
47) 을미의병 당시 원주지역 양반유생층과 반일적 중앙정치세력과의 관계는 제1장을 참조.
48) 오영섭, 「제2장 고종측근 심상훈과 충청지역 의병장들과의 연대양상」, 『고종황제와 한말의병』, 선인, 2007, 285쪽.
49) 「운강선생창의일록」, 『독립운동사자료집』 제1권, 독립운동사편찬위원회, 1971, 223~224쪽.
50) 「운강선생창의일록」, 『독립운동사자료집』 제1권, 독립운동사편찬위원회, 1971, 223~224쪽.

1908년 상반기 예천지역에서 의병활동을 전개한 인물이었다.[51] 이인영은 같은 경주이씨였던 이소영을 통해 중앙정치세력과 연계를 맺고 있었던 것이다. 또한 이인영은 김세기의 가문인 연안김씨와도 관계가 형성되어 있었다. 이인영을 의병장으로 추대한 이은찬, 이구채가 이인영을 찾아간 결정적인 이유는 연안김씨 김사승(金思昇)의 권유에 따른 것이었다.[52] 이은찬은 원주 부흥사면에서 출생한 양반이었는데 이인영은 그를 3품 위계를 가졌던 전 승지 이태영(李泰榮)과 같은 자격의 인물이라고 하였다. 이구채는 원주 부론면 손곡리에 세거하던 선비로 을미의병 당시 이인영의 종사로 활약한 인물이었다.[53] 즉, 이인영은 연안김씨 가문을 통해서도 중앙정치세력, 원주지역 양반유생들과 연계를 맺고 있었다. 이처럼 원주에서 의병에 참여했던 주요 인물들 중에는 중앙정치세력과 연계를 맺고 있던 인물들이 상당수 있었다.

이러한 사실을 통해 원주의 광무황제강제퇴위반대운동에 참여한 인물에 대한 직접적인 기록이 없는 상황에서 어떤 세력들이 이 반대운동을 주도했는지를 가늠할 수 있다. 즉, 중앙정치세력과의 연계성, 그동안 원주에서 전개된 저항운동 등을 고려할 때 억압적 지배세력에 저항했던 세력이라고 생각해 볼 수 있다. 특히, 일본의 국권침탈에 무력으로 저항하였던 의병운동세력이 광무황제의 강제퇴위라는 주권침탈 상황에서 다시 저항운동을 일으키기에 충분하였다. 더욱이 고문정치, 산림천택(山林川澤)의 침탈 등 러일전쟁 이후 본격화되는 일본의 침략에 저항하여 일어났던 원용팔 의병의 저항의식이 남아있는 상황에서 광무황제의 강제퇴위는 의병운동세력의 분

---

[51] 오영섭, 『고종황제와 한말의병』, 선인, 2007, 310~311쪽. 한편, 오영섭은 이인영이 을미의병운동과 을사조약 이후 상경하여 벌인 은밀한 항일활동의 결과 고종세력으로부터 의병장감으로 낙점을 받았고, 그래서 이구채, 이은찬이 밀지를 가지고 찾아왔다고 하였다.
[52] 구완회, 「원주의 안창마을에 전하는 의병이야기」, 『내제문화』 9, 1997, 95~96쪽. 이인영은 호좌의진이 서북행을 준비할 때 연안김씨 가문의 세거지인 원주 안창에서 재정비할 것을 권유하기도 하였다.
[53] 『統監府文書』 8권, 「李麟榮陳述調書」, (2)暴徒巨魁 李麟榮 調書報告 건(1909년 6월 30일).

노를 폭발시켰다. 이렇게 볼 때 의병운동세력이 광무황제강제퇴위반대운동을 주도하였다고 볼 수 있다.

서울에서 광무황제강제퇴위반대운동을 주도하고 있던 황제 측근의 중앙정치세력은 그들이 가지고 있던 물적·인적 자원을 동원하여 광무황제강제퇴위반대운동을 지방으로 확산시키고 있었다. 이는 을미의병 당시 지역의 의병세력들이 심상훈, 김세기 등 반일적 중앙정치세력과 연계를 맺어 의병운동을 전개한 것과 마찬가지로 의병운동세력을 광무황제강제퇴위반대운동에 참여시켜 의병전쟁으로 확대시키고자 하였던 것이다. 광무황제강제퇴위반대운동이 의병전쟁에 영향을 미쳤다는 것은 의병들의 격문에 나타난 의병봉기의 한 원인이 광무황제강제퇴위였다는 것을 통해서도 알 수 있다.[54]

이를 종합해 보면, 1907년 '원주의병'은 원주진위대 해산군인들의 봉기로 일어났지만, 그 시작은 광무황제강제퇴위반대운동에서 비롯되었다고 할 수 있다. 원주지역의 광무황제강제퇴위반대운동이 원주진위대가 해산되면서 '원주의병'으로 확대된 것이었다.

2) 원주진위대의 봉기와 참여세력의 확대

(1) 원주진위대의 봉기

① 시위대의 봉기

광무황제강제퇴위반대운동이 진행되고 있는 상황에서 정미7조약을 체결한 일본은 그 부속 각서로 대한제국 군대해산을 추진하였다. 일본은 대한제국 군대를 해산함으로써 대한제국의 전권을 안정적으로 장악하고 점

---

[54] 김상기, 「高宗의 헤이그특사 파견과 국내항일투쟁」, 『헤이그특사와 한국독립운동』, 독립기념관 한국독립운동사연구소, 2007, 367~368쪽.

차 식민지로 만들고자 하였다. 군대해산은 비밀리에 진행되었으며, 군대해산 과정에서 일어날지 모르는 대한제국군의 반발에 대비해 일본군을 재배치하였다. 서울은 용산에 주둔하고 있던 보병 3개 중대를 서울로 이동 배치하였고, 제13사단에서 파견하였던 부산·대구수비대도 제12여단 제3대대 제10중대, 제11중대, 제12중대 병력과 교대하여 서울로 이동 배치하였다. 지방은 제12여단 제2대대 8중대가 7월 31일 오전 1시 광주에 도착함으로써 부대배치가 완료되었다.

일본군의 부대배치와 함께 지휘관할권에 대한 조정이 있었다. 대한제국 전체를 관할하던 제13사단장에게 서울, 영등포에 주둔해 있는 부대를 지휘하도록 하여 서울 부근의 경비에만 임하도록 하고, 제12여단장을 남부수비관구 사령관으로 임명하여 해당 관구 내에 있는 제12여단 병력 이외에 김화·포천·춘천·충주·전주에 주둔해 있는 제13사단 병력도 함께 지휘하도록 하였다.[55] 즉, 제13사단이 서울의 시위대 해산에 관여하고 해산시 반발에 대비토록 하였고, 제12여단은 지방의 진위대 해산에 관여하고 해산시 반발에 대비토록 한 것이었다.

일본군의 부대배치가 완료된 7월 31일 하세가와 한국주차군사령관은 이완용(李完用), 이병무(李秉武) 등과 함께 융희(隆熙)황제에게 대한제국군이 무기와 탄약을 반납하고 해산하도록 하는 칙령을 내리도록 협박하여 그날 밤 재가를 받았다. 그리하여 8월 1일 은금(恩金)의 명목으로 80원을 하사하고, 1년 이상 된 병졸에게는 50원을, 1년 미만의 병졸에게는 25원을 지불하고 해산하도록 하는 군대해산 조칙을 공포하였다.[56] 이에 따라 원수부(元帥府), 시위대(侍衛隊), 헌병사령부(憲兵司令部), 육군감옥(陸軍監獄), 유년학교(幼年學校), 장관회의소(將官會議所), 육군법원(陸軍法院), 연성학교(研成學校), 군

---

[55] 「參1發 제14호」, 『한말의병자료 Ⅳ』, 독립기념관, 2002, 20쪽.
[56] 김호성, 『韓末義兵運動史研究』, 고려원, 1987, 31쪽.

기창(軍器廠), 위생원(衛生院), 시위혼성여단, 군악대, 홍릉수호대(洪陵守護隊), 헌병대, 치중대(輜重隊), 지방의 진위보병 8개 대대가 해산되었다. 군부(軍部), 시종무관부(侍從武官府), 배종무관부(陪從武官府), 영친왕부(英親王府) 무관(武官), 무관학교(武官學校), 근위보병대대만 그대로 유지되었다.57)

8월 1일 오전 7시 군부대신 이병무가 대한제국군 각 대대장을 한국주차군사령관 관저에 소집하여 해산조칙을 낭독하는 것으로 군대해산이 시작되었다. 조칙 낭독 후 도수체조를 한다는 명목으로 오전 10시까지 시위대 병력을 훈련원에 모이도록 하였다. 이곳은 이미 무장한 일본군이 경계하고 있었다. 그런데 시위 제1연대 제1대대장 박승환(朴昇煥) 참령이 병을 핑계로 참석하지 않고 군대해산에 분개하여 '군인으로서 나라를 지키지 못하고 신하로서 충성을 다하지 못하면 만 번 죽어도 아까울 것이 없다'라는 유서를 남기고 자결하였다.58) 뿐만 아니라 중대장 보병 정위 오의선도 칼로 자결하였다.59) 대대장의 자결 소식을 접한 시위 제1연대 제1대대 병사들은 일제히 봉기하였고, 인근 병영의 시위 제2연대 제1대대 병력도 박승환 참령의 자결 소식을 듣고 함께 봉기하였다.60)

---

57) 조재곤, 「제6장 일본의 군사주권 침탈과 군대해산」, 『한국군사사: 근현대Ⅰ』, 경인문화사, 2012, 452쪽.

58) 再昨日上午九時에 侍衛一隊參領 朴昇煥氏가 長谷川氏에게 前往ᄒᆞ얏다가 回路에 不勝痛憤ᄒᆞ야 該隊前井上에서 腹部를 自刃長逝ᄒᆞ얏다더라(『皇城新聞』, 광무 11년 8월 3일, 「朴參領自裁」); 侍衛一大ᄃᆡ參領박勝煥氏ᄀ 自處ᄒᆞᆫ 事ᄂᆞᆫ 已揭昨報어니와 該氏의 自斃ᄒᆞᆫ 事를 得聞ᄒᆞᆫ則 再昨日上午七時에 長谷川大將의게 ᄃᆡ領尉官이 會同ᄒᆞ야 各其ᄃᆡ兵사를 領率ᄒᆞ야 訓鍊院에 往하야 解放式을 擧行홈 後解散ᄒᆞ라 홈ᄋᆡ 本대로 向ᄒᆞ야 該대之側西小門內路小井前에 當ᄒᆞ야 言ᄒᆞ되 吾가 幾年을 領軍之任으로 직ᄒᆞ얏다가 何說노 解散ᄒᆞᆫ다고 軍卒를 對ᄒᆞ야 發言치 못ᄒᆞ깃스니 차라리 我ᄀ 死하ᄂᆞᆫ 거시 當然ᄒᆞ다고 卽地에 自斃ᄒᆞᆷᄋᆡ 日軍이 該營內로 携入以置ᄒᆞ얏더니 其季氏가 西醫士와 同往ᄒᆞ야 竟來ᄒᆞ얏ᄂᆞᆫᄃᆡ 該ᄃᆡ兵丁이 북氏의 自斃를 目睹ᄒᆞ고 憤鬱ᄒᆞ야 接戰이 되얏ᄂᆞᆫ대 巷說에 皆曰是將是卒이라 ᄒᆞ더라(『대한매일신보』, 1907년 8월 3일, 「參領自裁의 續聞」).

59) 侍衛二聯壹大대副尉오義善氏도 再昨日박勝煥氏와 同히 以刀自處하얏더라(『대한매일신보』, 1907년 8월 3일, 「同日殉節」).

60) 조재곤, 「제6장 일본의 군사주권 침탈과 군대해산」, 『한국군사사: 근현대Ⅰ』, 경인문화사, 2012, 454~456쪽.

시위 제1연대 제1대대와 시위 제2연대 제1대대가 군대해산을 거부하고 봉기하였다는 보고를 받은 한국주차군사령부는 제13사단 소속 제51연대 제3대대와 2개 소대에 공병장교 이하 10명 및 기관총 3문을 주어 이들을 진압하도록 명령하였다.[61] 진압작전에 투입된 일본군은 어렵지 않게 진압할 수 있을 것이라고 생각하였으나 전투는 오전 내내 전개되다가 12시쯤 제1연대 제1대대 병영이 점령되면서 점차 줄어드는 등 예상외로 시위대의 저항은 매우 강하였다. 이는 일본군이 시위대를 진압하기 위해 소비한 탄약의 양을 보더라도 알 수 있는데, 소총탄 7,773발, 기관총탄 1,138발, 황색탄약(메리나이트, 투척용 폭약에 사용한 것) 1,600그램을 소비하고 있었다.[62] 또한 시위대의 피해를 통해서도 파악할 수 있는데, 시위대는 준사관(準士官) 이상 12명, 하사 이하 병사 56명 총 68명의 사망자와 장교 이하 58명, 외국인 선교사가 수용한 32명 총 90명의 부상자가 발생하였다. 그리고 장교 이하 560명이 포로가 되었다. 이처럼 시위대가 일본군을 상대로 치열한 전투를 전개할 수 있었던 것은 그들의 전투능력이 일본군에 비해 떨어지지 않았기 때문이었다. 그렇다면 시위대의 전투력은 어느 정도였을까? 그것은 일본군에 의해 압수된 시위대의 병기를 통해 가늠해 볼 수 있다. 압수된 무기는 무라다(村田) 30년식 보병총 1,512정, 동 총검 1,377개, 동 탄약 18,991발, 단발총 139정, 동 총검 127개, 단도 18자루였다. 시위대는 러일전쟁 당시 일본군의 주력 소총인 무라다 30년식 보병총을 중심으로 무장하고 있어 개인무장능력 면에서는 일본군과 비등하였다. 그러나 보병 소총수 중심이라는 한계를 가지고 있었다. 이점은 시위대가 패하는 결정적 원인이 되었는데, 봉기 직후 열세에 몰렸던 일본군이 기관총과 폭약 등을 동원하여 전세를 역전시켰던 것에서 알 수 있다.

---

[61] 「參1發 제26호」,『한말의병자료 Ⅳ』, 독립기념관, 2002, 29쪽.
[62] 「參1發 제29호」,『한말의병자료 Ⅳ』, 독립기념관, 2002, 31쪽.

② 원주진위대의 봉기

한국주차군사령부는 시위대 해산과 함께 지방의 진위대 해산도 추진하였다. 진위대 해산을 위해 각 진위대장 및 일본인 교관을 서울로 소집하는 것과 함께 진위대에 보관 중인 무기·탄약을 일본군수비대로 이관하도록 하였다. 이 조치로 지방의 진위대는 순차적으로 해산될 예정이었는데, 원주진위대는 8월 10일에, 원주진위대 소속 강릉분견대와 여주분견대는 8월 13일에 해산될 예정이었다. 또 진위대 보관 무기·탄약도 일본군수비대로 이관되기 시작하여 청주, 대구, 해주, 개성, 황주, 평양, 안주, 의주, 북청, 통영, 강계의 진위대 보관 무기·탄약이 일본군수비대로 이관되었다.[63] 하지만 원주진위대 보관 무기·탄약은 일본군수비대로 이관되지 않았다. 그러므로 원주진위대가 봉기하였을 때 진위대 무기가 의병부대에 공급될 수 있었으며, 각지의 의병부대가 원주로 모이게 하는 한 원인이 되었다. 해산군인의 참여와 그들의 무기공급은 의병부대의 전투력을 이전과 비교해서 크게 증강시켰다. 이는 시위대의 봉기경험과 함께 의병전술에 큰 변화를 가져오게 하였다.

8월 10일 예정이었던 원주진위대의 해산은 순조롭게 이뤄지지 않았다. 8월 1일 서울의 시위대가 군대해산에 반발하여 봉기하였다는 소식이 그날 오후 원주진위대 병사들에게 전해지면서 동요하기 시작하였다. 이에 대대장 참령 홍유형(洪裕馨)은 부하들을 훈육하며 진정시키려고 하였으나, 도리어 병사들의 반항심만 높이는 결과를 낳았다. 이런 상황에서 홍유형은 군부(軍部)의 소집령을 이유로 8월 2일 부관 2명을 거느리고 임지를 떠나 서울로 출발하였다.[64] 상경하던 홍유형을 지평 흑천(黑川, 현 양평군 용문면)에서 100여 명의 민인(民人)들이 붙잡아 원주진위대의 병력을 이끌고 서울로 진군할 것을 요구하였지만 홍유형은 여주에 있던 자신의 본집으로 피신하였

---

[63] 「參1發 제31호」, 『한말의병자료 Ⅳ』, 독립기념관, 2002, 32쪽.
[64] 『강원도상황경계』, 「제7장 폭도」, 174쪽.

다.⁽⁶⁵⁾ 그곳에서 의병들의 동태를 살피다가 다시 서울로 올라가 버렸다.⁽⁶⁶⁾

대대장이 떠난 이후 대대장 대리 정위(正尉) 김덕제, 특무정교 민긍호 등은 원주의 장날인 8월 5일 오후 2시 비상나팔을 불어 장교와 병사들을 집결시켜 '시위대의 병사들이 모두 죽었다고 하는데, 그러한 화가 우리에게도 미칠 것이니 어찌 앉아서 죽을 것이냐?'⁽⁶⁷⁾라고 하면서 의병봉기를 선언하였다. 당시 의병봉기에 반대하다 체포된 정위 권태희(權泰熙), 부위(副尉) 권태영(權泰榮)·장세진(張世鎭)·백남숙(白南肅)·이현규(李玄珪), 참위(參尉) 이현용(李顯用)과 은사금(恩賜金)을 받고 의병에 불참한 참교(參校) 함영순과 병졸(兵卒) 김동욱·이만손 등을 제외한 원주 주둔 원주진위대 거의 모든 병력이 의병봉기에 참여하였다.⁽⁶⁸⁾ 1906년 12월 현재 원주진위대 정원은 참령(參領) 1명, 정위 2명, 부위 7명[군사(軍司) 1명], 참위 3명[군의(軍醫) 1명], 특무정교(特務正校) 2명, 정교(正校) 5명[조호장(調護長) 1명], 계수(計手) 1명, 부교(副校) 15명, 참교 14명, 상등병(上等兵) 66명[조호수(調護手) 2명], 일등병졸(一等兵卒) 102명, 이등병졸(二等兵卒) 204명

⁽⁶⁵⁾ 原州鎭衛대參領共祐馨氏가 軍部大臣의 命令으로 從卒二名을 率ㅎ고 上京ㅎㄴ대 同郡 黑川에 至ㅎ즉 人民百餘名이 突出ㅎ야 該氏의 乘轎를 奪取ㅎ고 該氏와 從卒은 當夜에 郡衙에 奉入ㅎ야 看守ㅎ는듸 乘機逃走하야 呂州郡自己私第에 避亂ㅎ얏고(『대한매일신보』, 1907년 8월 7일, 「參領逃走」).

⁽⁶⁶⁾ 原州郡鎭衛隊參領 洪裕馨氏가 再昨日에 上京하얏다더라(『대한매일신보』, 1907년 8월 12일, 「洪參領入京」).

⁽⁶⁷⁾ 士卒曰京中各隊士卒이咸沒則吾等도亦被此患이니豈待坐死랴ㅎ고(『대한제국 관보』 제3877호, 1907년 9월 21일, 「彙報」).

⁽⁶⁸⁾ 원주진위대 해산군인의 의병참여를 알 수 있는 것으로 1908년 정부가 작성한 「前原州鎭衛隊士卒姓名案 軍警歸順幷付」가 있다. 거기에는 전사자 副校 권진환·김수환, 參校 강윤환, 兵卒 신영균·유경숙·엄백용·채삼석·김명식·진준철·김승록·권진홍·김복길·김수업·양창운·김원실·조현묵·신봉균·신성팔·함기연·이재근·전영하, 原州土着兵 고성춘·김덕희·김일봉·안창업·조수환·최수봉·김순경·한봉기·김해봉·김계완·김성옥·정준실·김응봉, 귀순자 正校 5명, 副校 9명, 參校 9명, 上等兵 35명, 兵卒 97명, 客地士卒 43명, 高城接수 38명이 기재되어 있다. 「前原州鎭衛隊士卒姓名案 軍警歸順幷付」, 『各道郡報告』, 內閣編, 2책(오영교·왕현종·심철기 엮음, 『원주독립운동사자료집』 Ⅰ: 의병관련 정부자료, 혜안, 2004, 224~253쪽).

으로 총 421명이었다.69) 이 정원은 원주에 주둔한 대대본부 인원뿐만 아니라 고성, 여주 등 예하 분견대 정원도 포함된 것이었다. 이 중 원주에 주둔한 인원으로 의병에 참여한 것으로 파악된 인원은 일본측 기록에 의하면 258명이었다.70) 또 귀순자명부를 통해 확인되는 인원은 최소 참교 이상의 간부 26명, 병사 163명 총 189명에서 최대 고성분견대 파견 38명과 원주이외의 사졸 43명을 포함하여 270명 정도였다.71) 여기에는 8월 6일 여주분견대장 백남숙의 만류에도 '본대(本隊) 사졸이 군대해산(軍隊解散)의 일에 연유하여 의병을 일으켰는데, 우리도 사생(死生)을 같이 해야 한다'72)고 하고 원주로 직행한 여주분견대원들도 포함되었다. 또한 '이곳의 한국병 258명은 폭민(暴民)과 함께 일본인을 덮쳐 약탈을 했다'73)는 기록과 원주진위대 병사들이 무기고의 무기를 가지고 시민들과 합세하였다는 기록74) 등에서 보이듯이 의병봉기에 호응하는 자들이 의병에 합류하고 있었다. 이렇게 해서 출범한 의병부대의 규모는 정확히 알 수는 없지만 충주수비대 니노미야(二宮) 소위가 이끄는 일본군 정찰대와 교전을 한 의병이 300여 명이었던 것으로 보아 300여 명 이상이었던 것으로 보인다. 이후 격문을 발하여 의병을 모집하고, 원주를 비롯한 주변지역에서 계속해서 의병에 가담하는 자가 늘어나면서 의병부대의 규모는 크게 증가하였다. 이를 통해 볼 때 의병봉기가 군대해산을 계기로

---

69) 「한국육군편성과 배치표(1906년 12월 調)」, 『千代田 史料』 613.

70) 同地ノ韓兵二百五十八暴民ト共ニ日本人ヲ襲ヒ略奪ヲ爲セリ(『統監府文書』 3권, 「九. 甲種文書部」, (32) [韓兵 原州地方 日本人 襲擊事件 狀況報告]).

71) 왕현종, 「1907년 이후 원주진위대의 의병 참여와 전술 변화」, 『歷史敎育』 96, 2005, 143~146쪽.

72) 被告白南肅供稱矣身이出駐於驪州러니上月六日에馬拍隊士卒이自意變動ᄒ야欲向本隊故로 問其事由則士卒曰本隊士卒이緣於解放之事ᄒ이鬪動則吾等도同爲死生云이기(『대한제국 관보』 제3877호, 1907년 9월 21일, 「彙報」).

73) 同地ノ韓兵二百五十八暴民ト共ニ日本人ヲ襲ヒ略奪ヲ爲セリ(『統監府文書』 3권, 「九. 甲種文書部」, (32) [韓兵 原州地方 日本人 襲擊事件 狀況報告]).

74) 翌日에被捉於市民而入營則兵舍與軍器庫가破碎無餘ᄒ고士民은散在四方ᄒ야與市民合勢 (『대한제국 관보』 제3877호, 1907년 9월 21일, 「彙報」).

일어났지만, 궁극적으로는 일본의 침략정책에 반발한 원주진위대 해산군인과 지역민들이 연합하여 일어난 것으로 '원주의병'이라고 할 수 있다.

의병봉기 직후 민긍호를 비롯한 의병지휘부는 원주진위대의 무기고를 열어 소총 1,200정과 탄환 4만여 발을 꺼내어 부대원들을 무장시켰다.[75] 그리고 부대를 4개로 편성하여 각 부대의 지휘관에 민긍호, 김덕제, 손재규, 한갑복이 취임하였다.[76]

〈표 5〉 원주진위대 소속 간부 및 병사 명단

官等	職名	姓名	定員
參領	大隊長	홍우형	1
正尉	中隊長	김덕제, 권태희	2
副尉		권태억, 장세진, 백남숙, 이현규	6, 軍司 1
參尉	小隊長	이현용	2, 軍醫 1
特務正校		민긍호	2
正校		이희필, 장대형, 이순우, 장현명, 안경락	3, 調護長 1, 計手 1
副校		권진한, 김수화,, 이봉현, 장준석, 함주해, 김덕홍, 권진영, 조장용, 정계용, 원영선, 장대근, 김창해, 김순근, 김주현	15
參校		강윤환, 우치백, 정명조, 박기우, 김관철, 함기범, 김일복, 손석출, 정계명, 김용순, 이두철, 함영순	14
上等兵		최성학, 조군환, 김인택, 남성운, 이장성, 장치관, 오귀달, 이인용, 김명천, 전성원, 박영필, 김용덕, 김유혁, 한광명, 최광복, 이기현, 서태수, 진양수, 정창환, 김덕문, 강준용, 오문도, 정귀연, 함대운, 안창현, 안영록, 최순경, 김치호, 김석복, 최도문, 안석조, 김치수, 엄석환, 최덕근, 이태복	64 調護手 2

---

[75] 병기와 탄약은 넉넉히 가졌으며 원주진위대의 장교 이하는 종적이 미상하나 그 근처의 인민을 선동할 거죠가 있을 모양이며 원주의 군기고를 조사한 즉 총이 일천이백개와 탄약 사만개는 한병이 다 가져갔다고 하였고(『대한매일신보』, 1907년 8월 20일, 「지방정형」); 孫在奎는 原州鎭衛隊參尉엇다 解像時를 際하야 그 部下將卒과 서로 謀議하고 義旗를 擧할제 그 武器庫에서 銃一千二百梃와 彈丸四萬發을 沒收하야 가지고(『獨立新聞』, 1920년 5월 11일, 「義兵傳 (六)」). 신용하는 원주진위대 무기고에서 반출된 소총이 1,600정이라고 하였으나(신용하, 「민긍호 의병부대의 항일무장투쟁」, 『한국독립운동사연구』 4, 1990, 63쪽). 당시 신문기사 등을 보면, 1,200정이 반출된 것으로 기재되어 있는 것으로 보아 의병부대에 들어간 소총은 1,200정으로 볼 수 있다.

[76] 오영교·왕현종, 『원주독립운동사』, 혜안, 2005, 128쪽.

兵卒		신영균, 유경숙, 엄백용, 채삼석, 김명식, 진준철, 김승록, 권진흥, 김복길, 김수업, 양창운, 김원실, 조현묵, 신봉균, 신성팔, 함기연, 이재근, 전영하, 고춘성, 김덕희, 김일봉, 안창업, 조수환, 최수봉, 김순경, 한봉기, 김해봉, 김계완, 김성옥, 정준실, 김응봉, 홍현주, 송봉석, 최만석, 고성보, 신수개, 박순돌, 최복여, 김문범, 이원명, 김봉순, 김도홍, 김석이, 장백만, 정명선, 김봉근, 박대석, 김성록, 신상백, 강도영, 김용진, 김운선, 표경화, 이만오, 박영근, 윤백용, 김윤식, 김상권, 박내철, 손만달, 정운선, 손순성, 박도홍, 김춘일, 박영춘, 백일손, 김금석, 황은학, 김선구, 유용이, 임شرسе, 조갑이, 김춘달, 박순봉, 김학수, 이영태, 김백세, 송인섭, 조용복, 이후수, 김화준, 이성만, 김일송, 윤성삼, 박인순, 김영수, 심주현, 조복동, 엄형익, 고덕화, 김공천, 김춘경, 함성숙, 김인봉, 김인용, 이경달, 유봉식, 현인식, 조낙경, 김일손, 오재준, 용순성, 김대관, 김자광, 이순서, 김완록, 최흥선, 김대학, 엄덕용, 김승근, 전기준, 김화선, 김인택, 한명하, 정삼용, 김홍엽, 한응식, 손세숭, 김천석, 김인옥, 김복희, 김재길, 김유식, 김억길, 최석용, 권귀석, 고성남, 김정길, 신상만, 장만업, 김사일, 김용출, 이완용, 김운선, 이보용, 안봉구, 김봉록, 김덕필, 이운성, 이원봉, 함기경, 임장손, 서명봉, 조응국, 김현달, 김영균, 박성용, 김구용, 박흥근, 최삼용, 김종만, 이한성, 정천봉, 박경천, 박경수, 최장교, 김성택, 김운선, 염성장, 채운선, 이봉황, 이영순, 김자영, 박봉학, 손준혁, 박만길, 허치도, 이춘식, 황삼출, 신영규, 김사봉, 허인학, 이병철, 김대원, 박인홍, 손봉주, 이상필, 강씨달, 용용성, 허광로, 최장호, 정영철, 김태진, 김승모, 정춘달, 박원순, 한복홍, 서병준, 박봉길, 지영덕, 안순삼, 박제희, 김순만, 김여숙, 박상기, 심삼용, 안노미, 김명선, 양명근, 이원길, 김이원, 최충천, 최오장, 김준용, 박충열, 강윤삼, 김승원, 김원문	一等兵卒 102 二等兵卒 204
		총 286인	421

※이 명단은 원주진위대 정원(1906년 12월) 421명 중 그 이름이 확인된 명단임.
※출처: 오영교·왕현종·심철기 엮음, 『원주독립운동사자료집: 의병관련 정부자료』Ⅰ, 혜안, 2004, 224~253쪽; 「한국육군편성과 배치표(1906년 12월 調)」, 『千代田 史料』 613.

또한 원주진위대는 대대 전체가 의병봉기에 참여하면서 원주진위대 보관 신식무기가 의병부대에 공급되어 의병부대의 전투력을 높이는 데 큰 영향을 미쳤다. 당시 원주진위대에 보관된 신식무기가 어떤 것인지 정확히 알 수 없지만, 1901년 초산분주대(楚山分駐隊)에는 기라총(鎞羅銃) 48정, 반모실총(半毛實銃) 2정, 탄환 1,821발 등이 보관되어 있었던 것으로 보아 원주진위대에 보관 무기도 이와 유사했을 것으로 보인다.[77] 또 1882년 이후 조선정부는 외국으로부터 서구식 소총을 수입하고 있었는데, 1882년 이홍장의 주선으로 영국제 선조총(旋條銃) 1,000정을 수입한 것을 시작으로 1900년대 초반까지 일본의 무라다 소총 20,000정, 미국제 후장식 소총 4,000정, 개틀링포 6문, 레밍턴 롤링블럭 소총 3,000정, 피바디 마르트니 소총 1,000정, 마우저 소총 1,000정, 러시아제 베르단 소총 3,000정, 일본제 소총 1만정, 프랑스제 소총 12,000정, 게베르, 독일제 마우저 M1871 소총, 영국제 엔필드 등을 수입하였다.[78] 이렇게 수입된 무기로 중앙군과 지방군을 무장시키고 있었다. 한편, 일본군이 노획한 의병 무기들에 대해 보면, 일반병기로는 창, 장창, 도검, 곤봉 등이 있었고, 화기로는 주로 화승총이었는데, 서구식 소총인 마우저, 스나이더, 무라다(13년식, 18년식, 30년식 등) 등도 있었다. 그리고 정확한 종류는 알 수 없는 미국식, 독일식, 러시아식 소총도 언급되었다.[79] 이러한 서구식 소총은 의병들이 청국을 통해 밀수입한 것도 있겠지만 대부분 해산된 진위대 무기고에서 나온 것이었다. 즉, 원주지역 의병들은 원주진위대에 보관되었던 서구식 무기를 공급받아 의병전쟁에 임하고 있었다.

　원주진위대와 지역주민들의 연합인 '원주의병'의 봉기 소식은 횡성, 여주, 제천 등 원주지역 주변으로 퍼져나갔다. 이에 호응하듯 각 지방에서는 포군들을 중심으로 의병봉기가 일어났다. 그중에서도 원주지역과 인적교류가 빈번하고 군사·지리적으로 밀접한 관계가 있는 횡성에서는 수순교 및 포군계장이었던 오정묵(吳正默), 퇴리(退吏) 한상렬 등이 중심이 되어 포군 수십 명을 이끌고 의병을 일으켰다.[80] 원주와 횡성의 관계는 의병봉

---

77) 『楚山分駐隊武器及什物成冊』(奎27273), 1901년.
78) 심철기, 「의병전술변화와 정미제천의병」, 『지역문화연구』 12, 세명대학교 지역문화연구소, 2013
79) 「제6장 국권수호에 나선 무기」, 『한국군사사: 군사통신무기』, 경인문화사, 2012, 274쪽

기 직후 원주진위대 해산군인 주축의 '원주의병'이 횡성군수를 체포한 사건에서 알 수 있다. '원주의병'은 봉기 직후인 8월 7일 군량미, 짚신 등 군수물자를 요구하며 횡성군수 심흥택(沈興澤)을 체포하였다.[81] 이들이 횡성군수에 이런 요구를 한 것은 횡성의 군사적 위상 때문이었다. 조선후기 이후 원주에 설치되었던 중영이 횡성으로 이전되면서 원주와 횡성은 군사적으로 밀접한 관계에 있었다. 또한 원주진위대 설치 이후 원주진위대 운영경비를 담당하던 둔전이 원주, 횡성 일대에 설치되어 있었다. 그러므로 의병전쟁에 필요한 물적 자원을 자연스럽게 횡성에 요구하게 되었던 것이다. 그러나 횡성군수는 '원주의병'의 요구를 받아들이지 않았던 것으로 보인다. 이와 관련하여 다음의 기사가 주목된다.

> 원주포병들이 횡성군으로 와서 군수를 대하여 군량군기를 곧 내라 하매 그 군수의 대답이 관장이 되어 곡식 한말이라도 지금 사태에 거둘 수 없고 군기도 업다하였더니 곧 원주읍으로 잡아가매 그 고을 유생들이 듣고 일제히 발통하고 포군 모인 곳에 가서 관장을 잡아오는 것이 온당치 못한 이유를 설명하여 방송하였다더라.[82]

이 기사에 의하면 횡성군수는 군량군기 요구를 거부하였고 이에 원주포병이 군수를 체포하였다. 여기서 원주포병이라고 한 것에서 알 수 있듯이 '원주의병'이 군수지원을 거부한 횡성군수를 체포하였다. 그리고 군령에 따라 처단하고자 하였으나 원주 유생들의 적극적인 개입으로 횡성군수는 석방되었다[83] 이는 원주농민운동 당시 중영사령이 원주 영리들과 결탁한 것

---

[80] 橫城郡首記書 吳正默은 多年豪吏로 多聚山砲ᄒ고 又奉使喚 三名與勞働者 六七名ᄒ야 成黨作梗ᄒ다 ᄒ고(『皇城新聞』, 1907년 10월 31일, 「江原宣使彙報」).
[81] 橫城郡守 沈興澤氏는 有何事件인지 不知ᄒ거니와 本月七日에 砲兵에게 被捉ᄒ얏다고 (『皇城新聞』, 1907년 8월 12일, 「橫倅被捉」).
[82] 『대한매일신보』, 1907년 8월 16일, 「군수방송」.

과 같은 것으로 원주와 횡성은 인적교류가 빈번하고 군사·지리적으로 밀접한 관계였음을 알 수 있다. 따라서 '원주의병'이 횡성으로 진출하게 되었고 그곳에서 봉기한 의병부대와 연합의병을 형성하게 되었던 것이다. 한편, 횡성군수가 의병들의 군수지원 요구를 어찌 처리했는지 모르는 상황에서 원주 유생들의 중재로 석방된 것으로 보아 의병들의 요구를 일정정도 받아들였을 것으로 보여 진다.[84]

그런데 횡성군수가 석방되어 횡성으로 돌아오는 사이 포병 10여 명이 횡성군의 관속(官屬)을 위협하여 군도(軍刀) 16자루 등 군수물자를 가지고 가는 일이 발생하였다.[85] 이는 '원주의병'에서 행한 것으로 보이지는 않는다. '원주의병'은 이미 원주진위대 무기고에서 신식소총 등을 충분히 획득하였다. 오히려 횡성에서 봉기하여 '원주의병'과 연합하였던 한상렬, 오정묵 의병부대로 보인다.

횡성지역 의병부대와 연합은 '원주의병'의 분화에서 시작되었다. 원주에서 활동하던 '원주의병'은 민긍호와 김덕제를 중심으로 두 부대로 재편되었다. 김덕제는 횡성방면으로 나아가 이후 평창을 거쳐 강릉 방면으로 이동하였다. 민긍호는 평창방면으로 나아가다 주천, 제천으로 이동하였다.[86] 이러한 부대이동은 서울에서 특별편성되어 원주로 이동 중인 시모바야시(下林) 지대에 대비하기 위한 것이었다. 이 과정에서 민긍호는 평창으로

---

[83] 이 상황에 대해 횡성군수는 강원도관찰부에 보고하기를 원주진위대에서 砲兵 25명이 와서 군량미 100석을 요구하였으나 온당하지 못한 일이어서 결정하지 않고 돌아왔다고 하여 의병들의 요구를 거부하였음을 밝히고 있다(『皇城新聞』, 융희 원년 8월 21일, 「地方消息一束」).

[84] '該郡守에게 軍糧米 幾百石과 草履 幾百部를 請求ᄒᆞᄂᆞᄃᆡ 何以措處흠은 未詳ᄒᆞ거니와 該郡守ᄂᆞᆫ 放還이 되얏다더라'(『皇城新聞』, 융희 원년 8월 16일, 「橫倅消息」).

[85] '郡守가 出往原州之間에 砲兵 十餘名이 來到本郡ᄒᆞ야 官屬을 威脅ᄒᆞ고 軍刀 十六柄을 奪去이기 莫重軍物을 見奪ᄒᆞᄂᆞᆫ 것이 誠極悚惶이며'(『皇城新聞』, 융희 원년 8월 21일, 「地方消息一束」).

[86] '原州 等地에셔ᄂᆞᆫ 暴徒 百餘名이 本月八日에 一部ᄂᆞᆫ 平昌 堤川으로 向ᄒᆞ고 一部ᄂᆞᆫ 橫城으로 向ᄒᆞ고'(『황성신문』, 융희 원년 8월 14일, 「地方消息一束」).

이동 중 8월 8일 횡성으로 들어가 그곳에서 봉기한 수순교 및 포군계장이었던 오정묵(吳正默)의 산포수 부대와 합류하였다.[87] 또 퇴리(退吏) 한상렬이 이끄는 의병부대와도 연합의병을 형성하였다. 그런데 이 연합의병의 형태는 민긍호가 이끌고 있던 '원주의병'에 흡수된 것이 아니었다. 함께 연합작전을 수행하다가도 독자적인 활동을 전개하는 연대적 성격을 가지고 있었다. 한상렬의 경우에는 약 250명의 부대원을 이끌고 횡성, 홍천, 지평 등지에서 독자적으로 활동하기도 하였다.[88]

1907년 8월 1일 서울 시위대의 해산을 계기로 일어난 의병전쟁은 해산군인을 중심으로 경기도, 강원도, 충청도, 경상도 등지로 확대되었다. 그중에서도 강원도 지역은 원주진위대 해산군인들을 중심으로 의병운동이 가장 치열하게 전개되었다. 특히, 원주지역을 중심으로 전개되었던 민긍호, 이인영 등의 활동은 의병운동을 의병전쟁으로 발전하게 하는 발판이 되었다. 또한 강원도 의병을 나아가 전국 의병을 하나로 통합할 수 있는 모체가 되었다. 이러한 의병전쟁의 시작은 원주의 장날인 8월 5일 원주진위대 해산군인과 이들에 동조하는 지역민들의 연합으로 일어난 원주봉기였다.

(2) 참여세력의 확대양상과 성격

광무황제의 강제퇴위와 군대해산을 계기로 일어난 1907년 의병전쟁은 이전과 다르게 의병 주도세력이 크게 확대되었다. 이전의 의병운동은 주로 양반유생층이 의병장으로 의병운동을 이끌었다면, 군대해산 이후에는 양반유생층뿐만 아니라 해산군인, 이서, 농민 등 다양한 계층이 의병장으로 의병전

---

[87] 『황성신문』, 1907년 10월 31일, 「江原宣使彙報」.
[88] '義徒聚集을 務ᄒ고 一擧ᄒ야 原州 忠州를 奪取ᄒ고 大擧ᄒ야 京城으로 向ᄒ다 聲言ᄒ 는딕 … 義徒 數爻가 如左ᄒ니 … 韓相烈 等 二百五十名'(『皇城新聞』, 융희 원년 11월 11일, 「義徒行動」).

쟁에 참여하였다. 특히, 원주는 1907년 강원도지역 의병전쟁의 출발점이 되었을 뿐만 아니라 중요한 근거지로 양반유생, 해산군인 등 다양한 세력이 의병전쟁에 참여하였다. 원주지역 의병참여자의 성격에 대해서는 일본측 기록을 통해 확인할 수 있다. 일본은 강원도 일대 귀순자를 통해 의병에 참여한 세력을 분석하였는데, 첫째, 보호정책에 불만을 품은 완고한 양반유생으로 유인석 등의 화서학파였다. 둘째, 원주진위대 해산군인으로 민긍호를 그 중심인물로 보았다. 셋째, 의병에게 은밀히 편의를 제공하고 있던 지방관으로 원주군수, 홍천군수 등이 있었다. 넷째, 초적의 무리, 노름꾼, 모군(募軍), 수군(輸軍), 총포화약단속법의 실시에 불만을 가졌던 포수, 무지몽매한 빈민 등이었다.[89] 이 중 귀순자의 대부분은 무지몽매한 빈민들이라고 하였다.

〈표 6〉 1908년 10월 말 현재 각도 의병귀순자 비교표

평북	함남	함북	전남	강원	충북	경기	도명	各道暴徒歸順者 比較表 (명치 41년 10월 말일 현재)
32	239	170	65	1,910	732	675	인원	
계	황해	경남	평남	전북	충남	경북	도명	
8,823	608	324	41	163	156	120	인원	

※비고: 1道 평균은 678명, 강원도는 전체의 약 10분의 2를 점유.

〈표 7〉 1908년 12월 말 현재 의병귀순자표

합계 1910명	원주서					울진서			춘천서					경찰서명	暴徒歸順者表 명치 41년 12월 말일 현재
	정선	평창	영월	횡성	원주	삼척	평해	울진	인제	화천	양구	홍천	춘천	군명	
	57	42	82	227	420	37	30	39	152	81	71	216	103	인원	
	828					160			623					계	
	강릉서				금성서									경찰서명	
	고성	간성	양양	강릉	통천	회양	금화	철원	안협	이천	평강	금성		군명	
	11	23	31	39	5	78	15	35	8	34	81	44		인원	
	104				250									계	

※비고: 본표는 헌병대, 군청, 수비대선유위원에 귀순한 것을 합한 것임.

---

[89] 『原江原道狀況梗槪』, 「第七章 暴徒」, 第一節 暴徒蜂起の原因, 春川憲兵隊本部, 1913, 171~173쪽.

강원도에서 귀순한 자는 〈표 6〉에 의하면 1908년 10월 현재 전체 귀순자 8,823명 중 1,910명으로 가장 많았으며, 전체대비 21.6%를 차지하였다. 강원도 귀순자 중 원주경찰서로 귀순한 자는 〈표 7〉에서 보는 것과 같이 1908년 12월 말까지 822명(46.1%)로 가장 많았으며, 그중에서도 원주는 420명(51%)으로 과반수를 차지하였다.[90] 이를 볼 때 1907~1908년까지 가장 치열하게 의병전쟁이 전개된 곳은 강원도이고 그중에서도 원주가 중심지였음을 알 수 있다. 또한 의병전쟁을 주도적으로 이끌고 있던 인물들도 〈표 8〉에서 볼 수 있듯이 양반유생뿐만 아니라 해산군인을 포함한 다양한 세력이 있었음을 알 수 있다.

이 중 대표적인 유생의병장으로 13도창의군의 총대장을 맡은 이인영 의병장이 있으며, 해산군인 출신으로는 원주진위대 해산군인들을 이끌었던 민긍호 의병장이 있다. 이들 부대의 참여세력 분석을 통해 원주지역 의병 주도세력에 대해 알아보고자 한다. 또한 이들 부대의 활동을 통해 당시 의병부대의 전술변화를 파악할 것이다.

〈표 8〉 1907년 원주지역 의병전쟁 참여자

성명	거주지	활동 내역	비고
김덕제	원주		원주진위대 정위
김운선			
민긍호	원주		원주진위대 특무정교
손재규			원주진위대 참위
조동교			진위대 군인
최인순			원주진위대 소모대장
강운선	영월 남면	1908. 8. 8. 귀순	
고시현	원주 판제	윤기영 부하, 1908. 10.10. 귀순	농민
김성배	영월 우변	1908. 8. 8. 귀순	
신원집	영월 우변	1908. 8. 8. 귀순	
심선경	영월 우변	1908. 8. 8. 귀순	

---

[90] 〈표 6〉, 〈표 7〉는 『原江原道狀況梗慨』「第七章 暴徒」第一節 暴徒蜂起の原因, 春川憲兵隊本部, 1913, 230~234쪽 참조.

이대은	영월 우변	1908. 8. 8. 귀순	
현준옥	영월 우변	1908. 8. 8. 귀순	
김성칙		이강년 부대 종사	
김영재	원주 부흥사	의병부대 무기 공급, 1909. 12. 체포	
김영진	제천 서면	원주에서 활동, 1908년 여름 귀순	
전재길	제천 서면	원주에서 활동, 1908년 여름 귀순	
김현국	원주	원주, 횡성, 홍천에서 활동, 1909. 6. 8. 교수형	
김현오	제천 근좌	원주에서 활동, 1908년 여름 귀순	
박갑주	원주	이강년 의진 별초군	
박경팔	원주	이강년 의진 방수장	
박백현	문경	이강년 의진, 원주 등지 활동 중 체포	
박순성	영월 좌변	윤기영 의진, 1910년 여름 체포	
박칭중	제천 동면	원주 등지에서 활동, 1908년 여름 귀순	
배문희	제천 동면	원주 등지에서 활동, 1908년 여름 귀순	
서운선	원주	원주 등지에서 부일배 처단	
성성오	원주	이강년 의진 종사	
신태종	원주	이강년 의진 종사	
심문택	원주 신림	이강년 의진 종사	
심승목		이강년 의진	
심정식	원주 가리파	정해창 의진	농민
오경묵	횡성	1908년 귀순	수순교 겸 포수계장
원도인	원주	노문성 의진, 1908년 체포	
유병선	원주	이강년 의진, 윤기영 추대	
윤기영	원주 호저	윤기영 부대장	
윤효영	원주	윤기영 부대 군자금	
이강혁	원주	이강년 의진	
이순화	문경	이인영 의진, 1908년 자수	
이영선	원주 상리	1908년 의병활동 체포 총살	
이운서	제천 남면	원주 등지에서 활동 1908년 여름 귀순	
이은찬	원주 부흥사	서울진공작전	
이인영	원주 서면	관동창의대장	
이중화		윤기영 의진, 1908년 8월 귀순	
현성오		윤기영 의진, 1908년 8월 귀순	
이철래	원주	이강년 의진 종사	
이태영		관동창의대 참여	
이화경	원주 부흥사	윤기영 의진	농민
장원유	횡성 둔내	윤기영 의진	농민
정낙인	원주	원주 상업산에서 항일 투쟁	
정낙진		방인관 의진	
정대무	원주	정대무 의병장	
정병화		민긍호, 이강년, 윤기영 등과 활동	

정선보		원주 상리면 일대에서 활동, 체포 순국	
정중택		이강년 의진	시위대 병사
주광식	제천 백운	이강년 의진 소모장	
주현삼	원주	주용규 아들, 이강년 의진 활동	
한기석		횡성 청일면에서 일본군 수비대와 교전	
한득리	원주 부흥사	윤기영 의진	
홍대성	제천 부면	원주 등지에서 활동, 1908년 여름 귀순	

※출처:「폭도에 관한 편책」;「폭도토벌지」; 독립운동사편찬위원회,『독립운동사자료집』 1~3권, 1970·1971; 원주시,『원주정미의병연구』, 2007.

① 양반유생층

원주지역에서 양반유생으로 의병운동에 참여하고 있던 대표적인 인물은 이인영, 이은찬, 이구채, 김현국[91], 한기석, 윤기영[92], 정대무[93] 등이었다. 이들은 주로 이인영의 관동창의대, 민긍호 의병부대, 이강년 의병부대에서 활동하였으며, 을미의병에도 참여한 전력이 있었다. 그중에서도 관동창의대에서 활동한 이인영, 이은찬, 이구채 등은 원주지역 양반유생들의 의병운동 참여와 관련해서 주목할 필요가 있다. 특히 이인영은 을미의병 당시에도 원주의병장으로 활동하였으며, 1907년 의병전쟁 때에도 원주지역을 대표하는 의병장이었다. 그러므로 이인영을 비롯한 이인영 의병부대에서 활동한 양반유생들을 통해 원주지역 양반유생층의 의병참여 동향을 알 수 있다.

[91] 김현국은 원주 소초면에 거주하던 선비로 군대해산 이후 문막에서 의병을 모집하여 여주 우편취급소, 신림 헌병분견소 등을 공격하는 등 민긍호 의병부대와 연합하여 활동하였으나 1907년 10월 이후 독자적으로 의병전쟁을 전개하다 1908년 11월 횡성에서 체포되어 순국하였다(『독립운동사자료집』별집, 257~260쪽).
[92] 윤기영은 원주 호저면 무장리에 거주하던 선비로 무과 출신이며 이강년이 이끄는 호좌의진에서 전군장으로 활동하였고 강릉에서 순국하였다.
[93] 원주 호전면 만종리에 거주하던 선비로 군대해산 이후 포군을 모집하여 봉기하였고, 제천의 천남 전투에 참가 한 후 지평, 홍천지역에서 의병활동을 전개하다가 1909년 초에 귀순하였다(『독립운동사자료집』별집, 117~118쪽; 其各陣義兵將의 姓名은 如左훔 李麟榮·李殷瓚·李球采·鄭鳳俊·元在德·辛良集·치相俊·金曾洙·金善宇·柳海鵬·丁大武 等이라더라(『대한매일신보』, 1907년 11월 14일,「의병형세」)).

이인영은 경기도 여주군 북면(北面) 내용리(內龍里) 교항동(橋項洞, 현 북내면 내용리)에 세거하는 경주이씨 국당공파(菊堂公派) 이현상(李顯商)의 장남으로 태어났다. 어려서부터 빼어난 총명함으로 서울 선비 정동현(鄭東鉉)으로부터 수학하였으며, 약관의 나이에 벌써 문사(文辭)가 숙성하고 공맹서(孔孟書)의 깊은 뜻을 깨우친 경지에 도달하여 원근 학자들의 존경을 받았다.94) 즉 이인영은 원주 접경지역에 거주하면서 학문적으로 여주, 원주 일대에 명성이 높았을 뿐만 아니라 덕망 있던 인물이었다.

　이인영은 원주지역과도 상당한 인연을 가지고 있었다. 우선, 가문내 관계망이 형성되어 있었다. 그의 집안은 세거지인 내용리와 근접한 원주시 호저면 무장리의 경주이씨 동족마을과 관계망을 형성하고 있었다.95) 또한 원주농민운동 당시 「원주유민품목」 작성에서 원주지역 특히, 호저면, 지정면, 부론면, 문막읍 등 원주 서쪽지역과 여주, 지평 등지의 인사들이 서로 관계망을 형성하여 문제해결을 위해 공동 대처했던 점을 보아 이인영도 일정한 연계를 맺고 있었음을 알 수 있다.96) 그것은 다음의 몇 가지를 통해서도 확인할 수 있다.

　첫째, 을미의병 당시 그가 심상희(沈相禧) 의병부대를 피해 원주지역으로 이동해 원주의병대장으로 활동한 것이다. 이 시기는 김사정이 소모장으로 원주지역에서 활동하고 있었는데, 이인영이 원주의병대장으로 활동할 수 있었다는 것은 둘 사이에 모종의 협력관계가 형성되었다고 볼 수 있다.

　둘째, 유인석 연합의병부대가 북상할 때 이인영이 원주 안창에 모여 의병을 재정비할 것을 권유한 것이다.97) 안창은 원주지역 유력양반가문

---

94) 『慶州李氏大宗譜』 23, 菊堂公派編 乙之一, 1987, 346~347쪽;『통감부문서』 8, 一. 李麟榮陳述調書, (2) 暴徒巨魁 李麟榮 調書報告 건(1909. 6. 30); 송상도,『기려수필』,「이인영」, 국사편찬위원회 1971, 126쪽.
95) 吳永敎,『原州의 同族마을과 古文書』, 原州文化院, 1998.
96) 심철기,「19세기 原州지역의 환곡문제와 농민항쟁」,『지방사와 지방문화』 제13권 2호, 2010, 335·362쪽.

인 연안김씨 가문의 세거지인데, 의병부대를 안창으로 이동할 것을 권유했다는 것은 그가 연안김씨 가문의 지원을 이끌어 낼 수 있었기 때문으로 보인다.

셋째, 1907년 의병전쟁 당시 원주지역에서 의병을 모집한 이은찬, 이구채가 연안김씨 김사승(金思昇)의 권유로 이인영을 찾아가 의병부대를 이끌어 줄 것을 요청한 것이다.[98] 이구채는 원주 부론면 손곡리에 세거하던 선비였으며, 을미의병 당시 이인영의 종사로 활약한 인물이었다. 이은찬은 원주 부흥사면(富興寺面, 현 원주시 판부면)에서 출생한 양반유생으로 이인영은 그를 3품 위계를 가졌던 전 승지 이태영(李泰榮)과 같은 자격의 인물이라고 하였다.[99]

이를 통해 볼 때 이인영은 원주지역 양반유생들과 관계망을 형성하고 있었으며, 원주지역 양반유생들 역시 서로를 연결하는 관계망이 형성되어 있었다. 이는 원주지역 양반유생들이 의병운동에 참여하는 하나의 방법이 되었다. 뿐만 아니라 직접 의병운동에 참여하지 않아도 을미의병 당시 김세기가 심상훈과 함께 간접적으로 의병운동을 후원했던 것처럼 서로간의 관계망을 통해 후원하였다.

그렇다면 원주지역 양반유생층이 의병운동에 참여하게 된 동기는 무엇인가? 그것은 이인영의 진술조서에 잘 나타나 있다. 그 내용을 보면 다음과 같다.

> 일본이 청일전쟁(淸日戰爭) 결과 맺은 시모노세키조약(馬關條約)에서 한국의 독립을 맹세하고 세계에 이를 성명하였음에도 불구하고 우리 군대를 해산하고 우리 황제로 하여금 강제로 양위하게 하는 등 우리

---

[97] 원용정, 「의암유선생서행대략」, 『독립운동사자료집 1』, 1971, 504~505쪽.
[98] 구완회, 「원주의 안창 마을에 전하는 의병이야기」, 『내제문화』 9, 1997, 95~96쪽.
[99] 『統監府文書』 8권, 「李麟榮陳述調書」, (2)暴徒巨魁 李麟榮 調書報告 건(1909년 6월 30일).

> 국권을 침탈하고 우리 민족을 멸하려고 하였기에 의병을 일으켜 상경해서 통감에게 힐담(詰談)하여 만약 우리의 요구를 받아들이지 않으면 가령 힘이 미치지 않는다 하더라도 결사적으로 우선 일본인의 마수가 되어 우리나라를 망하게 하려는 불충불의(不忠不義)의 역신 송병준(宋秉畯), 이완용(李完用), 박제순(朴齊純), 임선준(任善準), 권중현(權重顯), 이지용(李址鎔) 등을 살육하고 우리가 신용하는 인물을 얻는다면 자기도 그 일원으로 정부를 조직하고 일본인 및 이 기회에 모든 외국인을 내쫓아 우리나라의 독립을 완전하게 하려는 것100)

즉, 일본은 대한제국의 독립을 이야기하지만 실질적으로는 자신들의 이권을 위해 대한제국의 국권을 침탈하였으며, 여기에 공조하는 이완용 등의 친일파를 제거하고 새로운 정부를 만들어 완전한 독립을 이루고자 하는 것이었다. 이런 인식은 이인영만이 가진 것이 아니라 이인영에게 동조하여 의병운동에 참여한 원주지역 양반유생층의 공통된 인식이라고도 볼 수 있다.

한편, 이인영은 의병운동을 지역의병이 아닌 전국의병으로 전개하고자 하였다. 그래서 우선 강원도 일대를 총괄하는 의미로 관동창의대를 출범시켰다. 이어 전국을 대표하는 13도창의군이 창설될 때 총대장에 임명되는 등 중추적인 역할을 하였다. 이는 여러 지역을 통합하는 전국단위의 연합의병으로 전개하고자 한 것이었다. 이러한 의병운동 방략은 이미 1896년 의병운동에서 시작되었다. 그것은 의병봉기가 원주·지평 등지의 양반유생, 화서학파 인물, 포군 등이 연합하여 원주 안창에서 시작되었던 점, 이춘영, 김세기 등을 통해 중앙정치세력과 연계하고 있던 점, 이인영이 청국 병사를 모집해 와서 의병전투력을 증강시켰던 점 등에서 알 수 있다. 1905년 의병운동 때 원용팔이 원주 신림에서 창의하고 제천, 영월 등지에서 의

---

100) 『統監府文書』 8권, 「李麟榮陳述調書」, (2)暴徒巨魁 李麟榮 調書報告 건(1909년 6월 30일).

병모집활동을 전개한 것도 지역단위를 넘어서고자 한 것이었다. 또 서울의 일부 군부(軍部)세력과 연계 속에서 원주진위대와 연합하려고 한 것도 전국의병을 추진한 의병운동방략의 연장선상에 있는 것이었다. 이러한 의병운동의 전통 속에서 1907년 의병전쟁도 지역을 아우르는 관동창의대로 출발한 것이었다. 이는 '원주의병'의 특징이라고 할 수 있다.

② 해산군인층

원주는 강원감영이 설치되었던 강원도의 정치, 행정, 군사의 중심지로 주요 군사시설이 설치되어 있었고, 여기에 소속된 군인들이 많이 거주한 지역이었다. 그렇기 때문에 갑오개혁 이후 진행된 친일정권의 군제개혁에 영향을 많이 받았으며, 그에 따른 피해가 직접적으로 나타났다. 이는 군인을 비롯하여 관련자들의 저항을 불러일으켰으며, 그러한 저항의 형태로 의병운동에 참여하는 경우가 상당수 있었다.

의병운동에 참여했던 군인 등을 파악하기 위해서는 원주지역에 설치되었던 지방군에 대해 살펴볼 필요가 있다. 우선 원주가 강원감영이 설치된 곳이었기에 감영군이 주둔하고 있었다. 다음으로 원주·횡성지역에 설치되었던 원주진, 중영 등이 있다. 이들 군사시설은 조선의 전통적인 군사편제 속해 있던 지방군이었다. 즉, 1896년 의병운동에서는 여기에 소속된 지방 군인들이 의병운동에 참여하였다. 그렇다면 그들이 의병운동에 참여하게 되는 계기는 무엇이었을까? 그것은 갑오개혁의 일환으로 진행되었던 지방제도개혁 및 군제개혁 때문이었다. 지방제도개혁 및 군제개혁 진행과정을 보면, 1894년 7월 15일 칙령 제139호 '삼도통제영폐지건(三道統制營廢址件)', 제140호 '각도병영수영폐지건(各道兵營水營廢址件)', 제141호 '각진영폐지건(各鎭營廢址件)', 제142호 '각진보폐지건(各鎭堡廢址件)', 제143호 '감목관폐지건(監牧官廢址件)'을 동시에 반포하여 전국에 설치되어 있던 삼도통제영(三道統制營), 각도병영수영(各道兵營水營), 각진영(各鎭營), 각진보(各鎭堡) 등을 폐지하고 거기에 소속된 군인을 일제히 해산시켰다. 그리고 그들이 사용하던 군물(軍物) 중 통제영(統制營) 소속의 군물, 병영(兵營)·수영(水營) 소속의 군물, 진보(鎭堡) 소속의 군물은 군부로 이속시켰고, 진영(鎭營) 소속의 토포기구(討捕器具)는 각 진영 소재 부청(府廳)이나 군청(郡廳)에 이속하도록 하였다.[101] 이 조치로 원주지역에 설치되었던 지

---

[101] 『日省錄』 高宗 32年 7月 15日, 「裁下統制營各道兵水營各鎭營及鎭堡各地方監牧官廢止件」.
　○勅令第一百三十九號
　第一條　三道統制使及所屬官職廢止事
　第二條　曾前統制營所屬將校兵卒一竝解放事
　第三條　曾前統制營所屬軍物船隻及軍物船隻之所關記錄帳簿移屬軍部事
　第四條　曾前統制營所屬廨舍土地金錢米穀及廨舍土地金錢米穀所關記錄帳簿其他一切物件移屬於晉州府固城郡自度支部管理事
　第五條　本令自頒布日施行事
　○勅令第一百四十號
　第一條　各處兵使　水使及所屬官職廢止事
　第二條　曾前各處兵營　水營所屬將校兵卒一倂解送事
　第三條　曾前各處兵營　水營所屬軍物船隻及軍物船隻所關記錄帳簿移屬軍部事
　第四條　曾前各處兵營　水營所屬廨舍金錢米穀及廨舍金錢米穀所關記錄帳簿其他一切物件移屬於各其所在地方府廳或郡廳自度支部管理事
　第五條　本令自頒布日施行事
　○勅令第一百四十一號
　第一條　各鎭營將官職廢止事
　第二條　曾前各鎭所屬校卒以下各役一倂解放事
　第三條　曾前各鎭所屬廨舍及討捕器具移屬於所在府廳或郡廳待其地方警務規制邐卽所用事
　第四條　本令自頒布日施行事
　○勅令第一百四十二號
　第一條　各鎭堡一倂廢止事
　第二條　曾前各鎭堡所屬軍物及軍物所關記錄帳簿移屬軍部事
　第三條　曾前各鎭堡所屬土地廨舍金錢米穀及土地廨舍金錢米穀所關記錄帳簿其他一切物件移屬於各其所在地方府廳或郡廳自度支部管理事
　第四條　本令自頒布日施行事
　○勅令第一百四十三號
　監牧官廢止其馬匹及事務自各該地方官管掌事

방군은 전부 해산되었다.

　원주지역에 다시 지방군이 설치된 것은 아관파천 이후인 1896년 6월 11일 칙령 제28호 '일이 있는 지방의 각군(各郡)에 포수를 두되 군(郡)의 크기에 따라서 적당히 분배하며 그 세칙은 군부대신(軍部大臣)이 편한대로 정하여 시행하는 데 관한 건'[102] 반포를 시작으로 같은 해 8월 26일 지방대 설치령이 반포되면서 충주·홍주·상주 등과 함께 각각 150명을 정원으로 하는 지방대가 설치되었다. 그런데 지방대 설치령에 '일이 있는 지방의 각 군에 포수를 두되'라고 한 것은 의병운동의 영향으로 지방대가 설치되고 있음을 알 수 있다. 의병부대에 참여하고 있던 포군을 회유하기 위한 방법 중 하나로 지방대가 설치되었던 것이다. 그러나 9월 24일 지방대 폐지령이 반포됨에 따라 원주에 설치된 지방대는 폐지되었다. 이후 1897년 6월 지방대 증치(增置) 결정으로 원주에 지방대가 다시 설치되었다. 원주에 설치된 지방대는 해산군인들을 중심으로 재편성되고 있었다.

　이후 1900년 4월 진위대 또는 지방대라고 불리던 지방군을 모두 진위대로 통합하는 과정에서 원주지방대는 진위 제5연대 제1대대로 개편되었고 소속 병력도 1,029명으로 증가하였다. 원주진위대는 강원감영, 중영, 원주진 등이 폐지된 후 원주지방대로 이어진 강원도 일대의 군사 및 치안을 담당하는 명맥을 잇게 되었다. 그러나 러일전쟁에서 승리한 일본은 조선을 식민지화하는 데 저해되는 대한제국 군대를 제거하기 위해 1905년 진위연대를 보병대대로 축소한데 이어 1907년 8월 군대를 해산하였다.

　원주지역 해산군인들의 의병운동 참여는 1896년 '원주의병'부터 시작되었다. 1896년 '원주의병'에는 지방제도개혁, 군제개혁으로 폐지된 강원감영, 원주진, 중영 등에 소속된 해산군인들이 참여하였고, 1907년 의병전쟁에는 원주진위대 해산군인들이 참여하였다. 특히 원주진위대는 거의 모든

---

102) 『高宗實錄』 卷34, 建陽 元年 6月 11日.

병력이 의병에 참여했기 때문에 진위대가 의병으로 전환된 것과 마찬가지였다. 그래서 이인영의 격문에 민긍호 의병부대를 진위대사령부(鎭衛隊司令部)로 표기하였던 것이다. 또한 원주진위대 내에 '원주토착병(原州土着兵)'이 있었는데, 이들은 원주지역에서 확충된 병력이었다. 이는 강원감영 이래 원주진, 중영, 원주지방대, 원주진위대 등 강원도 일대를 방어하는 지방군이 원주지역에 주둔하였고, 여기에 소속된 또는 입대할 병적자원이 풍부하다는 것을 간접적으로 보여주는 것이다. 다시 말해 원주지역은 군과 관련된 사람들이 많았으며 이들이 의병운동에 적극적으로 참여하였던 것이다.[103]

3) 의병무기체제의 변화와 유격전술의 일반화

(1) 의병무기체계의 변화

1907년 의병전쟁의 가장 큰 특징은 양반유생뿐만 아니라 근대적 군사교육을 받은 시위대·진위대 소속의 해산군인들이 참여하고 있었다는 것이다. 이들의 참여로 의병부대에 공급된 서구식 무기는 의병 무기체제의 변화를 가져왔고 그에 따른 의병부대의 전술변화가 나타났다. 그러므로 의병부대에 공급된 서구식 무기에 대해 살펴볼 필요가 있다. 하지만 의병부대의 무기체계를 정확히 알 수 있는 의병자료는 거의 없고, 일본자료인 「폭도에 관한 편책」, 「조선폭도토벌지」 등에 나와 있는 일본군이 노획한 의병무기를 통해 추정해 볼 수 있다.

〈표 9〉는 1906년 이후 일본군이 의병으로부터 노획한 무기를 정리한 것이다. 이를 보면, 노획한 무기는 대부분 총이었고 약간의 창이나 도검류 등

---

[103] 해산군인 이외에도 순검, 포수 등도 참여하고 있었다. 대표적인 인물로 여주경찰서 순검 출신으로 일본순사의 총기를 빼앗아 의병에 투신한 권중선, 횡성의 포수계장 출신으로 민긍호 의병장과 연합작전을 수행한 오정묵 등이 있다.

이 있었다. 전체적으로 의병무기에서 총이 차지하는 비율이 높았지만 그 비율이 급격히 늘어나기 시작한 것은 군대해산 이후인 1907년 이후로 1906년보다 1.7배 이상 증가하였다. 그리고 의병전쟁이 격렬하게 진행되었던 1908년에는 7배 이상으로 급격히 늘어나고 있었다. 하지만 일본군 보고기록에 나타나 있는 총은 화승총, 서구식 소총의 구분 없이 기록한 것이어서 〈표 9〉의 총이 전부 서구식 소총을 의미하는 것은 아니었다. 이 중에서 서구식 소총의 비율이 어느 정도인지는 정확히 알 수 없지만 1907년 7월부터 1908년 2월까지 일본군의 조사에 의하면 약 1/4에 이르렀다고 한다.[104] 그렇다면 3/4이 화승총이었다는 것으로 해산군인들의 참여로 공급된 서구식 소총이 의병부대의 화력 증강에 도움이 되었을지는 모르지만 그 점유율에서는 큰 비중을 차지하지 못하였다. 의병부대의 주력 화기는 화승총이었던 것이다.

〈표 9〉 1906~1910년간 일본군의 의병무기 노획

구분	1906년	1907년	1908년	1909년	1910년	계
총	717	1,235	5,081	1,392	116	8,551
도검	71	7	85	245	20	429
창	574		59	18	1	652
계	1,362	1,242	5,225	1,655	137	9,632

※출처: 국방군사연구소, 『한국무기발달사』, 1994, 590쪽.

그런데 일본군의 의병무기 보고 중 화승총에 대한 주목되는 보고가 있다. '전라도 지역에서 활동하던 의병들이 1908년 2월 이후 화승총을 개조하여 4월 초순부터는 거의 대부분이 개조된 뇌관식 화승총을 사용하고 있다'[105]는 보고였다. 이 보고에 따르면 의병은 기존의 화승총을 뇌관식 단발총으로 개조하고 있었다. 기존의 화승총은 화승의 불씨로 화약을 점화하여

---

[104] 윤병석, 『의병과 독립군』, 세종대왕기념사업회, 1977, 112쪽.
[105] 「조선폭도토벌지」, 『독립운동사자료집』 제3집, 1971, 202쪽.

발사시키는 방식이었는데, 날씨가 불순하면 불씨의 유지가 어렵게 되는 약점이 있었다. 뿐만 아니라 중량도 3.6~5.4kg이나 되었고, 유효사거리도 70미터 정도에 지나지 않았다. 장전도 총구를 통해 화약과 탄환을 장전하는 전장식(前裝式)이었으므로 숙달된 사수의 경우 30초에 1발씩 발사 할 수 있었다. 따라서 명중률과 살상력이 낮았으며, 신속한 대응이나 야간 기습에 한계를 가지고 있었다. 다만 화승총은 그 제작과 탄환·화약의 조달이 용이한 장점이 있었다.[106] 이러한 화승총을 서구식 소총과 유사하고 사거리도 600미터에 이르는 뇌관식 화승총으로 개조한 것이었다.[107] 의병들은 뇌관식 화승총을 천보총이라고 불렀는데, 해산군인들이 의병전쟁에 참여한 이후 개조되었다. 해산군인들은 민긍호 의병부대가 일본군과 일전을 위해 탄환을 만들고 포문을 연습하였던 것처럼 자체적으로 무기생산이 가능하였다.[108] 따라서 해산군인이 의병전쟁에 참여한 이후 화승총이 개조되었다는 것은 해산군인들에 의해 공급된 서구식 소총을 바탕으로 기존의 화승총을 개조하였을 가능성이 높다. 해산군인에 의해 공급된 무기는 단순히 의병부대의 전투력 향상에 그친 것이 아니라 의병들의 보편적인 무기인 화승총의 개조에 일조하면서 당시 의병부대의 총기 비율을 높이는 데 일조하였다. 의병소총 중 3/4이 화승총이라고 하여도 기존의 화승총이 아닌 개조된 화승총이 상당수 차지하고 있었다.

 의병들이 화승총 개조에 매진한 것은 해산군인들에 의해 공급된 서구식 소총의 한계 때문이었다. 서구식 소총은 공급 초기에는 그 위력을 발휘하지만 시간이 지날수록 활용도가 떨어졌다. 서구식 소총은 의병들이 수리할 수 없었으며, 탄환·화약을 제조해서 공급할 수도 없었기 때문이다. 그러

---

[106] 「제6장 국권수호에 나선 무기」, 『한국군사사: 군사통신무기』, 경인문화사, 2012, 275쪽.
[107] 국사편찬위원회, 『한국독립운동사 자료』 12, 1979, 119쪽.
[108] 왕현종, 「1907년 이후 원주진위대의 의병참여와 전술변화」, 『역사교육』 96, 2005, 149쪽.

므로 자체 생산이나 수리가 가능하고 탄환의 공급도 상대적으로 원활한 소총이 전략상 매우 필요하였기에 화승총을 개조하고 있었던 것이다. 의병부대에서 사용한 천보총은 자체 생산이나 수리가 가능하였고, 총탄도 구식 납철환(臘鐵丸)을 개량하여 의병부대 내에서나 인근 주민들 중 기술자에게 부탁하여 생산하였다.[109]

해산군인들에 의해 의병부대에 공급된 서구식 소총은 어떤 것이었을까? 정확히 알 수 없지만 해산군인들이 서울의 시위대, 지방의 진위대 출신이었던 것을 감안했을 때 이들이 소지하고 있던 무기가 군대해산과 함께 의병부대에 공급되었을 것이라고 생각할 수 있다. 시위대와 진위대를 무장시켰던 소총은 영국제 선조총(旋條銃), 일본제 무라다 소총, 미국제 후장식 소총, 개틀링포, 레밍턴 롤링블럭 소총, 피바디 마르티니 소총, 마우저 소총, 러시아제 베르단 소총, 독일제 마우저 M1871 소총, 프랑스제 소총, 게베르, 영국제 엔필드 등이었다. 또 압록강변인 평안북도 초산군에 주둔한 평안북도 초산분주대(楚山分駐隊)의 1901년 현재 보관중인 무기로 기라총(錤羅銃) 48자루, 반모실총(半毛實銃) 2자루, 탄환 1,821발 등이 보관[110]되어 있었던 것으로 보아 지방의 각 진위대 및 분견대에 보관된 무기도 이와 유사했을 것으로 보인다.

의병부대의 무기체계와 관련해서 일본군 전투보고서[111]와 의병노획물자 보고서도 주목된다. 이들 보고서에서 표현되고 있는 서구식 소총은 주로 무라다 소총(13년식, 18년식, 30년식 등)[112], 마우저(Mauser, 모제르)[113]

---

109) 강길원, 「해산 전수용의 항일투쟁」, 『역사학보』, 101, 1984, 31~34쪽.
110) 『楚山分駐隊武器及什物成冊』(奎27273), 1901년.
111) 「參1發 제67호」(1907.8.20.), 『한말의병자료』 Ⅳ, 독립기념관, 2002, 50쪽.
112) 일본에서 무라다 13년식 소총은 1880년에 개발한 소총이었고 이를 1885년에 개량한 것이 18년식 소총으로 이때까지는 단발총이었다. 1889년 연발식 소구경으로 발전된 것이 22년식 8연발 소총이었고, 1897년 개발되어 러일전쟁 당시 일본군의 주력 소총으로 사용된 30년식 소총은 5연발 소총이었다(국방군사연구소, 『한국무기발달사』, 1994, 604쪽).

양총 등이었다. 특히, 무라다 30년식 소총은 일본이 자랑하는 최신의 무기로 러일전쟁에서 일본군의 주력 소총이었다. 이는 의병부대에 최신의 소총도 있었음을 보여주는 것이다. 그러나 1910년 초 강원도 경찰부장의 보고에 나오듯이 의병이 사용하는 서양식 총기 중 가장 많은 것은 양총과 독일제로 청국에서 제조한 마우저 소총이었다.[114) 의병노획물자 보고에는 이외에도 의병이 사용한 무기로 정확한 종류를 알 수 없는 미국식, 독일식, 러시아식 소총도 언급하고 있다. 독일식 소총과 러시아식 소총은 주로 함경도와 연해주 지역의 의병들과 관련하여 언급하고 있는 것으로 보아 국내에서 활동하던 의병들은 사용할 기회가 극히 적었던 것으로 보인다.

의병의 화기무기로 소총 이외에 화포도 언급되었다. 일본측 기록인 「폭도에 관한 편책」에 '대포'나 '이인지포(二人持砲)'가 의병무기로 간혹 언급되었고[115), 구경 70mm · 포신 1m의 청동 후장포 등이 의병의 은닉 화포로 언급되었다.[116) 하지만 그 수량은 매우 미비했던 것으로 파악되고 실제로 활용되었는지도 정확히 확인되지 않는다.

1907년 의병전쟁시기 의병부대가 보유한 신식무기는 주로 서구식 소총이었으며, 시위대와 진위대에 보관되어 있던 소총 등의 무기 일부가 군대해산과 함께 의병부대에 공급되었던 것이다. 해산군인들에 의해 공급되는 서구식 무기는 한정되어 있었으며, 여전히 의병의 주력 무기는 화승총이었다.

한편, 일본은 1907년 9월 대한제국정부로 하여금 '총포 및 화약단속법'을

---

113) 국내에 들어온 마우저총은 독일제로 독일과 청국에서 생산하고 있었지만 주로 청국에서 제조한 것으로 1888년부터 생산한 M88로 추정되고 5연발 소총이었다(국방군사연구소, 『한국무기발달사』, 1994, 603쪽).
114) 국사편찬위원회, 『한국독립운동사 자료』 17, 1979, 388쪽.
115) 국사편찬위원회, 『한국독립운동사 자료』 10, 1979, 137쪽.
116) 「제6장 국권수호에 나선 무기」, 『한국군사사: 군사통신무기』, 경인문화사, 2012, 274쪽.

제정케 하여 화약·탄환·총포류 뿐 아니라 궁시·도검·창류에 이르기까지 모든 병기를 압수하도록 하였다. 이러한 조치로 1907년 9월부터 11월 말까지 2개월간 전국에서 10만 점의 무기류와 36만 근이 넘는 화약·탄약류가 압수되었다.[117] 그러므로 의병부대는 전투력 향상과 지속적인 전쟁 수행을 위해서 추가적으로 신식무기를 확보할 방법이 필요하였다. 그 방법으로는 첫째, 일본군과 교전하거나 경찰서 등을 습격하여 획득하는 것이었다. 하지만 당시 일본군의 전투력과 의병부대의 상황을 고려했을 때 실행되기 어려운 것이었다.

둘째, 청국을 비롯한 외국상인 등을 통한 무기밀매였다. 무기밀매는 구입경로와 자금만 확보할 수 있으면 가능한 것이었기에 의병들이 주로 추진한 방법이었다. 의병들의 무기밀매 경로는 정확하게 알려지지 않았다. 다만 소문으로 두 가지 경로가 알려져 있다. 첫 번째는 국경이나 연안에서 청국인을 통한 밀매였다. 두 번째는 미국인, 러시아인, 재한일본인 등을 통한 밀매였다.[118] 그러나 1910년 일본경찰이 무기와 탄약류의 밀수입 경로를 조사하면서, 인천 소재 화약과 총포를 다루는 독일인 경영의 세창양행과 미국인 경영의 타운센트상회, 그리고 일본인 총포화약상은 밀매의 가능성이 없는 것으로 파악하였다. 그런데 총포화약상이 없던 청국인도 조사대상이었는데 그 이유는 정크선이 출입하면서 밀매할 가능성이 높았기 때문이었다. 일본은 공식적인 조사에서 청국인의 무기밀매의 혐의점을 발견하지 못하였지만 청국인에 의한 무기밀매는 실제 있었던 것으로 파악하였다. 예컨대 1908년 말 황해도에서 활동한 의병들이 소지하였던 마우저(Mauser, 모제르) 소총이 인천이나 강화도 연안 부근에서 청국선을 통하여 밀수입한 것으로 파악한 것이 그것이다.[119] 따라서 의병들의 무기밀매는 주로 청국

---

[117] 박성수, 「1907~1910년간의 의병전쟁에 대하여」, 『한국사연구』 1, 1968, 111~113쪽.
[118] 국사편찬위원회, 『한국독립운동사 자료』 17, 1979, 388~389쪽.

인에 의해 이뤄졌던 것으로 보여 진다.

의병전쟁 개전 초기 의병은 해산군인을 통해 서구식 무기를 공급받았지만 시간이 지나면서 추가적으로 필요로 하는 서구식 소총은 청국 상인을 통해 밀매로 구입하였다. 이렇게 구입된 서구식 소총으로 의병들은 무장할 수 있었으며, 또 이를 바탕으로 기존의 화승총을 뇌관식 화승총으로 개조하였다. 이로써 이전 시기 의병운동과는 비교할 수 없을 정도로 전투력이 향상되었을 뿐만 아니라 다양한 전술을 전개할 수 있었다.

(2) 의병전술의 변화

1907년 의병전쟁시기 의병부대의 전술은 이전과 비교해서 변화하였는데, 해산군인의 의병참여가 큰 영향을 미쳤다. 앞서 살펴보았듯이 해산군인의 참여로 의병부대는 서구식 소총이나 개량된 화승총으로 무장하기 용이해졌다. 무기의 변화는 부대전술에 영향을 미쳤다. 이전에는 전장식 화승총이 주된 무기였기에 일본군의 기습공격에 신속히 대응하기 힘들었으며, 의병부대의 야간기습공격에도 제약이 많이 따랐다. 그러나 서구식 소총과 개량된 화승총으로 무장하면서 일본군의 기습에 비교적 신속하게 대응할 수 있었으며, 선제적으로 야간 기습공격을 감행할 수 있는 등 다양한 전술을 전개할 수 있었다.

무기의 변화와 함께 의병부대 전술에 영향을 미친 것은 근대식 군사훈련이었다. 해산군인들은 대한제국 정규군으로 군사교본인 『보병조전(步兵操典)』, 『전술학교정(戰術學敎程)』 등을 통해 근대적 군사교육을 받았다. 그러므로 해산군인들의 기본전술은 『보병조전』, 『전술학교정』 등을 바탕으로 이뤄졌다고 할 수 있다. 해산군인들의 참여로 의병부대에 근대식 군

---

119) 「제6장 국권수호에 나선 무기」, 『한국군사사: 군사통신무기』, 경인문화사, 2012, 279쪽.

사훈련이 도입되고 상황에 따라 근대식 전술을 구사할 수 있었다. 따라서 의병부대의 변화된 전술을 이해하기 위해서는 대한제국 군사교본에 대해 알아볼 필요가 있다.

우선적으로 살펴볼 것은 1896년 6월 25일에 발간된 『보병조전』이다. 『보병조전』은 러시아 교관이 대한제국을 떠난 이후에도 대한제국 군인들을 체계적으로 훈련시키기 위해 만들어진 훈련교범이었다. 그러나 1906년 7월 일본이 대한제국 군대의 통제를 강화하기 위해 일본식군제로 개정하면서 폐지되었다.[120] 『보병조전』의 폐지는 오래가지 못하였다. 대한제국 군대를 교련해왔던 기본 훈련교범이었기에 급작스런 폐지 따른 부작용을 우려하여 내용을 개정하여 1906년 8월 다시 중앙군과 지방군에 배포되어 부대훈련의 기본 지침서로 사용되었다.[121] 『보병조전』은 총 367개 항목으로 총칙과 제1부·제2부 그리고 부록으로 구성되었다. 핵심내용은 제1부 '기본교련' 220개 항목과 제2부 '전투' 125개 항목으로 양분되어 있다. 제1부 '기본교련'은 각개교련, 소대교련, 중대교련, 대대교련, 연대교련, 여단교련으로 부대단위 훈련에 대해 수록되어 있으며, 제2부 '전투'는 전투상황에 따른 부대전술이 수록되어 있다. 제1부와 제2부의 345개 항목에서 '기본교련'이 차지하는 비중은 63.77%로 '전투'의 36.23%에 비하여 두 배에 가깝다. 이는 전투교범이라기보다는 기본훈련인 제식훈련에 중점을 두고 편찬된 것임을 보여주는 것이다.[122] 그러나 『보병조전』 총칙 제1에 나타나 있는 그 구체적인 간행목적을 보면 '교련의 주요한 의도는 지휘관 및 병졸을 훈련하여 전쟁에 이용하는 데 있다. 그러므로 제반 연습을 전쟁에 적합케

---

[120] 步兵操典은 一切廢止ᄒ고 日本制度로ᄡᅥ 改定ᄒ며(『皇城新聞』, 광무 10년 7월 3일, 「軍隊敎官派來」).

[121] 曩者, 所頒『步兵操典』一書, 實爲軍紀之維持及敎育之順序矣. 現今宇內軍政, 日以進步, 誠不可獨守舊規. 玆將原書參酌改訂, 頒示中外軍旅, 其各欽遵無違, 勉奉精銳(『고종실록』 권47, 광무 10년 8월 3일).

[122] 서인한, 『대한제국의 군사제도』, 혜안, 2000, 113쪽.

할 것'123)이라고 하여 '전투'의 비중이 작다고 하여도 대한제국 군대의 상황을 반영하여 실전에 대처할 수 있도록 만들어진 교범이었다.

『보병조전』을 통해 대한제국 군인들의 교육훈련에 대해 살펴보면, 제1부 '기본교련'에서 가장 집중적으로 훈련된 것은 전체 220개 항목 중 80개 항목으로 36.36%를 차지한 소대교련이었다. 다음으로는 62항목으로 28.18%를 차지한 각개교련, 47항목으로 20.90%를 차지한 중대훈련이었다. 연대·여단 교련은 그 비율이 매우 낮아 교범으로서 구색을 갖추는 것에 불과하였다.124) 중대 이하 훈련이 전체 약 85%를 차지하고 있었다. 이점을 볼 때, 대한제국 군의 실질적인 전투는 중대 이하에서 이뤄졌다는 것을 생각할 수 있다.

그리고 '기본교련'의 내용 중 각개교련과 도수교련은 오늘날의 제식훈련이었다. 실질적인 전투와 관련된 것은 집총교련인데 28개 항으로 구성되어 있었다. 집총교련은 도수교련을 숙달한 후 실시하는 것으로 전제하고 총기 휴대법, 총검의 탈착, 실탄의 장전 및 추출, 사격 등의 기술을 숙달하는 것이었다.125) 또 유격전에 필수인 산병교련은 14개 항으로 지형을 이용하여 야전에서 행진, 정지, 사격 등을 숙달시키는 훈련이었다.126)

또 가장 비중이 높았던 소대단위 훈련은 주로 밀집대차, 산개대차로 구성되어 있었는데 밀집대차가 소대단위 훈련에서 가장 큰 비중을 차지했다. 이는 소대단위로 이루어지는 방향전환, 이동과정지 등을 숙달시키는 것이었으며, 산개대차는 산병의 행동요령과 훈련에 필요한 구령 등을 숙달하는 것이었다.127)

다음으로 대한제국 부대편성의 기본단위인 중대교련을 살펴보면, 소대

---

123) 『보병조전』(국립중앙도서관), 1~2쪽.
124) 서인한, 『대한제국의 군사제도』, 혜안, 2000, 115쪽.
125) 『보병조전』(국립중앙도서관), 21~45쪽.
126) 『보병조전』(국립중앙도서관), 45~52쪽.
127) 『보병조전』(국립중앙도서관), 87~107쪽.

교련과 동일하게 밀집대차와 산개대차로 구성되어 있고, 이 중대교련에서
도 밀집대차의 비중이 매우 높았다. 중대교련의 밀집대차는 소대교련의 밀
집대차에서 볼 수 없었던 〈그림 9〉와 같은 세 가지 형태의 대형이 있었다.
하나는 4개 소대를 1중대로 편성하되, 횡대로 정렬한 4개 소대를 우측의
1소대부터 좌측의 4소대까지 소대 간 각각 약 2보의 간격을 유지하면서 횡
대로 정렬시키는 것을 '중대횡대'라고 하고, 앞뒤 거리 6보를 유지하여 각
각 횡대로 정렬한 4개 소대가 종대로 정렬한 상태를 '중대종대'라고 하였
다. 또 좌에서 우로 2소대와 3소대를 횡대로 하여 전열 배치하고 6보의 거
리를 둔 후열에 1소대와 4소대를 횡대로 배치한 형태를 '반중종대'라 하여
중대정렬의 기본대형을 삼았다. 이런 중대 밀집대차는 해산군인 중심의 의
병부대에서 부대 이동할 때 기본대형이었을 것이다.[128]

〈그림 9〉『보병조전』중대 기본대형

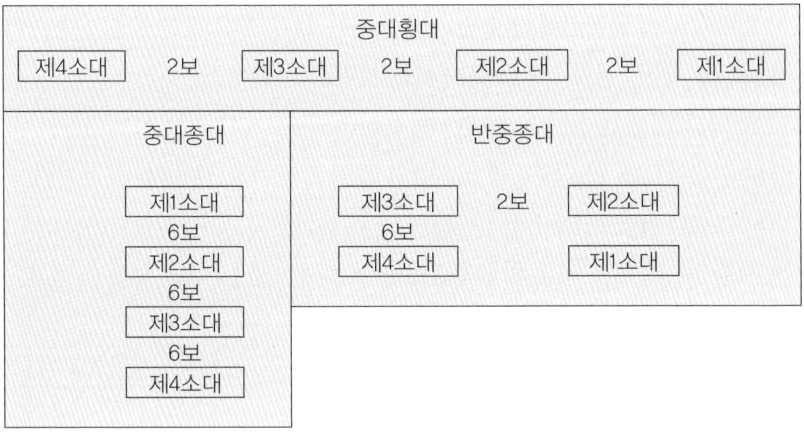

	중대횡대					
제4소대	2보	제3소대	2보	제2소대	2보	제1소대

중대종대	반중종대		
제1소대	제3소대	2보	제2소대
6보	6보		
제2소대	제4소대		제1소대
6보			
제3소대			
6보			
제4소대			

※출처: 서인한, 『대한제국의 군사제도』, 혜안, 2000, 117쪽.

---

128) 『보병조전』(국립중앙도서관), 108~117쪽; 서인한, 『대한제국의 군사제도』, 혜안, 2000, 117쪽.

이와 함께 제2부 '전투'에서는 전투 상황에 따른 부대전술에 대해 기재하고 있었다. 중점적으로 나온 것은 산개전투와 밀집전투였다. 산개전투는 병력이 적으면서 장기간 전투를 요할 때 적절한 무기의 사용과 지형지물을 이용한 전투였다. 밀집전투는 협소한 지역에 밀집한 적을 상대할 때 주로 활용된 전술이었다. 대한제국 군인들은 부대상황과 적의 상황에 따른 부대전술을 숙지하고 있었다. 또 근거리에서의 사격, 돌격시의 행동, 전투간 지휘관과 병사의 동작, 전투전면과 측면과 후방에서 연계전투, 공격과 방어배치 등 다양한 전투상황에 필요한 군사지식을 습득하고 훈련받고 있었다.[129]

『보병조전』과 함께 대한제국 군사교본으로 중요하게 활용된 것은 『전술학교정』이었다. 『전술학교정』은 1902년에 저술된 군사교범으로 총 3권으로 구성되어 있다. 제1권 및 제2권은 필사본이고 제3권은 인쇄본이다. 이는 다시 12편으로 편성되어 있는데, 제1편은 용병(用兵), 제2편은 전술학, 제3편은 각 병과의 전술, 제4편은 제(諸)병과의 연합, 제5편은 명령 및 보고, 제6편은 수색근무, 제7편은 경계근무, 제8편은 행군, 제9편은 주둔, 제10편은 전투, 제11편은 국지전, 제12편은 특별행동으로 구성되어 있다. 주로 프랑스, 독일, 오스트리아, 일본의 군사교재를 참고하여 작성되었다. 주된 내용은 전쟁의 개념과 목적을 비롯하여 각 병과부대의 전술, 수색 및 경계, 공격과 방어, 특수작전 등이다. 『전술학교정』은 실질적인 전투에 대비한 전술을 익히는 데 중점을 둔 것이었다.[130]

해산군인의 의병참여로 의병무기체제의 변화와 근대적 군사지식의 보급은 의병부대의 전술변화에 영향을 미치고 있었다. 의병부대의 전술이 어떻게 변화했는지는 의병들이 행한 전투나 부대이동, 부대배치 등을 통해 확인할 수 있다. 의병부대의 전술은 일본의 의병기록, 일본군의 부대이동, 의

---

[129] 『보병조전』(국립중앙도서관), 184~202, 249~279쪽.
[130] 본고에서는 대한제국 군사교본에 대한 소개, 구성 정도만 논하고, 추후에 『보병조전』, 『전술학교정』 등 대한제국 군사교본에 대한 자세한 분석을 진행하도록 할 것이다.

병측의 기록 등을 토대로 파악할 수 있다. 이와 관련해서 '원주의병'의 첫 전투인 원주 남산전투가 주목된다. 원주진위대 해산 직후 일어난 '원주의병'은 원주지역을 정찰하기 위해 은밀히 접근하던 일본군 충주수비대 니노미야(二宮) 소위가 이끄는 19명의 정찰대를 탐지하고 공격하여 충주로 패퇴시켰다.[131] 해산군인이 주축이 된 '원주의병'은 척후활동을 통해 일본군의 동향을 파악하였고 기습공격으로 전투를 승리로 이끌었다. 근대식 전술과 무기가 활용된 첫 승리로 전술운용에 따라 의병부대가 일본군을 상대할 수 있는 역량이 있다는 것을 보여준 것이다.

한편, '원주의병'은 산속에 숙영지를 마련하였다. 이는 원주읍내에서 전투가 벌어지면 민간인들이 피해를 입을 것을 걱정한 것도 있지만[132] 본격적으로 일본군이 의병진압에 투입되면 의병의 전력으로 일본군과 전면전을 전개하기 어려웠기 때문이었다. 해산군인들은 일본인 교관, 연합사령부 등을 통해 일본군의 실질적인 전력을 비교적 정확히 파악하고 있었다. 객관적인 전력이 일본군에 한참 못 미치는 상황에서 의병이 취할 수 있는 가장 효율적인 전술은 소규모 부대로 지형지물을 최대한 이용하는 유격전이었다.[133] 유격전을 수행하기 위해서는 은폐·엄폐하기 용이한 산속 진지가 유리하였다. 유격전에 대한 의병부대의 입장은 강원도관찰사 황철의 명을 받고 온 횡성군수 심흥택과 민긍호 의병장과의 대화에서도 나타나 있다.

민긍호 의병장은 횡성군수 심흥택에게 '자기들(민긍호 의병부대-필자주)

---

[131] 독립운동사편찬위원회, 「조선폭도토벌지」, 『獨立運動史資料集』 제3집, 독립유공자사업기금운용위원회, 1971, 685~686쪽(이후 「조선폭도토벌지」로 함).
[132] 原州鎭衛隊將卒이 脫營時에 前參尉孫在奎씨가 發論ㅎ여 日若留직邑中ㅎ야 與日兵으로 交鋒ㅎ면 人民이 多傷홀 거시니 出佃他處ㅎ야 依山排陣ㅎ주 흔즉 衆將이 承諾ㅎ고 率兵退出ㅎ듸(『대한매일신보』, 1907년 8월 20일, 「동편소문」).
[133] 유격전(guerilla)은 反나폴레옹戰爭때 러시아軍이나 스페인軍에 의해 구사된 이후 가장 효과적이며 뛰어난 혁명전술 또는 반란전술로 알려져 왔다(박성수, 「1907~10年間의 義兵戰爭에 對하여」, 『한국사연구』 1, 1968, 117쪽).

은 일본군대(日本軍隊)와 대적(對敵)하기 어려운 일임은 물론이나 대적(對敵)할 수 없을 때는 사산(四散)하고 또 틈을 보아 집합(集合)하여 폭동(暴動)하면 여하(如何)히 용맹한 일본군대라 할지라도 토벌(討伐)이 곤란(困難)할 것이라 생각한다'134)라고 하여 일본군대를 상대하는 최상의 전술로 산개전투와 밀집전투를 바탕으로 한 유격전임을 밝히고 있다. 소규모 유격대로 활동하다가 의병장의 명령이 있거나 전술상 필요한 상황이 발생하면 연합하여 전투를 전개하고 다시 흩어져 개별부대로 활동한다는 것이다.135)

유격전술의 효과를 높이기 위해서는 적의 동태를 살필 수 있는 척후활동도 매우 중요하였다. 의병부대의 척후활동 능력을 볼 수 있는 것으로 원주에 파견되었던 일본군 시모바야시(下林) 지대의 보고가 있다.

> 지형을 살피자 토민의 비호를 받고 있는 그들 폭도의 諜報 근무는 극히 민활하여 교묘하게 우리 행동을 탐지하고 은현 출몰하므로, 지대는 원주 도착 후 그 부근 소탕에 힘썼음에도 불구하고 수일 동안 조금도 얻은 바가 없었다.136)

이에 의하면 시모바야시 지대가 원주로 파견되어 활동하면서 의병부대를 찾지 못하는 것은 의병부대의 첩보능력이 뛰어나 일본군의 행동을 탐지하고 은밀하게 움직이고 있기 때문이라는 것이다. 이러한 모습은 충주 공격에서도 나타난다. 제천에 주둔하고 있던 민긍호 · 이강년 등 연합의병부대는 충주를 공격하기 위해 제천을 출발하였다. 동시에 충주에 주둔하고 있던 일본군 아다치(足達) 지대도 제천에 주둔하고 있는 의병을 토벌하기

---

134) 『폭도에 관한 편책』, 「觀察使의 暴徒歸順 勸誘에 관한 件」, 1907년 11월 12일(국사편찬위원회, 『한국독립운동사 자료』 8, 1979, 112쪽.)
135) 이점은 민긍호가 자신이 강원도내 32개 의병진을 지휘하고 있다고 한 것에서도 알 수 있다.
136) 「조선폭도토벌지」, 687~688쪽.

위해 충주를 출발하였다. 자칫 중간에서 전투가 벌어질 수 있는 상황이었으나 연합의병부대는 척후활동을 통해 일본군 아다치 지대를 피해 은밀히 충주로 이동하였다.137) 의병부대가 척후활동을 통한 첩보능력이 뛰어났던 것은 해산군인의 참여로 향상된 것도 있지만 주민들의 정보제공과 비호가 있었기에 가능하였다. 척후 활동은 공격에만 유용한 것이 아니었다. 의병근거지 주변에 설치한 초소 등을 통한 척후 활동은 적의 공격을 방어하는 데 매우 중요하였다.

의병부대의 전술은 의병무기체제의 변화, 근대적 군사지식의 보급 등으로 유격전이 기본전술이 되었으며, 지역민들의 비호 속에 전개된 척후활동은 유격전을 전개하는 데 매우 중요한 활동이었다. 의병전쟁 초기에는 의병부대의 유격전이 효과를 보고 있었다.

(3) 의병근거지의 형성과 일본군의 탄압

1907년 의병전쟁시기 의병활동 중 특징적인 것으로 의병근거지 확보가 있다. 의병들은 일본군의 눈을 피해 은밀하게 활동하기 좋은 산악지대에 의병의 근거지를 만들고자 하였다. 즉 의병부대 상호 간 연락을 취할 수 있으면서 군수물자를 지원받기 용이한 곳에 의병근거지를 마련하고 있었다. 그런 점에서 원주, 횡성지역은 최적의 장소라고 할 수 있다. 두 지역은 조선시대부터 강원감영군, 원주진, 중영 등의 지방군이 설치되어 있어서 군사적으로 중요하게 연계되어 있던 곳이었다.138) 또한 영원산성, 태기산성 등 산성이 있어 이를 군사기지로 활용하기 용이하였다. 그리고 산악지대에서 병력을 집결시킬 수 있고, 군수물자를 확보할 수 있는 사찰이 상당

---

137) 이동 중에 조동교 의병부대가 일본군과 교전하기는 하였으나 본대는 일본군과의 교전 없이 충주까지 진격하였다(「조선폭도토벌지」, 691쪽).
138) 『關東誌』 1, 監營·原州.

수 분포되어 있었다. 그렇기에 때문에 의병들은 치악산 자락에 있던 원주 신림, 강림, 횡성 봉복사 일대를 최적의 의병근거지로 삼아 활동하였다. 특히, 봉복사 일대는 덕고산(현 태기산) 서쪽 기슭에 위치해 있으면서 앞에는 성골계곡이 뒤로는 덕고산과 봉복산이 감싸고 있어 지형적으로 부대를 주둔하기 용이한 곳이었다.139) 더욱이 봉복사 뒤로는 태기산성이 있어 전술 운용 측면에서도 다른 곳보다 유리하였다.

민긍호가 이끄는 '원주의병'도 봉기직후 원주, 여주 등지에서 활동하다가 원주 신림, 횡성 봉복사 일대로 들어와 의병부대의 근거지를 만들었다. 의병부대는 근거지에서 부대를 재정비하고 다른 지역으로 이동하며 의병전쟁을 전개하여 일본군의 정찰활동에 혼선을 주었다. 그렇기 때문에 일본군은 의병전쟁 초기 의병정찰을 위해 각지로 정찰대를 파견하였지만 별다른 성과를 얻지 못하였다.

의병근거지는 의병부대의 인적·물적 보충이 가능한 곳으로 군수물자를 공급받는다거나 의병모집을 전개하기도 하였다. '원주의병'이 봉복사에 주둔하고 있을 때 횡성군 청룡면(青龍面) 갈풍리(葛豊里) 출신으로 횡성군 수순교 및 포수계장이었던 오정묵(吳正黙)과 함께 의병활동을 전개한 것이 그러한 예이다. 오정묵은 1907년 8월 포수 20여 명을 인솔하고 봉복사에 수렵차 나갔다가 '원주의병'을 만나 포군대장으로 활동하였다.140) 오정묵의 합류로 많은 산포수들이 의병에 가담하여 '원주의병'은 군세가 더욱 커지게 되었다.

의병근거지를 중심으로 확산되는 의병을 탄압하기 위해 일본군은 정찰활동을 강화하였다. 특히, 원주지역에 주둔하고 있던 일본군 특별편성부대인 시모바야시 지대는 주둔 초기 의병진압에 성과를 거두지 못하자 강원도 각지로 정찰부대를 보내 의병근거지 파악에 혈안이었다. 일본군도 의병들

---

139) 봉복사의 지형, 자연환경 등은 수원대학교박물관, 『횡성 봉복사지 유적』, 2012 참조.
140) 『폭도사편집자료』, 598~599쪽.

이 근거지를 중심으로 이동하면서 의병운동을 전개한다는 것을 파악하고 있었던 것이다. 일본군의 정찰활동은 초기에는 성과를 거두지 못하였지만 부대배치가 완료되고 일진회를 비롯한 밀정들이 활발하게 활동하면서 점차 성과를 보게 되었다. 그 결과 원주, 횡성 등지에 만들어졌던 주요 의병근거지가 일본군에 의해 파악되었다.

원주지역은 1907년 9월 8일 시모바야시 지대 오오사키(多崎) 소대에 의해 원주 신림면 신림리 갈곡에 있던 의병근거지 건물 5채, 산병호(散兵壕), 천연녹시(天然鹿柴) 등이 소각되고 파괴되었으며, 의병 2명이 전사하는 피해를 입었다.[141] 횡성지역은 봉복사가 소각되는 피해를 입었다. 그 과정을 보면, 시모바야시 지대장은 '원주 부근의 폭도들은 원래 횡성군 갑천면 갑천리 부근 및 그 동방 약 2리에 있는 봉복사를 근거지로 하여 부근 마을에서 물자를 약탈하고 동영(冬營) 준비를 하고 있다'는 정보를 입수한 후 사토(佐藤) 대위에게 보병 2소대와 기관총 2문을 주면서 의병토벌을 명령하였다. 이 부대는 22일 횡성에 도착한 후 23일 오후 1시 갑천리 및 봉복사에 주둔하고 있던 의병 약 350명을 기습 공격하였다. 이로 인해 의병 50명이 전사하고, 의병부대는 동방산성(東方山地, 태기산성 – 필자주)으로 후퇴하였다. 또한 의병부대의 근거지가 되었던 봉복사는 일본군에 의해 불태워졌다.[142]

원주, 횡성 등지의 의병근거지를 파괴한 일본군은 이후 의병진압에 있어 변화를 가져왔다. 강원도, 충청도 일대 의병전쟁을 진압하기 위해 특별 편성되었던 시모바야시 지대와 아다치 지대를 해체하였다. 시모바야지 지대는 그 편성을 풀고 수원으로 이동하여 수원을 수비하였고, 아다치 지대는 10월 3일 서울로 귀환하였다.[143] 일본군의 이러한 조치는 원주, 횡성지역

---

[141] 「參1發 제113호」(1907년 9월 11일), 『한말의병자료』 Ⅳ, 독립기념관, 2002, 81쪽.
[142] 「조선폭도토벌지」, 696쪽.
[143] 「조선폭도토벌지」, 697쪽.

의 주요 의병근거지를 파괴함으로써 이 지역에서 전개되던 의병전쟁의 급한 불을 껐다고 판단했기 때문이었다. 이후 일본군의 의병진압은 각 지역의 수비대가 중심이 되어 전개되었다.

'원주의병'을 비롯한 의병들은 신림 갈곡의 의병근거지, 봉복사 등 주요 근거지가 파괴됨에 따라 근거지 중심의 의병활동을 중단하고 이동하면서 일시적으로 주둔지를 마련해서 일본군에 대응하는 것으로 전환하였다. '원주의병'도 원주, 횡성, 홍천 등지를 이동하면서 일시적인 주둔지를 마련하고 정부에서 파견한 선유사 등 관리와 일본군의 동향을 파악해서 상황에 맞게 대응하였다.

2. 의병전쟁의 전개과정과 운동방략의 구현

1) 의병전쟁의 초기양상과 일본군의 배치

1907년 8월 5일 원주진위대의 봉기로 시작된 원주지역 의병전쟁은 민긍호가 이끈 '원주의병'과 이후 통합된 이인영의 관동창의대가 중심이 되었다. 해산군인 주도의 의병부대와 유생의병장 주도의 의병부대가 원주지역에서 활동하고 있었다. 이인영은 을미의병 이후 전개된 전통적인 의병부대의 편제에 따라 운영하였고, 민긍호는 원주진위대 해산군인들이 주축이었기에 근대식 군사편제에 따라 운영하였다. 따라서 이인영의 관동창의대에 민긍호가 참여하여 연합의병부대를 구성하였지만 독립된 편제에서 독자적으로 활동하였다. 그러므로 원주지역 의병전쟁의 양상을 파악하기 위해서는 관동창의대, 민긍호 의병부대 등에 대해 살펴볼 필요가 있다.

민긍호의 '원주의병'은 원주진위대 해산군인과 지역민들이 연합하여 일어난 것이었지만 실질적인 전투는 원주진위대 해산군인들이 수행하였다. 이들은 봉기 직후 원주읍 우편취급소를 시작으로 원주군아(原州郡衙), 경찰분견소 등 일본의 침략정책을 최일선에서 시행하면서 지역민들에게 직접적인 피해를 주고 있던 주요 관공서를 공격하였다. 또 원주에 거주하고 있던 일본인에 대한 공격도 감행하여 그들의 가옥을 파괴하고 상가의 물건 등을 압수하여 군수물자로 충당하였다. 의병의 공격으로 피해를 입은 자들은 재정고문분서원(財政顧問分署員) 1인, 경무고문분견소보조원(警務顧問分遣所補助員) 5인·여(女) 1인, 우편취급소원(郵便取扱所員) 3인·여(女) 2인, 상인(商人) 2인 등이었다. 주로 원주에 거주하던 일본인 관리와 상인으로 일본의 침략정책을 지역에서 시행하고 있던 사람들이었다.[144] 이러한 '원주의병'의 봉기와 활동은 대한제국군의 군대해산 반발에 대한 일본군의 경계가 강화된 시점에서 일어난 것이었다.

원주진위대 봉기소식은 한국주차군사령관 하세가와 요시미치(長谷川好道)에게 급히 보고되었다. 하세가와 사령관은 의병봉기의 확산을 막고 빠른 시일내에 진압하고자 8월 6일 서울 주둔 보병 제47연대 제3대대장 시모바야시(下林) 소좌를 지휘관으로 하는 특별편성부대를 창설하였다.[145] 새롭게 만들어진 시모바야시 지대는 보병 2중대, 기관총 4문, 공병 1소대로 편성되었다. 여기서 주목되는 것이 공병 1소대와 기관총 4문이 시모바야시 지대에 편성되었다는 것이다. 일본군은 8월 1일 시위대(侍衛隊)와 전투에서 고전하다가 전세 역전의 돌파구를 찾은 것이 공병에 의한 폭약과 기관총을 이용한 집중사격이었다. 그러므로 시모바야시 지대의 부대편성은 시위대 탄압의 경험 속에

---

[144] 『폭도에 관한 편책』, 「損害賠償請願書」, 1907년 9월 20일, 別紙 遭難始末書(국사편찬위원회, 『한국독립운동사 자료』 8, 1979, 35~36쪽).

[145] 제47연대는 광무황제의 강제퇴위 이후 확산되고 있던 반대운동에 대비하고자 일제가 7월 24일 대한제국으로 파견한 12여단 소속의 부대였다(『陣中日誌』 Ⅰ, 토지주택박물관, 2010, 7쪽).

서 원주진위대 봉기를 효과적이고 빠르게 탄압하기 위한 편성이었다.

일본군은 시모바야시 지대 파병 직전에 충주수비대 소속의 정찰대를 원주로 파견하였다. 충주수비대 정찰대는 원주에서 광무황제강제퇴위반대운동이 전개되고 원주진위대 대대장 홍유형이 인민들에게 억류되었다가 풀려나는 등 상황이 악화된 원주지역 상황을 파악하고자 하였다. 니노미야(二宮) 소위가 이끄는 19명의 충주수비대 정찰대는 4일 오후 4시 40분에 충주를 떠나 원주로 출발하였다. 다음날인 5일 민긍호의 '원주의병'은 원주에 거주하던 일본관리 및 상인들을 추격하다가 당일 오후 3시경 원주 서방 고지에서 충주수비대 정찰대와 만나 격전을 벌였다.146) 이 전투는 약 2시간 정도 전개되었는데, '원주의병'은 일본군 정찰대 수 명을 사살하고 탄약과 속사포를 노획하는 전과를 거두었다. 의병에게 패한 일본군은 원주 서방고지에 피난해 있던 일본거류민, 경무관 등을 데리고 충주로 후퇴하기 바빴다.147) 충주수비대 정찰대와의 전투에서 승리를 한 '원주의병'은 원주 읍내에 주둔하지 않고 인근 산속에 숙영지를 마련하였다. 그 이유는 첫째, 향후 일본군의 공격이 다시 예상되는 상황에서 부대를 원주읍내에 주둔하였다가 일본군과 교전하게 되면 원주 읍민들의 피해가 막대할 것을 걱정했기 때문이다.148) 둘째, 일본군에 비해 전력이 떨어지는 상황에서 취할 수 있는 최상의 전술은 지형지물을 이용한 유격전이었는데, 유격전을 수행하기에는 산속진지가 훨씬 더 유리하였기 때문이었다.

이후 '원주의병'은 민긍호와 김덕제를 중심으로 부대를 나눠 인근 지역을 이동하면서 의병전쟁을 전개하였다. 김덕제는 약 500명의 의병을 거느

---

146) 「參1發 제37호」(1907년 8월 7일), 『한말의병자료』 Ⅳ, 독립기념관, 2002, 34쪽.
147) 독립운동사편찬위원회, 「조선폭도토벌지」, 『獨立運動史資料集』 제3집, 독립유공자사업기금운용위원회, 1971, 685~686쪽(이하 「조선폭도토벌지」로 함).
148) 우리 만일 邑中에 留營하다가 倭仇와 開戰이 되면 無辜人民의 殺傷이 만흐리라 하고 곳 出城하야 依山排陣하엿다(『獨立新聞』, 1920년 5월 11일, 「義兵傳 (六)」).

리고 평창·강릉을 거쳐 삼척·양양·간성·고성·통천·흡곡·춘천 등지에서 활동하였다. 민긍호는 8월 10일 의병 300여 명을 이끌고 주천을 거쳐 제천으로 들어갔다. 이후 계속된 의병소모 활동으로 그 규모가 약 2천 명에 이르는 연합의병으로 확대되었다.149) 그러나 2천 명 전원이 민긍호의 '원주의병'은 아니었던 것으로 보인다. '원주의병'은 민긍호가 주천으로 이동할 때 직접 이끌던 300여 명이고 나머지는 '원주의병'과 연합하고 있지만 독자적으로 활동하고 있던 오정묵 의병부대, 한상렬 의병부대 같은 개별독립부대였던 것으로 보인다. 즉, '원주의병'은 다른 의병부대와 연합하고 있지만 그 성격은 연대적 성격을 가지고 있었다. 이러한 연장선상에서 '원주의병'이 원주 동막·안창·신림·주천 등지와 여주, 횡성, 평창까지 장악하였다는 것도 '원주의병'과 연합하고 있던 의병부대의 활동이라고 할 수 있다150) 이것은 민긍호 의병장이 횡성군수 심흥택(沈興澤)에게 말했던 '강원도내 32개 의진은 모두 내가 지휘한다'151)는 것과 일맥상통하는 것이다. 민

---

149) 2,000명 전원이 민긍호 의병부대는 아니었다. 민긍호 의병부대원은 주천으로 이동했던 300여 명이고 나머지는 민긍호 의병부대에 참여했던 오정묵 의병부대 같은 연합의병이었다.

150) 칠일오후일시에 의병한 떼가 강원도 원주분파소를 쳐서 부수고 병기와 탄약을 늑탈하였는데 보좌원 육명중에 두명은 잡히고 사명은 복장을 벗고 도망하였으며 의병중에도 한 병이 많이 참여하였고(『대한매일신보』, 1907년 8월 9일, 「지방정형」); 하림소좌가 거느린 군대가 작일에 원주로 들어가서 의병의 거취를 정찰하여 공격한다는데 원주 안창에서 일인 이명을 살해하였고 (중략) 제천통신을 거한 즉 의병 사오십명이 해군에 있는 경무분파소를 친다하며 충주고문지부 보좌원 일인과 순검 삼인을 살해코져하며(『대한매일신보』, 1907년 8월 13일, 「지방정형」); 주천에 의병 백여명과 평창 등지에 삼백여명이 합하여 음력 유월 이십칠일에 평창읍 취급소에 들어가 일본인 이명을 포살한 후에 또 길에서 체전부 일명을 포살하였다하며 원주 신림 등지에는 길이 막혀 행인이 없고 의병의 형세가 대단하다고 하였더라(『대한매일신보』 1907년 8월 14일, 「의병의 기세」); 본월 십이일 하오 이시에 의병이 원주 등지에서 여주군에 들어와서 해군에있는 분파소를 파쇄하고 일순사 이명과 일녀 이명을 타살하고 총순 이완규씨와 순검하나를 잡아갔는데 사생은 아직 알지 못 한다더라(『대한매일신보』, 1907년 8월 16일, 「여주소요」).

151) 자기(민긍호)의 부하는 목하 4백 명이며 그 중 한병이 250명과 또 다수의 무기가 있다는 일 및 강원도내에는 폭도의 總組數가 32組가 있고, 이들 부하는 다 자기(민긍호)가 지휘하는 바이다 운운 대답하였다(「春秘發 제44호」, 『한국독립운동사자료』 8, 1907년 11월 12일, 111~112쪽).

긍호 연합의병은 독립 부대로 나눠 원주·제천·영월·충주·죽산·장호원·여주·이천·양근·홍천·횡성 등지에서 활동하였다.[152] 이때 동참한 의병장은 허준(許俊)·이경삼(李京三)·김만군(金萬軍)·고석이(高石伊)·김군필(金君必)·이한창(李韓昌)·한기석(韓基錫)·한갑복(韓甲復)·윤기영(尹起榮)·이강년(李康秊)·김생산(金生山)·변학기(邊鶴基)·조인환(曺仁煥) 등이었다.[153]

8월 7일 부대편성을 마친 시모바야시 지대는 원주지역 의병을 진압하고 원주진위대 해산을 원조하라는 임무를 받고 서울을 출발하여 두물머리(二水頭), 지평(砥平)을 거쳐 10일 오후 3시 30분 원주에 도착하였다.[154] 원주진위대 해산을 원조하라는 임무는 시위대를 진압하고 무장해제 시켰던 것처럼 원주진위대를 진압하고 무장해제 후 해산시키기 위해서 내려진 것이었다. 그러나 이미 원주진위대는 의병으로 전환되었기에 원주진위대 해산은 의미 없는 것이었다. 또 일본군은 원주지역에 대한 '의병탄압작전'을 전개하였지만 별다른 성과를 거두지 못하였다. 당시 상황을 시모바야시 지대장은 '의병은 지역민들의 비호를 받고 있고, 첩보(諜報) 근무는 극히 민활하여 교묘하게 우리 행동을 탐지하고 은현 출몰하므로, 원주 도착 후 그 부근 소탕에 힘썼음에도 불구하고 수 일 동안 조금도 얻은 바가 없었다'고 하였다.[155] 이미 의병들은 원주를 벗어나 소규모단위로 일본군의 행동을 정탐하면서 은밀히 활동하고 있었다. 시모바야시 지대의 원주 주둔으로 원주가 일본군의 통제하에 들어가게 되자 충주로 피신하였던 원주거류민, 경

---

152) 민긍호는 1,000여 명의 의병을 거느리고 원주·제천·영월·충주·죽산·장호원·여주·이천·양근·홍천 등 각 지방에서 활동하였다(「원주 정미의병 운동 관련 일지」, 『원주 정미의병 연구』, 원주시, 2008, 287쪽).
153) 『조선폭도토벌지』, 41쪽.
154) 「參1發 제48호」(1907년 8월 11일), 『한말의병자료』 Ⅳ, 독립기념관, 2002, 39쪽; 「조선폭도토벌지」, 687쪽.
155) 「조선폭도토벌지」, 687~688쪽.

무분견소원 등이 충주수비대 연락병사와 함께 충주를 출발하여 13일 원주로 돌아와 원주시내는 다시 일본인들이 거주하기 시작하였다.

시모바야시 지대는 원주에서 의병들의 움직임이 파악되지 않자 정찰반 경을 넓혀 평창, 제천 등 주변지역에 대한 정찰을 시작하였다. 그리하여 사토(佐藤) 대위는 11중대 1소대를 이끌고 평창방면으로, 스에야스(末安) 중위는 1소대를 이끌고 제천방면으로 정찰을 나갔다. 이 정찰과정에서 제천에 주둔하고 있던 연합의병과 전투가 벌어졌다. 이 전투가 천남전투였다.

천남전투는 스에야스 소대가 '원주의병'을 쫓아 원주 신림을 거쳐 팔송(八松, 현 제천시 봉양면 팔송리)을 거쳐 제천방면으로 진군하면서 시작되었다.156) 제천에 모여 있던 2,000여 명의 연합의병은 스에야스 소대에 대비하여 매복하고 있었다.157) 윤기영 의병부대는 천남 뒷산에 매복하고 있었고, 민긍호의 '원주의병'은 남쪽에 매복하였다. 오경묵 의병부대와 정대무 의병부대는 서울고개 좌우편에 복병하였다. 이강년 의병부대는 영월 방면 조을치까지 물러나 있었다. 15일 스에야스 소대의 척후(斥候)가 제천읍으로 접근해 오자 매복해 있던 의병 보초와 교전이 일어났고 오후 5시경 일본군 척후병은 후퇴하였다. 그때 영월 방면에 있는 높은 산에 매복하였던 '원주의병'·한상렬 의병부대 350여 명은 스에야스 소대가 청풍 가는 길 방향의 마을에서 숙영하는 것을 보고 일제히 공격하였다. 조을치에 있던 이강년 부대는 아사봉 뒤에서 역습하여 스에야스 소대의 후미를 공격하였다. 4시간이 넘게 전개된 치열한 전투에서 의병은 일본군 5명을 사살하고, 13명을 부상 입히는 전과를 올렸으며, 오후 9시 30분경 스에야스 소대는 충주 방면으로 패주하였다.158) 이 전투에서 '원주의병'이 가장 큰 공을 세웠다.159)

---

156) 박정수·강순희, 『창의사실기』 정미 7월 5일, 12쪽 하.
157) 당시 일제는 '韓兵의 數는 民兵과 合ᄒ야 二千餘名이라 各處에 步哨를 配列'(『대한매일신보』, 1907년 8월 18일, 「의병소식」) 이라고 하여 연합의병의 규모를 진위대 해산 군인을 포함하여 2,000여 명으로 파악하고 있었다.

천남전투는 1907년 의병전쟁에 있어 중요한 의미를 가지고 있다. 먼저, 1907년 의병 최초로 연합의병을 형성하여 일본군과 싸워 이긴 전투였다. 특히, 그 성격을 달리하는 해산군인 중심의 의병부대와 양반유생 중심의 의병부대가 연합하여 거둔 승리라는 점에서 관동창의대 결성의 밑그림을 그려볼 수 있었다. 다음으로 원주로 내려온 일본군 특별편성부대와 치른 첫 전투에서 승리하면서 의병들의 사기를 드높였을 뿐만 아니라 의병부대의 재편성 등 천남전투 승리 이후 연대적 성격을 넘어 본격적인 연합의병이 모색되었다.

천남전투에서 승리한 경험은 해산군인과 유생의병장 등이 의병부대의 통합으로 이어지는 연합의병을 결성하는 데 바탕이 되었다. 즉, 의병운동 방략 측면에서 서울진공작전 같은 대규모 연합작전이나 국제사회의 지원

---

158) 再昨日에 韓兵一百五拾餘名과 民兵六拾餘名이 堤川에 聚合ᄒᆞ야 隊伍를 整齊ᄒᆞ고 方欲前進이라가 適其時에 日本末安中尉의 所率ᄒᆞᆫ 偵察隊를 遇着ᄒᆞ야 一場을 交鋒ᄒᆞ야 四時間에 延及ᄒᆞ매 韓兵의 奮勇을 不敵ᄒᆞ야 偵察隊가 忠州로 退却ᄒᆞ얏ᄂᆞᆫ대 日兵의 重傷者가 數名이라 ᄒᆞ얏고

拾六日 忠州電을 據ᄒᆞᆫ즉 末安中尉의 一隊ᄂᆞᆫ 新林을 經ᄒᆞ야 堤川距二十里許의 量營을 設ᄒᆞ고 十五日에 居民의게 探問ᄒᆞ고 斥候兵을 派出ᄒᆞ야 韓兵住在處十里許에 至ᄒᆞ야ᄂᆞᆫ 時에 韓兵의 數ᄂᆞᆫ 民兵과 合ᄒᆞ야 二千餘名이라 各處에 步哨를 配列ᄒᆞ얏다가 日兵斥候에 來ᄒᆞᆷ을 見ᄒᆞ고 卽時射擊ᄒᆞ야 交鋒ᄒᆞ다가 午後五時에 斥侯兵은 堤川邑에셔 五百米 突ᄂᆞᆫ 高地에 占據ᄒᆞ얏고 韓步哨ᄂᆞᆫ 寧越方面에 在ᄒᆞᆫ 高地를 越ᄒᆞ야 退却ᄒᆞ얏ᄂᆞᆫᄃᆡ 砲烟餠息에 邑中이 一空ᄒᆞ고 人烟이 頓絕ᄒᆞ니 日已黃昏이라 日兵은 淸風街道로 沿ᄒᆞ야 民家에 投宿코ᄌᆞ ᄒᆞᆯ 際에 義兵이 回旗ᄒᆞ야 不意에 逆擊ᄒᆞ고 郡衙前面高地의셔도 義兵이 猛烈히 射擊을 始ᄒᆞ야 左右挾攻ᄒᆞ니 日軍은 兵未及反ᄒᆞ고 馬不及鞍ᄒᆞ야 蒼黃應戰ᄒᆞᆯ시 宿營地右邊陷低에 困在ᄒᆞ얏고 日本警察대ᄂᆞᆫ 此를 應援ᄒᆞ야 郡衙右邊高地를 據ᄒᆞ야 盛히 射擊ᄒᆞ얏ᄉᆞ나 義兵은 相거八馬場에 散兵線을 排列ᄒᆞ야 十里에 延亘ᄒᆞ고 日軍을 包圍ᄒᆞ매 日軍이 勢孤不敵ᄒᆞ야 兵巡이 合勢ᄒᆞᆫ지라 義兵은 益益乘勢ᄒᆞ야 圍益急ᄒᆞ니 時適午後九時三十分이라 日軍은 淸風街路로 向ᄒᆞ야 退却코ᄌᆞ ᄒᆞ나 同方面의도 多數集合ᄒᆞᆷ을 聞하고 敢不向前하고 一里를 退却하야 左旋右折하야 高山方面에 退하야 露營ᄒᆞᆯ 目的으로 突圍超險하야 山中에 隱入ᄒᆞ얏스나 尙恐來襲하야 徹夜不寐하고 翌日 午前六時에 近左面院北地로 退却하얏ᄂᆞᆫ대 韓兵은 死傷이 無ᄒᆞ고 日軍은 日人報告를 據ᄒᆞᆫ則 重傷一名과 行衛不明이 一名이라 ᄒᆞ얏고 義兵은 氣勢가 尤壯에 日本兵巡은 彈藥이 乏絕ᄒᆞ야 不能再振하야 忠州로 退却하얏더라(『대한매일신보』, 1907년 8월 18일, 「의병소식」); 『密大日記』, 「韓國駐箚軍 同守備隊配置圖等提出의 件」, 1907년 10월 9일, 「暴徒討伐槪兄」, 363쪽; 구완회, 『한말의 제천의병』, 집문당, 1997, 278~279쪽.

159) 『창의사실기』 정미 7월 5일조(『운강집』, 134~135쪽).

을 받기위한 통합된 세력이 필요할 때 연합의병이 출범할 수 있었다. 민긍호가 이끄는 '원주의병'의 초기 연합의병 활동은 강원도 연합의병인 관동창의대, 전국 연합의병인 13도창의군이 출범할 수 있는 출발점이 되었다.

반면, 일본군은 이 전투를 계기로 의병진압방식에 변화를 가져왔다. 일본은 의병이 2,000여 명이나 동원된 대규모 연합작전을 수행하자 의병전쟁이 전국으로 확산되어 대한제국 식민화에 차질이 생길 것을 우려하였다. 그리하여 의병전쟁의 확산을 막고자 급히 중좌(中佐)를 부대장으로 하는 특별편성부대를 편성하여 충주로 이동시켰다. 의병진압 방식도 무차별 초토화작전으로 변경하였다.

천남전투에 참여했던 일부 의병부대는 주천으로 이동하여 의병부대를 새롭게 정비하였다. 8월 19일 이강년이 주천 강가에서 의병장에 추대되면서 호좌의진이 출범하였다. 이때 사군지역에서 병력을 모집해 온 김상태(金尙台)를 중군장으로, 백남규(白南奎)를 우선봉장으로 하한서(河漢瑞)를 좌선봉장으로, 윤기영(尹基榮)을 전군장으로, 이중봉(李重鳳)을 우군장으로 이용노(李容魯)를 좌군장으로, 이세영(李世榮)을 감군(監軍)으로, 이만원(李萬源)을 독전장(督戰將)으로 삼았다.160) 부대정비를 마친 호좌의진은 다시 제천으로 진출하였다. 새롭게 출발한 호좌의진은 그 명칭에서 알 수 있고, 김상태가 중군장에 임명된 것에서도 알 수 있듯이 충청도에서 모집된 의병들이 중심이 되었다. 즉, 천남전투 직후 민긍호의 '원주의병'을 중심으로 하는 강원도 의병과 이강년의 호좌의진을 중심으로 하는 충청도 의병이 주도적으로 의병전쟁을 이끌기 시작하였다. 부대정비를 마친 이강년의 다시 제천으로 진출하였다.

제천에 주둔한 민긍호, 이강년 등 연합의병은 충주성 점령을 주요 목표로 설정하고 작전에 들어갔다. 충주는 관찰부가 있는 주요 도시이고 경상

---

160) 「운강선생창의일록」, 『독립운동사자료집』 제1집, 1971, 225~226쪽.

도에서 서울로 올라가는 길목에 있는 요충지였다. 또 서울과 연결되는 주요 전신선이 통과하고 있었기에 이곳에 타격을 입히면 충청남도 일대의 의병들과 연합하여 서울을 고립시킬 수 있었다. 그런데 일본군은 의병부대의 주 활동지역을 원주의 동쪽인 평창, 충주의 동쪽인 청풍·제천, 원주의 서쪽인 여주, 충주의 서쪽인 죽산 등으로 파악하고 이곳에 집중적으로 정찰부대를 파견하여 수색작전을 펼치고 있었다.[161] 일본군은 원주와 충주를 특별편성부대가 주둔한 거점지역으로 삼고 주변지역에 대한 정찰활동을 전개하였다. 그런데 중요한 요충지였던 충주에 충수수비대 1개 소대만 주둔시키고 있어 의병전력으로 충분히 공격해 점령할 수 있었다.

연합의병은 충주공략과 함께 전신선 차단을 주요 작전으로 실시하였다. 이는 전신선을 지키고자 한 일본군과 치열한 전투가 전개되었다. 8월 16일에는 전신선 차단을 위해 이동하던 의병이 전선(電線)의 안전을 확보하기 위해 충주수비대에서 파견한 전선 검사 인부와 호위병 하야시(林董) 이하 6명을 장호원(長湖院)에서 만나 교전하여 전선 검사 인부 2명을 사살하고 장호원 남방에 있는 전신주 20여개를 절단하는 전과를 올렸다.[162] 19일에는 의병들이 경성에서 전선 검사를 위해 파견한 공병 1분대가 이천(利川) 동남 약 20리 지점에서 공격하여 격퇴하였다.

충주 주변에서 의병과 일본군의 전투가 이뤄지고 있었으나 충주에는 니노미야 소위(少尉)가 지휘하는 한 개 소대만이 주둔하고 있어 충주성 방어에 부족하였다. 더욱이 의병을 토벌하러 원주지역에 주둔한 시모바야시 지대가 별다른 성과를 거두지 못한 상황에서 충주, 제천, 장호원 등지에서 의병과 계

---

[161] 「參1發 제57호」(1907.8.15.), 『한말의병자료』 Ⅳ, 독립기념관, 2002, 44쪽.
[162] 경성의 뎐신선을 보호ᄒ기 위ᄒ야 출쟝ᄒ 충쥬슈비대 륙명은 려쥬에서 쟝호원으로 가는 길에 의병이 길을 막고 크게 싸왓는대 새로 파송ᄒ 군대의 구완 홈으로 간신히 갓스나 일인의 믈 셰필을 빼앗고 마부 일명은 피해ᄒ엿스며 쟝호원 남방으로 일리쯤 되는 수이에 잇는 뎐선대 이십여개는 부러졋고(『대한매일신보』, 1907년 8월 21일, 「지방정형」).

속된 전투는 일본군으로 하여금 추가 병력의 파견을 결정하게 하였다. 그리하여 오카자키(岡崎) 제13사단장은 서울에 주둔하고 있던 보병 제51연대에서 1소대를 충주로 증파하였다. 이와 함께 한국주차군사령관은 의병전쟁의 확산을 막고 초기에 의병을 제압하기 위해 응징적 토벌을 실시할 것을 결정하였다. 이 결정에 따라 시위대를 진압하였던 보병 제51연대 아다치(足達) 중좌(中佐)에게 동 연대 제2대대(2중대 결), 보병 제52연대 제2중대, 기관총 4, 기병 제17연대 제3중대의 1소대, 공병 1소대를 주어 아다치 지대를 편성하였다. 이어 충주·청풍(淸風)·영월(寧越)·평창(平昌) 등지의 의병을 소탕하도록 명하였다 또한 충주수비대와 원주에 주둔하고 있던 시모바야시 지대의 지휘권을 주었으며, 필요에 따라서는 강릉파견대까지 지휘하도록 하였다.163) 아다치 지대는 강원도·충청도 일대 의병진압군의 최고사령부가 되었다.

8월 18일 오전 6시 20분 서울을 출발한 아다치 지대는 오전 11시 조치원역에 도착한 후 청주(淸州)로 이동하여 그곳에서 숙영하였다. 청주 이북지역은 의병활동이 활발한 곳이었는데, 음성(陰城)·괴산(槐山) 부근에 의병이 집결해 있다는 정보가 입수되었다. 그리하여 아다치 지대는 주력 병력을 음성으로, 1중대는 괴산으로 출동시켜 그 지역을 확인하고 충주로 이동하도록 하였다. 아다치 지대 소속 부대들이 음성과 괴산을 거쳐 충주로 이동하는 동안 의병과 충돌은 없었다. 21일 밤 충주에 아다치 지대가 도착하였다. 아다치 지대가 충주에 도착하기까지 의병들과 교전이 없었던 것에 대해 일본군은 의병들이 관용수단(寬容手段)을 써서 양민으로 분장하고 혹은 산(山)과 계곡에 숨어있기 때문인 것으로 판단하였다.164)

장호원 일대에서 계속된 의병들의 공격에 한국주차군사령관은 이천(利川)·장호원(長湖院)·여주(驪州)방면 의병을 진압하기 위해 추가적으로

---

163) 「조선폭도토벌지」, 689쪽.
164) 「조선폭도토벌지」, 689쪽.

대전주둔 보병 제14연대 제3대대장 후와(不破) 소좌(少佐)에게 제9중대 오야나기(小柳) 대위와 수원(水原)을 수비하고 있는 제3중대 노무라(野村) 대위를 배속시켜 그 방면으로 파견하였다. 동시에 서울에 주둔하고 있던 보병 제51연대 제9중대를 양근(陽根)·이천(利川) 방면으로 파견하여 후와토벌대(不破討伐隊)와 함께 작전하도록 하였다.[165] 이로써 충주뿐만 아니라 충주로 이어지는 길목에도 일본군이 집중 배치되었다.

충주에서 정비한 아다치 지대는 천남전투를 통해 민긍호·이강년 등 주요 의병장이 제천, 영월 일대에 주둔하고 있다는 정보를 입수하였다. 또 청풍 동쪽 및 북쪽 지역의 주민들이 의병에 가담할 조짐이 있다는 추가 정보를 입수하고 바로 제천 방면으로 출병하였다.[166] 아다치 지대장은 부대를 둘로 나눠 본대는 청풍을 거쳐 제천으로, 보병 제52연대 제2중대는 주포(周浦)를 거쳐 제천으로 공격해 들어가도록 하였다. 한편, 아다치 지대는 강원도, 충청북도 일대를 관할하고 있었기에 제천 공격 이외에 따로 1소대를 장호원 방향으로 파견하여 대전에서 나오는 후와토벌대와 서로 협력하도록 하였다. 또 원주에 있는 시모바야시 지대와도 연합하기 위해 사토(佐藤) 대위(大尉)에게 보병 1중대(1소대 결)와 기관총 2문을 주어 안흥(安興)을 거쳐 평창 방면으로 파견하였고, 히라시마(平島) 중위(中尉)에게는 보병 1소대와 공병 약간을 주어 주천 방향으로 파견하였다.[167]

충주를 출발한 아다치 지대 본대는 아무런 저항 없이 22일 청풍을 거쳐 23일 오전 6시 제천에 도착하였다. 일본군 제52연대 제2중대는 주포·제천 방향으로 전진하다가 박달령(朴達嶺) 부근에서 약 100명의 조동교 의병부대와 교전한 후 23일 오전 5시 제천에 도착하였다. 도착 직후 제2중대는

---

[165] 「參1發 제62호」(1907.8.18.)·「參1發 제71호」(1907.8.22.), 『한말의병자료』 Ⅳ, 독립기념관, 2002, 46·52쪽.
[166] 「參1發 제71호」(1907.8.22.), 『한말의병자료』 Ⅳ, 독립기념관, 2002, 52쪽.
[167] 「조선폭도토벌지」, 690쪽.

제천 일대를 수색하여 남아 있던 의병을 진압하고 본대에 합류하였다. 그러나 연합의병의 주력부대는 찾지 못하였다. 제천에서 의병부대를 찾지 못한 아다치 지대장은 '제천은 의병의 근거지로서 전 마을이 의병의 편을 들어 제천 북방 고지에는 산병호(散兵壕)가 구축되어 있어 그대로 두면 장래의 화근이 될 것'이라고 하여 마을 대부분을 소각해 버렸다.[168] 제천은 천남전투 이후 일본군의 초토화작전에 의해 폐허가 되었다. 이후 제천에는 일본군 제52연대 제2중대가 주둔하였고, 아다치 지대 본대는 영월방면으로 이동하였다.

일본군이 제천 공략을 위해 이동을 시작한 그때 제천에 주둔하고 있던 민긍호, 이강년 등 연합의병은 충주 공격을 단행하였다. 그리하여 이강년의 호좌의진은 청풍을 경유하여 충주성의 동문을 공격하고, 민긍호의 '원주의병'과 조동교 의병부대 등은 박달재와 다리재를 넘어 충주의 서문과 북문을 공격하기로 하고 공격 시간을 23일 한낮으로 정하였다.[169] 21일 이강년은 4군(四郡)과 관동에 창의를 알리는 격문을 전하고 백배미를 출발하여 빗속의 행군을 시작하였다. 관전(館前, 현 제천 신백동 남쪽 들녘의 옛 이름. 관앞)에서 하루 밤을 묵고, 이튿날 청풍을 거쳐 일본순사대를 격퇴하고, 서운(瑞雲, 현 충주 동량면 서운리, 당시에는 청풍에 속하였음)에 도착하였다. 23일 이른 아침에 행군을 다시 시작하여 한천진(寒泉津, 황강의 서남쪽 마을, 수몰됨)에서 황강(黃江)을 건너 문지동(文池洞, 충주 살미면 문화리 북쪽에 있던 마을, 수몰됨)에 이르러 잠시 휴식을 취한 후 마수막(馬首幕)고개(마지막재, 현 충주 종민동) 아래에 이르러 충주읍을 정탐하였다.[170] 그런데 조동교의 부대가 박달재에서 제52연대 제2중대에 차단당하

---

[168] 「조선폭도토벌지」, 691쪽.
[169] 구완회, 『한말의 제천의병』, 집문당, 1997, 282쪽.
[170] 구완회, 『한말의 제천의병』, 집문당, 1997, 284쪽; 「운강선생창의일록」, 『독립운동사자료집』 제1집, 1971, 227쪽.

여 다른 곳으로 이동하고, 민긍호 부대는 충주 초입에 있는 다릿재(현 충주 산척면 송강리)를 넘어 충주 강령촌(康嶺村)까지 진출하였지만 일본군에 패하여 이강년 부대와 합세할 수 없었다.[171]

연합의병의 충주성 공격 일시인 23일에 충주 인근에 도착한 이강년 부대는 오전 11시 30분경 충주를 공격하였다. 그러나 다른 부대가 도착하지 않은 상황에서 이뤄진 공격은 여의치 않았다.[172] 충주는 의병들이 사전에 파악했던 것과 달리 19일에 보병 제51연대 소속 아시자와(蘆澤) 대위가 인솔하는 1개 소개가 증파되어 2개 소대로 늘어나 있었다.[173] 이들은 의병의 공격에 대해 성벽을 이용하여 완강하게 저항하였고 일부 병력은 성밖으로 나와 기습공격을 감행하였다. 예상치 못한 일본군의 공격에 의병부대는 북문 밖 5리 지점까지 진출하였다가 양막현(良幕峴, 현 충주 안림동 약막)으로 후퇴하면서 충주 공략은 실패로 돌아갔다.[174] 연합의병이 충주 공략에는 실패하였지만 충주 주변에서 계속된 전투에서 일본군에 일정정도 타격을 주었다. 일본군의 피해상황은 한국주차군사령부에 보고된 보고들로 파악할 수 있다. 대표적인 것으로 ① 아다치 지대와 원주의 시모바야시 지대와 연락이 두절되어 정황을 파악할 수 없다는 보고, ② 연락 회복을 위해

---

[171] 강녕촌전투에서 일본군에 패한 이후 의견충돌로 오정묵 의병부대는 민긍호 의병부대에서 이탈하였다(「폭도사편집자료」, 『독립운동사자료집』 제3집, 1971, 598쪽).
[172] 당시 충주전투에 대해 일본군은 민긍호의 부하들이 습격으로 파악하고 있었다(「조선폭도토벌지」, 691쪽). 이는 의병부대의 연합적 성격을 파악하지 못하고 이강년 의병부대를 민긍호의 예하부대로 오인한 것이며, 다른 한편으로는 민긍호 의병부대의 위세가 타 의병부대를 예하부대로 편입한 것으로 보일만큼 컸다는 것을 보여주는 것이다.
[173] 「조선폭도토벌지」, 688쪽.
[174] 忠北觀察使 李鎬成氏가 內部에 報告ᄒ되 義兵 幾十名이 府下北門地五里坪에 來ᄒ야 放銃ᄒ 則 日兵이 起出城界ᄒ야 應放數時에 義徒가 轉向鷄足山下ᄒ야 轉至東門外御林洞則 日兵이 逐往東門外萬里峴ᄒ야 放銃數時에 義兵이 敗走客 즉 日兵이 追至該洞ᄒ야 搜索義徒타가 衝火人家ᄒ야 連燒 三十戶ᄒ고 北門外古北門店幕 七八家도 亦爲被燒ᄒ며 這間 府下人民이 擧皆離散ᄒ야 人跡이 掃如ᄒ다 ᄒ얏더라(『皇城新聞』, 융희 원년 9월 9일, 「忠郡燒報」); 이구형 편역, 「운강선생 창의일록」, 『의병운동사적』 2, 사람생각, 2003, 252쪽.

제12여단 대대본부 및 보병 1개 중대를 급히 파견한다는 보고 등이 있다. 이들 보고를 보면 의병이 일본군과 치열한 교전을 전개하였다는 것과 함께 일본군의 통신시설을 완전히 파괴하였다는 것을 알 수 있다.[175] 이것은 의병부대의 주요 전략 중 하나였던 일본군의 통신시설파괴가 어느 정도 성과를 거두고 있었음을 보여주는 것으로 비록 충주 공략에는 실패하였지만 초기 의병전쟁이 효과적으로 전개되고 있었음을 알 수 있다.

한국주차군사령부는 충청도 북부지역과 강원도 남부지역의 의병탄압을 위해 아다치 지대를 파견한 것과 동시에 강원도 북부 지역의 의병탄압을 위해서 서울에 주둔하고 있던 보병 제51연대에서 사카이자와(境澤) 대위(大尉)가 인솔하는 1소대를 춘천수비대로 증파하였다. 사카이자와 대위가 인솔하는 1소대가 21일 춘천에 도착하자 그 주력을 홍천(洪川) 부근으로 진출시켰다. 이를 시작으로 한국주차군사령부는 의병탄압을 위해 지방에 주둔하고 있던 수비대 병력을 재배치하였다. 원산(元山) 수비 보병 제50연대 소속 우츠에(宇津江) 대위(大尉)는 1중대와 기관총 2정을 이끌고 삼척(三陟), 정선(旌善)을 거쳐 28일 영월(寧越)에 주둔하여 아다치 지대의 본대와 연락하였다. 강릉파견대는 평창(平昌) 부근에 있는 아다치 지대 분견대와 연락하여 구간령(久間嶺) 부근의 의병진압에 투입되었다. 또 경상북도 북부지역은 대전에 주둔하고 있던 보병 제14연대에서 안동 부근으로 파견한 니시오카(西岡) 대위(大尉)의 제11중대(1소대 결) 본대를 영천(榮州)에, 일부를 고직령(高直嶺) 부근에 주둔시켜 각각 아다치 지대와 책응하도록 하였다. 한국주차군은 이러한 부대배치로 〈그림 10〉에서 보는 것과 같이 의병을 포위하였다.

---

[175] 급파되었던 12여단 대대본부 및 보병 1개 중대는 이후 연락이 회복되어 되돌아 왔다. 「參1發 제77호」(1907.8.25.), 『한말의병자료』 Ⅳ, 독립기념관, 2002, 54쪽.

〈그림 10〉 의병 주둔지와 일본군의 배치

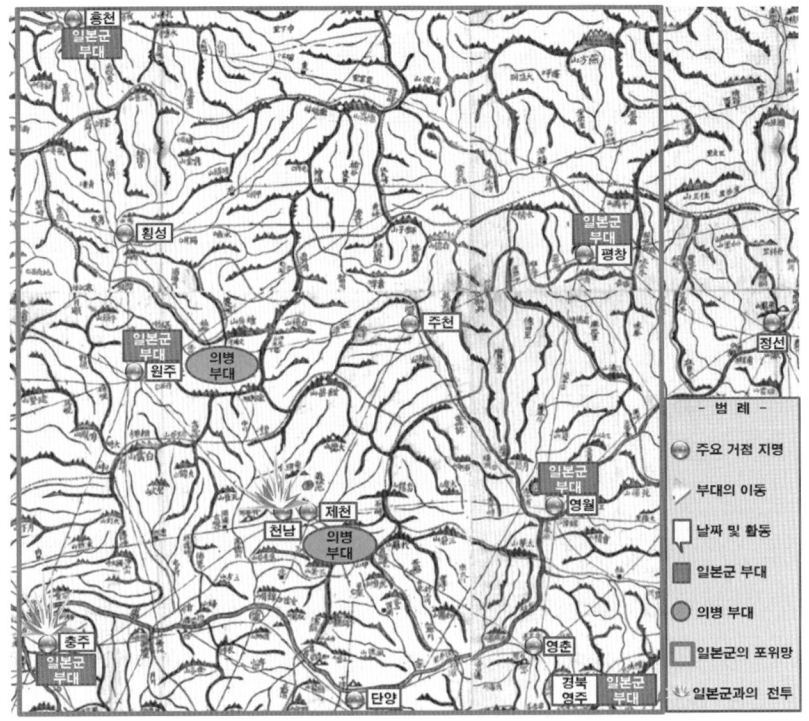

　한국주차군의 부대배치와 작전의 목적은 원주에서 봉기한 의병들을 초기에 고립시켜 진압하는 것이었다. 또 의병전쟁이 다른 지역으로 확산되는 것을 막기 위한 것이었다. 이것은 일본군의 부대배치가 완료된 이후 작성된 배치도인 〈그림 11〉에서도 볼 수 있다. 1908년 2월 20일에 작성된 배치도는 충주를 중심으로 원주, 제천, 홍천, 춘천, 여주, 지평, 광주 일대를 수비하는 충주수비구를 만들어 충주, 원주, 제천, 영월 등지에 중대급 부대를 배치하였다. 이 지역을 의병전쟁의 거점지로 보고 있는 것이었다. 또 횡성, 지평, 여주, 평창, 홍천, 단양, 괴산, 장호원 등지에 소대병력을 전진 배치해 유격전을 전개하고 있는 의병을 탄압함과 동시에 포위하고자 하였다. 이는

관동창의대의 출범에서도 알 수 있듯이 원주지역의 의병봉기가 지역의병이 아닌 전국단위 의병을 추구하고 있었으며, 그렇게 발전할 수 있는 가능성이 높았기 때문에 일본군이 원주를 중심으로 주변지역을 차단하였던 것이다.

〈그림 11〉 韓國駐箚軍隷屬部隊配置附韓國駐箚憲兵隊配置圖(1908. 2. 20. 文庫千代田史의料-1071)

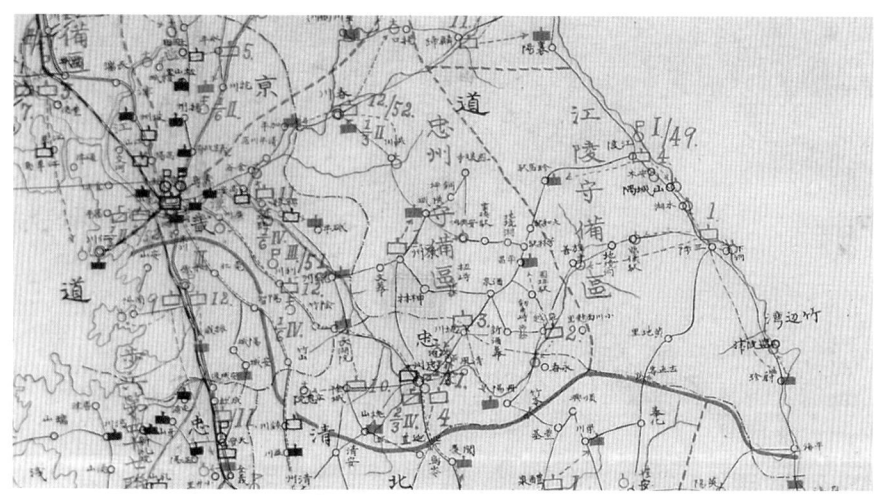

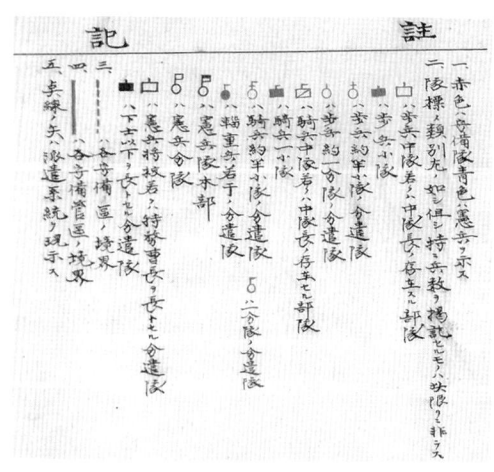

충주전투 이후 의병전쟁은 원주, 제천을 중심으로 외곽 지역에서 일어나고 있었다. 섬강 및 남한강 유역이 주요 격전지로 의병과 일본군의 충돌이 많았다. 주로 남한강과 섬강을 통해 이동하던 일본군의 군수물자에 대한 공격이었다. 이를 통해 의병은 일본군 보급을 차단함으로써 일본군의 전투력을 약화시키고자 하였다. 의병부대의 일본군에 대한 공격유형은 ① 장호원 일대에서 군량과 마초(馬草)를 호위하기 위해 충주로 향하던 일본군을 공격, ② 이포(梨浦)부근에서 배편으로 이동하는 일본군을 공격하는 등 일본군 군수물자에 대한 공격이 주류였다.176) 이 전략은 이후 의병의 주요 전략으로 의병전쟁이 활발히 전개되던 1907년 하반기에 많이 나타나고 있었다.

의병들의 군수물자 공격에 시모바야시 지대는 1개 중대를 여주지역으로 파견하여 의병진압작전을 실시하였다. 의병의 근거지가 될 수 있는 곳이나 의병을 지원하고 있다고 생각되는 지역의 민가를 모두 소각시켰다. 천남전투 이후 시작된 일본군의 초토화작전이 의병진압 작전으로 완전히 정착되는 것을 볼 수 있다. 이는 아카시(明石) 중대(中隊)의 양근지역 의병근거지인 장수동(長壽洞) 연안막(蓮安幕)의 파괴, 용문사(龍門寺)·상원사(上元寺) 등의 소각에서도 확인된다.177)

의병봉기 초기인 8월의 상황은 의병부대가 의병모집과 함께 전신선 차단 등의 활동을 전개하였다. 일본군은 의병진압을 위한 부대배치와 의병부대의 소재 파악을 위한 정찰활동이 전개되었다. 그런데 일본군의 초기 활

---

176) 일본보병오십일련대 데일중대 암협군조가 병명을 거느리고 군량을 츙쥬로 슈운ᄒᆞᄂᆞᆫ 길인대 이십삼일오후 오시에 이포디방에 니른즉 의병 쳔여명이 졸디에 습격ᄒᆞ야 두시반이나 크게 싸호다가 일병의 일등병이 총에 마져죽고 놉은 군ᄉᆞ가 려쥬군으로 도주ᄒᆞ야 가셔 거긔잇ᄂᆞᆫ 슈비대와 함셰ᄒᆞ고 그 이튿날 이포로 다시와셔 또 싸호고져ᄒᆞ나 의병의 종적을 찾지못ᄒᆞᄂᆞᆫ지라 분홈을 이기지 못ᄒᆞ야 이포와 그 근쳐 동리를 다 쇼화ᄒᆞ엿고(『대한매일신보』, 1907년 8월 31일, 「지방정형」).
177) 「參1發 제83호」(1907.8.28.), 『한말의병자료』 Ⅳ, 독립기념관, 2002, 58쪽.

동에 대해 스스로 평가하기를

> 각대의 협동 작전은 대개 원활치가 못하여 토벌의 효과가 현저하지 못하였고, 각 부대가 파견된 지방 상호의 거리가 멀고 전기적 통신(電氣的通信)을 못하였다. 그리하여 지방에 주둔한 타 부대의 행동을 전혀 알 수가 없었고, 통신에 중점을 두지 않게 되어 비목(鼻目)간에 접근하였을 때도 연락을 하지 않고 서로 반대 방향으로 이동하는 기관(奇觀)을 보여준 적도 있었다. 뿐만 아니라 대부분 집단적으로 활동하기 때문에 경계망이 엉성하여서 마치 같은 곳을 시간을 달리하여 따로 시위적 행동을 취한 것 같은 결과를 보여 오히려 '폭도'로 하여금 예봉을 피하기 쉽게 만든 느낌이 있었다. 또 야간 행동은 노고만 많았을 뿐 도리어 폭도의 행동에 자유를 준 것 같았다'178)

라고 하여 일본군 진압부대 간 서로 협력이 원활하지 못하였으며, 경계망이 엉성하여 의병들이 일본군의 정찰대를 피할 수 있었다는 것이다. 이는 역으로 의병부대가 일본군의 통신수단을 파괴하고, 상황에 맞는 적절한 전술을 구사하였음을 말해 주는 것으로 의병부대는 일본군에게 타격을 입히고 있었다.

2) 관동창의대의 출범과 운동방략

(1) 관동창의대의 출범

원주진위대 봉기 이후 민긍호 의병장을 중심으로 전개된 원주지역 의병 전쟁의 양상은 9월 들어 변화하기 시작하였다. 그 중심에는 새로운 통합 의병부대인 관동창의대의 출범이 있었다. 유생의병장인 이인영(李麟榮)이 이끄는 관동창의대는 원주에서 창의하여 원주 서쪽지역과 여주, 지평 일대

---
178) 「조선폭도토벌지」, 689쪽.

에서 활약하였으며, 민긍호 의병부대와 연합의병부대를 결성하여 의병전쟁을 주도하였다. 또 13도창의군이 창설되었을 때 이인영 의병장이 총대장으로 추대되는 등 의병전쟁에 있어 중추적인 역할을 하였다. 그러므로 이인영 의병장의 관동창의대는 민긍호 의병부대와 함께 원주를 대표하는 의병부대이고 초기 의병전쟁의 중요한 축을 담당하고 있었다고 할 수 있다. 즉, 원주지역은 을미의병을 이끌었던 기존의 유생의병 세력과 새롭게 일어난 해산군인 중심의 의병세력이 연합하여 활동하고 있었던 곳이었다. 그것이 가능할 수 있었던 것은 일본의 국권침탈이 가속화되는 상황 속에서 국권회복을 위한 의병전쟁의 수행이라는 공동의 목표가 있어 가능했지만 여기에 더해 관동창의대가 기본적으로 해산군인들과 연합할 수 있는 기반을 가지고 있었기 때문이었다.

　관동창의대의 연합적 성격은 봉기과정에서부터 나타나고 있었다. 관동창의대의 봉기는 처음부터 이인영이 적극적으로 주도하여 일어난 것은 아니었다. 봉기를 주도했던 인물은 원주일대에서 광무황제강제퇴위반대운동을 전개하였던 이은찬 의병장과 이구채 의병장이었다. 그들은 광무황제강제퇴위반대운동을 이끌었던 동력을 바탕으로 해산군인들과 함께 원주일대에서 의병전쟁을 전개하였다. 이구채의 경우에는 8월 12일 80여 명의 의병을 이끌고 여주경무분파소를 공격하는 데 참여하였다.[179] 이와 동시에 의

---

179) 本月拾二日下午二時에 義兵等이 自原州等地로 呂州郡에 侵入ᄒ야 該郡分署를 打破ᄒ고 日巡査二人日女二人을 打殺하고 該分署總巡리完圭와 巡檢一人을 捉去ᄒ얏ᄂᆫ대 姑未知死生이라더라(『대한매일신보』, 1907년 8월 16일, 「義兵及呂」); 呂州分派所에서 補佐員八名과 警部一名이 在勤ᄒ얏다가 去拾二日에 某處에 偵察次로 徃赴ᄒ지라 適其時ᄒ야 義兵이 突出ᄒ야 分派所를 襲擊ᄒᆫᄃᆡ 包圍攻擊ᄒ야 部長一名은 卽死ᄒ고 三名補佐員과 婦人은 行衛가 不明ᄒ얏 射擊이 益益猛烈ᄒᆫ 中에 一條血路를 尋ᄒ야 逃避ᄒᆫ 途中에서 長湖院居留日人으로 共히 竹山으로 逃走ᄒ다가 再次義兵을 遭ᄒ야 宮川은 被害ᄒ얏ᄂᆞᄃᆡ 該義徒ᄂᆞᆫ 原州敗兵과 呂州駐兵으로 合勢ᄒ야 同地方에서 人民을 煽動ᄒ다 허고(『대한매일신보』, 1907년 8월 18일, 「지방정형」).
8월 12일에 있었던 여주 경무분파소 습격사건에 대해 신용하는 민긍호 의병부대의 활동으로 보았고, 김순덕은 민긍호 의병부대와 이구채가 함께 수행한 작전으로 보았으며,

병부대의 세를 불리기 위해 의병모집활동을 전개하여 해산군인 80명을 비롯하여 500여 명의 의병을 모집하였다. 이후 모집된 의병을 이끌고 을미의병 이후 문경에 은거하고 있던 이인영을 찾아갔다.[180] 1907년 8월 29일(음력 7월 21일) 문경에 도착한 이은찬과 이구채는 이인영에게 의병부대를 이끌어 줄 것을 요청하였다.[181]

그런데 원주일대에서 적극적으로 의병전쟁을 수행하고 있던 이들이 문경에 은둔한 이인영을 찾아가 의병부대를 이끌어달라고 한 이유는 무엇일까? 그것은 원주지역 초기 의병전쟁의 양상과 이인영의 출신성분, 을미의병 당시의 행적 등이 영향을 미쳤다고 볼 수 있다.

우선, 초기 의병전쟁의 양상을 보면, 8월 5일 의병봉기 이후 민긍호를 중심으로 원주진위대 해산군인들은 활발한 의병활동을 전개하고 있었지만 을미의병부터 의병운동에 중심에 있었던 유생의병장들은 뚜렷한 모습을 보이지 못하고 있었다. 물론 원주지역의 광무황제강제퇴위반대운동을 전개하였으며, 이구채 등이 의병전쟁에 참여하고 있었지만 을미의병 이후 내려오던 유생의병장의 명맥을 잇기에는 부족함이 있었다. 이에 이은찬, 이

구완회는 민긍호 의병부대가 주도적으로 수행하였다는 근거가 없다고 하였다. 그러나 당시 민긍호 의병부대는 연합의병부대로 활동하고 있었기에 연합의병에 참여하고 있던 의병부대가 수행한 작전으로 보인다.

[180] 偶々李九載及李殷贊ノ兩人兵五百ヲ引率シテ原州ヨリ來リテ大將トシテ立タンコトヲ勸メマシタカラ遂ニ之ヲ諾シマシタ (중략) 問 鎭衛隊ノ兵ハ洋銃ヲ持ツテ來タト云フカ其兵員ハ何程居リシヤ 答 聞慶ヘ李殷贊ト李求采カ引率シテ來タノカ兵隊カ八十名位テ(『統監府文書』 8권, 「李麟榮陳述調書」, (2) [暴徒巨魁 李麟榮 調書 보고 건], 1909년 6월 30일); 江原道倡義者 李殷贊 李求載 兩人이 또한 二千의 義軍을 叫集하엿다 그 兩人이 先生을 戴하야 大將삼기로 可決하고 聞慶에 來하매(『獨立新聞』, 1920년 5월 6일, 「義兵傳 (四)」); 그런데 이인영이 해외동포에게 보낸 격문인 '외국에 있는 동포에게 격고한 글'에서는 이홍영이란 인물도 함께 온 것으로 기재되어 있다.

[181] 이인영은 그의 심문조서에서 이은찬과 이구채가 찾아와 의병대장을 맡아줄 것을 권유하였으나 老父가 병환중이어서 처음에는 이를 사양하였지만 이은찬과 이구채가 4일간 머물면서 권유하여 결국 음력 7월 25일에 허락하였다고 하였다. 그러므로 이은찬과 이구채가 처음 찾아온 날은 음력 7월 21일이 되는 것이다(『統監府文書』 8권, 「李麟榮陳述調書」, (2) [暴徒巨魁 李麟榮 調書 보고 건], 1909년 6월 30일).

구채 등은 을미의병 당시 유인석 연합의병이 유인석 의병장을 중심으로 전국 단위의 의병부대로 활동하였던 것처럼 덕망 있는 유력한 유생의병장을 중심으로 하는 의병부대를 출범하고자 하였다. 물론 화서학파의 지지를 받고 있던 이강년 의병장이 있었지만 그는 민긍호 의병부대와 천남전투를 전개하고 충주 공략을 함께하면서 연합작전이 틀어지는 등 갈등요소를 안고 있어서 해산군인들과 갈등관계를 형성할 가능성이 높았다. 따라서 해산군인이 다수 참여하고 있던 의병부대를 이끌기에는 한계가 있다는 기류가 형성되었다.[182] 그러므로 덕망 있으면서 해산군인들도 아우를 수 있는 유력한 유생의병장이 필요하였던 것이다. 여기에 더하여 원주에서 모집된 의병들을 이끌 수 있는 원주를 기반으로 하는 의병장이 필요하였다. 그런 점에서 이인영은 최적의 인물이었다. 이인영은 원주, 여주 일대에서 학문적으로 명망 있는 인물이었을 뿐만 아니라 을미의병 당시 원주의병장으로 원주지역에서 크게 활동하였다. 또 유인석 연합의병에 청나라 용병을 이끌고 와 의병부대의 전투력을 향상시켰던 것처럼 해산군인과도 연계가 가능하였다.

다음으로 이인영과 중앙정치세력의 관계이다. 이인영은 거의(擧義) 직전에 비밀리에 상경하여 이소영(李紹榮)과 2~3인의 유지(有志) 등과 거의를 협의한 일이 있었다. 이소영은 고종 측근인 이유인(李裕寅)의 아들이었으며, 1908년 상반기 예천지역에서 의병활동을 전개한 인물이었다.[183] 중앙정치세력들은 광무황제강제퇴위반대운동의 전국 확대를 위해 지방의 유생들과 연계를 추진하였는데 이인영은 같은 경주이씨였던 이소영을 통해 중앙정치세

---

182) 구완회, 「정미의병기 원주의병의 연합노선과 서울진공작전」, 『원주정미의병연구』, 2008, 100쪽.
183) 오영섭, 『고종황제와 한말의병』, 선인, 2007, 310~311쪽. 한편, 오영섭은 이인영이 을미의병운동과 을사조약 이후 상경하여 벌인 은밀한 항일활동의 결과 고종세력으로부터 의병장감으로 낙점을 받았고, 그래서 이구채, 이은찬이 밀지를 가지고 찾아왔다고 하였다. 그러나 이구채와 이은찬이 어떤 경로로 밀지를 받았는지가 명확하지 않고 이구채의 정보가 부정확한 상황에서 단정하기 어렵다.

력과 연계를 맺고 있었다.184) 여기에 유인석으로부터 의병에 관련된 제반 사항을 위임까지 받았다고 한 점185)은 그를 의병대장으로 주목하게 하였다.

이와 같은 몇몇 요인들을 고려하여 이은찬과 이구채는 문경에 은거하고 있던 이인영을 찾아갔다. 이인영은 이미 거의(擧義)를 모색했었기에 이들의 요청에 적극적으로 호응하여 의병대장으로 나가고자하는 마음은 있었지만 부친이 병환 중이어서 이를 받아들일 수 없었다. 국가에 대한 충성문제와 부모에 대한 효(孝)문제의 충돌로 쉽게 결정하기 힘든 상황이었다. 이인영과 같은 유생에게는 충과 효는 동등한 가치로 우선순위를 매기기 힘든 문제였고 이것은 유인석 의병장의 거의과정에서도 나타나고 있던 문제였다.186) 이에 물러나지 않았던 이은찬, 이구채는 4일 동안 유숙하면서 간곡히 설득하고, 이인영의 부친 역시 "이때처럼 국가와 겨레가 너를 필요로 할 때가 또 있겠느냐"라고 간곡하게 권유함에 따라 1907년 9월 2일(음 7월 25일) 의병전쟁에 투신하게 되었다.187)

(2) 관동창의대의 활동과 운동방략

의병대장으로 취임한 이인영은 9월 초 이강년 의병부대 등과 함께 문경

---

184) 이은찬도 원주에서 광무황제강제퇴위반대운동이 전개될 때 참여하였던 전력이 있으므로 이인영과 중앙정치세력과의 관계를 인지하고 있었을 것으로 보인다.
185) 오영섭, 『고종황제와 한말의병』, 선인, 2007, 310쪽.
186) 이인영이 체포된 후 심문과정에서 '어버이 사망 후 복상을 하지 않으면 불효에 해당한다. 어버이에게 불효한 자는 금수와 같다. 금수는 폐하의 신하일 수 없다'거나 '국가의 大事와 일가의 內事는 깊이 연구하면 동일에 귀착한다'고 한 것에서 잘 알 수 있다(『統監府文書』 8권, 「李麟榮陳述調書」, (2) [暴徒巨魁 李麟榮 調書 보고 건], 1909년 6월 30일).
187) 殷贒ト九載力來リテ四日間滞在シテ勸誘シマシタノテ別ニ私ノ方ヨリ呼寄セタノテハアリマセヌ當時老父ノ病氣中ナリシヲ以テ始メハ之ヲ辞シマシタカ遂ニ之ヲ諾シマシタ, 問 夫レハ何年何月何日ナリシヤ, 答 一昨年舊七月二十五日ト思ヒマス(『統監府文書』 8권, 「李麟榮陳述調書」, (2) [暴徒巨魁 李麟榮 調書 보고 건], 1909년 6월 30일).

일대에서 일본군과 전투를 수행하였으며, 이강년이 단양·영춘 일대로 북상하던 때 동행하기도 하였다.[188] 이인영 의병부대가 경북 일대에서 활동할 때 민긍호 의병부대도 풍기, 봉화 등 경북일대에서 의병전쟁을 전개하고 있었다.[189] 원주에서 봉기한 의병부대들은 일본군 특별편성부대의 원주, 충주 주둔과 이 일대에서 탄압작전이 실시되자 원주 인근으로 이동하였다. 특히, 주력부대는 경북일대에서 의병모집활동, 연합의병 추진 등 활동을 전개하다가 다시 원주지역으로 이동하였다.

9월 초 다시 원주방면으로 이동을 시작한 민긍호 의병부대는 봉화 각화사(覺華寺)에서 의병부대를 재정비하고 바로 원주·횡성 일대로 돌아와 의병 근거지를 마련하고, 이 일대를 중심으로 의병전쟁을 전개하였다.[190] 주요 활동으로 ① 민긍호 의병 소속의 의병 100여 명이 경상북도 북부지역으로 의병진압 작전에 투입되었다 복귀한 이시구로(石黑) 중대(中隊)와 9월 3일 영월군(寧越郡) 하동면(下東面) 밀동(密洞)에서 전투를 전개하였다. ② 민긍호 의병 소속의 의병 400여 명이 원주 동방 약 20리 지점에 있는 갈곡(葛谷, 현 원주시 신림면 신림리 갈곡)에서 20십리쯤 되는 고지 위에 약 20명

---

[188] 거월 이십오일 져녁에 영츈군 등디에서 의병 삼백명이 일병과 츙돌ᄒᆞ야 ᄒᆞᆫ시간을 접 견ᄒᆞ다가 퇴각ᄒᆞ엿는대 리강년의 지휘로 다시 모히고 안동진위대의 해산ᄒᆞᆫ 병명도 그 즁에 잇다ᄒᆞ며(『대한매일신보』, 1907년 10월 5일, 「디방쇼식」).

[189] 민긍호 의병부대의 경북지역 활동에 대한 기록이 있는데 '의병이 일병 서강중대와 접접하여 일병의 물품을 만히 얻었다하고 괴수는 원주진위대 정교 민영호인대 격문을 사면으로 전하여 문우양반들을 모집하며 군량을 구쳐하면서'라고 하였다. 여기서 민영호는 민긍호의 오타이다(『대한매일신보』, 1907년 9월 20일, 「풍기군에서」).

[190] 豊基郡에서 義兵이 去二日에 日本西岡中隊와 交戰ᄒᆞ얏는대 日中디는 敗退ᄒᆞ고 義兵은 覺華寺附近에서 日軍에 軍物을 多數히 徵收中이라ᄒᆞ고 首魁는 原州鎭衛隊特務正校閔泳鎬인대 檄文을 飛傳ᄒᆞ며 文武兩班을 召集ᄒᆞ고 軍粮을 收取ᄒᆞ며 日軍이 來到ᄒᆞ면 險壘를 堅守ᄒᆞ야 抗戰ᄒᆞᆫ다ᄒᆞ고 三日未明에 三面으로 連絡ᄒᆞᆫ 義兵이 日軍을 追逐ᄒᆞ는 僧侶에 一行三百餘名과 韓兵百餘名이 日大楠分隊와 覺華寺에서 戰鬪ᄒᆞ는 대 砲聲이 數時을 不絶ᄒᆞ다가 義兵은 太白山方面으로 敗却ᄒᆞ얏다하고 日軍이 道成菴과 落寺庵과 東庵等寺刹에 放火ᄒᆞ야 僧侶가 義兵과 合勢ᄒᆞᆯ 後慮를 除흠이라ᄒᆞ고(『대한매일신보』, 1907년 9월 20일, 「地方情形」).

씩 수용할 수 있는 건물 5채와 산병호(散兵壕)·녹시(鹿柴) 등을 구축하였다. 이 갈곡 근거지는 시모바야시 지대 소속의 정찰대에 발각되었다. 9월 8일 오오사키(多崎) 소대(小隊)가 파견되어 갈곡에 구축되었던 건물 등을 소각하여 의병근거지를 파괴하였다.[191] ③ 22일에는 원주 서방 문막 부근에 주둔하고 있던 의병 약 100명이 시모바야시 지대에서 정찰을 위해 파견한 히라시마(平島) 소대(小隊)의 야간 기습공격을 받아 10명이 전사하는 피해를 입었다.[192] ④ 10월 21일에는 원주 동남 유치(杻峙)에 주둔하고 있던 의병 약 50명이 이 일대를 정찰 중이던 보병 제50연대 1소대의 공격을 받아 15명의 의병이 전사하는 피해를 입고 후퇴하였다.[193] 이처럼 원주일대에서 의병 활동이 강화되면서 원주보통학교의 개학도 연기되는 상황이 연출되었다.[194]

이인영 의병부대도 9월 말쯤 이강년이 조동교를 처형한 사건을 계기로 독자적으로 이동하기 시작하였다. 그 과정에서 '밀지'를 내세워 의병 통합의 주도권을 행사하려 하였다.[195] 9월 말 북상을 시작한 이인영 의병장은 괴산일대에서 일본군과 치열한 전투를 전개하고 원주에 주둔하였다. 이곳에서 부대를 재편성하고 통합하는 작업을 서두르면서, 여러 의병부대들과 연합작전을 준비하였다. 이인영, 민긍호 등 주요 의병부대가 원주일대로 북상하면서 원주 주변에서 일본군과 교전이 확대되기 시작하였다.[196] 또

---

[191] 原州東方約二拾里葛谷高林에는 義兵約四百名이 聚集ᄒ얏는듸 葛谷셔 二拾里許高地 山下에는 二十名收容홀만 廠舍五個와 拾五米突되는 膝이兵濠와 天然鹿柴를 構築ᄒ 는듸 同日에 高日兵一隊가 來到射擊ᄒ매 該地에 赴役ᄒ던 義兵은 一齊히 退却ᄒ엿다 더(『대한매일신보』, 1907년 9월 12일, 「地方消息」; 「조선폭도토벌지」, 694쪽).

[192] 「조선폭도토벌지」, 696쪽.

[193] 「조선폭도토벌지」, 710쪽.

[194] 原州郡普通學校副敎員 洪義植氏가 學部에 質稟ᄒ되 本校에셔 秋期開學이 在邇인 바 附近 民擾를 因ᄒ야 趂不開學ᄒ깃스오니 何以措處홀는지 卽爲明示ᄒ라 ᄒ얏다더라(『皇城新聞』, 융희 원년 9월 14일, 「原校開學延期」).

[195] 구완회, 「정미의병기 원주의병의 연합노선과 서울진공작전」, 『원주정미의병연구』, 2008, 102쪽.

군수(郡守)들은 서임되었지만 부임하지 않거나 인장을 가지고 도피하여 군(郡)의 행정이 마비상태에 놓여 있었다.[197] 이후 10월 20일경 이인영 의병장은 원주를 떠나 지평의 삼산리(현 양평군 양동면 삼산리)에 새로운 근거지를 마련하였다.[198] 의병들의 이동은 일본군에 의해서도 파악되고 있었으며 이에 따라 지평 일대로 일본군을 이동시키고 있었다.[199]

9월~10월 각 의병부대의 활동 중 주목되는 것은 일본군 보급물자에 대한 공격이었다. 충주를 떠나 용산으로 향하던 일본군 환자 운송선이 천포(泉浦) 하류 약 10리 지점인 법천(法泉) 서쪽에서 의병들의 공격을 받아 운행할 수 없게 된 경우도 있었다. 이와 같이 주로 한강 연안에서 수운으로 이동하던 일본군 수송선에 대한 공격을 통해 일본군의 물자수송을 방해하였다. 또한 보급품 등을 탈취하여 의병부대의 재원으로 활용하였다.[200] 상황이 이렇게 되자 한국주차군사령부는 별도의 토벌대를 편성하게 되었다. 오카자키 제13사단장은 10월 23일 서울 주둔 제51연대 제11중대에 기병 약간을 붙여 토벌대를 편성하였다. 이 토벌대는 1소대를 한강 좌안에서 본대는 한강 우안에서

---

[196] 이십수일에 원쥬쥬천 근쳐에셔 일본 졍탐대와 의병백여명이 졉젼ᄒ다가 일군은 쥔주 디방으로 도주ᄒ엿다ᄒ고(『대한매일신보』, 1907년 10월 1일, 「디방쇼식」); 려쥬군 셔남으로 이십리허에 의병 ᄉ백오십명은 안셩군으로 브터오고 오백명은 원쥬로브터와셔 류슉ᄒᄂᆞᆫ대 그 날에 일병을 친다ᄒ더니(『대한매일신보』, 1907년 10월 3일, 「디방쇼식」).

[197] 당시 원쥬군수는 인장을 가지고 자신의 집으로 도피하였다고 한다(츈쳔군슈 김홍규씨ᄂᆞᆫ 셔임ᄒ지 구십오일에 부임치아니ᄒ고 홍쳔군슈 남룡희ᄂᆞᆫ 셔임ᄒ지 룩십구일에 부임치아니ᄒ고 원쥬군슈 김영규ᄂᆞᆫ 인쟝을 가지고 도피ᄒᄋᆞ ᄌᆡ긔집에 가셔 누엇스니 『대한매일신보』, 1907년 10월 18일, 「션유ᄉᆞ보고」)).

[198] 지평군 의병은 삼산을 근거지로 숨고 십월 이십일에 모혓ᄂᆞᆫ대 인명수ᄂᆞᆫ 이쳔명이라ᄒ고 젼군 통슈부ᄂᆞᆫ 삼산에 잇고 좌군은 셕실에 잇고 그 뎨일션은 상동근쳐에셔브터 동남편까지 뻬쳐잇고 총은 ᄉ백병이나 잇고 신식총은 십병이나 되고 한국병명은 그 가온대 만이 잇고 대쟝은 리린영이오 좌군대쟝은 방관일이오 우군대쟝은 졍대일이라더라(『대한매일신보』, 1907년 11월 13일, 「디방쇼식」).

[199] 원쥬군 일군대에셔 통기ᄒᆞᆫ 말을 드른즉 의병 백명 가량이 문막에셔 지평땅으로 향ᄒᄂᆞᆫ 거슬 보앗다ᄒ고 지금 의병들이 지평군 근쳐에서 근거디를 뎡ᄒ고 모도이ᄂᆞᆫ 모양이라ᄒ고(『대한매일신보』, 1907년 11월 3일 「디방쇼식」).

[200] 「조선폭도토벌지」, 708쪽.

강을 따라 전진하였다. 26일 한강을 따라 남하하던 제51연대 제11중대 의병 토벌대는 복포(伏浦, 현 양평군 양서면)·노대곡(魯大谷) 일대에서 의병과 첫 교전을 하였다. 또 일본군 제51연대 제11중대 1소대는 광주(廣州) 동방 약 30리 지점인 관음방(觀音坊)에 주둔한 약 200명의 의병부대를 공격하였다. 27일에는 양근 북방 사나사(舍那寺)에 주둔하고 있던 약 150여 명의 의병부대를 기습 공격하고 사나사를 소각해 버렸다. 이처럼 한강 연안을 따라 남하하면서 의병을 공격한 일본군 토벌대는 31일 충주에 도착하였다.201)

한편, 이인영은 일본군과 전투가 한창이던 10월 16일 측근인 김세영(金世榮)을 상경시켜 일본의 침략을 비판하는 격문을 이토 히로부미 통감을 비롯한 각국 영사관에 보냈다. 이어 같은 격문을 대한매일신보사에 보내 『대한매일신보』에 13도 관찰사와 각국 영사관에게 보내는 격문을 게재하였다.202) 그 주된 내용은 일본이 불법적으로 대한제국을 침탈하고 있으며 의병은 이에 대항하여 일어난 순연한 애국단체로서 각국은 의병을 국제법상의 교전단체로 인정할 것이며 정의와 인도를 주장하는 의병을 도와주기 바란다는 것이었다.203) 즉 이인영은 격문을 통해 일본이 보장하였던 대한제국의 독립을 스스로 부정하여 국권을 침탈하고 있으며, 현 상황은 반란이 아닌 일본을 상대로 하는 독립전쟁으로 의병이 대한제국의 합법적인 교전단체임을 강조하였다. 이것은 의병봉기의 정당성과 의병부대의 정통성을 부여하여 각국 공사관을 통한 국제사회의 지원을 이끌어내기 위한 하나의 전술이었다. 당시 의병들은 자신들의 무장능력과 병력으로 일본군을 상

---

201) 「조선폭도토벌지」, 708~709쪽.
202) 『統監府文書』 8권, 「李麟榮陳述調書」, (1) 賊魁 중의 巨擘 李麟榮 체포 전말, 부록 李麟榮의 진술(6월 11일 天安分隊長 보고), 1909년 6월 12일.
203) 각국영사관을 방문하고 통문 한 장씩 드리게 하였으니 그 대강 뜻은 일본의 불의한 것을 토죄하며 한국의 참경을 설명하고 또 같아대 의병은 순연한 애국혈단이니 각국에서도 이것을 국제상 전쟁의 단체로 아는 것이 가하며 또 정의와 인도를 주장하는 나라의 돕기를 바란다(『대한매일신보』, 1909년 7월 28일, 「고 의병총대장 리린영씨의 슈적」).

대로 승리할 수 있을 것이라고 생각하지 않았다. 그런 여건 속에서 의병전쟁을 의병에게 유리하게 이끌기 위해서는 유격전을 비롯한 다양한 전술과 더불어 국제사회의 지원을 받아 일본을 압박하는 것이었다. 그렇기 때문에 이인영은 서구제국주의 열강을 모두 침략주의로 규정하고 배척하는 것이 아니라 일본의 침략행위를 규탄하고 이에 동조할 수 있는 서양 각국의 협조를 구하고 있었다.[204] 이처럼 각국 공사관에 격문을 보내 국제사회의 지원을 이끌어내는 의병전술은 이미 1905년 원용팔 의병장에 의해 시행되었던 것으로 원주지역 의병운동의 한 특징으로 볼 수 있다.

또한 이인영은 해외동포를 통한 국제여론 조성을 위해 10월 31일(음력 9월 25일)[205] 대한관동창의대장의 명의로 해외동포에게 격문을 보냈다.[206] 그 주요 내용은 첫째, 일본이 명성황후 시해를 시작으로 광무황제의 강제 퇴위에 이르기까지 계속해서 국권을 침탈하였다.[207] 둘째, 이인영은 1896

---

[204] 왕현종, 「원주 정미의병운동의 전개와 단계적 변화」, 『원주정미의병연구』, 원주시, 2008, 65쪽.

[205] 이인영의 진술이나 격문에는 9월로 되어있으나 이는 격문 내용 중 원주로 돌아온 이후 작성되었다는 것, 13도창의군의 결성이 이뤄지고 있다는 것 등을 종합해 보면 9월은 음력으로 보는 것이 타당하다. 또한 김세영이란 인물을 9월 중순에 서울로 보내 각국 공사관에 격문을 보냈고 그가 9월 말경 원주에서 전사하였다고 한 것에서도 9월이 음력임을 알 수 있다.

[206] 격문은 '외국에 있는 동포에게 격고한 글'의 제목으로 대한 광무 11년 9월 일 대한관동창의군 이인영이 보낸 것으로 되어 있으며, 『신한민보』, 1919년 1월 23일, 「고 창의장군 이인영씨의 격문」에 실려 있다. 『신한민보』는 미국 샌프란시스코의 교민단체인 대한국민회의의 기관지로 공립협회의 기관지인 『공립신보』와 대동보국회의 기관지인 『대동공보』를 통합하여 1909년 2월 10일 창간하였다. 『신한민보』는 창간사에서 "어느 한 단체에 소속된 신문이 아니라 우리 민족 전체의 신문"이라고 한 것처럼 민족전체를 대변하는 신문임을 주장하면서 자주독립과 국권회복에 관한 논설과 기사를 게재하였다.

[207] 과거의 죄악으로 말하면 우리의 임금을 폐위하며, 우리의 국모를 암살하며, 우리의 국권을 빼앗으며, 우리의 생령을 도륙하며 우리의 가옥을 燒火하며, 우리의 부녀를 강간하며, 우리의 재산을 늑탈하였고, 현재의 큰 화로 말하면 우리 임금을 시살하고야 말리며, 우리나라를 망하게 하고야 말리며, 우리 국교를 없이하고야 말리며, 우리민족을 단멸하고야 말리니 아프도다! 아프도다 五백년 종사가 영원히 끊어짐이여 40년 황의가 하루아침에 위태함이여 2천년 儒道가 땅에 떨어짐이여 2천만 생령이 멸망함이로다!(『신한민보』, 1919년 1월 23일, 「고 창의장군 이인영씨의 격문」).

년 의병운동을 전개하였지만 실패하고 문경에 거주하였는데 이구채, 이은찬, 이홍영 등이 찾아와 의병대장으로 추대함에 응하여 영남지방에서 활동하다가 강원도로 돌아와 13도창의군을 창설하였다.208) 셋째 해외동포들은 의병과 호응하여 서구 열강의 공법 아래 담판하거나 연설하여 일본의 침략을 알리고 국제사회의 도움을 받을 수 있도록 하자는 것이었다.209)

이 격문과 관련하여 로스앤젤레스에서 발간하는『타임스』에 게재된 논설이 주목된다. 이 논설은 1907년 9월 24일자『대한매일신보』「별보」에 실려 국내에 알려졌다. 그 주요 내용은 첫째, 대한제국은 독립국인데 일본이 무슨 권리로 황제를 강제 폐위하며, 도성에 대포를 설치하고 인민을 함부로 포살하는가에 대한 항의였다.210) 둘째, 대한제국이 비록 청국, 러시아, 일본의 침략을 받았지만 세계는 대한제국의 독립을 승인하고 대한제국도 이를 공포한 독립국가이다. 셋째, 1895년 시모노세키(馬關)조약으로 청국의 간섭을 배제하였고, 포츠머스강화조약에서는 일본이 대한제국의 외교권만을 차지한 것

---

208) 왜놈이 우리의 국모를 시살하였을 때에 의로운 기를 들어 분투하여 본 것은 오늘날 이러한 변괴가 있을 것을 안 연고라, 그러나 하나님이 나를 돕지 아니심으로 일을 이루지 못하고 물러가 山峽에 숨어 구구한 잔명을 보전하고 다른 기회를 고대하던 중에 금년 여름에 원주에 사는 동지자 이구채, 이은찬, 이홍영 제씨의 2, 3 의사가 망국의 큰 한을 참지 못하여 의병을 모집하여 기호 등지에 있는 왜적과 혈전하며, 린영을 청하여 경주성 방비와 중임을 맡기니 린영은 감히 사양할 수 없어 이에 대군을 거느리고 감히 몰아 앞으로 나아가니 嶠南(영남-필자주)에 있던 왜적은 바람에 쫓기어 도망하는지라 이에 관동으로 회군하여 한번 부르매 응하는 자가 백명이라 곧 공이 버리떼 니러나 듯하여 13道가 소리를 같이 지르니 이는 곧 우리의 성공할만한 기회라『신한민보』, 1919년 1월 23일, 「고 창의장군 이인영씨의 격문」.
209) 붉은피로서 격문을 써 밖에 있는 첨군자에게 고하나니 바라건대 제군자는 나의 비미한 것을 생각지 말고 나라 일로서 중심을 삼아 서로 맘을 돕고 힘을 한가지로 하여 의로운 소리를 같이 질러 안과 밖이 서로 향응하여 서로 구원하여 혹은 열강의 공법 아래서 담판도 하며 혹은 각국 사회에서 연설도하여 공의를 붙들고 죄악을 치며 국권을 만회하며 원수를 토멸하면(『신한민보』, 1919년 1월 23일, 「고 창의장군 이인영씨의 격문」).
210) 韓國은 果然獨立國이니 獨立이라ᄒᆞ고보면 日本은무슴 權利와무삼 權勢가 有ᄒᆞ기로 皇帝를 廢ᄒᆞ며 該國都城에 大砲를 置ᄒᆞ고 人民을홈부로 砲殺ᄒᆞ나냐(『대한매일신보』, 1907년 9월 24일, 「別報」).

으로 대한제국의 독립은 유지되었다.[211] 넷째, 헤이그평화회의에 사신을 파견한 것은 독립국 대한제국에서 파견한 것으로 밀사파견이 아니며 이를 빌미로 황제를 강제폐위하고 대포로 위협하는 것은 국권을 진탈(盡奪)하는 것이다. 이는 1904년 체결한 한일의정서에서 '일본은 대한제국 황실을 존엄히 하고 독립위권(獨立威權)을 공고(鞏固)한다'는 것을 위반한 것이다.[212] 다섯째, 일본은 원래 대한제국의 옥토(沃土), 광산 등을 차지하고자 하였으니 세계 각국은 일본의 침략 상황을 지켜보고 증인이 되어야한다는 것이다.[213]

이 논설은 헤이그특사사건을 빌미로 일본이 광무황제를 강제 퇴위시키고 서울 및 지방을 무력으로 탄압하고 있으며, 그 원래 목적은 토지, 광산 등 대한제국에 대한 침탈에 있다고 비판하였다. 미주사회에서도 일본의 침략 상황에 대해 상세히 파악하고 있었음을 알 수 있다. 이런 미주사회의 분위기는 신문 등을 통해 국내에도 전해지고 있었기에 이인영 등 의병지도부는 해외동포와 연계된 의병전쟁을 전개하고자 해외동포에게 격문을 보낸 것이었다. 즉, 국내 상황뿐만 아니라 국제정세 및 해외동포의 분위기

---

[211] 韓國은 他國의 迫害를 休息훌 暇隙이업시 受ᄒ야 淸國을 免하면 俄國이오 俄國이아니면 日本이 侵略ᄒ야 今日此境에 及ᄒ지라 然ᄒ나 世界는 韓國獨立을 承認ᄒ엿고 韓國도 獨立을 公布ᄒ것은 吾儕가 記憶ᄒ는비라 一千八百九十五年(乙未年)日淸戰爭以後馬關條約을 見ᄒ면 朝鮮은 淸國과 干涉이업게되고 完全ᄒ 獨立國이되얏스니 其間에 俄國黨과 日本黨이 生훌 緣故로 日俄戰爭이 起ᄒ야 포스마우쓰媾和條約에 日本은 다만 韓國外交權만차지ᄒ게되얏고 其外政權은 韓國獨立體面을 維持케ᄒ기로 承認ᄒ 것이로대(『대한매일신보』, 1907년 9월 24일, 「別報」).

[212] 平和會議에 使臣派遣ᄒ것을 密使派送이라고 噴을 執하야 今日變亂이 有하엿스니 密使事件은무어시냐 獨立國된 韓國은 他獨立國과 共히 平和會에 使臣을 送ᄒ것이무삼 不可훌 事뇨 然而日本은 密使派送ᄒ 賠償이라고 皇帝의 位를 易ᄒ며 大砲로 威脅ᄒ야 國權을 盡奪ᄒ엿스니 思量훌지어다 一千九百四年(甲辰年) 韓日條約中에 言ᄒ기를 日本은 韓國皇室를 尊嚴히ᄒ고 獨立威權을 鞏固케ᄒ다ᄒ엿스니(『대한매일신보』, 1907년 9월 24일, 「別報」).

[213] 日本은 元來韓國의 土沃ᄒ고 金銀銅鐵과 石炭과 無數ᄒ 地物庫間을 生慾하야 多年遊涎ᄒ다가 倂呑훌 機會와 間隙을 伺ᄒ것은 明白하도다 然이나 終末成敗는 姑未可知로대 다만 世界各國은 韓國과 日本의 今日狀態에 關係되야 何時까지라도 證據人되는 것을 注意ᄒ바이라ᄒ엿더라(『대한매일신보』, 1907년 9월 24일, 「別報」).

등 다양한 여건을 종합적으로 분석하여 의병전쟁 전술을 만들어내고 있었던 것이다. 그러한 전술 중 하나가 해외독립운동세력과 연계를 통한 국제사회의 인식변화와 지원이었던 것이다.214)

이런 격문 및 논설 등은 일본 외무성에서도 포착하였다. 당시 일본은 국내뿐만 아니라 헤이그특사사건 이후 국외에서 벌어지고 있던 국권회복운동에 대한 첩보도 수집하고 있었다. 일본은 국내외 국권회복운동의 연계를 차단하고 국제여론도 일본측에 유리하도록 정보전과 외교전을 전개하고 있었다.215) 그러므로 입수된 격문은 국내 의병전쟁을 탄압하기 위해 급히 통감부에 통보되었다. 그 대강의 내용을 보면 다음과 같다.

> 우리들은 일치협동(一致協同)하여 신명(身命)을 국가에 바침으로서 국가독립의 회복을 기도(企圖)하고 여러분들은 잔인한 일본인 등의 통탄할 횡폭(橫暴)과 악역(惡逆)을 전세계에 호소해야 합니다. 저들은 교활하고 잔인하여 실로 문화(文化)와 인도(人道)의 원수입니다. 우리는 전력을 다하여 일본인을 살해하고 일제의 간첩, 협력자, 폭력적인 일본 군인들을 멸절(滅絶)할 것입니다.216)

---

214) 의병과 해외독립운동세력이 연계를 맺을 수 있었던 것은 첫째, 헤이그특사였던 이상설이 샌프란시스코의 공립협회와 함께 활동하면서 재미한인의 애국운동에 적극 동참하고 있으며, 둘째, 공립협회는 국내에서 비밀결사인 신민회 결성을 주도하였고 셋째, 광무황제강제퇴위반대운동세력의 의병 참여이다. 특히, 의병운동세력의 신민회 가입은 직접적인 연계가 가능하였다. 그것은 허위의 형으로 의병전쟁에 참여하였던 허겸이 형 허훈의 손자 허종과 함께 신민회원으로 활동하였던 것이나 이인영의 격문을 『신한민보』에서 게재하였던 등에서 알 수 있다.
215) 그 결과 헤이그특사파견도 광무황제가 오히려 합의된 조약과 협정을 어겼다는 국제여론이 조성되었다(이명화, 「헤이그특사가 국외 독립운동에 미친 영향」, 『헤이그특사와 한국독립운동』, 독립기념관, 2007, 388쪽).
216) 일본 외무대신이 통감부에 보낸 전보에서 이인영 의병장이 발포한 격문 대강의 내용이라고 하여 '吾人ハ一致協同シテ身命ヲ吾力邦家ニ獻ケ以テ國家獨立ノ恢復ヲ企圖セサルヘカラス諸子等ハ殘忍ナル日本人等ノ痛嘆スヘキ橫暴及惡逆ヲ全世界ニ訴フル所アラサルヘカラス彼等ハ狡獪殘忍ニシテ實ニ文化ト人道トノ讐敵ナリ吾人ハ全力ヲ盡シテ總テノ日本人ヲ殺害シ其ノ間諜トナリ加擔者トナルモノ及暴戻ナル日本兵士等ヲ悉ク滅絶セサルヘカラスト'로 보냈으며 다음의 별지를 첨부하였다.

일본이 정리한 격문은 그 내용에서 『신한민보』에 실린 격문과 미묘한 차이가 있다. 『신한민보』에서는 원수를 토멸한다고 한 것을 일본은 일본인을 살해하고 일본의 간첩, 협력자, 폭력적인 일본군인을 멸절(滅絕)하겠다고 하였다. 이것은 영문과도 차이가 있는데 영문에는 '일본인의 살해'는 없었다. 즉, 일본은 격문내용을 요약하면서 의도적으로 의병이 무고한 일본인까지 처단하고자 한 것처럼 하여 의병의 폭력성을 부각시켜 의병을 탄압하는 데 정당성을 부여하고자 하였다.

해외동포에 보낸 격문, 각국 공사관에 보낸 격문 등을 통해 파악될 수 있는 의병전쟁의 전개는 첫째, 이인영이 봉기 직후 경상도 일대에서 활동하다가 원주지역으로 들어오면서 본격적인 의병전쟁을 추진하였는데, 관동창의대장이라는 직함을 사용한 것은 강원도를 넘어 전국적인 의병연합의 출발점이 되었다는 것이다. 즉, 10월 들어 강원도지역의 의병들이 이인영을 중심으로 연합하고 이를 바탕으로 허위, 이강년 등 경기도, 충청도 의병장 등과 연합하여 13도창의군으로 확대되는 출발점이라는 것이다. 둘째, 무장투쟁과 함께 해외동포를 통한 국제여론 형성을 시도하고 있다는 것이다. 이는 각국 영사관에 보낸 격문과 맞물려 국제사회의 지원을 이끌어 내려는 의병의 전술이었다. 이러한 노력은 미주사회에서 의병전쟁을 '자유전

'No. 38
Received 6:35 p.m. 5/4, 1908.
Viscount, Sone.
No. 24 (Koike Soryoji raiden)
Gist of manifesto to all Corean in all parts of the dated 光武十一年 九月 二十五日 signed 大韓關東倡義將李麟榮 compatriots;We must unite and consecrate ourselves to V.K.林 and restore our Independence.
You must appeal to the whole world about grievous wrongs and outrages of barbarous Japanese.
They are cunning and cruel and are enemie of progress and humanity.
We must all do our best to kill all Japanese their spy, allies, and barbarous soldiers.'
『統監府文書』5권, 七. 李範允一件書類, (1)「大韓關東倡義將 李麟榮 등이 발포한 檄文에 관한 件」;『일본외교문서』제41권 제1책, No.856

쟁'으로 보는 시각을 만들고 있었다.217)

　지평에서 각종 격문을 발표하던 관동창의대는 10월 말에서 11월 초에 걸쳐서 지평을 떠나 양주로 이동하기 시작하였다. 관동창의대의 이동에는 2가지 원인이 있었다. 하나는 허위를 비롯한 경기·황해도 일대에서 활약하는 의병부대와 13도창의군을 창설하기 위한 이동이었다. 또 하나는 일본군의 대대적인 토벌로 인해 지평 일대의 근거지가 파괴되었기 때문이다. 일본군에 의한 지평 일대의 의병근거지 파괴 과정은 다음과 같다.

　원주수비대 야마모토(山本) 소위가 하사 이하 19명을 이끌고 병기정리와 의병탄압을 목적으로 10월 25일 오전 7시 출병하였다. 여기에 원주분견소 보조원과 순검 각 2명과 일진회원 5명이 동행하였다. 야마모토 소대는 당일 원주군 소초면 학곡(鶴谷) 부근에서 의병이 출몰한다는 정보를 입수하여 그곳으로 진격하였지만 의병은 없었다. 그러나 학곡에 출몰한 의병이 민긍호 의병부대이며 이들이 민가에 보관 중이던 병기류를 가져갔다는 것을 확인하고 군주사에게 민가에 보관되어 있는 무기를 회수하도록 하였다. 이어 횡성군 고모곡면 이목정(梨木亭) 방면에 의병이 출몰한다는 첩보를 추가적으로 입수하고 27일 횡성을 출발하여 이목정으로 향하였다. 야마모토 소대는 이목정으로 이동하다가 상물안리(上物安里, 현 횡성 서원면 윗물안)에서 의병에 대한 새로운 정보를 입수하였다. 그것은 횡성 서방 둔촌(屯村, 둔말)에 300여 명의 의병을 비롯하여 섬실(蟾室), 점사기(占砂基, 점말), 궁거리(弓트里), 삼산리(三山里)에 약 1,000명의 의병이 모여 월동준비를 하고 있다는 것이었다. 그리하여 야마모토 소대는 의병을 탄압하기 위해 28일 오전 5시경 상물안리를 출발하여 둔촌으로 진격하였다. 둔촌에 도착한 야마모토 소대는 감시초소에 있던 의병을 체포하여 의병의 상황을 파

---

217) 구완회, 「정미의병기 원주의병의 연합노선과 서울진공작전」, 『원주정미의병연구』, 2008, 104쪽.

악하고 척후를 내어 공격해 들어갔다. 그러나 이를 알아챈 의병은 일제히 공격하여 2시간 동안 교전하였다. 당시 일본군과 교전한 의병부대는 관동창의대 후군이었다. 이 전투에서 관동창의대 후군은 35명의 의병이 전사하거나 부상당하는 피해를 입었다. 이후 야마모토 소대는 고모곡면 석영촌(石營村)을 공격해 들어갔다.[218]

원주, 횡성 일대를 정찰한 야마모토 소대의 정찰보고는 오카자키 제13사단장에게도 보고되었다. 보고를 받은 오카자키 사단장은 지평(砥平)과 횡성(橫城) 사이인 고모곡(古毛谷) 부근에 집결한 의병부대를 토벌하기 위해 보병 제51연대 제3대대장 사카베(坂部) 소좌(少佐)에게 제3대대 제12중대, 기병 제17연대 제3중대의 1소대, 임시 산포 1소대 및 공병 제13대대의 1소대를 토벌대로 편성하여 지휘하도록 하였다. 편성이 끝난 사카베 지대는 11월 4일 서울을 떠나 고안(高安)·양근(楊根)을 경유하여 11월 6일 광탄(廣灘, 현 여주 북내면)에 도착하였다. 여기에 추가적으로 한국주차군사령부는 10월 하순 한강 연안의 의병을 진압하고 충주에 주둔하고 있던 아카쿠라(赤倉) 토벌대를 신수정점(新水亭店)과 고모곡 부근 의병탄압에 투입하였다. 아카쿠라 토벌대는 충주를 출발하여 11월 2일 신수평점에 도착하였으나 이미 의병부대는 다른 곳으로 이동하였기에 아무런 소득 없이 11월 4일 원주에 도착하였다. 원주에 도착한 아카쿠라 토벌대는 부대 정비 후 서울을 출발한 사카베 지대에 호응하기 위하여 6일 원주를 떠나 횡성(橫城)을 경유하여 고모곡(古毛谷)으로 향하였다. 한편, 원주수비대 우스이(臼井) 중위는 의병들의 퇴로를 막기 위해 원주군 지향곡면(地向谷面) 안창(安昌, 현 원주시 지정면 안창리) 부근을 정찰하던 중 송전동(松田洞) 이운리(伊雲里), 판관대동(板館垈洞)에서 척후 활동을 하던 의병 20~30명과 교전하였다.[219] 또 아다치 지대에 편성되었던 제52연대

---

[218] 『한국독립운동사 자료8: 의병편 1』, 국사편찬위원회, 1979, 71~72쪽.

제2중대는 지평 서방 지덕리(芝德里)에 주둔하고 있던 30여 명의 의병부대를 11월 5일 기습 공격하였으며, 공격을 받은 의병은 10명이 전사하는 피해를 입고 후퇴하였다.[220]

광탄까지 신속하게 이동했던 사카베 지대는 지평으로 들어가면서 주변 경계를 강화하였는데, 11월 7일 새벽에는 번개가 치고 폭우가 쏟아지는 악천우 속에서 지평(砥平) 동방 '구둔치 재'에 도착하였다. 그때 구둔치 고개 마루 각처에 구축한 산병호에서 의병 150여 명이 일제히 일본군을 향해 난사를 하며 기습공격을 가하였다. 당황한 사카베 지대는 본대를 사거리 밖으로 이동시키고 일부 병력으로 재빨리 대응팀을 편성하여 의병들의 공격에 대응하도록 하였다. 일본군의 대응에 의병들은 버티지 못하고 후퇴하였다. 의병이 물러난 이후 사카베 지대는 마을주민들을 대상으로 의병과 관련한 탐문을 실시하였고 그 결과 의병부대의 주력군이 삼산(三山)·석실(石室) 부근에 주둔하고 있으며, '구둔치 재'에 주둔한 의병들은 그 주력군의 정찰부대였다는 것을 알았다. 당시 삼산(三山)·석실(石室) 등지에 주둔하고 있던 의병은 섬실동, 삼산리, 주천리(舟川里), 산매실동(山梅實洞) 등에 주둔하면서 군용금을 징수하고, 서울진공작전을 위한 군사력 보강에 나섰던 관동창의대였다. 구둔치 재에 주둔한 의병은 관동창의대의 척후병이었던 것이다.[221]

관동창의대는 일본군이 의병진압을 위해 토벌대를 편성하고 지평주변을 압박해 오자 본대를 삼산일대에서 원주군 부론면 정산동(鼎山洞) 일대와 원주군 호매곡면(好梅谷面) 일대로 이동시켰다.[222] 탐문을 마친 사카베 지대는 의병을 추격하여 7일 오후 석실(石室)로 들어와 진압작전을 실시하였지만 이미 관동창의대가 이동한 이후여서 별다른 성과를 거두지 못하였다.

[219] 『한국독립운동사 자료8: 의병편 1』, 국사편찬위원회, 1979, 104쪽.
[220] 「조선폭도토벌지」, 715쪽.
[221] 「조선폭도토벌지」, 714쪽.
[222] 『한국독립운동사 자료8: 의병편 1』, 국사편찬위원회, 1979, 105쪽.

이후 사카베 지대는 삼산(三山)으로 이동하였고 삼산에 도착해서는 아카쿠라 토벌대와 연락하였다.223)

아카쿠라 토벌대는 7일 풍수원(楓樹院)에 이르렀을 때 삼산리(三山里) 부근에 의병이 집결한다는 정보를 입수하고 그곳으로 급히 이동하였으나, 이미 의병들은 떠나고 없었다. 삼산에 집결한 사카베 지대와 아카쿠라 토벌대는 이후 작전지역에 대해 논의한 후 아카쿠라 토벌대는 지평방면으로 이동하고, 사카베 지대는 삼산(三山)·석실(石室) 부근 산과 계곡에 남아 있을지 모르는 의병을 수색하기로 하였다. 그리하여 아카쿠라 토벌대는 8일 지평(砥平)으로 이동하던 중 삼산리(三山里) 서남 약 20리 지점인 노안산(魯安山) 속에서 약 200명의 의병이 주둔하고 있는 것을 알아내고 기습공격하였다. 아카쿠라 토벌대의 기습공격에 의병은 28명이 전사하는 피해를 입었다. 이후 아카쿠라 토벌대는 1소대를 지평으로 파견하고 본진을 전진하여 이수두(二水頭, 두물머리)에 주둔하였다. 사카베 지대는 삼산(三山)·석실(石室) 부근을 수색하고, 10일 이천(利川)지역을 수비하는 임무를 맡게 되어 지대의 편성을 풀고 이천에 주둔하였다.224)

10월 말 원주수비대의 공격으로 시작된 관동창의대의 지평 근거지는 11월 초 사카베 지대와 아카쿠라 토벌대의 공격으로 완전히 파괴되어 더 이상 관동창의대가 지평일대에 주둔할 수 없게 되었다. 이때 이인영, 허위, 이강년, 민긍호 등 주요 의병장들이 13도창의군의 결성과 서울진공작전을 위해 양주에 집결하기로 결의하였다. 그리하여 관동창의대는 양주로 이동하기 시작하였다.

관동창의대는 양주로 이동하면서 다양한 길을 이용하였으며, 관동창의대장 명의로 각지에 격문을 보내 의병을 모집하거나 의병활동에 협조를 구

---

223) 「조선폭도토벌지」, 714쪽.
224) 『한국독립운동사 자료8: 의병편 1』, 국사편찬위원회, 1979, 104~105쪽; 「조선폭도토벌지」, 714쪽.

하였다. 즉, 병력확충과 의병에 대한 국내 지지확보를 통해 의병전쟁을 원활하게 전개하고자 하였다. 그러한 종류의 격문 중 하나가 11월 20일 원주 장날에 일본군이 입수한 격문이었다. 이 격문에는 당시 관동창의대와 진위대사령부의 편제가 기재되어 있었는데, 이를 통해 11월 중순 현재 관동창의대의 편성을 알 수 있다.225) 다음은 격문에 나와 있는 관동창의대와 진위대사령부의 편제이다.

關東倡義大將 李麟榮
總　督　將 李求采
中　軍　將 李殷贊
左　軍　將 方仁寬
右　軍　將 權重熙
遊　擊　將 金海鎭
左先鋒將 鄭鳳俊
右先鋒將 金炳和
後　軍　將 蔡相俊
運　糧　官 玄履甫
財　務　官 申昌光
　　　　　 閔春元
左總督將 金顯福
右總督將 李貴成
鎭衛隊司令部 閔肯鎬

여기서 보면 관동창의대와 진위대사령부가 병렬적인 관계로 대등한 입장에 있었음을 알 수 있다. 이것은 일본군이 작성한 이인영의 진술조서에서도 나타난다. 이인영은 일본군의 심문을 받는 과정에서 자신 이외에 의병장으로 신돌석, 이강년이 있다고 하고, 황제의 밀사라는 진명섭(陳明燮)

---

225) 『한국독립운동사 자료 8: 의병편 1』, 국사편찬위원회, 1979, 157쪽.

이 민긍호에게 가는 도중 살해되었다는 소문을 들었다고 진술하였다.[226] 여기서 당시 의병부대는 각기 독립 부대로 활동하면서, 필요에 따라 연합하는 연합의병에 체제였다는 것을 유추할 수 있다. 따라서 강원도 일대에서 활동하던 관동창의대와 원주진위대 해산군인들은 연합관계에 있으면서 활동하였고 그 과정에서 격문을 발송하였던 것이다.

이와 함께 관동창의대에 참여한 인물의 성격에 대해 파악할 수 있다. 우선 주목되는 것은 광부들의 관동창의대 참여이다. 평안도 운산 출신인 좌군장 방인관과 함경도 출신인 좌선봉 정봉준은 충주 노은면 소재의 금광 광부였으며, 우선봉 김병화도 충주 노은에서 활동한 인물이었다. 이들의 의병참여는 일본의 광산조사와 함께 본격화된 침탈에 반발한 것으로 볼 수 있다. 다음으로 상인들의 의병참여도 보인다. 우군장 권중희는 원주 귀래면에 살던 상인이었는데, 이들의 의병참여는 지방까지 확대된 일본 상인들의 침탈에 대한 반발로 볼 수 있다.[227] 이렇게 볼 때 관동창의대는 유생의병장, 해산군인뿐만 아니라 광부, 상인 등 전 계층이 참여한 의병부대였다. 또한 의병부대의 편제와 각 의병장의 이름을 공개적으로 밝히면서 반일 의병전선에 함께 동참하도록 독려하는 것은 그만큼 연합의병의 연계가 다양한 계층으로 확대되었음을 보여주고 의병참여층의 확대를 도모하기 위한 것이었다.[228] 관동창의대는 전 계층을 아우르는 강원도 지역을 대표하는 의병부대였다.[229]

---

[226] 大將ハ私一人テハアリマセス申乭石,李康年ナトモ居リマス……當時閔肯鎬ノ處ニ行ク途中傭兵ニ殺サレタリト云フ事ヲ聞キマシタ(『統監府文書』8권,「李麟榮陳述調書」, (2) 暴徒巨魁 李麟榮 調書 보고 건, 1909년 6월 30일).
[227] 구완회,「정미의병기 원주의병의 연합노선과 서울진공작전」,『원주정미의병연구』, 2008, 107~108쪽.
[228] 왕현종,「원주 정미의병운동의 전개와 단계적 변화」,『원주정미의병연구』, 원주시, 2008, 64쪽.
[229] 이인영은 일본군에 체포되어 진술한 내용 중 관동의병이라고 한 이유를 부하를 강원도에서 모집하였기 때문이라고 하였다(『統監府文書』8권,「李麟榮陳述調書」, (1) 賊魁 중의 巨擘 李麟榮 체포 전말, 부록 李麟榮의 진술(6월 11일 天安分隊長 보고), 1909년 6월 12일).

3) 서울진공작전의 계획과 추진

(1) 13도창의군의 결성

1907년 말 이인영, 민긍호, 이강년, 허위 등 의병장들은 전국의 의병을 하나로 묶는 연합의병을 결성하고자 서로 접촉하고 연대하기 시작하였다.230) 이러한 연합의병을 추진하는 데 중심이 되었던 것은 관동창의대였다. 관동창의대는 이미 당시 최고의 전투력을 가지고 있던 민긍호 의병부대와 연합하여 활동하고 있었고, 그 연장선상에서 다른 지역 의병부대와 연합을 추진하였다. 그 결과 각 의병장들은 전국 단위의 연합의병을 결성하기로 결정하고 연합의병을 추진하는 동시에 연합의병의 구체적인 목표로 서울진공작전을 계획하였다. 이러한 13도창의군의 결성과 서울진공작전의 수립은 1896년 의병운동 이후 원주지역 의병장들이 추구하던 기본적인 운동방략이었다. 1896년 을미의병 당시에는 김사정의 「헌책」에 그 방략이 잘 나타나 있으며, 1905년 을사의병에서는 원용팔 의병이 각국공사관에 서신을 보내며 연합의병을 추진한 것에서 알 수 있다. 1896년 '원주의병'에서 만들어진 운동방략의 기본 틀이 13도창의군과 서울진공작전으로 이어진 것이었다.

이인영, 허위 등 각 도를 대표하는 의병장들은 서울진공작전을 수행하기 위해 경기도 양주로 집결하기로 하였다. 이에 따라 관동창의대는 양주로 진군하였다. 그런데 이인영 의병장은 대규모 병력인 관동창의대가 동시에 이동하면 일본군에 의해 쉽게 발각될 것을 우려하여 주요 의병장들을 중심으

---

230) 平安道義兵은 黃海道義將朴基燮과 聯絡하고 黃海道義兵은 長湍義將金秀敏과 相連ᄒ고 金秀敏은 鐵原義將前參尉金奎植과 連通하고 金奎植은 積城麻田義將許위와 相通ᄒ고 許위ᄂᆞᆫ 砥平加平等地에 李麟榮과 通涉ᄒ고 李麟榮은 堤川嶺東等地李康年과 原州等地로 閔肯鎬連接되야 互相擬議通謀ᄒᆫ다 ᄒ고(『대한매일신보』, 1907년 11월 28일, 「地方消息」).

로 부대를 나눠 양주에 집결할 것을 지시하였다. 그리하여 이은찬이 이끄는 예하부대는 먼저 북상하고, 이인영은 본대를 이끌고 홍천·춘천을 거쳐 양주일대로 이동하였다. 양주 일대에 집결한 의병장들은 서로 협의하여 연합의병부대를 13도창의군으로 명명하였다. 이는 13도창의군이 대한제국을 대표하는 의병부대라는 의미가 들어있는 것이다. 당시 13도창의군 창설에 참여한 의병장은 전라도 의병장 문태수(文泰洙), 충청도 의병장 이강년, 강원도 의병장 민긍호·이인영, 경상도 의병장 신돌석, 평안도 의병장 방인관, 함경도 의병장 정봉준, 경기도 의병장 허위, 황해도 의병장 권중희 등이었다. 이들을 중심으로 13도창의군의 편제가 완성되었는데, 1908년 1월 초순 최종적으로 확정되었다. 확정 개편된 13도창의군의 편제를 보면 다음과 같다.231)

13道倡義大將 李麟榮
軍師將 許 蔿
關東倡義大將 閔肯鎬
湖西倡義大將 李康秊
嶠南倡義大將 朴正斌
鎭東倡義大將 權重熙
關西倡義大將 方仁寬
關北倡義大將 鄭鳳俊

231) 當時에 江原道는 其中心點이 되어 李麟榮시는 總大將이 되고 리殷贊 리求載 兩시는 六千名을 領ᄒ고 忠淸道에는 리康年시는 五百名을 率ᄒ고 京畿道에는 許위시가 大將이 되여 二千名을 率ᄒ고 黃海道에는 權重權시가 五百名을 率ᄒ고 平安道에는 方仁寬시가 八십名을 率ᄒ고 咸鏡道에는 鄭鳳俗시가 八십名을 率ᄒ고 全羅道에는 文泰洙시가 百名을 率ᄒ야 尙今橫行ᄒ더라(『대한매일신보』, 1909년 7월 29일, 「義兵總大將李麟榮氏의 畧史 續」); 再昨年十二月에 遂此地를 離ᄒ야 楊州로 進向ᄒ니라 楊州에 會ᄒ야 部署를 定ᄒ식 리麟榮은 십三道義兵總大將이 되며 許위는 軍師長이 되야 策戰計劃을 任ᄒ고 各軍의 大將及隊號를 分ᄒ니 關東倡義大將은 閔肯鎬 湖西倡義大將은 리康年 嶠南倡義大將은 朴正斌 京畿黃海兩道鎭東倡義大將은 權義熙 關西倡義大將은 方仁寬 關北倡義大將은 鄭鳳俊이러라(『대한매일신보』, 1909년 7월 30일, 「義兵總大將李麟榮氏의 畧史 續」).

이 같은 13도창의군 편제에서 진동창의대장 권중희, 관서창의대장 방인관, 관북창의대장 정봉준은 이인영이 이끌던 관동창의대의 우군장, 좌군장, 좌선봉이었다. 또 관동창의대의 진위대사령부 대장이었던 민긍호가 13도창의군 편제에서 관동창의대장으로 임명되었다. 이는 13도창의군이 이인영의 관동창의대를 기반으로 경기도에서 활동하던 허위, 충청도에서 활동하던 이강년 등이 연합한 부대였음을 보여주는 것이었다. 또한 권중희는 원주 귀래면에 거주하던 상인출신이고, 방인관은 평안도 출신의 광부이고, 정봉준은 함경도 출신의 광부였다는 점은 주목된다. 13도창의군이 전도(全道)를 대표하는 의병부대를 표방하였지만 실제로는 전도를 대표하는 의병이 참여한 것은 아니었다는 것이다. 강원도, 충청도 일대 광산에 와 있던 평안도, 함경도 출신의 광부들이 참여하면서 그들을 통해 13도창의군을 완성한 것이었다. 즉, 13도창의군은 실제적으로 13도의 의병부대가 전부 참여한 것은 아니었지만 전국의 의병부대를 대표하는 대표성과 대한제국 의병을 하나로 통합하고 있음을 대외에 알리는 의미가 강하였던 것이다.

그리고 주목되는 것은 이인영보다 12살이나 많고, 평리원 재판장, 의정부 참찬 등 고위관직을 지낸 허위가 13도창의군의 2인자인 군사장으로 임명되었다는 것이다. 허위의 나이와 경력으로 보면 이인영이 아닌 허위가 총대장에 임명되었어야 하였다. 그러나 이인영이 총대장으로 임명되었던 것은 13도창의군의 주요 의병장이 이인영을 따르는 인물이거나 함께 연합의병활동을 전개하였던 인물들이었기 때문이었다. 더욱이 당시 최강의 전투력을 자랑하고 있던 민긍호 의병부대가 이인영의 관동창의대와 연합하고 있다는 점도 고려되었다. 여기에 이인영이 광무황제의 '밀지'까지 소지하고 있었다면 이인영의 존재가 더욱 부각되는 것이었다.[232] 허위는 의병

---

[232] 오영섭, 『고종황제와 한말의병』, 선인, 2007, 317~319쪽.

장에 임명되지 못하였지만 그가 가지고 있던 명성과 의병부대의 중요성 때문에 2인자이면서 연합의병의 실권을 가질 수 있었던 군사장에 임명되었던 것이다.

(2) 서울진공작전의 전개

서울진공작전의 시작을 언제로 보느냐에 대해서는 동대문 밖 30리 지점까지 진출하였을 때로 보는 것이 통상적인 설명이다. 그러나 서울진공작전의 시작은 연합의병을 추진하고 양주에 모일 것을 결의한 그 시점으로 파악하는 것이 더 자연스럽다. 그것은 연합의병인 13도창의군의 목적이 서울에 있는 친일파를 제거하고 통감부를 공격하여 종래의 굴욕적인 조약을 파기하고 대한제국의 독립을 이루는 것이었기 때문이다. 처음부터 서울진공을 목표로 작전이 진행된 것이었다. 그러한 사실을 보여주는 것이 원주지역 일대에 퍼졌던 격문이다. 이 격문은 민긍호 의병부대에서 보낸 것인데, 내용은 다음과 같다.

① 현하(現下) 한국의 상황을 설(說)하고 우국비분(憂國悲憤)의 문자를 망라하여 크게 인심(人心)의 동요를 촉구하고 왜노(倭奴)를 방축(放逐)하도록 필(筆)을 극(極)하여 통매(痛罵)하고
② 각면장(各面長) 이장(里長)은 그 촌내의 장정 20세부터 50세까지의 자를 소집하여 각자 10일분의 양식을 휴대케 하여 10월 20일(양력 11월 25일) 서울 동대문외(東大門外)를 상거(相距) 1리 전평(前坪)에 집합하도록 엄칙하고 만약 이 명령에 위배하는 자가 있을 시(時)는 직시(直時) 의병을 파(派)하여 상당히 처분하도록 훈계(訓戒)를 가할지(旨)[233]

---

[233] 『한국독립운동사 자료8: 의병편 1』, 국사편찬위원회, 1979, 103쪽.

이 격문으로 보아 서울진공은 11월 25일경 동대문 밖에 의병들이 집결하고 연합부대로 일시에 공격해 들어가는 것이었음을 짐작할 수 있다. 그러나 의병부대의 집결이 생각보다 늦어지면서 공격시점이 1908년 정월경으로 늦춰진 것으로 보인다. 이러한 격문은 원주지역에 한정된 것은 아니었다. 민긍호 의병부대가 평창으로 이동하였을 때 그곳에서도 격문을 발하였다는 소문이 퍼져있었다. 그런데 그 격문의 내용이 "11월 25일을 기하여 흉기를 포기하고 출경(出京)하여 각국 영사에게 의뢰하여 항복하겠다"는 것이었다. 이는 사실이라기보다는 민긍호 의병장이 강원도관찰사 황철의 귀순요구 거부 이후 집중되고 있던 감시 속에서 의병의 모집과 서울로 진공해가는 과정에서 일본군을 기만하기 위한 하나의 방책이었다고 생각된다.

관동창의대는 지평 일대가 일본군의 공격으로 파괴된 상황에서 연합의병을 구성하여 서울진공작전을 실행하기 위해 부대를 나눠 양주로 이동하기 시작하였다.[234] 이인영이 이끄는 관동창의대 본대는 일본군의 공격을 받고 지평일대에서 원주군 부론면 정산과 횡성군 청일면 동평동으로 이동하였다. 정산에 주둔하고 있을 때 관동창의대 일부는 충주수비대의 공격을 받고 원주군 금물산면(현 원주시 흥업면)으로 이동하였다가 1박 후 원주군 강림(講林) 부근으로 이동하였다.[235] 이후 이인영은 김옥득, 방인관 등과 함께 12월 1일 의병 400여 명을 이끌고 원주군 귀래면 당우동(堂隅洞) 및 황산동(黃山洞)에 주둔하면서 군량미를 보충하였다. 13일에는 방인관, 정봉준, 이은찬 등이 300여 명의 의병을 이끌고 귀래면 부론곡(富論谷), 사기점촌(沙器店村), 능애(陵崖) 등에 주둔하면서 군수물자를 모았다. 이후 관

---

[234] 원쥬군에 잇는 의병 수효는 칠팔천명 가량인대 혹 스오십명식 혹 칠팔십명식 촌집으로 횡행ᄒ여 양쥬 덕슈쟝터까지 련락ᄒ엿다ᄒ며(『대한매일신보』, 1907년 11월 6일, 「대방쇼식」)라고 하여 당시 원주, 지평일대에 주둔하였던 관동창의군이 일본군의 눈을 피하기 위해 부대를 나눠 이동하고 있었음을 알 수 있다.

[235] 『한국독립운동사 자료8: 의병편 1』, 국사편찬위원회, 1979, 131~132쪽.

동창의대는 횡성군 고모곡면 원항리(原項里)를 비롯하여 횡성군 고모곡면(吉毛谷面), 내둔내면(內屯內面) 창촌리(倉村里), 청일면(請日面) 공근리(公根里), 원주군 부론면, 외정곡면(外井谷面) 등지를 이동하면서 주둔하였다. 민긍호 의병부대도 원주군 소초면 일대에 주둔하다가 평창으로 이동한 것을 시작으로 횡성군 갑천면(甲川面)을 거쳐 12월 중순에 이르면 인제군, 양구군, 회양군, 화천군 일대로 이동하였다. 예하부대는 양양, 강릉 등지에서도 활동하는 모습이 나타났다.[236]

이인영의 관동창의대, 민긍호 의병부대 등은 11월 중순에서 12월까지 강원도 일대를 이동하고 있었는데 주로 원주, 횡성, 평창, 영월, 정선 등지를 벗어나지 못하고 있었다. 그것은 원주수비대와 원주수비대 소속으로 횡성지역에 파견된 우스이 소대 등이 주요 교통로를 장악하고 의병을 추격하면서 의병부대의 이동에 제약이 가해졌기 때문이다. 이렇게 되자 의병들은 계속해서 이동하면서 격문을 발하거나 지역민들에게 동복(冬服)의 조제(調製)를 명하여 겨울을 준비하는 등 서울진공작전과 겨울철 의병활동에 대비하였다.

한편, 이인영, 민긍호 등 관동창의대의 지휘부는 양주로 진격이 늦어지자 일본군과 교전을 최소화하면서 부대를 나눠 여러 지역으로 분산하여 이동하기로 결정하였다. 그리하여 민긍호, 한갑복(韓甲復)·한상렬(韓相說)·윤성옥(尹成玉) 의병장 등은 1,200~1,300명의 의병을 이끌고 횡성군 동평(銅坪)에 주둔하고 있다가 민긍호 의병장은 직할부대만 이끌고 홍천 서석면 방면으로 이동하였다. 이어 12월 7일에는 부장 한행복(韓幸福)과 해산군인 100명이 포함된 300여 명의 의병을 이끌고 인제, 양구를 경유하여 회양군 문등리(文登里) 방면으로 이동하였다. 그 과정에서 최도환(崔道煥) 의병부대 208명과 김상희(金相希) 의병부대 70여 명이 합류하였다. 이들 부대와 함께 14일 양구군 방산면(方山面) 고방산리(古方山里)를 출발하여

---

[236] 『한국독립운동사 자료8: 의병편 1』, 국사편찬위원회, 1979, 230~231쪽.

화천군 천미(天尾)방면으로 이동하였다.237) 횡성군 동평에 같이 주둔하고 있었던 한갑복, 한상렬, 윤성옥 등도 여러 지역으로 이동하면서 경기도 양주군으로 향하였다.

관동창의대 소속 의병부대들이 양주로 이동한다는 첩보를 입수한 원주수비대는 야마모토 소위가 이끄는 의병토벌대를 출병시켰다. 야마모토 소대는 일본군 12명과 한국병 10명으로 구성되었으며, 주된 임무는 양주로 진군하는 의병부대의 진로를 차단하는 것이었다. 12월 13일 야마모토 소대는 횡성군 청일면 남류동리(南柳洞里) 당현(堂峴) 사지곡(沙芝谷)에 의병 400여 명이 숙박 중이라는 정보를 입수하고 기습 공격을 감행하였다. 사지곡에 주둔하고 있던 부대는 한기석(韓基錫) 의병부대였다. 이들은 일본군의 기습공격에 대항하여 3시간 동안 치열한 전투를 전개하였지만 한기석 의병장을 비롯한 120~130명의 의병이 전사하는 큰 피해를 입었다. 19일에는 민긍호 의병부대가 횡성군 동북 약 60리 지점에서 야마모토 소대와 교전하였다. 치열하게 전개된 전투에서 민긍호 의병부대는 부대원 300여 명 중 107명이 전사하는 큰 피해를 입었다. 28일에는 한갑복 의병부대 30여 명이 횡성군 청룡면 추동리에서 홍천수비대와 교전하여 한갑복 의병장을 비롯한 22명의 의병이 전사하는 피해를 입었다.238)

이처럼 12월 중순 이후 관동창의대 소속 의병부대는 원주수비대를 비롯한 일본군수비대와 횡성일대에서 치열한 전투를 전개하였다. 이로 인해 의병부대는 평창군 봉평, 원주군 강림, 홍천군 서석 방면으로 이동하였다. 그러나 양주지방으로 진출하기 위한 전투는 해를 넘겨서도 계속되었다. 1908년 1월 2일 양구수비대장 후지에(藤江) 소위(少尉)가 이끄는 정찰대는 강원도 양구군 동면 임당리(林塘里) 부근에 의병 1,200~1,300명이 주둔하고

---

237) 『한국독립운동사 자료8: 의병편 1』, 국사편찬위원회, 1979, 279~281·287~288쪽.
238) 「조선폭도토벌지」, 717쪽.

있다는 첩보를 입수하였다. 즉시 12명의 일본군을 인솔하여 동결된 산지(山地)를 넘어 임당리(林塘里)로 진격하였다. 당시 임당리 부근에 주둔한 의병부대는 민긍호 의병부대·이인영 의병부대·정환하(鄭煥夏) 의병부대·신돌석 의병부대·오영환(吳泳煥) 의병부대 등 연합의병이었다. 이들은 여러 부대로 나눠 범동리(犯洞里)와 자작현(自作峴)의 동서 양단에 있는 고지를 점령하고 있었다. 후지에 정찰대는 임당리로 향하던 중 의병부대의 주둔지를 파악하고 3일 오후 3시 반경 의병들이 점령한 고지의 측면에서 의병주둔지를 향해 공격하였다. 일본군의 기습 공격으로 연합의병은 70명의 전사자와 200여 명의 부상자를 내는 피해를 입고 북방으로 후퇴하였다.[239]

이후에도 일본군과 계속된 교전을 치르면서 양주방면으로 진군하여 1월 중순을 지나서야 도성 주변에 속속 도착하였다. 이인영의 관동창의대도 도성 가까이 다가가고 있었다. 그런데 13도창의군은 부대편성이 이뤄졌지만 서로 긴밀하게 연락하면서 통일된 조직을 형성한 것은 아닌 것으로 보여진다. 그것은 13도창의군 소속의 전부대가 도착하기 전인 1월 25일경 허위 의병부대가 약속 장소인 동대문밖 30리 지점에 도착하였다가 일본군의 선제공격을 받고 후퇴한 것에서 알 수 있다. 이후 1월 28일 관동창의대가 도착하는 등 의병부대가 속속 도착하여 약 2,000명의 의병이 집결하였다. 이인영은 이들을 이끌고 실질적인 서울진공작전을 감행하고자 하였으나 갑작스런 부친의 사망 소식이 전해지면서 서울진공작전은 중단되었다. 이인영은 부친의 부음을 접하게 되자 13도창의대장의 모든 권한을 군사장인 허위에게 넘기고 귀향하였다.[240] 이에 13도창의군의 서울진공작전은 중단되었고, 아직 집결지에 도착하지 못하였던 민긍호 의병부대 등은 활동하던 지역으로 후퇴하였다.

---

[239] 「조선폭도토벌지」, 733쪽.
[240] 『統監府文書』 8권, 「李麟榮陳述調書」, (1) 賊魁 중의 巨擘 李麟榮 체포 전말, 부록 李麟榮의 진술(6월 11일 天安分隊長 보고), 1909년 6월 12일.

관동창의대는 이인영이 낙향하면서 변화를 갖게 되었다. 우선, 중군장이었던 이은찬은 귀향하지 않고 그대로 남아 양주, 포천 일대에서 허위 의병장과 함께 활동하였는데, 경기도 의병을 중심으로 13도창의군과 서울진공작전을 다시 시도하였다. 다음으로 이구채·정봉준 등은 의병전쟁을 이어가기 위해 지역적 기반이 있던 원주일대로 이동하였다. 정봉준은 여주군 상동면 조현을 거쳐 원주지방으로 이동하였는데, 이인영 의병장을 호위하던 80여 명의 의병과 함께 삼산리 방면으로 이동하였다.241) 이구채 의병장은 여주군 강천면 뒷터를 지나 원주지방으로 이동하였다.242) 이 과정에서 1월 29일 지평 동북 약 30리 지점에서 양근수비대와 교전하여 사상자 40여 명이 발생하는 피해를 입기도 하였다.243)

13도창의군이 야심차게 추진한 서울진공작전은 실패로 돌아갔다. 이 작전의 실패원인을 일반적으로 이인영이 총대장직에 있으면서 부친상으로 의병부대를 이탈한 것으로 보지만, 이인영이 의병부대를 떠나 문경으로

---

241) 去月三十一日砥平駐在所巡査의 報告를 據ᄒᆞ즉 去月二十九日에 義徒首領李仁榮等八合餘名이 上東面鳥峴에서 原州로 進向ᄒᆞ고 又義徒鄭鳳俊等二十餘名이 去月二十九日에 上東面芝良里及三山里를 經ᄒᆞ야 原州로 進向ᄒᆞ얏다ᄒᆞ고(『皇城新聞』, 융희 2년 2월 8일, 「地方消息·一通」); 거월 이십구일에 의병쟝 리인영씨의 거ᄂᆞ린 의병팔십여명이 려쥬군 샹동면 됴현에셔 뎜심밥을 먹고 원쥬디방으로 향ᄒᆞ야 뎡봉쥰의 거ᄂᆞ린 의병 십여명과 합ᄒᆞ야 그날 밤에 삼산리로 갓다하고, 이십구일에 의병쟝 리구채의 거ᄂᆞ린 의병 백명이 려쥬군 강쳔면 뒤터를 지난 원쥬 근쳐로 갈때에 일병을 맛나 졉젼ᄒᆞ다가 퇴거ᄒᆞ였다ᄒᆞ며, 본월 이일 오젼 칠시에 원쥬군 관덕리에서 의병 팔십명이 뎜심을 먹을 즈음에 츙쥬군 일긔병이 졸디에 습격홈으로 의병이 퇴거ᄒᆞ엿다더라(『대한매일신보』, 1908년 2월 8일, 「디방졍형」)라고 하여 이인영이 의병부대를 이끌고 의병전쟁을 이어가는 것으로 볼 수도 있으나 그것보다는 이구채나 정봉준의 경우에서 보이듯이 원주일대에서 재정비하고자 한 의병부대가 문경으로 내려가던 이인영을 호위하여 원주지방으로 이동하고 있었던 것으로 보인다. 그렇기 때문에 정봉준 의병부대와 만났을 때 합진할 수 있었던 것이다.
242) 이십구일에 의병쟝 리구채의 거ᄂᆞ린 의병 백명이 려쥬군 강쳔면 뒤터를 지난 원쥬 근쳐로 갈때에 일병을 맛나 졉젼ᄒᆞ다가 퇴거ᄒᆞ였다ᄒᆞ며(『대한매일신보』, 1908년 2월 8일, 「디방졍형」).
243) 「조선폭도토벌지」, 102쪽.

내려갈 당시 13도창의군의 상황을 고려할 필요가 있다. 그때는 13도창의군이 추진되고 결성될 때와 다른 상황이었다. 우선, 서울진공작전을 위해 동대문 밖 30리 지점에 집결하기로 하였던 민긍호 의병부대가 일본군과 지속된 교전으로 서울 근교까지 진출하였지만 집결지에 합류하지 못하였다. 또 이강년 의병부대도 화악산 일대까지만 북상하는 등 이인영과 연합하여 활동하였던 의병부대들이 제때 도착하지 못하고 있었다. 그런 상황에서 허위를 중심으로 한 경기·황해도 지역 의병부대가 서울진공작전의 주도권을 잡으면서 이인영의 입지가 좁아졌던 것이다. 13도창의군 결성 초기 관동창의대가 잡고 있던 주도권이 허위를 중심으로 한 경기의병에게 넘어간 것이었다. 그러므로 당시 서울진공작전의 실패원인은 다양한 측면서 볼 필요가 있다. 그중 하나가 동대문 밖 30리 지점에 집결하기로 했던 의병부대들이 제때에 도착하지 못한 것이었다. 그중에서도 가장 강력한 전투력을 가졌던 민긍호 의병부대가 일본군과 교전으로 제때 도착하지 못했던 것이 컸다.

  1907년 군대해산과 함께 일어난 의병전쟁은 1908년 전반기까지 원주를 중심으로 강원도, 충청도, 경기도 일대에서 가장 활발하게 전개되었다. 그러므로 시모바야시 지대, 아다치 지대 등 일본군 특별편성부대가 파견되어 집중적으로 진압작전을 시행하였다. 이는 원주를 중심으로 하는 강원도 의병이 1907년 의병전쟁을 선도하였다는 것을 의미한다.

3. 의병전쟁의 쇠퇴와 항일민족운동의 전개

1) 선유사의 선유활동

  의병전쟁이 전국적으로 확산되자 대한제국 정부는 일본의 의병탄압과 별도로 의병진압을 위한 대책을 마련하였다. 그것은 선유활동과 의병부대의 핵심전력인 해산군인들을 의병에서 이탈시키는 것이었다. 해산군인들을 의병부대에서 이탈시키는 방법으로 취한 것은 해산군인을 경시사검과 순검으로 채용하는 것이었다.[244] 군대가 해산된 상황에서 대한제국 정부가 취할 수 있는 방법으로는 군인을 경찰관으로 다시 채용함으로써 그들을 회유하는 것이었다. 그러나 이는 제한된 예산과 경찰조직의 한계로 인해 별다른 성과를 거두지 못한 것으로 보인다. 또한 의병전쟁의 가장 큰 원인을 진위대 해산으로 보고 진위대 복구도 논의되었으나 일본에 의해 진행된 군대해산을 되돌리기에는 어려움이 많았다.[245] 그러므로 대한제국 정부에서 중점을 둔 것은 선유활동이었다. 선유활동은 의병전쟁이 치열하게 전개되고 있던 지역에 선유사를 파견하고 그렇지 않은 곳은 관찰사가 관내 각 군(各郡)을 순행하는 것으로 결정하였다.[246] 이에 따라 경기도, 강원도, 충청도, 경상도에 우선적으로 선유사를 파견하기로 하였다.

선유사 파견은 1907년 8월 26일 각도(各道) 선유문(宣諭文) 및 5도(道) 별파(別派) 선유사(宣諭使) 즉, 경기도선유사에 정인흥(鄭寅興), 강원도선유사에 홍우석(洪祐晳), 경상북도선유사에 김중환(金重煥), 충청남북도선유사 이순하(李舜夏) 임명 등에 관한 안건을 작성하여 통감부의 승인을 받

---

[244] 각군에 의병과 화적을 진압하기 위하야 대구부 진위대에 소속되엿던 장교와 수졸중으로 경시순인과 순검 오십명을 수용흘터인즉 경비 오천환을 지발하라하엿다니 군대는 해산하고 경찰관리만 더 늘이면 의병과 화적이 저절노 업셔질는지(『대한매일신보』, 1907년 9월 29일, 「시수평론」).

[245] 치열하게 전개되는 의병전쟁에 대한 대한제국 정부의 당황함과 조급함은 내부에서 각 지방에 진위대 재설치에 대한 논의로 까지 확대되었으며,(『대한매일신보』, 1907년 10월 4일, 「진압홀의론」) 이는 통감부에서도 이토 통감이 각 지방에 의병일 일어난 것은 지방군대의 해산 때문이라고 하여 각 지방의 진위대를 다시 설치하는 것에 대해 논의가 이뤄지게 되었다(『대한매일신보』, 1907년 10월 11일, 「진위대 복구」).

[246] 선유수를 파송흔외에 각도 관찰수에게 내부에셔 훈령하고 각 관찰수가 각군에 순행하야 효유하는 전후 정형을 연속히 보고하라하엿다더라(『대한매일신보』, 1907년 9월 27일, 「내부훈령」).

는 것으로 시작되었다.[247] 각도 선유사들은 8월 27일 선유사 임명의 명령을 받들고 8월 30일 조서를 받았다. 그들이 정부로부터 받은 주된 임무는 첫째, 의병들을 선유하여 해산할 것, 둘째, 일반민인도 효유하여 두려운 마음을 제거하고 안심하게 할 것, 셋째, 정부가 이미 행한 읍폐민막(邑弊民瘼)과 이국편민(利國便民)할 신 법령의 반포에 대해 일반민인에게 명확하게 설명하여 정부와 국민 간 소통에 노력할 것, 넷째, 칙유(飭諭) 이전 이후의 형지를 수시로 내부(內部)에 보고할 것이었다.[248] 이를 보면, 통감부와 정부는 선유사를 통해 의병을 선유하는 것이 최급선무였으나 그것에 못지 않게 일반민인을 효유하여 의병전쟁에 참여하는 것을 막는 것도 중요하였다. 통감부와 정부는 일반민인들이 의병에 참여하는 것은 당시 진행되고 있던 각종 정책들에 대한 오해에서 발생한 것으로 파악하고 정미7조약 이후 나오는 모든 정책들은 민인을 위한 정책이라는 것으로 미화, 강조하여 선전하는 것을 선유사의 주요 임무로 부여하였다.

    그러나 즉각적인 선유사 파견이 이뤄지지 않았다. 초기에 작성되었던 선유문에 대한 개정의 필요성이 대두되고 이를 수정하는 문제로 선유사 파견 일정이 밀어졌다. 이후 9월 13일 수정된 선유문에 대한 통감부의 승인이 있은 후에 선유사 파견은 다시 진행되었다.[249] 9월 19일 선유사를 보좌할 선유위원이 임명되고, 20일에 황제의 조칙(詔勅), 사목(事目), 선유사의 인장(印章), 귀순자 물침빙표(勿侵憑票) 등을 받았다. 21일에는 융희황제에게 하직인사를 드리고 24일 각자 임지로 출발하였다. 이때 임명된 강원도 선유사는 홍우석[250]이었고 그를 보좌할 선유위원으로는 강원도관찰부주

---

[247] 「照會 제69호의 各道 宣諭文 및 5道 另派 宣諭使에 관한 案件을 승인한다는 機密統 제190호」, 1907년 8월 26일, 『別詔勅關係往復文』 제2책(奎17853);『순조실록』 융희 1년 8월 26일.
[248] 『內部來去案』(外事局編 4책) 「照會 제66호」, 1907년 8월 28일.
[249] 「秘發照會 제88호 宣諭使 파견에 관한 宣諭文 修正案을 승낙한다는 機密統發 제244호」, 1907년 9월 13일, 『別詔勅關係往復文』 제2책(奎17853).

사를 역임한 권태준(權泰駿), 김용효(金容孝), 이규상(李圭象), 한의동(韓宜東)이 임명되었다. 이들이 강원도 지역의 선유를 책임지게 되었다.251)

강원도선유사 일행은 9월 24일 오후 2시 서울을 출발하여 동문(東門) 밖 청량사(淸凉寺)에서 숙박하고 다음날인 25일 본격적으로 강원도관찰사가 있는 춘천으로 출발하였다. 선유사 일행은 춘천으로 가는 길에 경기도 양주(楊州) 금곡리(金谷里, 현 남양주시 금곡동), 경기도 가평 등지에서 의병활동을 직접 확인하였다. 이 지역 의병의 위세가 강원도 의병과 연계 속에서 매우 대단하였기에 소관지역이 아님에도 불구하고 선유활동을 전개할 수밖에 없었다. 홍우석은 자체 무장을 위해 서구식 소총 2정과 탄약 200발을 내부에 요청할 정도로 이미 의병전쟁의 치열함을 예상하였으나252) 현장에서 접한 의병전쟁은 훨씬 더 치열하게 전개되고 있었다.

선유사 일행은 서울을 출발한 지 4일 만인 28일에 목적지인 춘천에 도착하였다. 춘천에 도착해서는 바로 11개 면의 면장(面長)과 내외관리, 대소민인(大小民人)을 객사(客舍)에 모이게 하여 선유하였다. 의병전쟁이 크게 일어나고 있던 원주 일대가 아닌 춘천을 우선적으로 선유한 것은 관찰부로 지방행정의 중심지인 춘천을 안정화시켜 지방행정력을 확보함으로써 강원도 각 지역에 대한 원활한 선유활동을 전개하기 위한 것이었다. 한편, 강원도선유사 일행을 보호하기 위하여 시가(志賀) 일본군 육군소위가 이끄는 20명의 일본군이 춘천으로 왔으며 이들은 선유사 일행과 함께

---

250) 홍우석은 강원도선유사로 임명되기 직전인 1907년 8월 13일 평리원판사로 임명되었으며, 1910년까지 평리원 판사, 대심원 판사, 통감부 평양지방재판소 판사로 재직하면서 의병장 許蔿·金鳳基를 비롯하여 의병전쟁에 참여한 의병 林應西·吳長卿 등 29건의 재판에 참여하였다. 그의 선유활동은 『江原道宣諭日記』(奎26079)를 중심으로 파악하였다.
251) 『官報』 隆熙 1년 9월 23일 · 24일.
252) '강원도 선유사 홍우석씨는 양총 이병과 탄환 이백개를 내부에 청구ᄒ엿다니'(『대한매일신보, 1907년 9월 27일, 「시사평론」).

이동하였다.253)

　춘천에서 선유활동을 마친 선유사 일행은 강원도지역에서 가장 치열하게 의병전쟁이 전개되고 있던 원주, 횡성, 홍천 등지에 대한 선유활동에 들어갔다. 이 지역은 원주진위대 해산군인들이 주축이 된 의병부대로 강원도 의병전쟁을 이끌고 있던 민긍호 의병부대가 활동하고 있던 지역이었다. 특히, 원주·횡성 일대는 민긍호 의병부대의 근거지가 되는 곳이었다. 그러므로 이들 지역에 대한 선유활동은 의병전쟁을 진정시키는 데 매우 중요한 것이었다.

　춘천을 출발한 선유사 일행은 첫 선유지로 춘천과 경계를 맞대고 있는 홍천에 10월 8일 도착하였다. 도착 당시 홍천 상황에 대해『선유사일기(宣諭使日記)』에는 '순검 3명이 의병에게 피체되었고 수서기(首書記)는 도망가고 없으며 170여 호가 피해를 입었다'라고 기록되어 있다. 이를 통해 홍천의 지방행정력이 와해직전에 있었으며, 의병활동과 일본군의 의병진압과정에서 상당한 피해를 입고 있음을 알 수 있다. 특히, 170여 호가 피해를 입고 있었는데, 그 피해 호수의 규모를 생각하면 의병출몰지역에 대한 일본군의 초토화작전에 의해 피해를 입은 것으로 보인다. 당시 일본군의 진압이 민가에 미친 영향이 얼마나 혹독했는지 알 수 있다. 홍우석은 급히 각 면·동장을 소집하여 선유활동을 전개하고 의병부대의 근거지가 있는 횡성, 원주지역으로 이동하였다.

　횡성으로 가는 길에 홍우석은 민긍호 의병장으로부터 보발(步撥)로 서신을 받았다. 이에 즉시 답서를 보내 황제의 조서를 열거하는 동시에 민생의 사정과 시세의 형편을 설명하며, 무기를 버리고 귀순할 것을 권유하였다. 답서를 보낸 후 바로 선유사 일행은 횡성에 도착하였는데, 횡성의 상황

---

253)『폭도에 관한 편책』,「宣諭使衛兵과 暴徒衝突의 件」, 1907년 10월 26일(국사편찬위원회,『한국독립운동사 자료』8, 1979, 67쪽).

도 홍천과 별반 다르지 않았다. 횡성군수는 도망가고 없었으며, 오정묵, 한상렬 등은 군례(郡隸)와 포군을 이끌고 의병봉기를 하여 민긍호 의병부대와 상응하면서 활동하고 있었다. 홍우석은 횡성에서도 선유활동에 들어갔는데, 오정묵, 한상렬 등 횡성지역 의병지도자들을 잡아들일 것을 훈령하였다. 이 훈령은 일본군의 진압이나 체포가 아닌 정부에 의해 내려진 것이라는 점에서 형식적으로나마 의병진압을 정부가 주도하고 있다는 것을 보여준다. 횡성군민들에 대한 선유활동을 전개하고 있는 동안 선유사는 귀순을 거부하는 민긍호의 서신을 받았다. 서신을 통한 귀순이 불가능할 것이라고 생각한 선유사는 만나서 설득하여 귀순시키거나 아님 동행하고 있는 일본군을 통해 체포하고자 원주에서 회동하자는 답서를 보냈다.

이후 선유사 일행은 10월 15일 원주경계에 도착하였고, 원주군에서는 군주사(郡主事) 이택규(李宅珪)와 수서기(首書記) 안재윤(安在允)이 읍중부로(邑中父老) 40여 명을 이끌고 마중 나왔다. 이는 원주·횡성일대가 의병전쟁의 최고 격전지이기에 혹시 있을지 모를 의병들의 공격을 피해보고자 한 것이었다. 원주군에 도착한 선유사는 민긍호의 답신을 기다리면서 일상적인 선유활동으로 해사인(解事人) 4백여 명, 수비대, 경관, 일진회원 등을 객사로 모이게 하여 효유하고 물침빙표(勿侵憑票)의 발급을 고시하였다.

10월 18일 오후 민긍호로부터 약회서(約會書)가 오자 선유사는 선유위원, 보호대(保護隊) 시가 소위, 경무보(警務補), 일진회원 등을 이끌고 원주읍 북방에 있는 태장점(台庄店) 송월정(松月亭)에서 태극기를 세워 표시해 놓고 기다렸다.[254] 민긍호도 약 500명의 의병을 이끌고 서로 바라볼 수 있는 2리(里) 지점의 산위로 와서 해사자(解事者) 3~4명을 선유사측으로 보냈다. 선유사는 작은 여울 북쪽에서 성상(聖上)의 조서를 받들어 효유하였

---

[254] 「暴徒史編輯資料」 강원도편(독립운동사편찬위원회, 『獨立運動史資料集』 제3집, 1971, 598쪽).

으나, 의병 측에서 선유사의 요구를 거절하고 5개조의 요구사항을 시행하라고 요구하였다. 양쪽을 오가며 진행된 협상은 날이 어두워져 다음날 다시 만날 것을 약속하고 군아(郡衙)로 돌아왔다. 그러나 민긍호가 의심을 품고 다른 곳으로 이동할 것을 걱정한 선유사는 그날 밤 다시 선유위원, 군주사, 부로(父老)만을 이끌고 태장점으로 나갔다. 그리고는 서신을 써서 초치하고 효유하였으나 새벽까지 민긍호 의병부대는 오지 않았다. 다음 날 정오 다시 태장점에 갔을 때 역시 민긍호 의병부대는 나타나지 않았다. 민긍호가 다시 나타나지 않았던 것은 선유사를 믿지 못하였기 때문이다. 그는 강원도관찰사 황철(黃鐵)에게 보낸 답서에서

> 전일 선유사가 내려올 때 그가 참으로 조서(詔書)를 가지고 왔었다면 단기(單騎)를 타고 와서 의병을 효유하였을 것인데 이와 같이 하지 않고 주막(酒幕)에서 보발(步撥)을 시켜 부쳐왔으니 이것은 한(漢)의 적(敵)인 조조(曹操)가 천자(天子)를 끼고 제후를 호령하는 뜻을 엿볼 수 있습니다. 하물며 왜병들이 따라와서 의진(義陣)을 유인하여 그들의 함정에 빠뜨리려고 하였습니다. 그들의 종적(踪跡)과 심장(心腸)은 도처에서 탄로 나고 있습니다. 이것은 반드시 의병들이 그 선유사를 해칠까 싶기 때문이니 어찌 어리석고 경솔함이 심하다고 아니할 수 있겠습니까? 의(義)라는 한 글자가 얼마나 중대한 것인데 어찌 봉명사신(奉命使臣)을 살해할 이치가 있겠습니까?[255]

라며 속내를 표현하였다. 민긍호는 선유사가 진실로 효유하려는 것이 아니라 의병부대를 탄압하고 의병장을 체포하기 위해 유인하고 있다고 인식하였던 것이다.

홍우석의 선유활동은 지방관리, 일진회원, 경관 등 관원이나 친일세력을

---

[255] 『폭도에 관한 편책』, 「觀察使의 暴徒歸順 勸誘에 관한 件」, 1907년 11월 12일, 별지 제2호(국사편찬위원회, 『한국독립운동사 자료』 8, 1979, 114~115쪽).

독려하여 의병전쟁이 확대되는 것을 막는 데 그칠 뿐 의병들의 귀순은 민긍호 의병부대와 교섭에서도 알 수 있듯이 별다른 성과를 거두지 못하고 있었다. 그러나 홍우석은 민긍호와 교섭실패 직후 중앙정부에 보고한 선유활동 보고서에서 해산군인 중 정(正)·부교(副校)와 사병 27명과 포군 6명, 수종자(隨從者) 28명이 선유조칙을 듣고 귀순하고 그들이 소지하였던 총환(銃丸)과 기타 군용물품을 반납하였기에 물침빙표(勿侵憑票)를 발급하였다고 보고하였다.

민긍호 의병부대는 강원도 의병세력 중 최대세력이었기 때문에 정부에서는 계속해서 민긍호 의병부대를 해산시키기 위해 접촉하였다. 그 일은 강원도관찰사 황철에게 맡겨졌다. 그런데 황철은 선유사를 통한 선유활동에 대해 매우 부정적인 인식을 가지고 있었다. 그는 선유사 파견은 국고금만 허비할 뿐 의병을 해산하는 데 조금도 도움이 되지 않는다고 하였다. 오히려 한국주차군사령부에 교섭하여 일본군에 의해 의병탄압이나 각 군의 경무(警務)를 확장하여 의병을 탄압하는 것이 효과적이라고 하였다.[256] 이것은 의병전쟁이 가장 치열하게 전개되고 있던 강원도지역의 당시 상황에서는 선유활동으로 의병들을 진압할 수 없다는 것이었다. 그렇지만 황철도 강력한 무력기반을 가지고 있던 민긍호 의병부대에는 무력진압보다는 선유를 먼저 시도하고 있었다. 그리하여 민긍호에게 일체의 군기와 탄약을 반납하고 귀순할 것을 요구하는 공한(公翰)을 보냈다. 그 주된 내용은 첫째, 광무황제가 조정의 구법을 계승(繼承)하여 융희황제가 대위(代位)를 오른 것이다. 둘째, 군대를 해산하라는 조칙은 이후 징병의 계책에서 나온

---

[256] 선유사를 ᄂ려보내ᄂ대 일분도 실효가 업슬터이니 션유사ᄂ 도로불너 드릴일이오 소위 의병은 다 무뢰지배라 몇천만 명이라도 나라에ᄂ 조곰도 유조흠이 업ᄂ쟈이니 일군ᄉ령부에 교섭ᄒ고 일병을 만히 파송ᄒ야 일졀 쇼탕ᄒ거나 그러치아니ᄒ면 각군에 경무를 확쟝ᄒ야 그 당류를 경찰 방어ᄒᄂ거시 올타ᄒ엿다니(『대한매일신보』, 1907년 9월 25일, 「강원도 관찰사」).

것이니 군인이면 황명에 따라야 할 것이다. 셋째, 외국의 막강한 군대와 싸워 이길 수 없다. 넷째, 의병이 이동할 때마다 촌락이 불타고 가옥이 소탕되며 늙은이와 어린이, 처와 자식이 흩어지게 된다. 다섯째 곧 겨울이어서 식량과 주둔지를 구하기 힘드니 귀화하여 본연의 일로 돌아가면 그 죄를 묻지 않겠다는 것이었다.257)

이에 민긍호는 10월 26일 답서를 보내면서 황철의 주장에 조목조목 반박하고 귀순요구를 거절하였다. 그 반박 내용을 보면, 첫째, 광무황제가 양위한 것은 위에서부터 스스로 행한 것이 아니라 일본의 협박에 의한 것이다. 둘째, 일본인들이 인구(人口), 가사(家舍), 우마(牛馬), 산림천택(山林川澤)에 이르기까지 모두 세금을 징수하여 빼앗아 가고 있다. 셋째, 외국의 막강한 군대를 대항하지 못한다고 하면 장자방(張子房)258)이 한(韓)나라의 원수를 갚지 못했을 것이다. 넷째, 촌락이 불타는 등 피해가 발생하는 것은 의병의 책임이 아니며, 일본의 침략에 대항해 의병이 일어난 것과 일본군이 읍촌(邑村)에서 행패를 부리는 것에 대한 생각을 물었다. 다섯째, 만일 의병이 해산하면 우리나라 민인이 일본에게 곤욕을 당하지 않고 태평을 누릴 수 있다고 생각하는지 반문하였다.259)

황철은 민긍호의 확고한 입장을 확인하는 선에서 첫 번째 귀순시도가 실패로 돌아가자, 직접 사람을 보내 귀순협상을 시도하기로 결정하였다. 그리하여 횡성군수 심흥택(沈興澤)을 민긍호 의병부대가 주둔하고 있던

---

257) 『폭도에 관한 편책』, 「觀察使의 暴徒歸順 勸誘에 관한 件」, 1907년 11월 12일, 별지 제1호(국사편찬위원회, 『한국독립운동사 자료』 8, 1979, 113~114쪽).
258) 漢나라의 재상, 이름은 張良 호는 子房, 소하, 한신과 함께 한나라 건국 3걸이다. 그의 업적은 첫째 유방을 도와 진나라를 멸망시킨 일, 둘째 유방을 보좌해 진나라를 멸망시키고 한나라를 건국한 일, 셋째 한나라의 기틀을 마련한 일이다. 장량이 유방을 도운 것은 조국 韓나라를 멸망시킨 진시황제에 대한 복수였다.
259) 『폭도에 관한 편책』, 「觀察使의 暴徒歸順 勸誘에 관한 件」, 1907년 11월 12일, 별지 제2호(국사편찬위원회, 『한국독립운동사 자료』 8, 1979, 114~115쪽).

홍천군(洪川郡) 좌운(左雲)으로 파견하였다. 심홍택은 황철의 공한을 가지고 11월 7일 춘천을 출발하여 8일에 민긍호 의병장을 만났다.260) 황철이 보낸 두 번째 공한의 내용은 크게 4가지였다. 첫째, '우리나라의 형세를 보면 내수(內修)하는 정치가 펼쳐지지 못하고, 외양(外攘)하는 책략이 나타나지 않을뿐더러 학문은 나라를 빛내지 못하고, 무력(武力)은 변방을 튼튼히 하지 못하여 외인(外人)의 압력이 심한 경우에 이르렀으니 누구든 통곡하지만 천하의 대세를 밝게 보지 못하면 지혜롭다고 말할 수 없을 것이다. 목전의 박해를 헤아리지 못하고 분쟁만 벌린다면 용맹스럽다고 말할 수 없을 것이며, 백성들의 피폐함을 바라보지 않고 오로지 자기 욕심만 챙긴다면 인(仁)하다고 말할 수 없을 것'261)이라고 하였다. 대한제국의 정치, 학문, 외교, 국방이 튼튼하지 못하여 일본의 간섭을 받게 된 것은 통곡할 일이나 이미 그 대세가 굳어진 것으로 일본에 무력으로 대항한다고 독립할 수 있는 것이 아니며 오히려 무고한 백성들이 의병전쟁과정에서 피해를 입게 된다는 것을 강조하였다. 둘째, '갑오년 청일전쟁과 갑진년 러일전쟁의 원인을 보면 모두 우리 대한(大韓)이 외교를 잘못하였기 때문이고, 대저 우리 제국(帝國)이 단기(檀箕, 檀君과 箕子-필자주)로부터 신라, 고려에 이르기까지 남을 의뢰할 마음만 있고 독립할 마음이 없어서 뿌리가 견고하지 못하고 지엽(枝葉)이 조잔(凋殘)하니'262)라고 하였다. 일본의 침략성을 강조하기보다는 대한제국이 근대화되지 못함을 한탄하는 것으로 계몽운동계열의 논리를 그대로 보여주고 있었다. 셋째, '신서(臣庶)가 맨손과 백의로 장차 열국의 공사들에게 담판을 하여 국제공법에 질정(質正)

---

260) 閔德植,「閔肯鎬 義兵將에 관한 一考察」,『아시아문화』제12호, 한림대학교 아시아문화연구소, 1996, 382쪽.
261)『폭도에 관한 편책』,「觀察使의 暴徒歸順 勸誘에 관한 件」, 1907년 11월 12일, 별지 제3호(국사편찬위원회,『한국독립운동사 자료』8, 1979, 116쪽).
262)『폭도에 관한 편책』,「觀察使의 暴徒歸順 勸誘에 관한 件」, 1907년 11월 12일, 별지 제3호(국사편찬위원회,『한국독립운동사 자료』8, 1979, 116쪽).

을 하려고 한다는 것은 필시 지난날 헤이그평화회의 문제로 이렇게 떠든 것이나, 이것은 국제법상 허용치 아니하는 바요, 서생(書生)이 책상을 마주 대하여 공담에 지나지 않는 일이며, 이준(李儁)의 사인(刷刃)과 이위종(李瑋鍾)이 돌아오지 않는 것이 이미 전일의 거울이 되었으니 비록 독립할 의지가 있다 하더라도 무거운 쇠로 배를 만들어 바다를 건너는 것과 같이 불가능한 것'[263]이라고 하였다. 서구열강의 공사들과 담판을 해서 국제법에 질정(質正)하는 것도 이미 헤이그평화회의 때 나타난 것에서 알 수 있듯이 외교권이 박탈된 상황과 힘의 논리가 지배하는 국제사회에서 서구열강들과 동등한 지위를 누리고 있는 상대로 가능하지 않다는 것이다. 넷째, '개오(改悟)하여 무력을 버리고 덕을 닦으면 대성(大成)할 날이 머지않을 것이니 재삼 이해하여 이런 뜻을 부중(部衆)에 알리시고 귀순하면 함께 태평을 누리기에 오늘이 좋은 기회입니다. 그러나 만약 뉘우치지 않고 본사의 성의를 거절하면 혹 후일에 뉘우친들 아무 소용이 없다'[264]고 하면서 의병전쟁을 접고 실력을 키워서 후일을 기다리자고 귀순할 것을 강력하게 요구하였다.

하지만 민긍호는 황철의 귀순 요구를 또 거절하면서 그의 주장에 대해 다시 반박하는 서신을 9일 진위영창의사령부대장(鎭衛營倡義司令部大將) 명의로 작성하여 심흥택에게 전해 주었다. 심흥택은 이를 가지고 10일 춘천으로 돌아왔다. 민긍호가 황철에게 보낸 회신서한의 주요 내용은 다음과 같다. 첫째, 일본이 비록 강하다 하더라도 '땅을 넓히려고 힘쓰는 자는 망한다'라는 이치에 따라 반드시 망하고 말 것이다. 둘째, 일본인 통감이 우리나라의 국정을 주관하고 산림(山林)·천택(川澤)·토지(土地)·인민(人民)을 우리 황제가 손 댈 수 없으니 일본에 의해 받는 피해가 매우 크다.

---

[263] 『폭도에 관한 편책』, 「觀察使의 暴徒歸順 勸誘에 관한 件」, 1907년 11월 12일, 별지 제3호(국사편찬위원회, 『한국독립운동사 자료』 8, 1979, 116쪽).
[264] 『폭도에 관한 편책』, 「觀察使의 暴徒歸順 勸誘에 관한 件」, 1907년 11월 12일, 별지 제3호(국사편찬위원회, 『한국독립운동사 자료』 8, 1979, 116쪽).

셋째, 귀순하여 자신의 영달(榮達)을 꾀할 수 있으나 이는 민긍호가 원하는 것이 아니다. 넷째, 무력을 중지하고 힘을 기르면 반드시 대성할 날이 있다고 하니 강원도관찰사가 그리하여 대성하면 자진해서 의병을 해산하고 목을 베어 보답하겠다는 것이었다.[265] 즉, 민긍호는 일본이 반드시 망할 것이라는 강한 신념을 가지고 있었으며, 일본이 통감정치를 통해 우리의 국권을 침탈하고 있는 상황에서는 절대 의병을 그만둘 수 없다는 것이다. 또 실력양성론에 입각한 국권회복은 그에 맞게 진행하고 만약 그로 인해 국권이 회복된다면 자진해서 의병을 해산하겠다는 것이었다. 이러한 민긍호의 답서는 당시 의병장들의 일반적인 인식을 담고 있다고 할 수 있다. 따라서 이를 통해 의병장들이 의병전쟁에 임하는 입장을 알 수 있는데 특히, 계몽운동가들이 의병을 비판할 때 취했던 논리에 대한 의병들의 기본적인 입장을 이해할 수 있다.

강원도선유사에 이어 강원도관찰사도 민긍호에게 서신을 보내고 횡성군수를 파견하는 등 적극적인 선유활동을 전개하였지만 일본의 침탈이 계속되는 상황에서 민긍호의 확고한 신념을 꺾고 의병부대를 해산시키려는 선유활동은 실패로 돌아갔다.

강원도선유사 홍우석은 민긍호 이외에도 이강년, 윤기영 등도 선유해야 할 중요한 의병장이었다. 윤기영은 1907년 8월 원주에서 창의하여 원주진위대로부터 서구식 소총과 탄환 등의 군수물자를 입수하여 의병부대를 무장시켰다. 이후 이강년의 호좌의진에 가담하여 전군장으로 활동하였다. 이강년은 윤기영을 비롯하여 제천, 단양 등지에서 모여든 의병들을 이끌고 호좌의진을 출범시켜 영월, 평창, 제천, 단양, 문경 등지에서 활동하였다. 이러한 호좌의진의 활동에 대해 홍우석도 파악하고 주시하였다.[266] 그런

---

[265] 『폭도에 관한 편책』, 「觀察使의 暴徒歸順 勸諭에 관한 件」, 1907년 11월 12일, 별지 제4호(국사편찬위원회, 『한국독립운동사 자료』 8, 1979, 117쪽).

[266] 구완회, 『韓末의 提川義兵』, 집문당, 1997, 274~275쪽.

상황에서 홍우석은 경북 풍기 일대에서 활동하던 호좌의진이 다시 강원도로 이동하였으며, 원주 출신으로 민긍호 의병장과 함께 활동했던 호좌의진 후군장 주광석(朱光錫)이 주천, 영월 등지에서 활동하고 있다는 첩보를 입수하였다. 이에 주광석을 통해 민긍호에 대한 선유를 재차 시도하고 또 민긍호 의병부대 못지않게 큰 세력을 형성한 호좌의진을 선유하고자 하였다. 그리하여 주천이 고향이었던 선유위원 권태준(權泰駿)을 10월 20일 주천방면으로 먼저 보내 의병들의 정세와 상황을 탐문하도록 하였다. 홍우석 본인은 의병의 근거지였던 신림 주변을 먼저 선유하여 배후를 확보한 후 다음날 뒤따라 가기로 하였다. 하지만 권태준은 20일 오후 주천 부근에서 호좌의진 소속의 윤기영 의병부대에 붙잡혔다. 권태준은 선유사 일행과 일본군이 곧 싸리재(杻峴)를 넘어 주천방면으로 이동할 것이라는 정보를 의병에게 알려주었다. 이에 이강년은 우선봉 백남규(白南奎), 좌선봉 하한서(河漢瑞), 우군선봉 권용일(權用佾)에게 싸리재에 매복하여 선유사 일행을 기다릴 것을 명령하였다.[267] 이러한 사실을 모른 채 선유사 일행은 신림을 출발하여 21일 오전 7시경 싸리재에 도착하였다. 싸리재는 산이 깊고 골짜기가 좁은 데다 안개와 비까지 내려 지척을 분별할 수 없는 상황이었기에 선유사를 호위하던 일본군 일부가 정찰을 위해 먼저 이동하였다. 싸리재에 매복하고 있던 의병은 아직 하한서의 부대가 도착하지 못한 상황이었지만 일본군이 나타나자 선봉에서 먼저 사격하고 좌우편에서 일제히 사격을 가하였다. 이어 전군이 나와 사면에서 일본군을 포위하여 공격하였다.[268] 의병의 기습공격으로 일본군은 사망 1명, 부상 2명의 피해를 입고 퇴각하였다. 의병의 기습공격에 당황한 일본군은 다시 전열을 가다듬고 오전 10시경 의병이 주

---

[267] 독립운동사편찬위원회, 「운강선생창의일록」 1권, 『獨立運動史資料集』 제1집, 독립유공자사업기금운용위원회, 1971, 241쪽.
[268] 독립운동사편찬위원회, 「운강선생창의일록」 1권, 『獨立運動史資料集』 제1집, 독립유공자사업기금운용위원회, 1971, 241쪽.

둔한 중봉을 공격하여 점령하였다. 하지만 여전히 북방고지의 해산군인 100명과 동남고지 포군 수백 명과 3면에서 대치하고 있었다. 오후 4시경 일본군은 하사 1명이 경계병 5명을 이끌고 의병경계가 미치지 않는 곳으로 우회하여 북방고지를 공격하였다. 의병은 일본군의 기습공격에 대응하여 치열한 전투를 전개하였지만 끝내 이겨내지 못하고 신평으로 후퇴하였다. 일본군은 경계병 1명이 사망하는 피해를 입었지만 퇴로를 확보할 수 있었다.

가까스로 의병 포위망을 뚫은 선유사 일행은 원주로 돌아왔지만 선유사와 선유위원이 부상을 입었고, 공사상자(公事箱子)를 분실하는 등 일본군과는 별도로 적지 않은 피해를 입었다. 원주에서 치료를 받은 후 선유사 일행은 부상당한 일본군의 치료를 위해 10월 25일 충주로 이동하였다.[269] 충주에서 부상병 치료를 마친 후 10월 29일 충주를 출발하여 제천으로 이동하였고 30일에는 영월, 31일에는 주천, 11월 1일 평창에 각각 도착하여 선유활동을 전개하였다. 11월 2일 평창을 출발하여 11월 18일까지 인제, 강릉, 삼척, 양양, 간성, 통천, 흡곡, 회양, 금성 등 영동 각 군을 다니며 선유활동을 전개하였다.

강원도선유사 홍우석의 선유활동은 별다른 성과를 거두지 못하였다. 가장 중점을 두고 진행하였던 민긍호 의병부대에 대한 선유활동도 효유를 통한 선유가 아니라 일본군을 통한 진압으로 접근하여 실패로 돌아갔다. 하지만 지역의 행정력복원이나 일반민인들에 대한 단속, 친일세력의 결집 등은 성과라고 할 수 있다.

원주지역에 다시 선유활동이 전개된 것은 1908년 강원도 선유위원 박선

---

[269] 싸리재 일대에서 있었던 의병과 선유사 일행의 전투에 대해 『대한매일신보』에서는 문막에서 의병을 만나 전투한 것으로 기재하였다('홍우셕씨는 일병 륙십명을 거느리고 원쥬땅으로 효유ᄒ려가다가 문막에서 의병을 맛나 싸홧는대 일병 이명은 죽고 륙명은 향ᄒ엿고 션유ᄉ는 션유ᄒ는 글을 길에 ᄇ리고 츙쥬땅으로 피신ᄒ엿다ᄒ엿고'『대한매일신보』, 1907년 11월 5일, 「디방쇼식」). 이는 당시 상당수 의병들이 문막을 지나 지평으로 집결하고 있었기에 착각하였던 것으로 보인다.

빈(朴善斌)이 원주, 횡성일대에 파견되면서부터였다. 박선빈은 주로 귀순자에 대한 면죄문빙 등 귀순활동을 종용하고 다녔는데, 민긍호 의병장이 전사한 이후 그 시신을 수습하는 과정에도 참여하였다. 강원도지역은 민긍호 의병장이 순국한 이후 의병활동이 감소하고 귀순자도 증가하는 모습을 보였다. 그래서 이 시기 강원도선유사의 주요 활동은 귀순자에 대한 보고와 면죄문빙을 발급해 주는 것이었다.

2) 일본군의 탄압양상과 헌병대의 배치

(1) 일본군의 탄압양상

① 일본군의 배치

원주는 강원도에서 가장 먼저 의병봉기하여 의병전쟁을 선도하였을 뿐만 아니라 원주진위대 해산군인과 원주지역 의병들이 조직적으로 의병전쟁을 전개한 곳이었다. 그러므로 일본군은 원주지역 의병을 조기에 진압해 의병전쟁의 확산을 막고 식민화정책을 안정적으로 진행할 필요가 있었다. 이는 일본군의 배치에서도 나타나고 있었다. 일본은 의병전쟁을 진압하기 위한 군대 배치로 서울에 1개 사단사령부와 1개 여단사령부를 배치하고, 평양에 1개 여단사령부를 배치하였다. 또 중요한 지역에 1개 연대와 1개 중대를 배치하였다.[270] 이와 함께 의병활동이 활발하여 의병전쟁이 치열한 지역은 특별편성부대를 파견하였다.

한국주차군사령부는 이미 시위대 봉기에서 경험했듯이 지역의 경찰분견소와 수비대만으로 원주진위대 해산군인들의 봉기를 진압할 수 없다는 것

---

[270] 한국안에 슈비대는 경성에 일사단 수령부와 일려단 수령부를 두고 평양에 일려단 수령부를 두며 또 다른 중요흔 따에도 일개련대와 일즁대를 두기로 흔다더라(『대한매일신보』, 1907년 9월 17일, 「일병을 배치」).

을 알고 있었다. 그렇기 때문에 원주진위대 봉기소식이 전해지자 바로 특별편성부대를 편성하였던 것이다. 원주로 파견된 시모바야시 지대는 부대규모가 두 개 중대와 한 개 공병소대 등을 포함하고 있어 지방수비대보다 상급부대였다. 당연히 지방수비대와 경찰분견소는 시모바야시 지대의 지휘를 받게 되었다.[271] 또한 휴대용 대량살상무기인 기관총을 4문이나 가지고 있고, 폭약을 다루는 공병도 편성되어 있어서 전투력 부분에서도 해산군인 중심의 의병부대를 압도하였다.[272] 이러한 부대편성은 시모바야시 지대를 중심으로 의병에 대한 대대적인 토벌을 하겠다는 한국주차군사령부의 의지를 보여주는 것이다.

한편, 일본군의 배치를 보면 그들이 의병을 어떻게 진압하려고 했는지 그 의도를 알 수 있다. 한국주차군사령부는 원주에 시모바야시 지대의 주둔을 시작으로 서울 주둔 일본군의 파견과 지방의 수비대의 재배치가 이뤄졌다. 앞서 살펴보았듯이 시모바야시 지대는 원주에 주둔하면서 주변 지역에 대한 의병탄압에 나섰다. 이어 충주에 아다치 지대가 파견되어 시모바야시 지대를 비롯한 지역 주둔 일본군수비대를 지휘하면서 충청도 북부지역과 강원도 남부지역 의병탄압의 총지휘부가 되었다. 이와 함께 서울 주둔 보병 제51연대 소속 사카이자와 대위(大尉)가 이끄는 1소대가 춘천수비대로 증파되었고, 바로 그 주력군은 홍천(洪川) 부근으로 진출하였다. 또 원산(元山) 수비 보병 제50연대 소속 우츠에(宇津江) 중대는 삼척(三陟)을 거쳐 정선(旌善)과 영월(寧越) 지역으로 이동하여 아다치 지대와 연합하였다. 강릉파견대는 일부 병력을 평창(平昌) 부근으로 이동시켜 아다치 지대 분견대와 책응하도록 하였다. 경상북도 북부지역은 대전 주둔 보병 제14연대 소속으로 안동에 파견된 니시오카(西岡) 대위(大尉)가 이끄는 제11중대

---

[271] 이러한 지휘체계는 특별편성부대로 충주로 파견된 아다치 지대가 시모바야시 지대, 충주수비대, 강릉수비대 등을 지휘한 것과 같은 것이다.
[272] 「조선폭도토벌지」, 685쪽.

(1소대 결)가 영천(榮州)으로 진출하였고, 일부 병력은 고직령(高直嶺) 부근에 주둔하면서 아다치 지대의 지휘를 받았다. 이러한 일본군의 배치는 원주에서 봉기한 의병들을 초기에 완전히 고립시켜 토벌하겠다는 것이었다. 즉, 원주에서 일어난 의병봉기가 다른 지역으로 확산되는 것을 막아보겠다는 의도였다. 이와 함께 일본군은 의병이 자주 출몰하는 곳을 중심으로 10월 말부터 영월분견소, 평창분견소 등 경찰분견소를 추가적으로 설치하였다.

② 자위단의 설치

일본군은 정찰활동을 통해 의병탐색에 나서는 경우도 있었지만 상당수는 군주사(郡主事), 일진회원 등과 동행하면서 그들이 민간에서 나오는 의병정보를 수집하거나 밀정을 활용하여 의병정보를 수집해 의병들의 주둔지 등을 파악하였다. 특히, 일진회는 자위단을 구성하여 일본군과 함께 의병탄압에 앞장서고 있었다. 일진회의 자위단 구성은 의병들의 공격에 대한 대응 차원에서 나온 것이기도 하였다. 의병은 경제적 침략을 자행하고 있던 일본인 상인·지주 그리고 일본군에 적극적으로 협조하고 부역하면서 횡포를 일삼았던 일진회원들도 공격대상으로 삼았다. 원주지역의 경우 ① 원주진위대 봉기 직후 원주에 거주하던 일본인 상인들이 의병의 공격을 받아 막대한 피해를 입고 충주수비대 주둔지로 도피한 것이나 ② 원주군 부흥면 마전동(麻田洞)에 거주하는 일진회원 강구현(姜龜鉉, 46세), 박명수(朴明守, 46세), 김인도(金仁道, 62세) 등을 체포하였던 것[273], ③ 임남(任南) 통구(通口) 양면(兩面)에 거주하는 일진회원 엄성국(嚴成國), 박봉주(朴鳳周), 유근도(柳根道), 이강진(李康津), 김기섭(金基燮), 신정삼(申正三), 김병연(金炳衍)의 어머니 등을 포살하였던 것[274]이 그 예라고 할 수 있겠다. 따라

[273] 『독립운동사자료 8: 의병편 1』, 국사편찬위원회, 1979, 87쪽.

서 일본인들은 자경단을 만들어 의병에 대비하였으며, 통감부에서는 자경단이 무장할 수 있도록 하였다.275) 여기에 일진회원들도 자신들이 의병들을 진정시키겠다고 정부에 청하였다.276)

일진회는 우치다 료헤이(內田良平)를 비롯한 일본 낭인들과 접촉하여 의병진압을 일본군에 전적으로 맡겨두는 것이 아니라 일진회를 활용하여 민간 차원에서도 의병활동에 대응하자는 분위기를 형성하였다. 그리하여 우치다 료헤이, 다케다 한시(武田節之), 이용구, 송병준 등은 협의를 통하여 일진회 중심의 자위단(自衛團)을 조직하기로 하였다.277) 이 자위단은 일본군의 보호와 감독아래 의병에 맞서 대항한다는 안(案)을 만들었다. 우치다는 자위단 구성안을 송병준을 통해 이완용에게 전달하여 내각에서 논의하게 하는 한편 자위단 조직을 위한 통감부와 군부의 지원도 요청하였다. 이러한 조치에 따라 이완용은 내각회의에서 '자위단조직후원회' 결성을 독려하였고, 통감부·군부·헌병대는 우치다의 제안을 검토하고 이를 채택하기로 결정하였다. 통감부와 한국주차군사령부는 필요한 비용과 무기를 공급하기로 하고, 일진회로 하여금 자위단을 조직케 하였다.

원주에서도 일본군, 일본인, 일진회원 등이 주도하여 자위단 설립을 추진하였다. 그러나 민간에서는 자위단 설립취지가 장정을 모집하여 의병을 탄압하는 것이라고 인식하였기 때문에 자위단 가입을 좋아하지 않았고, 오히려 방해하려는 경향이 있었다. 그러자 원주분서장(原州分署長)은 원주군수와 협의하여 각 면장을 소집한 후 자위단의 취지를 설명하고 공권력을

---

274) 江原道警務官 文圭復氏가 內部에 報告ᄒ되 本月初에 義徒 四百餘名이 自淮陽方面으로 原州郡任南 通口 兩面에 來ᄒ야 一進會員 嚴成國, 朴鳳周, 柳根道, 李康津, 金基燮, 申正三, 金炳裕氏母 諸氏를 砲殺ᄒ고 牛 十七隻을 奪去라 ᄒ얏더라『皇城新聞』, 융희 원년 10월 29일, 「殺人奪牛」).
275) 다카사키 소지 지음, 이규수 옮김, 『식민지 조선의 일본인들』, 역사비평사, 2006, 106쪽.
276) 황현, 『매천야록』, 융희 원년 10월.
277) 『속음청사(하)』 융희 원년 11월 11일·20일.

바탕으로 자위단을 설립하였다. 이러한 자위단 설립 방법은 자위단 조직에 불응하였던 횡성, 영월, 평창, 정선 등지에서도 일어나고 있었다.[278]

일진회원을 중심으로 성립된 원주지역 자위단은 의병전쟁이 가장 치열하게 전개된 1907년 하반기부터 1908년 전반기까지 일본군과 동행하면서 의병탄압에 앞장서고 있었다. 자위단의 활동 중 주목되는 것은 정찰활동이었다. 일본군은 정찰대를 파견하여 의병의 동향을 파악하였지만 자위단을 활용하는 경우도 많았다. 행정조직, 친일파 등을 충분히 활용하고 있었다.

③ 일본군의 의병탄압

일본군은 자위단 등의 활동으로 의병근거지, 주둔지 등을 찾아내면 모든 방법을 다 동원하여 의병탄압을 전개하였다. 그 과정에서 의병과 전혀 관계없는 마을주민들도 학살하는 무차별한 살육이 펼쳐지기도 하였다.[279] 특히, 촌락민 중 의병을 숙박시킨 자가 있으면 그 마을 전체를 불살라 무고한 양민을 살육하거나 기한(飢寒)에 떨게 하였다.[280] 또한 의병근거지가 되었던 봉복사, 용문사 같은 사찰도 소각하였다. 이러한 일본군에 의한 민간의 피해는 매우 심각하였기에 대한제국 정부는 문제제기를 하지 않을 수

---

278) 原州橫城寧越平昌旌善各郡의 人民等이 自衛團組織홈을 不肯ᄒᆞᄂᆞᆫ 故로 原州分署長이 該郡守와 協議ᄒᆞ고 各面長을 召集ᄒᆞ야 自衛團의 趣旨를 說明ᄒᆞ고 該團을 組織ᄒᆞ얏다더라(『皇城新聞』, 융희 2년 2월 22일, 「地方消息一通」).
279) 原州郡道城里에 義兵이 橫行홈을 附近守備隊에서 探知襲擊ᄒᆞ야 無辜良民九名이 中丸致死ᄒᆞ고(『皇城新聞』, 융희 2년 3월 25일, 「義擾慘禍」).
280) 일전에 원쥬 안창역촌에 의병이 드러가셔 쇼 흔필을 잡아 호궤ᄒᆞᄂᆞᆫ때에 일병이 돌입ᄒᆞ거늘 의병은 어대로 다라나고 일병은 그 동내 집마다 츙화ᄒᆞ여 백성 둘이 죽엇다더라(『대한매일신보』, 1907년 10월 5일, 「안창역에병화」); 려쥬군에ᄂᆞᆫ 일병의게 츙화를 당흔 동리가 수십여곳인대 면졉홀대가 업셔 도로에서 방황ᄒᆞᄂᆞᆫ 정상을 참아 눈으로 볼수가 업다더라(『대한매일신보』, 1907년 10월 5일, 「려쥬쇼식」); 일병이 양근읍을 츙화ᄒᆞ엿단 말은 전보에 게재ᄒᆞ엿거니와 그때에 쇼화흔 집이 읍내에 이백여호요 사탄과 덕곡과 룡암과 오빈 네 동리에 구십여호요 옥천리에 이십여호요 거월 이십륙일에 일병이 양근읍에 도 와셔 여간 남은 집을 몰수히 츙화ᄒᆞ엿다더라(『대한매일신보』, 1907년 10월 8일, 「양근읍츙화」).

없었다. 그리하여 군부대신 이병무는 한국주차군사령관 하세가와에게 일본군의 충화(衝火)작전 금지를 요청하였고, 한국주차군사령부는 각 지방 일본군사령부에 충화(衝火)작전 금지를 훈령하였다.281) 대한제국 정부의 공식적인 요청과 한국주차군사령부의 훈령에도 불구하고 일본군의 의병탄압방식에는 큰 변화가 없었던 것으로 보인다. 즉, 충화(衝火)금지 훈령 이후에도 일본군의 의병탄압방식에 대한 국제사회의 비난이 일어났으며, 영국 정부의 경우 사실조사에 착수하기도 하였다. 이처럼 국제사회 여론이 일본에게 불리하게 돌아가자 이토 히로부미(伊藤博文) 통감은 자신이 부재중 발생한 일이라고 책임을 일부 군사령관에게 넘기면서 직접적인 책임을 회피하고자 하였다. 또한 즉각적인 조치를 취하는 모습으로 한국주차군사령관에게 형식적으로 일선 부대의 의병탄압 방식을 변경하도록 명령하였다.282) 하지만 남한대토벌작전에서 보이듯이 일본군은 대한제국의 요청도, 국제사회의 압력도 무시하고 질서확립과 양민보호라는 명목을 내세워 의병뿐만 아니라 민간인에 대한 살육과 충화(衝火)를 계속해서 이어가고 있었다.

일본은 의병탄압에 있어 강공책만 펼쳤던 것은 아니었다. 의병에 투신한 자들에 대한 귀순 활동도 함께 전개하였다. 의병에 대한 귀순은 표면적으로 대한제국 정부에서 실시하는 것으로 하였다. 그리하여 정부에서는 조(詔)를 내려 의병활동을 계속하여 소요하는 자는 법에 의해 처벌하지만 성

---

281) 군부대신 리병무씨가 각디방에 일병이 츙화ᄒᆞᄂᆞᆫ 일에 대하야 장곡천대장와 여러번 그 폐단을 금단ᄒᆞ기로 의론ᄒᆞ고 각디방에 잇ᄂᆞᆫ 일군ᄉᆞ령부에 훈령ᄒᆞ엿다더라(『대한매일신보』, 1907년 9월 17일, 「충화금단」).

282) 『주한일본공사관기록』 甲種外務部雜, 1907년 11월 29일・30일; 이토 통감이 부재중에 발생한 문제라고 책임을 회피할 수 있었던 것은 1907년 9월에 시행된 통감부 관제의 개정 때문이었다. 당시 통감부는 관제를 개정하여 통감 아래 부통감을 두고 통감의 사고시 임시통감으로 사무를 대신 하도록 하였으며, 부통감은 무관으로 임명되었다(『대한매일신보』, 1907년 9월 20일, 「통감부관제」). 이에 따라 하세가와 한국주차군사령관이 부통감으로 임명되었다는 보도도 있었지만(『대한매일신보』, 1907년 9월 20일, 「부통감피임」) 전 대장 대신인 소네 아라스케(曾禰荒助)가 임명되었다(『대한매일신보』, 1907년 9월 21일, 「부통감피임」).

심으로 귀순하는 자는 전죄(前罪)를 불문하고 안도 낙업(樂業)케 할 것이라고 효유하였다.283) 귀순조칙은 대한제국 황제의 명의로 내려졌지만 실질적으로는 일본측의 요청에 의해 이뤄진 것이었다. 귀순조칙으로 상당수 의병들이 귀순하였는데, 1907년 10월 24일부터 1907년 12월 27일까지 경찰관서나 헌병대에 귀순한 의병은 총 266명이었다. 지역별로 보면 경기도는 수원경찰서에 2명, 여주경찰분서에 39명, 광주경찰분견소에 28명, 안성경찰분견소에 2명, 양근헌병분견소에 90명, 고안헌병분견소에 36명 총 197명이 귀순하였다. 황해도는 해주경찰서 1명, 송화경찰분서(松禾警察分署) 3명, 안악헌병분견소(安岳憲兵分遣所) 1명 총 5명이 귀순하였다. 그리고 강원도는 춘천경찰서 1명, 금성경찰분견소 31명, 원주경찰분서 26명, 춘천수비대 6명 총 64명이 귀순하였다.284)

일본은 의병전쟁에 참여했던 주요 의병장에 대한 체포도 의병진압과 함께 중요 과제로 삼았다. 특히, 13도창의대장을 지낸 이인영의 체포에 상당한 노력을 기울였다. 그것은 의병전쟁이 수그러들던 당시 상황에서 이인영이 재기할 경우 경기도, 강원도, 충청도 일대의 의병이 다시 일어날 수 있어 이를 미리 방지하기 위한 것이었다. 또 이인영이 의병부대를 연합할 수 있었던 배경, 즉 광무황제와의 연관성을 밝혀내고자 한 것이기도 하였다.

일본군의 의병장 체포과정은 이인영 의병장 체포과정을 통해 이해할 수 있다. 일본군은 각지에 퍼져 있던 첩자들을 통해 의병장들의 소재파악에 주력하였다. 이인영 의병장의 경우는 주변인물을 취조하는 과정에서 파악되었다. 전북 무주군 미천동(美川洞)에 거주하면서 이인영의 참모라고 하는 김상필(金商弼)을 취조한 결과 이인영과 1908년 8월 경북 상주군 화서

---

283) 『日省錄』 隆熙 元年 12월 13일; 『承政院日記』 隆熙 元年 12월 13일; 『純宗實錄』 隆熙 元年 12월 13일; 『官報』 隆熙 元年 12월 14일 號外; 『주한일본공사관기록』 往電 1907년 12월 10일 .
284) 『주한일본공사관기록』, 往電, 1907년 12월 10일.

면(化西面) 제동(齊洞)의 한진용(韓進裕) 집에서 만난 적이 있다는 진술을 받아냈다. 그리하여 대전분견소장(大田分遣所長) 쿠라토미(倉富) 중위(中尉)는 첩자를 의병으로 위장하여 김상필이 이인영 앞으로 보내는 위조서신을 휴대시켜 한진용을 방문하게 하였다. 한진용은 일본군 첩자를 의병으로 믿어 환대하고 이인영의 거처는 모르지만 그의 동생인 이구영(李龜榮)이 문경에 살고 있으니 찾아가면 알 수 있을 거라고 하였다. 이에 일본군 첩자는 문경으로 가서 이구영을 찾았지만 찾지 못하고 돌아오는 길에 충청북도(忠淸北道) 황간군(黃澗郡) 황간읍(黃澗邑)에서 지인으로부터 황간군(黃澗郡) 내 도동(桃洞)에 이인영을 닮은 자가 산다는 것을 듣고 왔다. 이를 단서로 1909년 6월 7일 구라토미(倉富) 중위는 다나카(田中) 오장(伍長)에게 모리카와(森川) 상등병(上等兵)과 보조원 2명 및 통역, 첩자를 붙여서 도동(桃洞)에 파견하고 같은 날 오후 1시경 이인영을 그 가택(假宅)에서 체포하였다.[285] 이인영의 체포과정을 보면 일본군이 의병진압과정에서 정보취득을 위한 밀정의 역할이 얼마나 컸는지를 알 수 있다.

1907년부터 1908년까지 의병전쟁으로 인해 의병이 받은 피해는 일본측 자료에 의하면 일본군경에 의해 전사하거나 부상당한 의병이 12,500여 명이었는데, 일본군은 수비대원, 경찰, 헌병 등 사상자 450명에 불과하였다. 그러나 일본인 피해 가옥은 6,800여 호에 이르고 있었다.[286]

(2) 원주지역 한국주차헌병대의 배치

원주지역이 본격적으로 일본군의 통제 하에 들어간 것은 특별편성부대인 시모바야시 지대가 원주에 주둔하면서부터였다. 원주를 중심으로 한 강

---

[285] 『統監府文書』 8권, 「李麟榮陳述調書」, (1) 賊魁 중의 巨擘 李麟榮 체포 전말, 부록 李麟榮의 진술(6월 11일 天安分隊長 보고), 1909년 6월 12일.
[286] 다카사키 소지 지음·이규수 옮김, 『식민지조선의 일본인들』, 역사비평사, 2006, 107쪽.

원도 지역은 초장기 의병전쟁이 가장 치열하게 전개된 곳으로, 일본은 의병탄압을 위해 특별편성부대를 중심으로 지역의 수비대와 함께 의병탄압에 나서고 있었다. 하지만 서울진공작전이 실패하고 주요 의병장이 순국하거나 체포되면서 강원도 일대의 의병전쟁은 크게 위축되었다. 이후 이 지역의 의병탄압은 대규모 의병부대와의 전투가 아닌 소규모 의병부대를 상대로 한 치안유지에 초점이 맞춰졌다. 그리하여 한국주차헌병대가 의병탄압 및 지역의 치안유지를 담당하였다.

한국주차헌병대는 1904년 창설된 이후 개편을 거쳐 1905년에 경성, 부산, 원산, 인천, 의주, 평양, 안주, 개성, 임명, 수성, 전주, 대구 등 12개 지역의 분대와 그 아래 56개 처의 분견소를 설치하였다.[287] 주로 대도시, 일본인 거류지, 철도, 전선 등을 관리하는 거점에 주둔하면서 대한제국의 치안을 담당하였다. 이런 한국주차헌병대의 권한은 1907년 의병전쟁을 계기로 1907년 10월 「헌병조례」가 공포되면서 더욱 강화되었다. 「헌병조례」의 주요 내용은 다음과 같다.

> 一. 대한제국에 주둔한 헌병은 치안을 유지하는데 관하여 경찰이 담임할 직무를 집행할 때는 통감부에 속하고, 한국주차군사령부의 지휘를 받아 군사 경찰을 담임케 할 事.
> 一. 본 영은 공포하는 날부터 행할 事.[288]

한국주차헌병대는 「헌병조례」 공포로 한국주차군사령관의 지휘를 받지만 통감부에 속하여 군사경찰로 최일선에서 의병탄압과 지역치안유지 활

---

287) 分隊의 배치와 分隊長은 다음과 같다.

分隊	本部	釜山	元山	仁川	義州	平壤	安州	開城	京城	臨溟	全州	大邱
分隊長	小河 大尉	木島 大尉	大久保 大尉	山本 大尉	堀 大尉	吉岡 大尉	渡邊 大尉	福島 少尉	怡土 中尉	杉 中尉	保井 少尉	池田 少尉
分遣所	-	8	2	3	2	4	2	15	4	4	9

※출처: 朝鮮憲兵隊司令部 編, 『朝鮮憲兵隊歷史』 제1권, 不二出版, 103쪽.

288) 『대한매일신보』, 1907년 10월 10일, 「헌병조례」.

동을 하게 되었다.[289] 이후 한국주차헌병대는 의병탄압을 강화하는 과정에서 몇 차례 더 개편을 하면서 1908년 7월 원주지역에 처음으로 헌병분견소가 설치되었다. 이 시기는 민긍호 등 주요 의병장이 순국하거나 체포되면서 의병전쟁이 이전보다 크게 위축되었고, 의병전술도 소규모 유격전이 확대되었다. 따라서 헌병분견소의 설치는 의병전쟁 이후 치안유지를 위한 조치라고 하겠다. 당시 강원도지역은 경성분대 제17관구, 제18관구, 제19관구, 제20관구에 편성되어 있었고 원주지역은 제20관구 소속의 원주분견소, 문막분견소, 신림분견소가 설치되어 있었다. 원주지역에 설치된 이들 헌병분견소의 규모는 배치된 인원을 통해 가늠해 볼 수 있는데, 원주분견소는 장교 0인, 하사 1인, 상등병 4인, 헌병보조원 10인 등 총 15인이 배치되어 있었다. 문막분견소 및 신림분견소는 장교 0인, 하사 1인, 상등병 3인, 헌병보조원 8인 등 총 12인이 배치되어 있었다.[290] 원주지역 헌병분견소에는 장교가 배치되지 않은 것으로 보아 그 규모가 크지는 않았던 것으로 보인다. 일본군도 하사 1인, 상등병 3명으로 4명이 배치되었을 뿐 대다수는 한국인이었던 헌병보조원이 배치되었다.

그러나 유격전을 중심으로한 의병활동이 계속적으로 전개되고, 원주지역에 대한 행정 및 군사적 중요성이 강조되면서 치안유지 등을 강화할 필요성이 다시 대두되었다. 따라서 헌병대 배치를 재조정하는 과정에서 원주지역 헌병분견소의 개편이 이뤄졌다. 1909년 1월 29일 개편에서 원주지역은 경성분대 원주(제30)관구로 확대되면서 원주분견소에 오쿠리(小栗直臣)

---

[289] 당시 일제는 군대와 헌병을 구분하고 있었는데, '청국정부는 간도에 경위ᄒᆞ는 헌병을 거두워 가라고 일본에 요구ᄒᆞ엿는대 일본 정부는 이 헌병이 군대와는 성질이 달나서 응치못ᄒᆞ겟다고 회답ᄒᆞ엿더라'(『대한매일신보』, 1907년 10월 13일, 「못ᄒᆞ겟다고」)라고 하는 것에서 보이듯이 헌병을 군사경찰로 취급하고 있었다.
[290] 당시 강원도 지역에 장교는 제19관구 소속의 철원분견소의 오오타(太田淸松) 大尉, 제17관구 소속의 고성분견소의 中尉 瀨川嘉次平, 제20관구 소속의 춘천분견소 아이하라(相原五郞) 中尉, 제18관구 소속의 강릉분견소의 中尉 安武基熊 총 4명이 배치되어 있었다(朝鮮憲兵隊司令部 編, 『朝鮮憲兵隊歷史』제1권, 不二出版, 238~239쪽).

중위가 부임하였다. 원주관구 소속 분견소 및 인원은 〈표 10〉과 같다.[291] 이후 한국주차헌병대 배치가 개정되어 원주분대가 원주군, 횡성군, 평창군, 영월군을 관할하는 것으로 확대되었으며, 육군헌병대위 하야시 시케이끼(林茂樹)가 부임하였다.[292]

〈표 10〉 韓國駐箚憲兵隊 京城分隊 原州管區 配置表(1909. 1. 29.)

분견소 소재지	京城分隊 原州(제30)管區						
	原州	栗實里	安興	神林	文幕	橫城	計
士官	1(中尉)						1
下士	1	1	1	1	1	1	6
上等兵	4	3	3	3	3	4	20
헌병보조원	10	8	8	8	8	10	52
계	16	12	12	12	12	15	79
馬匹	1						1

〈사진 1〉 경성헌병분대 원주관구(軍事警察雜誌』 제4권 제8호, 軍事警察雜誌社, 1910. 8. 10.)

---

[291] 朝鮮憲兵隊司令部 編, 『朝鮮憲兵隊歷史』 제2권, 不二出版, 12쪽.
[292] 朝鮮憲兵隊司令部 編, 『朝鮮憲兵隊歷史』 제2권, 不二出版, 223쪽.

3) 독립군 전환과 원주지역 민족운동

(1) 서울진공작전 이후 의병전쟁

　서울진공작전이 실패한 이후 원주지역 의병은 민긍호 의병부대를 중심으로 유격전을 전개하였다. 이에 일본군은 민긍호 의병부대에 대한 정찰 및 수색활동을 강화하였고, 권(權) 경시(警視)를 지휘관으로 하는 15명의 충주수비대 한국순사대도 1908년 2월 이후 원주지역에 대한 정찰 및 수색활동에 투입되었다.[293] 충주수비대 한국순사대는 2월 28일 강림(講林, 현 횡성군 강림면 강림리)에서 숙영 중 강림 동방으로 10리쯤 떨어져 있는 등자치(登子峙, 현 횡성군 강림면 월현2리) 부근에 민긍호 의병부대가 주둔하고 있다는 정보를 입수하였다. 이들은 29일 오전 6시경 폭풍우 속에서 강림을 출발하여 사자산(獅子山, 현 영월군 수주면 법흥리)·구룡산(九龍山, 현 영월군 수주면 운학리) 방면으로 우회하여 등자치로 전진하였다. 이때 등자치 북방 약 10리 지점인 궐덕리(蕨德里, 현 횡성군 강림면 월현2리 고비덕마을)에 민긍호 의병장이 부하 90명과 함께 주둔하고 있다는 것을 추가적으로 확인하였다. 충주수비대 한국순사대는 오전 11시경 궐덕리 동남 양 방면에서 민긍호 의병부대의 주둔지를 포위 공격하였다. 민긍호 의병부대는 새벽부터 내린 비로 경계가 다소 허술해진 사이에 기습 공격을 받았지만 순사대의 공격에 대응하고자 일부 병력을 궐덕리 서방 고지로 이동시켜 그곳을 점령하고 대부분은 촌락 위벽(圍壁)에 의지하여 대항하였다. 하지만 계속된 충주수비대 한국순사대의 공격으로 의병 20명이 사망하

---

[293] 일본군의 정찰활동으로 민긍호 의병부대 이외에도 원주지역에서 활동하던 의병부대의 근거지도 노출되었으며, 1908년 2월 22일 문막 부근에 주둔한 의병부대와 원주수비대 간 교전이 발생하는 등 원주지역 곳곳에서 의병과 일본군의 교전이 일어나고 있었다(「조선폭도토벌지」, 735쪽).

고 민긍호 의병장이 체포되는 피해를 입고 궐덕리 동북방으로 후퇴하였다. 충주수비대 한국순사대는 체포한 민긍호 의병장을 서울로 이송하기 위해 강림으로 이동하였다.[294]

궐덕리 동북방으로 후퇴하였던 60여 명의 민긍호 의병부대원들은 구출대를 조직하여 민긍호 의병장을 구출하기 위해 강림으로 공격해 들어왔다. 충주수비대 한국순사대는 촌락에서 방어하면서 후방을 공격하는 양동작전으로 구출대의 공격을 막아내고자 급히 일부 병력을 강림 서남 고지로 이동시켜 구출대의 측면을 공격하였다. 그러나 구출대 일부 병력이 촌락 안으로 진입하여 "우리 대장 민씨는 어디 계신지 그곳에서 소리를 치시오" 하고 구출작전에 들어가자 충주수비대 한국순사대는 민긍호 의병장을 이송하기 힘들 것이라고 판단하고 바로 사살하였다. 민긍호 의병장의 사망을 확인한 구출대는 구출작전을 중단하고 강림 북방으로 후퇴하였다. 이 구출작전에서 의병은 11명이 전사하였고 한국 순사 4명이 행방불명되었다.[295]

민긍호 의병장의 전사는 원주지역을 넘어 강원도 일대 의병전쟁에 큰 영향을 미쳤다. 〈표 11〉은 민긍호 의병장이 전사한 이후인 1908년 3월부터 12월까지 원주를 중심으로 강원도 영서지역에서 의병과 일본군의 전투를 나타낸 것이다. 이를 보면 3월 이후 의병과 일본군의 교전은 확연히 줄어들었으며, 의병부대도 대부분 소규모인 것을 볼 수 있다. 이는 이인영 의병장의 낙향, 민긍호 의병장의 전사 이후 이들이 주로 활동하던 원주지역을 비롯한 강원도 영서 일대의 의병전쟁이 크게 위축되고 있음을 보여주는 것이다.

---

[294] 「조선폭도토벌지」, 733쪽.
[295] 「조선폭도토벌지」, 734쪽.

〈표 11〉 1908년 3~12월 원주 인근 의병전투

월일	교전지점	일본군부대	의병부대	의병 피해	일본군 피해
3.1	甑山里 부근	영월수비대	약 50명	20명 전사	
3.4	주천 서방 10리	제천수비대	약 30명	4명 전사	
3.5	횡성 동북 40리	횡성수비대	약 150명	52명 전사	
3.6	대화역 북방	충주수비대 순사대	약 40명	8명 전사	
3.7	횡성 동방	안흥분견대	약 60명	32명 전사	
3.13	춘천 동북 30리	춘천수비대 기병대	약 20명	5명 전사	
3.13	횡성 북방 40리	횡성수비대 1개분대	약 150명	43명 전사	
3.13	횡성 북방 40리	횡성수비대 1개분대	약 100명	50명 사상	
3.20	홍천 서북방 20리	춘천수비대 3명	약 30명	3명 전사	일본군 전사
4.2	홍천 동남쪽 10리	횡성수비대	약 200명	60명	
4.3	횡성 서북방 50리	횡성수비대	약 140명	16명	
4.3	문막 서방 10리	원주수비대	19명	16명	
4.16	홍천 북방 10리	지평수비대	약 100명	12명 사상	
4.19	원주 동북 학곡	횡성수비대, 안흥수비대, 원주수비대 파견 연락원	약 150명	17명 전사	
4.27	평창 동북방 50리	평창수비대	약 100명	42명 사상	
5.8	대화 북방 10리	평창수비대 3명	약 20명	5명 전사	
5.11	원주 서북방	원주수비대	약 14명	5명 전사	
5.11	횡성 서방 下昌峰	횡성분견대 9명	약 70명	13명 전사	
5.14	홍천 동북 馬峴	홍천분견대 17명 헌병 5명	약 14명	3명 전사	
5.22	춘천	춘천수비대 춘천경찰대	약 20명	4명 전사	
5.23	춘천 동북 50리	춘천수비대 5명	약 30명	4명 전사	
6.16	원주 신림	신림분견대	약 100명	27명 전사	
6.26	영월 동방 90리	영월수비대	약 100명	13명 전사	
6.28	원주 동방 雲橋澤	원주수비대	약 80명	20명 전사	
6.28	횡성 봉복사 남방 10리	원주수비대	약 50명	5명 전사	
7.1	신림 서남 약 10리	원주수비대	약 100명	15명 전사	
7.17	원주 문막 동남 10리	문막분견대	약 60명	18명 전사	
8.12	영월 동북 40리	西碧里수비대	약 40명	7명 전사	
8.13	학곡 서북 30리	학곡분견대	약 15명	5명 전사	
8.16	영월 동방 70리	서벽리수비대	약 150명	22명 전사	
12.7	횡성 북방 10리	횡성헌병분견소	약 20명	6명	

※출처: 「조선폭도토벌지」, 735~736・754~758, 「폭도에 관한 편책」.

그런데 〈표 11〉에서 횡성, 홍천 일대에서 150명이 넘는 의병부대가 일본군과 교전하고 있는 것을 볼 수 있다. 이는 당시 횡성, 홍천 일대에서 활약하고 있던 한상렬 의병부대의 활동으로 보인다. 민긍호 의병장 사후 강원 영서지역은 민긍호 의병부대의 예하부대로 활동하거나 연합의병으로 활동하였던 의병장들이 소규모 부대로 활동하기 시작하였다. 그중에서도 한상렬 의병장이 전군대장(前軍大將) 이창오(李昌五), 중군대장(中軍大將) 김화춘(金和春), 후군대장(後軍大將) 한상오(韓相五) 등 200여 명의 의병을 이끌고 횡성, 홍천, 원주일대에서 의병전쟁을 이끌고 있었다. 한상렬 의병부대는 민긍호 의병부대만큼 강한 전투력과 영향력을 가진 의병부대는 아니었지만 위축되어가던 원주, 횡성, 홍천 등지의 의병들을 규합하여 전쟁을 이어가고 다시 살릴 수 있는 역할을 하였다. 한상렬 의병장은 민긍호 의병장과 함께 활동하였을 뿐만 아니라 횡성군(橫城郡) 우천면(隅川面) 하수남리(下水南里)에 거주하는 청주한씨(淸州韓氏)로 횡성, 원주 일대에서 일정한 세력을 가지고 있었다. 이러한 배경을 통해 민긍호 의병장 이후 의병을 규합할 수 있는 구심점이 되었다. 그렇기 때문에 한상렬 의병장은 일본군의 주요 체포대상이 되었다.

일본군은 한상렬 의병장을 체포하기 위해 횡성, 홍천 일대에 대한 정찰활동을 강화하였다. 한상렬 의병부대와 일본군 토벌대는 3월 19일 홍천군 서석면 청양리에서 첫 교전을 가졌다. 이 전투에서 한상렬 의병부대는 일본군을 격퇴하였지만 일본군의 추격은 계속되어 횡성군 청일면 속실리에서 재차 전투가 벌어졌다.[296] 이후 홍천과 횡성을 오가면서 지속적으로 일본군과 전투를 전개하였다. 3월 22일 오전에는 홍천군(洪川郡) 적면(積面, 홍천 동방 약 3리) 부근에서, 24일에는 동평 부근에서, 25일은 마암(馬岩) 부근에서 일본군 토벌대와 교전하였다. 4월 2일에는 홍천군 동면 월운리

---

[296] 속실리 전투에서 한상렬 의병장은 이하영 등 약 30명의 의병과 협력하여 일본군의 공격을 막아냈다.

(月雲里) 서북쪽에 있는 복동(福洞)에서 횡성수비대와 교전하였다. 일본군은 계속된 한상렬 의병부대에 대한 탄압작전이 실패하자 심리전까지 동원하였다. 즉, 횡성수비대는 월운면 서북후동(西北後洞)에 거주하는 한상렬 의병장의 처자를 납치해서 한상렬 의병장의 귀순을 종용하고 협박하였다. 이를 통해 일본군이 의병탄압에 있어 전투외적인 심리전도 중요한 전술로 사용하였다는 것을 알 수 있다. 그러나 이런 심리전은 역으로 의병장에게 항일의지를 강화시켜 항일무장투쟁을 지속시키는 원인이 되기도 하였다. 한상렬 의병장이 처자가 일본군에 잡혀있음에도 불구하고 김현국(金顯國) 의병장, 금기철(琴基哲) 의병장과 협력하여 4월 20일 일본군 횡성수비대를 기습공격 한 것이나297), 이후 만주지역으로 이동하여 항일무장투쟁을 전개한 것이 그 예라고 할 수 있다.

한상렬 의병부대는 계속된 일본군의 공격으로 20명 내외의 소규모 부대로 축소된 이후 주요 활동은 의병 귀순자 등에 대한 처벌이었다. 1908년 5월 23일 오전 3시경 한상렬 의병장은 14명의 부하를 이끌고 횡성군 갑천면 동평에 거주하는 귀순자 윤명길(尹命吉)과 같은 곳에 거주하고 귀순하기 전에 한상렬 의병장의 부하였던 황천포(黃千浦)를 체포하여 "너희들은 무슨 이유로 귀순했는가"를 책문(責問)하고 두 사람을 처벌하였다. 먼저 윤명길의 왼쪽 손목과 왼쪽 정강이에 각각 총으로 관통상을 입혔다. 이어 황천포의 머리를 난타(亂打)하고 약간의 두발을 뽑아버렸다. 또한 윤명길과 황천포가 휴대하고 있던 면죄문빙(免罪文憑)을 빼앗은 이후 귀순자로 횡성읍내에 피신 중인 박봉구(朴奉九), 박래문(朴來文)의 빈 집을 파괴하였다.298) 이러한 귀순자에 대한 처벌은 의병부대의 중요한 활동 중 하나가 되었다. 의병들은 일본군을 상대로 소규모 유격전을 전개하는 것이 기본

---
297) 강대덕·박정수·최창희,『횡성 민족운동사』, 횡성문화원, 2003, 88~89쪽.
298) 「江原道 原州警察分署長 報告」(1908. 5. 26.),『한국독립운동사자료』11권 (의병편 Ⅳ), 국사편찬위원회, 1979.

전술이었지만, 의병의 이탈을 막고자 귀순자에 대한 체포 및 처벌을 강화하고 있었다.

이후 원주, 횡성, 홍천 일대에서 한상렬 의병장에 대한 의병활동 기록이 나타나지 않는다. 그에 대한 기록이 다시 나타나는 것은 만주, 연해주 일대에서 독립군으로 활동하면서 부터이다. 한상렬 의병장은 강원도 일대의 의병들이 일본군의 탄압으로 쇠퇴하는 상황에서 만주, 연해주 일대로 이동하여 독립군에 투신하였다.

한편, 강원 영서지역 이외의 강원도 지역은 이강년 의병장이 금강산 부근, 인제 부근에 근거지를 두고 의병전쟁을 전개하였다. 이강년 의병장은 부대원 200여 명을 이끌고 4월 14일부터 24일까지 통구현리(通口縣里, 현 북한지역, 김화군 기오면 기성리)·화천·북창(北倉)·금강산(金剛山) 등지에서 금성수비대와 전투를 전개하였다. 5월 4일에는 이준명(李準明) 의병장·정원팔(鄭元八) 의병장 등 260명의 의병을 이끌고 창암점(窓岩店) 남방 약 20리 지점에 있는 오세암(五歲庵)에 주둔하고 있다가 인제수비대의 기습공격을 받아 50명의 의병이 전사하는 피해를 입었다. 그 후 이강년 의병장은 소수의 의병들만 이끌고 제천 방면으로 이동하였고 나머지 의병들은 상당수 귀순하였다.299) 강원도의 김화, 금성 등지는 경기도에서 일본군의 탄압을 피해 이동한 의병들의 은신처가 되었다. 동해안의 삼척, 울진 등지는 비교적 규모가 큰 의병부대가 활동하고 있어서 전도(全道)에 걸쳐 의병전쟁이 완전히 진정된 것은 아니었다.

(2) 의병세력의 만주이동과 항일무장투쟁의 전개

1907년 의병전쟁 이후 상당수 의병들은 만주·연해주 일대로 이동하여

---

299) 「조선폭도토벌지」, 753~754쪽.

항일무장투쟁을 이어가고 있었다. 당시 만주·연해주 일대는 새로운 독립운동의 기지로 발돋움하고 있는 곳이었다. 의병운동의 상징적인 인물인 유인석 의병장이 1908년 연해주로 망명하여 각지의 제자들과 연계하여 의병운동의 재기를 시도하였으며, 간도관리사를 역임한 이범윤도 의병부대를 조직하고 있었다.[300] 유인석 의병장은 망명 이후 항일독립운동세력의 통합군단으로 13도의군(道義軍)을 편성하여 이끌고 있었다. 그러므로 강원도, 충청도 일대의 의병들은 민긍호 의병장 사망 이후 위축된 의병항쟁을 타개할 방안으로 유인석이 있는 연해주, 만주지역으로 이동하였다. 이는 1910년 초 작성된 것으로 보이는 13도의군과 밀접한 관련을 가진 의병 명부인 『의원안(議員案)』을 통해서도 확인된다. 이 명부에는 유인석을 비롯하여 한상렬(韓相說, 횡성), 방명덕(方明德)·심용수(沈龍洙, 강릉), 신창규(申昌奎, 회양), 이종익(李鍾翊, 양양), 이봉화(李奉和, 간성) 등이 기재되어 있었다.[301] 따라서 한상렬 의병장을 통해 의병의 만주이동과 항일무장투쟁에 대해 알아보고자 한다.

한상렬 의병장이 만주지역에서 항일무장투쟁을 전개하기 시작한 것이 언제인지 정확히 알 수 없지만 1908년 후반쯤에 만주로 넘어간 것으로 보인다. 강원도 일대의 의병전쟁은 민긍호 의병장이 순국한 이후 크게 약화되었다. 지역내 의병들이 소규모 부대로 일본군에 저항하였지만 우세한 화력을 앞세운 일본군의 탄압에 버티지 못하였다. 또 정부의 회유에 넘어가 귀순하는 의병들이 지속적으로 발생하면서 더 이상 의병전쟁을 전개하기 어려웠다. 이런 상황을 타개하기 위한 방법으로 한상렬 의병장은 다른 의병들이 그러하였듯이 만주, 연해주 지역으로 들어가 항일무장투쟁의 재기

---

[300] 유한철, 「유인석의 연해주 망명과 국권회복운동의 전개: 망명 초기를 중심으로」, 『한국근현대사연구』 4, 1996.
[301] 박민영, 「유인석의 연해주 의병 명부 '議員案' 해제」, 『한국독립운동사연구』 44, 독립기념관 한국독립운동사연구소, 2013.

를 시도하였다.

　만주지역으로 이주한 한상렬 의병장은 우선 공교회에 가입하여 공교회 포교원으로 활동하였다. 이어 이범윤, 유인석 등이 조직한 성명회(聲明會)에서 활동하였다. 성명회 해체 이후 공교회에 가입한 안종석(安鍾奭)과 같은 공교회 포교원 민배식(閔培植), 이범윤의 부하인 이기림(李起林), 장흥경(張興敬), 김영택(金永澤) 등과 공모하여 1915년에 창의소(彰義所)를 조직하였다. 한상렬은 이 창의소에서 중대장의 직임을 맡아 경흥지역에 주둔하고 있던 일본군 습격 등을 계획하였다.302) 한상렬은 창의소를 조직하면서 공교회 포교원의 활동을 접고 본격적으로 만주, 연해주 일대에서 무장독립운동을 전개하기 시작하였다.

　창의소 활동은 오래가지 못하였다. 창의소에서 함께 활동하던 안종석이 일본군에 체포되면서 창의소 조직이 와해되었다. 하지만 한상렬은 홍범도가 조직한 대한독립군에 들어가 무장투쟁을 이어갔다. 그는 주로 보급품의 확보나 선전활동, 독립군모집활동에 투입되었다. 특히, 홍범도 장군의 휘하에 있을 때인 1919년 11월 결사대 120~170명을 이끌고 국자가(局子街)에서 7리(里) 떨어져 있는 연길현(延吉縣) 일량구(一兩溝)에 도착하여 조포(粗布) 18필을 구입하여 동복(冬服)을 새로 만들었는데, 옷은 조선식 주의(周衣, 두루마기)로 만들어 보급하였다.303) 또한 1920년에는 길림성(吉林省) 왕청현(汪淸縣) 나자구(羅子溝)에서 홍범도, 전이국 등이 조직한 도독부(都督府)의 경호국원(警護局員)으로 선임되어 항일무장활동을 이어갔다.304)

---

302) 「安鍾奭部下 携帶의 武器賣却 및 部下 氏名에 관한 건 / 機密公信 제4호」, 1916년 1월 26일 『不逞團關係雜件: 朝鮮人의 部－在滿洲의 部 (5)』; 「暴徒首領 安鍾奭 逮捕에 관한 건 / 朝憲密警 제76호」, 1917월 3월 30일 『不逞團關係雜件: 朝鮮人의 部－在滿洲의 部 (6)』.

303) 「國外情報: 間島地方 不逞鮮人 行動 / 高警 제32500호」, 1919년 11월 13일, 『不逞團關係雜件: 朝鮮人의 部－在滿洲의 部(13)』.

이후에도 한상렬은 항일무장단체에서 계속적으로 활동하는데, 대한군정부(大韓軍政府)에서는 방화대(放火隊) 제2부장을 역임하였다. 주된 임무는 창의소에서와 마찬가지로 보급품의 확보, 무기의 확보, 선전활동, 독립군 모집활동 등이었다.305) 그가 독립군으로 활동하는 모습을 볼 수 있는 것으로는 연해주 일대에서 러시아군을 상대로 독립군의 무기를 구입하는 과정에서였다. 당시 만주지역 독립군들은 러시아를 통해 신식무기를 구입하여 무장하고 있었다. 한상렬은 의병장으로 활동한 경험을 살려 무기구입에 투입되어 1920년 6월 무기구입을 목적으로 블라디보스토크로 들어왔다. 그가 맡은 임무는 김영선(金永璿)이라는 인물이 구입한 무기를 안전하게 만주지역의 독립군에게 전달하는 것이었다. 김영선은 러시아 장교 티에츠크에게 군총 300정, 탄약 수 만발, 폭탄 1천 6백 개를 순조롭게 구입하였다. 그런데 무기구입 비용을 자신의 딸 결혼비용 등 사적으로 사용하면서 문제가 생겼다. 러시아 장교인 티에츠크는 무기대금을 받고자 김영선을 압박하였고 이를 해결할 수 없었던 김영선은 잠적 하였다. 한편 한상렬과 함께 무기 구입을 위해 온 진학신(秦學新, 천산(檀山))은 심복이었으며 동지였던 이광록(李光錄), 이동환(李東煥)의 장남의 배신으로 쫓기어 일본헌병대에 체포되었다. 이처럼 상황이 어렵게 전개되자 한상렬은 일본헌병대의 추격을 따돌리고 중국령으로 잠입하여 들어왔다.306)

한편, 만주지역 독립군 단체들이 다시 조직되고 재편되는 과정에서 한상렬은 김좌진(金佐鎭) 장군을 보좌하였다. 그는 김좌진 장군이 설립한 성동

---

304) 「國外情報: 不逞鮮人都督府 설치에 관한 건 / 高警 제4493호」, 1920년 2월 19일, 『不逞團關係雜件: 朝鮮人의 部－在滿洲의 部 (14)』.
305) 「間島 不逞鮮人 團體와 그 動靜에 관한 調査書의 件 / 機密 제14호」, 1920년 3월 29일, 『不逞團關係雜件: 朝鮮人의 部－在滿洲의 部(16)』.
306) 「鮮人의 行動에 관한 건 / 機密 제47호」, 1920년 8월 19일, 『不逞團關係雜件: 朝鮮人의 部－在滿洲의 部(20)』; 「鮮人의 행동에 관한 건(金永璿의 무기구입에 관한 건 외 5건) / 機密 제47호」, 1920년 8월 19일, 『不逞團關係雜件: 朝鮮人의 部－在西比利亞(10)』.

무관학교(成東武官學校) 내 조직인 동우회(同友會)에서 선전계, 군자금모금계장으로 있으면서 독립운동을 전개하였다.307) 또한 중동선(中東線) 대표로 북만주에서 의용군(義勇軍)이 창설될 때 참여하였다. 이 의용군은 간도참변(間島慘變) 당시 조직되었던 무장단체 의군부(義軍府)를 중심으로 각지의 유력한 인사들이 다시금 모여 의용군을 새롭게 편성한 것이었다.308) 1926년 2월에는 대한독립단(大韓獨立團) 참모로 취임하여 항일무장투쟁을 계속해서 전개하였다.309)

한상렬 의병장을 통해 알 수 있듯이 만주로 이동한 의병들은 초기에는 공교회나 유인석, 이범윤 등이 주도하고 있던 조직에서 활동하다가 1910년 일본에 의해 강제 병합된 이후 본격적인 무장독립투쟁인 독립군으로 활동하기 시작하였다. 주로 보급품 확보, 선전활동, 군자금 모집, 참모 등 중책을 맡아 활동하였다. 이것으로 1910년대 이후 추진되는 항일무쟁투쟁의 한 축을 의병들이 담당하였다는 것을 알 수 있다.

(3) 원주지역의 민족운동

① 국채보상운동

의병전쟁이 치열하게 전개된 원주지역은 1907년 의병전쟁 이외에도 국권회복운동으로 국채보상운동이 전개되었다. 국채보상운동은 1907년 2월 16일 대구 광문사(廣文社)라는 출판사를 대동광문회(大東廣文會)로 개칭하

---

307) 「最近에 있어서 間島 및 接壤地方 不逞鮮人團의 狀況 等에 關한 件 / 機密 第16號」, 1924년 1월 12일, 『不逞團關係雜件: 朝鮮人의 部-在滿洲의 部(37)』.
308) 한상렬 이외에 각 지역을 대표해서 참여했던 인물들은 다음과 같다.
東寧 池雨降 水淸 李寅華 蝦蟆 塘朴仁 毛湖 李東天 混龍浦 金在稷 古老直浦 李龍漢 八十浦 尹春彦 饒河 朴允天 黑河 盧在善 雙城子 崔相雲 中東線 韓相說 秋豐 申東振 烟秋 朴武建(『독립신문』, 1924년 5월 31일, 「武裝團의 復興」).
309) 강대덕, 박정수, 최창희, 『횡성 민족운동사』, 횡성문화원, 2003, 611쪽.

면서 당시 대한제국정부의 국채 1,300만 환을 국민의 힘으로 갚자는 서상돈(徐相敦)의 제의에서 시작되었다.310) 이러한 국채보상운동은 원주에도 전해졌다. 원주에서 전개된 국채보상운동의 시작은 4월 초 자발적인 시민들의 참여 속에서 일어난 모금운동이었다. 4월 10일 원주군 부론면 갈현동에 거주하는 황혁동(黃赫東), 한흥원(韓興源), 김용선(金龍善), 심수만(沈守晩) 등이 의연활동을 전개하였으며311), 4월 12일에는 원주 미내면 상두옥에 사는 한진효(韓鎭孝), 조용석(趙龍石), 백흥길(白興吉), 이선복(李先福) 등이 의연금 활동을 전개하였다.312) 자발적인 의연금 모금운동은 5월 달에 들어서면서 이민황(李敏璜), 최재민(崔在民), 김희주(金熙周) 등이 국채보상의무소의 설치를 발기하면서 본격적으로 진행되기 시작하였다.313)

국채보상의무소가 설치되자 5월 21일 지향곡면의 이용규(李龍珪)를 시작으로 귀래면 삼리 고청촌(古淸村)에 거주하는 홍우관(洪祐寬) 등 31명이 8환의 의연금을 모금하였다.314) 또 30일에는 같은 면 삼리평촌(三里坪村)

---

310) 『대한자강회월보』 제9호, 1907년 3월, 146쪽~147쪽.
311) 原州富論面葛峴洞 黃赫東 一圜 黃春東 黃喆東 黃義龍 各二十五錢 韓肯源 韓興源 韓廷東 金龍善 韓順從 沈守晩 元영 各二十錢 合 新貨 三圜十五錢(『皇城新聞』, 광무 11년 4월 10일, 「國債報償義務金集送人員及額數」).
312) 原州며乃面上斗玉 한鎭孝 죠龍石 白興吉 니先福 흥箕源 각五拾錢 合貳圓五十젼(『대한매일신보』, 1907년 4월 12일, 「國債報償義捐金收入廣告」).
313) 夫有國而後에 有民호고 有民而後에 有財는 古今世界萬邦之常理也어날 挽近以來經費호繁호야 計入量出이나 每多籌外支撥호야 國庫罄竭에 巨欽外國債帳一千三百萬圓을 經年打歲에 未得辦報云이면 難保家國이니 家國을 不保면 嗟我同胞는 身將安寄오 大抵亘古及今에 人有爲君而赴死者호며 亦有爲國而赴死者호니 忠義所激에야 何況玆于捐民財而報國家哉아 近接新聞以自嶺至京에 創以止烟報償之論호야 發起不幾日에 捐輪者日至云호니 快可見我國人民에 忠君愛國之心也라 書不云乎아 民非후면 何戴也오 不但以止烟으로 生財호야 報債名目이니 伏願 僉尊은 末由侈靡濫分之僞尙호고 反守節儉之家法호고 團其體一其心호야 每飯에 必思報國債而減一粒호고 每衣에 必思報國債而減一絲면 何患乎負人債而未償耶아 三千里疆域과 二千萬生靈이 風響雷應之地의 雖孺婦尺童이라도 孰不用躍奮發乎아 鄙等이 不揆전劣호고 玆以布告호오니 各自出義捐金호야 不日奮성에 決報外債호고 挽回國權의 同唱萬歲를 千萬幸甚 發起人 李敏璜 崔在民 金熙周等(『대한매일신보』 1907년 5월 12일, 「原州郡國債報償義務所趣旨書」).

주민 33명이 10환의 의연금을 모금하였고315), 6월 8일에는 부론면 단정(端亭) 주민 47명이 의연금을 모금하였다.316)

국채보상운동은 주로 부론면과 귀래면 일대에서 전개되었고, 원주 읍내는 12월이 되서야 모금운동이 나타나고 있었다. 국채보상의무소의 설치를 주도하였던 이민황, 최재민 등의 모금활동도 12월에 진행되었는데, 이는 의무소 설치 이후 전개된 국채보상운동의 결과라고 할 수 있다. 원주시내에서 국채보상운동이 늦게 전개된 것은 원주진위대 봉기 이후 일본군 특별편성부대가 원주에 주둔하는 등 원주시내가 일본군의 통제 하에 있었기에 국채보상운동을 전개하기에 어려운 점이 있었다. 그렇기 때문에 상대적으로 의병전쟁의 영향권에서 벗어난 부론면, 귀래면 등 원주 남부지역에서 먼저 전개되었던 것이다.

② 야학운동

원주지역 일대에서 의병전쟁이 위축되기 시작한 1908년 이후 전국에서

---

314) 原州貴來面三里古淸村 洪祐寬 五十錢 郭子弗 林良汝 林淳鳳 林致兼 朴順基 林錫復 林公俊 林葛唐 權順益 申景受 全元瑞 林景三 千德在 林五福 林士文 林五喆 朴景實 全用甫 全仁甫 郭吉童 尹多益 郭君善 郭君明 陳成祿 崔三福 林雲景 林五善 林得福 林仁元 林尤鉉 各二十五錢 合 新貨 八圜(『皇城新聞』광무 11년 5월 22일, 「國債報償義務金集送人員及額數」).

315) 原州貴來面三里坪村 全致剛 四拾錢 趙義俊 金漢豐 全繼遠 全昌植 吳順喆 全德和 全應天 朴信謙 申億石 全弘寬 申士恒 申經九 全仲仙 全仲汝 申仲範 申東七 全仲連 趙明雲 全應玉 朴雲鶴 邊仲起 全應西 全仲一 金明心 嚴致和 全龍業 全三龍 全龍福 趙白川 全小成 全在卜 趙甲石 各三拾錢 合 新貨 十圜(『皇城新聞』광무 11년 5월 30일, 「國債報償義務金集送人員及額數」).

316) 原州郡富論面端亭 洪承一 柳炳翼 金秉燮 各二圓 韓載鎬 金元一 卞輔相 金龍弼 각 一圓 朴萬鳳 八拾錢 池荷根 安明心 朴仁守 卞殷相 李鳳煥 朴文根 千山伊 朴永祚 각 六十錢 曹世永 元世綱 安輝榮 柳炳極 柳炳燮 金元成 卞榮浩 尹亢玉 柳炳昭 柳炳壽 柳炳奎 鄭祚永 朴仁根 金承吉 金舜龍 각 四十錢 朴奉石 리春煥 洪興釗 리道成 張元福 李鳳山 金學俊 池先進 김巖回 魚允洙 柳炳德 朴正敎 李周三 安致三 각 二十錢 崔順甫 三十錢 金守東 金泰奉 각 十錢 合 舊貨 二十四圓九十錢(『皇城新聞』광무 11년 6월 8일, 「國債報償義務金集送人員及額數」).

자강운동의 일환으로 야학운동이 전개되었다. 대한자강회, 서북학회, 기호흥학회, 교남학회, 해서교육총회 등 각종 학회와 각지에 설립된 학무회, 면학회, 장학회 등은 근대교육 보급·확산을 위해 의무교육을 주장하는 등 향학열 조성에 적극적이었으며, 사립학교, 야학, 강습소 운영에 노력을 기울였다. 강원도 지역은 영동지방을 중심으로 시작되었지만, 곧 원주지역에서도 노동야학이 설립되었다. 원주에 설립된 야학은 원주 원일의숙(原壹義塾) 내 야학과와 원주노동야학이었다. 원일의숙 야학과는 공립보통학교 교사인 홍의식(洪義植)과 지역 내 유지들이 중심이 되어 설립되었으며, 한문·국문·산술(算術)·습자(習字) 등을 가르쳤다.317) 원주노동야학은 원내훈(元乃薰), 장세훈(張世勳) 등 청년들이 1909년 1월에 세운 것으로 설립자들은 명예교사로 일어, 산술, 지지(地誌) 등을 가르쳤다.318) 원주노동야학은 야학생 110여 명이 출석하는 등 교육열 고조와 더불어 야학이 발전하는 계기를 제공하였는데, 강원도 야학이 대부분 소규모로 운영되었던 것과 달리 비교적 대규모로 운영되었다.319)

야학운동은 원주지역과 밀접한 관계인 횡성지역에서도 전개되었다. 의병전쟁 당시 강원도관찰사의 서신을 가지고 민긍호 의병장과 면담을 하였

---

317) 原州郡公立普道학교敎員洪義植씨가 赴任以後로 同志幾人과 協議ᄒ고 原壹義塾을 別設ᄒ고 晝夜를 分하야 公私校務에 熱心ᄒ야 本月十日에 兩科夏期試驗을 經ᄒ얏는듸 普通校優等生은 李容華權英根等十四人이오 及第生裵萬錫정德俊等十九人이오 原壹義塾最優等生은 元乃薰박注형等三人이오 優等生은 金중國沈直達等六人이오 及第生은 安鳳九金진錫等十一人이라더라(『대한매일신보』, 1908년 4월 24일, 「原校試賾」).

318) 傳說을據ᄒ즉原州郡居元乃薰張世勳兩氏는年今二十歲이오擧皆卒業生이라는듸勞働夜學校를設立ᄒ고學徒를募集ᄒ야日語筭術及地誌等科程으로熱心敎授ᄒ는듸學徒가壹百八名에達ᄒ야進就의望이有ᄒ다고一般稱道혼다더라(『皇城新聞』, 융희 3년 1월 7일, 「原州郡勞働校設立」).

319) 당시 강릉지역은 야학운동의 요람지였으나, 소규모 야학이 다수 설치된 곳이었다(김형목, 『대한제국기 야학운동』, 경인문화사, 2005, 211쪽). 원주노동야학은 학생수로는 강원도 제일의 야학이었다. 원주지역과 함께 비교적 대규모로 운영된 곳은 양양의 노동야학, 통천의 노동야학 정도였다.

던 횡성군수 심흥택(沈興澤)은 부임 이래 횡성읍내에 보통소학교를 설립하는 등 교육운동에 적극적이었다. 그는 현내면(縣內面, 현 횡성읍) 개화리(開花里)에 노동국문전습소(勞動國文傳習所)를 설립한 후 한글을 가르쳤다. 한글해독자는 본국역사와 지리를 가르치는 능력별 수업으로 확대하여 교육효과를 극대화시킬 수 있었다. 노동국문전습소의 운영비는 심흥택이 자신의 월급으로 일부 충당하였으며, 박용좌(朴容佐), 정호면(鄭鎬冕), 윤두혁(尹斗赫) 등이 찬성원으로 적극 지원하였다.320) 또 횡성군 갑천면 부동리(釜洞里) 정난기(鄭蘭基), 장기엽(張基葉), 정인용(鄭寅鎔), 심능기(沈能杞) 등은 1909년 4월 노동야학교를 설립한 후 경비 일체를 부담하였다. 더욱이 갑천면 노동야학은 학생수가 30여 명에 달하는 등 발전을 거듭하자 관동학회 지교로서 운영방안과 함께 특별연조금을 기탁하는 등 특별한 관심을 기울였다.321) 원주, 횡성 일대에 노동야학 등이 크게 성하였다는 것은 이 지역일대가 의병전쟁뿐만 아니라 자강운동도 활발하게 전개되었다는 것을 의미한다. 원주 일대에서 자강운동이 활발했던 것은 원주가 강원감영이 설치되었던 곳으로 행정, 군사뿐만 아니라 교육에서도 강원도의 중심지로 높은 교육열과 교육여건이 영향을 미치고 있었다.

원주는 강원감영이 설치된 이후 억압적 지배세력에 대한 저항, 일본제국주의의 침략에 대한 저항을 통해 일반민들이 저항주체로 성장하였고, 이들이 중심이 되어 의병전쟁, 야학운동 등 다양한 저항운동이 전개된 곳이었다. 따라서 원주처럼 지역에서 의병운동, 국권회복운동 등이 성했다는 것

---

320) 東來人의傳說은據호즉橫城郡守沈興澤氏가位任以來로經亂人을撫綏女墷호고邑底의普通小學校를設施호야聰俊子弟를募集호야熱心으로敎育호고縣內面開花里에勞働國文傳習所를創設호야樵童農竪들每夜로會集호고先히國文을敎授호고國文通曉者로純國文本國歷史와地誌들敎授호며燈油紙墨費는捐俸支給호고總務員朴容佐氏와贊成員鄭鎬冕氏와幹事員尹斗赫氏가名譽로日夜勤務호야一境에文化가進興호다더라『皇城新聞』, 융희 3년 1월 19일, 「橫倅興學」).

321) 『대한매일신보』, 1909년 4월 24일, 학계「四氏熱心」.

은 일반민들이 억압적 지배세력에 대한 저항의식이 형성되고 저항주체로 성장하였다는 것을 의미한다. 이러한 모습은 일제시기 3·1운동과 같은 민족운동에서도 나타났다.322) 즉, 의병운동, 자강운동 등 국권회복운동을 거치면서 저항주체로 성장한 일반민들의 저항의식이 3·1운동까지 이어지고 있었던 것이다.

③ 3·1독립만세운동

원주지역의 경우 3·1운동이 시작된 것은 3·1운동이 지방으로 확산되기 시작한 3월 상순이었다. 원주보통학교 생도들은 고종 인산을 맞이하여 조의의 상징으로 삼베천으로 만든 상장(喪章)을 달고 다녔다. 또 4학년생인 김정열(金正烈)은 태극기를 만들고 만세운동을 일으키려고 계획하다가 하시구치(橋口龍太郞) 교장에게 발각되는 사건이 발생하기도 하였다.323) 이러한 움직임 때문에 3월 16일 춘천 79연대 소속 보병 20명이 원주면324)에 증파되었다. 원주에 파견된 일본군은 3월 23일 정보보고를 통해 '원주(原州)에 불온(不穩)의 기미가 있었으나 기타 일반에는 정온(靜穩)하다'325)고 보고하고 있었다. 이 보고에 의하면 원주지역은 원주보통학교 학생들 중심으로 독립만세운동이 시도되었지만 실패로 끝나고 별다른 동향이 없는 것으로 파악되었다. 그러나 원주지역은 의병전쟁에서 보았듯이 항일의식이 높았던 곳으로 향후 독립만세운동이 일어날 가능성이 높았다. 결국 3월 27일 원주의 유력가문인 청주한씨 동족마을이 형성되어 있는 부론면

---

322) 김정명 편, 『朝鮮獨立運動』 Ⅰ, 原書房, 1967, 378쪽; 국사편찬위원회, 『한국독립운동사』 Ⅱ, 1966, 711쪽; 독립운동사편찬위원회, 『독립운동사』 제2권, 1971, 653~654쪽; 조동걸, 『횡성과 3·1운동』, 현대인쇄문화사, 1972, 113~114쪽.
323) 김정명 편, 『朝鮮獨立運動』 Ⅰ, 原書房, 1967, 378쪽.
324) 원주군 본부면이 1917년 지방제도개혁에 따라 원주군 원주면으로 개칭되었다.
325) 朝鮮軍參謀部, 「密 第102號 其152/朝特報 第8號 騷擾事件에 關한 狀況(3月16日~3月25日)」, 1919. 3. 31, 『소요사건서류』

(富論面) 노림리(魯林里)에서 독립만세운동이 일어났다. 노림리 독립만세운동은 노림리에 거주하는 서당학생 한범우(韓範愚)가 중심이 되어 전개되었다. 한범우는 3월 27일 오후 4시 30분경 한돈우(韓敦愚), 김성수(金性秀) 등과 함께 조선독립만세를 부르기 위해 노림리 거리에 모여 있었다. 그때 귀가 중이던 원주군수(原州郡守) 오유영(吳唯泳)을 만나자 김성수가 '조선독립만세(朝鮮獨立萬歲)'라고 묵서(墨書)하여 만든 깃발을 흔들며 조선독립만세를 외치고, 민중과 함께 만세를 부른 철원군수의 예를 들며 군수도 함께 만세를 외치자고 요구하였다.326) 이에 오유영은 이들을 설유(說諭)한 뒤 문막(文幕)으로 이동한 후 헌병대를 출동시켜 진압토록 하였다.327) 원주지역은 의병운동의 중심지였고 헌병관할소요지(憲兵管轄騷擾地)였기에 독립만세운동을 진압하기 위해 헌병이 출동하고 있었다. 이어 일본군은 4월 초 1개 중대를 추가로 원주에 파견하여 독립만세운동에 대한 경계를 철저히 하였다.328)

노림리에서 시작된 독립만세운동은 원주 전역으로 확산되어 4월 4일에는 소초면(所草面) 평장리(平庄里)에서 독립만세운동이 일어났다. 평장리 독립만세운동은 신현철(申鉉喆), 신현세(申賢世) 등이 4월 3일 독립만세를 외치기로 결의한 다음 거주지인 평장리 마을사람들에게 동참할 것을 권유하면서 시작되었다. 이들은 4월 4일 오후 1시경부터 5시경까지 소초면사무소(所草面事務所) 앞에서 200여 명의 군중과 함께 조선독립만세를 고창하였다.329) 천도교도가 중심이 된 평장리 독립만세운동에서 폭행사건은 없

---

326) 「大正8年刑第1025號 한범우 판결문」, 1919. 4. 24; 「大正8年刑控第286號, 한범우 판결문」, 1919. 5. 24; 「大正8年刑上第230號, 한범우 판결문」, 1919. 6. 21.
327) 元應常(강원도장관), 「電話報告」, 1919. 3. 29, 『도장관보고』.
328) 국사편찬위원회, 『한국독립운동사』 Ⅱ, 1966, 711쪽.
329) 「大正8年刑第1234號 신현철 판결문」 1919. 5. 2; 「大正8年刑控第357號 신현철 판결문」, 1919. 6. 19; 「大正8年刑上第512號 신현철 판결문」, 1919. 7. 31

었으나 독립만세운동으로 인해 22명이 일본군 헌병대에 체포되었다.[330] 다음날인 4월 5일에도 소초면에서 농민 약 100명이 모여 독립만세운동을 이어갔다. 이날의 독립만세운동은 큰 충돌 없이 진행되었으나 면장의 설유 (說諭)로 해산되었다.[331]

4월 7일과 8일에는 귀래면(貴來面) 귀래리(貴來里)에서 김현수(金顯洙) 가 주도하여 독립만세운동이 일어났다. 김현수는 100여 명의 마을주민들과 함께 귀래리에 소재한 언덕 위에 모여서 태극기를 앞세우고 조선독립만세를 고창하였다. 비폭력적으로 전개된 만세운동이었기에 폭행사건은 없었으나 운동참여자 5명이 일본군 헌병대에 체포되었다.[332]

4월 8일에는 부론면에서 재차 독립만세운동이 일어났다. 이 만세운동에는 건등면, 지정면 사람들도 참여하였는데 모인 인원이 200여 명에 달하였다. 이들은 8일 오후 9시경 부근 산정상에서 화톳불(篝火)을 피우고 합동으로 독립만세를 고창하였다. 새벽까지 진행된 만세운동은 일본군헌병대가 출동하여 주모자 8명을 체포하고 오전 2시에 해산시켰다. 일본군헌병대의 출동과 동시에 일본군 원주수비대에서도 약간의 병력을 출동시켰다. 이는 일본군이 독립만세운동의 규모가 커지고 확산되고 있는 상황에서 경계를 나타낸 것이었다.

4월 8일 부론면에서 지정면 사람들이 참여하여 독립만세운동이 일어날 때 지정면 간현리, 보통리, 가정리에서도 독립만세운동이 전개되었다. 간현리 독립만세운동은 이석경(李錫敬), 김원삼(金源三) 등이 주도하였다. 이석경, 김원삼 등은 마을주민 약 20여 명과 함께 8일 오후 12시경

---

[330] 兒島惣次郞(朝鮮憲兵隊司令官), 「朝憲警 第107號 朝鮮騷擾事件一覽表에 關한 件」, 1919. 10. 2, 『소요사건서류』
[331] 元應常(강원도장관), 「朝鮮總督府 內秘補 466 電報」, 1919. 4. 6, 『도장관보고』
[332] 兒島惣次郞(朝鮮憲兵隊司令官), 「朝憲警 第107號 朝鮮騷擾事件一覽表에 關한 件」, 1919. 10. 2, 『소요사건서류』

간현리 뒷동산에 모여서 조선독립만세를 외쳤다.333) 같은 날 보통리에서는 이면직(李冕稙)이 중심이 되어 독립만세운동이 일어났다. 이면직은 마을주민 12~13명과 함께 보통리 자갑촌(自甲村) 뒷동산에서 독립만세를 외쳤다.334)

건등면 반계리(磻溪里), 후용리(厚用里), 궁촌리(宮村里), 동화리에서도 8일 독자적인 독립만세운동이 일어났다. 건등면 반계리(磻溪里)에서는 8일 밤 곽한선(郭漢旋)이 주도하여 독립만세운동이 일어났다. 곽한선은 건등면 후용리(厚用里) 마을주민들이 부근 산 정상에서 조선독립만세를 외칠 것임을 알고 거주지인 반계리에서도 독립만세운동을 계획하였다. 그리하여 마을 주민 약 20여 명과 함께 반계리 서북방면 뒷동산에 올라가 봉화(烽火)를 올리고 조선독립만세를 고창하였다.335) 궁촌리(宮村里)에서는 김현구(金顯九), 유인수(柳寅秀) 등이 중심이 되어 50~60명의 마을 주민들과 함께 8일 밤 뒷산에 올라 조선독립만세를 외쳤다.336) 궁촌리는 서석동(西石洞)에서도 최재희(崔在熙)가 주도하여 독립만세운동을 전개하였다. 최재희는 8일 밤 10시경 마을주민 약 20명을 모아서 서석동 내 밭에 모여 조선독립만세를 고창하였다.337) 이처럼 8일 밤에 건등면 일대에서 일어난 독립만세운동에 대해 일본군헌병대는 일반민들이 중심이 되어 1,000여 명이 참여하였다고 파악하였다.338) 이는 부론면, 건등면 각지에서 거의 모든 건등면민

---

333) 「大正8年刑第1365號 이석경 판결문」, 1919. 5. 12; 「大正8年刑第1361號 김원삼 판결문」, 1919. 5. 13.

334) 「大正8年刑第1363號 이면직 판결문」, 1919. 5. 13; 「大正8年刑控第527號 이면직 판결문」, 1919. 6. 16; 「大正8年刑上第487號 이면직 판결문」 1919. 8. 16.

335) 「大正8年刑第1436號 곽한선 판결문」, 1919. 5. 19; 「大正8年刑控第496號 곽한선 판결문」, 1919. 6. 9; 「大正8年刑上第419號 곽한선 판결문」, 1919. 7. 17

336) 「大正8年刑第1369號 김현구 등 2명 판결문」, 1919. 5. 20; 「大正8年刑控第556號 유인수 판결문」, 1919. 7. 19

337) 「大正8年刑第1437號 최재희 판결문」, 1919. 5. 22; 「大正8年刑控第531號 최재희 판결문」, 1919. 7. 17

이 독립만세운동에 참여하고 있었던 것이었다. 그중 21명이 일본군헌병대에 체포되었다.

4월 9일에는 흥업면(興業面) 사제리(沙堤里)·흥업리·매지리, 귀래면 운남리, 부론면 법천리(法泉里), 지정면 안창리 등지에서 독립만세운동이 일어났다. 흥업면 사제리에서는 원성규(元成圭), 이재손(李在孫), 윤산악(尹山岳) 등이 중심이 되어 독립만세운동이 일어났다. 이들은 8일 흥업면 사제리 원현복(元顯福)의 집에서 서당교사 김상익[金商翼, 이명으로 김수익(金壽翼)이라고 함]에게 '9일 아침 마을 앞 광장에서 조선독립만세를 외치자'는 내용의 회람문 1통을 작성하도록 하였다. 이후 이를 김성관(金聖寬) 등 사제리 20여 가구 주민에게 회람시켰다. 다음 날인 9일 오전에 원성규, 이재손, 윤산악은 마을사람 100여 명과 함께 독립만세운동을 전개하였다.[339] 이날의 독립만세운동은 폭력행사 없이 진행되었지만 출동한 일본군헌병대에 의해 24명이 체포되고 해산되었다.[340] 또 흥업면 흥업리에 거주하는 이현순(李賢淳)은 같은 마을에 거주하는 홍대성(洪大成)과 공모하고 홍학성(洪學成)을 통해 마을주민들을 모았다. 이들은 9일 밤에 흥업면사무소(興業面事務所) 뒷산 고지에서 마을주민 약 40명과 함께 조선독립만세를 고창하였다. 이어 밤 11시 30분경에 약 200명의 마을주민들과 함께 흥업면사무소로 몰려들어 면장인 서정우(徐廷禹)에게도 독립만세를 외치도록 강요하였다. 흥업면사무소에서 일어난 독립만세운동 보고를 접한 원주헌병분대는 하사 1명, 상등병 1명, 헌병보조원 1명을 보내 주모자 12명을 체포하고 마을주민들을 강제해산시켰다.[341] 귀래면 운남리는 9일 밤 10시

---

[338] 兒島惣次郎(朝鮮憲兵隊司令官),「朝憲警 第107號 朝鮮騷擾事件一覽表에 關한 件」, 1919. 10. 2, 『소요사건서류』.
[339] 「大正8年刑第1233號 원성규 등 3명 판결문」, 1919. 5. 2; 「大正8年刑控第368號 원성규 등 3명 판결문」, 1919. 6. 4; 「大正8年刑上第393號 원성규 등 3명 판결문」, 1919. 7. 17.
[340] 兒島惣次郎(朝鮮憲兵隊司令官),「朝憲警 第107號 朝鮮騷擾事件一覽表에 關한 件」, 1919. 10. 2, 『소요사건서류』.

경 마을 주민 약 60명이 독립만세운동을 전개하였다. 순조롭게 진행되던 독립만세운동은 일본군헌병대의 출동으로 운동주동자 3명이 체포되면서 강제 해산되었다.342) 부론면 법천리에서는 표광천(表光天), 지천복(池千福) 주도 하에 마을주민 수십 명이 산수동(山水洞) 응봉산(鷹鳳山) 정상에 올라 함께 조선독립만세를 고창하였다.343) 지정면 안창리에서도 9일에 독립만세운동이 일어났다. 안창리에 거주하는 김사봉(金思鳳)이 주도하여 마을 뒤편 산속에서 독립만세를 고창하였다.344) 김사봉은 원주농민운동을 주도하고 의병운동을 이끌었던 김택수, 김사정, 김사두와 같은 집안인 연암김씨가의 일원이었다.

4월 11일에는 부론면 손곡리(蓀谷里)에서 김복기(金福基), 정완용(鄭完用) 등이 주도하여 마을주민 수십 명을 모아 독립만세운동을 전개하였다.345) 4월 12일에는 서원면(호저면) 분1리(分一里) 등지에서 독립만세운동이 일어났다.346)

원주지역은 3월 말부터 4월 중순까지 집중적으로 독립만세운동이 일어났다. 원주에서 독립만세운동 전개된 지역은 주로 원주지역 유력가문의 동족마을이 형성된 곳이었다. 또한 의병운동과 국권회복운동의 중심지로 헌

---

341) 兒島惣次郞(朝鮮憲兵隊司令官), 「密 第102號 其189/第57號 電報: 전국 각지의 시위 상황」, 1919. 4. 12, 『소요사건서류』; 兒島惣次郞(朝鮮憲兵隊司令官), 「第76號 電報: 전국 각지의 시위 상황」, 1919. 4. 12, 『소요사건서류』; 朝鮮總督府 警務總監部 高等警察課, 「高 第11167號 獨立運動에 관한 건(제45보)」, 1919. 4. 12, 『소요사건서류』; 元應常(강원도장관), 「電話報告」, 1919. 4. 12, 『도장관보고』; 「大正8年刑第1366號 이현순 판결문」, 1919. 5. 8; 「大正8年刑控第469號 이현순 판결문」, 1919. 6. 20; 「大正8年刑上第545號 이현순 판결문」 1919. 8. 30.
342) 朝鮮總督府 警務總監部 高等警察課, 「高 第11014號 獨立運動에 관한 건(제44보)」, 1919. 4. 11, 『소요사건서류』.
343) 「大正8年刑第1435號 표광천 등 2명 판결문」, 1919. 5. 19.
344) 「大正8年刑第1362號 김사봉 판결문」, 1919. 5. 9.
345) 「大正8年刑第1368號 김복기 등 4명 판결문」, 1919. 5. 9.
346) 독립운동사편찬위원회, 『독립운동사』 제2권, 1971, 653~654쪽.

병관할지역이었다. 이는 1885년 원주농민운동으로 시작된 저항운동이 1896년 의병운동, 1905년 의병운동, 1907년 의병전쟁을 거치면서 저항주체로 성장한 일반민들이 적극적으로 일본의 식민통치에 저항해 독립만세운동을 주도하고 있었다는 것을 의미한다. 또한 일본도 이런 저항운동의 전통을 파악하고 있었기에 경찰관할지역이 아닌 헌병관할지역으로 원주지역을 통제하고 있었던 것이다.

이러한 저항운동의 전통과 관련해서 소초면 주민들의 독립만세운동이 주목된다. 소초면은 행정적으로 원주군에 속하였으나 지리와 교통관계로 횡성군과 밀접한 관계를 맺고 있었다. 따라서 소초면 주민들은 3월 27일, 4월 1일 횡성에서 일어난 독립만세운동에 적극적으로 가담하였다. 특히, 강만형(姜萬馨), 강달회(姜達會), 하영현(河永賢)은 횡성 천도교대교구장 최종하 등과 함께 독립만세운동을 계획하고 주도하였다. 그런데 강만형은 강도영 의병장의 아들이었으며, 강달회는 강만형과 같은 집안사람이었다. 또한 소초면 교항리에 거주하는 추병학은 강도영 의병장의 사위였으며, 추병륜은 추병학의 동생이었다. 또 둔둔리에 의암 유인석의 문인이자 의병운동에 참여하였던 박영하(朴英夏)가 서당 훈장으로 활동하고 있었다.[347] 즉, 소초면 일대는 의병운동에 참여하였거나 직·간접적으로 영향을 받았던 사람들이 많이 거주하고 있었다. 따라서 이들이 적극적으로 독립만세운동에 참여하고 있었다는 것은 의병운동을 통해 성장한 항일의식이 민족운동으로 이어지고 있음을 보여주는 것이다.

의병운동을 거치면서 저항주체로 성장한 일반민들의 일본에 대한 저항의식은 이후 민족해방운동으로 이어져 만주지역 항일무장투쟁, 국내의 국권회복운동 등으로 나타났으며, 더 나아가 3·1운동 등 민족운동으로 이어지고 있었다. 이는 근대이후 원주지역 저항운동의 출발이 의병운동에서 시작되었

---

[347] 조동걸, 『횡성과 3·1운동』, 현대인쇄문화사, 1972, 113~114쪽.

음을 의미하는 것이다. 또 이러한 저항운동의 전통과 저항의식은 이후 원주가 근대도시로 나아가는 과정에서 영향을 미치고 있음을 생각할 수 있다.

4. 일제시기 근대도시 형성 과정과 민족운동의 영향

개항 이후 원주의 근대도시 형성에는 근대문물의 도입, 일본의 침략, 이에 대한 저항 등이 영향을 미치고 있었다. 그중에서도 조선적 도시공간이 해체되고 새로운 도시형성에 직접적으로 영향을 미친 것은 크게 3가지로 볼 수 있다. 첫째, 강원도 영서지역을 통제하는 일본군 헌병분대의 설치이다. 강원도의 행정을 책임지는 강원감영이 춘천으로 이전되고 원주에는 군사적 측면에서 강원감영의 대안으로 원주진위대가 설치되었다. 이어 일본의 군대해산 조치에 따라 원주진위대가 해산된 후 의병탄압 및 치안유지를 명목으로 일본군 헌병분대가 설치되면서 군사적 요충지로 그 중요성이 더욱 강조되었다. 이는 원주에 군사도시 이미지가 형성되는 데 일정한 영향을 미쳤다. 둘째, 야학운동, 형평운동 등 저항운동과 교육운동이 연계된 민족운동의 전개이다. 셋째, 중앙선 철도의 부설이다. 이러한 요인은 원주를 강원도 영서지역의 일본인 거점지역, 교육·상업·교통의 중심지로 만들었다. 넷째 한국전쟁 이후 군의 주둔이다. 해방 이후 한국전쟁을 거치면서 폐허가 된 도시에 미군과 한국군 제1군사령부 및 예하부대가 주둔하고 이들이 전후복구과정에서 중요한 역할을 하면서 원주는 군사도시라는 이미지가 강하게 남게 되었다.

원주의 근대도시화 과정은 강원감영 이전을 시작으로 역사적 흐름 속에서 이뤄진 것이지만 이에 대한 체계적인 연구는 거의 없는 실정이다. 2000년대 들어 원주의 근대도시화 과정에 대한 일부 연구가 있지만 시작하는 단계의 연구라고 할 수 있다. 그럼에도 불구하고 이들 연구는 원주의 근대도시화 과정을 이해하는 데 적지 않은 성과를 낸 중요한 연구라고 할 수 있다.[348] 특히, 일제시기 원주지역 도시경관의 변화와 형성에 대한 파악과 해방 이후 도시개발을 분석함으로써 지금의 원주시의 도시형성에 대한 이해와 향후 도시개발에 대한 방향을 제시하였다. 그러나 강원감영 이전 이후 원주의 도시화 과정이 전통사회의 연속과 단절이라는 일련의 역사적 과정을 통해 이루어졌다는 것을 밝히기에는 부족하였다. 근대도시형성의 역사성을 밝히는 것은 그곳에 살고 있던 사람들의 의식을 이해할 수 있는 것으로 중요한 의미를 가진다. 그런 측면에서 개항 이후 강원감영 이전, 의병운동, 일본군의 주둔, 교육운동 등 격동의 역사를 가지고 있는 원주는 지역 도시의 전통이 다양한 역사적 요인을 만나 근대도시로 발전하는 과정을 이해할 수 있는 사례가 될 것이다.

1) 일제시기 도시화 과정

원주의 근대도시화는 일본의 식민지정책과 맞물려 진행된 도시화 정책에서 시작되었다고 할 수 있다. 이전까지의 도시 형태는 조선후기 감영의 유영화(留營化) 이후 강원감영을 중심으로 영리들의 거주지와 시장 등이 형성된 조선적 전통이 남아 있는 도시공간이었다. 그러나 일제시기 들어서면서 기존의 도시 형태는 해체되고 새로운 도시공간이 만들어지기 시작하였다. 강원감영 옛터에 주둔하고 있던 원주진위대가 해산되고 그 자리에 일본군 헌병분대가 설치되면서 일본군 헌병분대 주둔지와 일본인 거주지를 중심으로 도시화가 진행되었다. 원주에 일본인들이 언제부터 거주하였는지는

---

[348] 주요 논문으로 한재수, 「일제강점기 조선시대 강원도 邑治의 중심 原州와 江原監營 일대 도시구와 역사경관변화 연구」, 『대한건축학회 논문집: 계획계』 23(12), 2007; 장영민·김명환, 「1955년 원주읍의 시 승격에 관한 고찰」, 『역사와 경계』 93, 2014; 장영민·김명환, 「1950년대 원주의 도시계획과 그 의의」, 『역사와 경계』 96, 2015. 등이 있다.

정확히 알 수 없으나 1900년을 전후한 시기부터 거주한 것으로 보인다. 또한 그들이 어떤 부류였는지도 명확하지 않다. 다만 1907년 '원주의병'의 공격대상이 된 일본인들로 일부분 파악할 수 있다. '원주의병'의 공격을 받은 일본인들은 재정고문분서원(財政顧問分署員), 상인(商人) 등이었다.[349] 이를 보면 원주에 정착한 초기 일본인들은 일본의 침략정책을 집행하던 관리와 상인들이었던 것을 알 수 있다. 이들은 당시 일본군 헌병분대의 주둔지인 옛 강원감영 주변에 거주하였다. 이때부터 원주시내인 옛 강원감영 주변에 일본인 거주지가 형성되었고, 도시화 역시 이곳을 중심으로 진행되었다.

일제시기 초기 도시화 정책은 일본군부와 관학자들에 의해 주도되었는데, 읍성과 읍치는 성벽 철거, 신도로 건설, 기존 관아 건축 철거와 불하, 기존 부지 방치를 통해 해체하고 그 자리에 일본풍 거리를 조성하는 것이었다.[350] 이러한 도시화 정책에 따라 원주에서도 일본풍의 거리가 조성되었다. 원주는 중앙로를 도시의 남북축으로 서쪽의 옛 강원감영 자리를 중심으로 일본군 헌병분대와 일본인 주거지가 형성되었고, 남산 길 건너 동쪽에는 조선인 주거지가 형성되었다. 일본은 직선화된 도로(현 중앙로와 원일로)계획을 통하여 기존의 읍내 도로가 가지고 있던 전통적인 유기적 곡선선형을 변경함과 동시에 신 중심로라고 볼 수 있는 중앙로와 원일로를 설치하였다. 그리고 두 길을 잇는 동서 격자형 가로망을 설치함으로써 전통적인 도시경관을 변화시켰다.[351]

이와 함께 원주는 1914년 3월 1일 행정구역개편에 따라 강천면이 여주군으로, 고모곡면이 횡성군으로, 수주면·우변면·좌변면이 영월군으로 이속

---

[349] 『폭도에 관한 편책』, 「損害賠償請願書」, 1907년 9월 20일, 別紙 遭難始末書(국사편찬위원회, 『한국독립운동사 자료』 8, 1979, 35~36쪽).

[350] 한재수, 『한국건축사학의 변천과정에 관한 연구』, 한양대학교 대학원, 1989.2, 120~150쪽.

[351] 한재수, 「일제강점기 조선시대 강원도 邑治의 중심 原州와 江原監營 일대 도시구조와 역사경관변화 연구」, 『대한건국학회 논문집: 계획계』, 23(12), 2007, 186쪽.

되면서 수변 물류망의 거점도시라는 지정학적 의미도 감소되었다. 이들 지역은 섬강 하구 상류지역, 주천강 지역으로 감영의 창고가 밀집한 물류가 모이던 수운의 중심지였다. 행정구역개편 이후 원주는 물류, 상업의 중심지라는 기능은 크게 줄어들고 농업중심의 도시로 자리매김하게 되었다.352) 그 결과 일제시기 초기 원주는 일본군 헌병분대의 주둔으로 강원도 영서남부의 군사중심지라는 이미지와 농업도시라는 이미지를 가지게 되었다.

일제시기 초기 군사도시와 농업도시라는 원주의 도시이미지에 변화를 가져온 것은 교육이었다. 원주는 교육에 대한 열정이 가득한 곳이었다. 500년 동안 강원감영이 설치된 곳이어서 조선시대부터 교육의 중심지였다. 또 1897년 강원감영이 춘천으로 이전된 이후에도 야학활동이 강원도 내에서 가장 활발한 곳 중 하나였다. 이러한 교육에 대한 열정은 일제시기에도 이어지고 있었다.

원주에서 교육은 일본의 식민지 교육정책에 따라 진행된 것이었지만 강원도의 여타지역보다 빠르게 진행되었다. 1910년대 조선총독부의 교육정책은 통감부 교육정책의 연장선상에 있었다. 통감부의 교육정책의 기초를 만든 시데하라 히로시(幣原坦)는 대한제국 학부 학정참여관으로 취임 직후인 1905년 4월 「한국교육개량안(韓國敎育改良案)」을 일본에 제출하였다.353) 이 개량안의 주요 방침은 '첫째, 일본제국정부의 대한정책에 따라 장래 한국이 제국의 보호국으로서 만반의 시설개량을 하기에 적당한 교육을 실시할 것, 둘째, 한국민에게 선량(善良)하고 평화적인 미성(美性)을 함양시킬 것, 셋째, 일본어를 보급할 것, 넷째, 종래 한국의 형식적 국교인 유교를 파괴시키지 않으면서 신지식(新智識)을 개발할 것, 다섯째, 학제는 번잡함을 피하고 과정은 손쉽게 할 것'354)이었다. 이를 기초로 한국 교육을 '간이

---

352) 한재수, 「일제강점기 조선시대 강원도 邑治의 중심 原州와 江原監營 일대 도시구조와 역사경관변화 연구」, 『대한건국학회 논문집: 계획계』, 23(12), 2007, 183쪽.
353) 「통감부의 교육 정책」, 『한국근대사기초자료집』 2, 국사편찬위원회.

'(簡易)', '실용(實用)', '속성(速成)'의 3원칙으로 개선시킬 것을 제시하였다. 이와 함께 실업교육에 관심을 기우려 1910년도에 실업학교 증설계획을 마련하였다. 이에 의하면 1910년도 내에 대구, 평양, 전주, 함흥 4곳에 실업학교를 개설할 예정이었다.[355] 통감부는 실업교육 보급을 당면한 급무로 한 이유를 세 가지로 설명하였다. 첫째는 시사를 의논하고 나태하게 소일하는 폐풍을 바꾸고 선도할 필요가 있고, 둘째는 관공립보통학교 졸업자의 증가에 따른 진로 개척을 위함이며, 셋째는 전국토지조사사업에 필요한 기술자(技術者)를 양성할 필요 때문이라는 것이었다. 특히, 세 번째가 가장 중요한 이유였다. 그 결과 1911년까지 전국 주요 도시에 간이실업학교가 설치되었다.

강제병합을 전후한 시기인 1910년 4월부터 1911년 9월까지 전국에 설치된 공립간이실업학교는 〈표 12〉과 같이 서울 동부의 어의동공립간의실업학교(於義洞公立簡易實業學校), 서울 서부의 미동공립간이실업학교(渼洞公立簡易實業學校), 서울 남부의 수하동공립간이상업학교(水下洞公立簡易商業學校)를 시작으로 경기 수원(水原) 북부면(北部面), 충남 공주(公州) 남부면(南部面), 홍주(洪州) 주북면(州北面), 경북 상주(尙州) 내남면(內南面), 평남 평양(平壤) 융흥면(隆興面), 진남포(鎭南浦) 원당면(元塘面), 성천(成川) 하부면(下部面), 안주(安州) 읍부면(邑部面), 강원 원주(原州) 본부면(本部面), 강릉(江陵) 북이리면(北二里面), 함남 고원(高原) 하발면(下鉢面), 함북 경성(鏡城) 오촌면(梧村面), 회령(會寧) 공북면(拱北面) 등 17개 지역에 설립되었다. 원주는 강원도에서 가장 빠른 1911년 5월 본부면에 원주공립간이농업학교(原州公立簡易農業學校)가 설립되었다.

---

[354] 「学部の実業学校施設に関する俵学部次官の講話」, 『한국근대사기초자료집』 2, 국사편찬위원회.

[355] 「学部の実業学校施設に関する俵学部次官の講話」, 『한국근대사기초자료집』 2, 국사편찬위원회.

〈표 12〉 1911년 말 公立 簡易實業學校 상황[356]

도	學校	位置	創立年月	學級	教員 조선인	教員 일본인	教員 계	生徒	入學者	卒業者	中途退學者	本年度經費(圓)
경기도	於義洞公立簡易實業學校	京城東部	1910年 4月	1	2	3	5	29	98	28	69	462
	渼洞公立簡易實業學校	京城西部	1910年 4月	1	1	3	4	25	96	25	71	355
	水下洞公立簡易商業學校	京城南部	1910年 4月	1	1	3	4	49	122	43	73	404
	明倫公立簡易農業學校	水原郡北部面	1911年 4月	1	3	2	5	22	38	22	-	-
충남	公州公立簡易農業學校	公州郡南部面	1911年 7月	1	2	3	5	38	69	37	31	530
	洪州公立簡易農業學校	洪州郡州北面	1911年 7月	1	1	2	3	27	51	24	27	496
경북	尙州公立簡易農業學校	尙州郡內南面	1910年 12月	1	-	1	1	23	28	-	5	970
평남	平壤公立簡易實業學校	平壤府隆興面	1911年 8月	1	1	2	3	44	55	-	11	770
	鎭南浦公立簡易商業學校	鎭南浦府元塘面	1911年 7月	1	2	5	7	33	46	-	17	438
	成川公立簡易農業學校	成川郡下部面	1911年 5月	1	2	2	4	21	23	21	2	274
	安州公立簡易農業學校	安州郡邑部面	1911年 4月	1*1	1	2	3	9*13	*44	*11	7*15	187
강원	原州公立簡易農業學校	原州郡本部面	1911年 5月	3	1	1	2	30	42	30	12	-
	江陵公立簡易農業學校	江陵郡北二里面	1911年 6月	1	1	1	2	20	26	20	6	-
함남	高原公立簡易農業學校	高原郡下鉢面	1911年 6月	1	-	1	1	7	7	7	-	-
	元山公立簡易農業學校	元山府縣內	1911年 9月	1	3	1	4	15	15	-	-	-
함북	鏡城公立簡易農業學校	鏡城郡梧村面	1911年 6月	2		1	1	27	67	18	40	-
	會寧公立簡易農業學校	會寧郡拱北面	1911年 7月	2	1	1	2	47	75	8	28	-
총계				17	-	22	22	34	56	479	902	294 414 6,570

※비고: '*'표시는 속성과임. 또 教員數 중에는 兼務者를 포함.

원주공립간이농업학교는 〈표 12〉에서 보는 것과 같이 3개 학급으로 조선인 교원 1인으로 박홍서(朴弘緒), 일본인 교원 1인으로 하시구치 류타(橋

---

[356] 『朝鮮總督府統計年報』 1911년도판.

口龍太郞) 총 2명의 교원이 있었다.357) 생도는 30명이었는데 입학자는 42명이었고 졸업자는 30명이었다. 12명이 중도에 학교를 그만두었다. 원주공립간이농업학교는 입학규모는 17개 학교 중 11번째로 큰 것은 아니었지만 유일하게 3개 학급을 유지하고 있었으며, 생도도 6번째로 많았다. 졸업생도 수하동공립간이상업학교(水下洞公立簡易商業學校), 공주공립간이농업학교(公州公立簡易農業學校)에 이어 3번째로 많았다. 또한 비슷한 시기인 1911년 6월 강원도 강릉에 설립된 강릉공립간이농업학교보다도 규모가 컸다. 강릉간이농업학교는 1개 학급으로 조선인 교원 1인, 일본인 교원 1인으로 총 2명의 교원이 있었으며, 생도는 20명이었다. 이처럼 원주에는 비록 조선총독부의 실업교육 정책의 일환이고, 간이농업학교였지만 공립교육기관이 전국의 주요도시와 함께 우선적으로 설치되고 있었다. 이는 강원감영이 설치되었던 지역으로 조선시대부터 이어진 교육적 기반과 강원 영서지역의 중심도시로 실업과 교육적 중요성이 강조된 조치였다.

이와 관련해서 1913년에는 일본인 아동에 대한 교육기관으로 원주공립심상소학교(原州公立尋常小學校)가 원주군 본부면 읍상동(邑上洞)에 설치되었다.358) 일본인을 대상으로 하는 초등교육기관이었던 심상소학교가 원주에 설치되었다는 것은 일본인이 상당수 거주하였다는 것을 의미한다. 즉, 1907년 일본군 헌병분대가 설치된 이후 일본인이 증가하면서 본부면 읍상동을 중심으로 일본인 거류지가 만들어지고 있었던 것이다. 이것이 가능했던 것은 일본인과 일본의 식민통치기구가 설치되었기 때문이지만 다른 한편으로는 원주의 교육적 전통과 기반이 있었기 때문이다. 원주는 대한제국시기 관찰부에만 설치된 공립소학교가 학부지정으로 특별히 설치된 곳이었다.

---

357) 『조선총독부 직원록』, 1911년.
358) 『朝鮮總督府官報』, 1913년 10월 14일.

〈사진 2〉 원주 정신유치원 제9회 보육기념(1930. 3. 22)

※출처: 독립기념관.

원주의 교육적 가치는 유치원 교육에서도 나타나고 있었다. 원주에는 1918년 12월 정신유치원(貞新幼稚園)이 설치되었다. 조선인 원아(園兒)를 대상으로 하는 것으로 〈표 13〉에서 보는 것과 같이 1921년 현재 원아수는 45명이었고 직원은 1명이었다. 비슷한 시기인 1918년 8월에 설치된 평강군의 배영유치원(培英幼稚園), 1919년 11월에 설치된 강릉군의 의숭유치원(義崇幼稚園), 1920년 4월에 설치된 횡성군의 화성유치원(花城幼稚園)보다 원아수가 많았다. 원주가 강원도의 다른 지역보다 교육적인 측면에서 먼저 진행되고 상대적으로 큰 규모로 설치되고 있었던 것을 알 수 있다.

〈표 13〉 1921년 朝鮮人 園兒를 敎育하는 幼稚園 狀況[359]

園名	所在地	創立年月	園兒數	職員數	經費
京城幼稚園	京城府 仁寺洞	1913.4	67	4	3,446圓
開城好壽敦北幼稚園	開城郡 松都面	1919.4	156	2	512圓
開城好壽敦南幼稚園	開城郡 松都面	1919.4	108	2	510圓
開城好壽敦東幼稚園	開城郡 松都面	1919.4	79	2	507圓
公州幼稚園	忠南 公州郡 公州面	1919.9	81	2	963圓
海州幼稚園	黃海道 海州郡 海州面	1919.6	32	2	1,150圓
培英幼稚園	江原道 平康郡 平康面	1918.8	30	1	180圓
貞新幼稚園	江原道 原州郡 原州面	1918.12	45	1	500圓
義崇幼稚園	江原道 江陵郡 江陵面	1919.11	30	1	360圓
花城幼稚園	江原道 橫城郡 橫城面	1920.4	22	1	660圓

이는 당시 원주의 인구를 생각할 때 더 의미가 있다. 1922년 통계에 따르면 원주의 인구는 〈표 14〉에서 나타나 있는 것과 같이 강원도의 주요도시인 철원, 춘천, 강릉에 비해 적었다. 그럼에도 불구하고 교육시설 등 교육정책이 강원도 주요도시와 같은 수준이거나 그 이상으로 추진된 것은 원주의 교육적 가치를 이해할 수 있는 것이다.

〈표 14〉 1922년 강원도 주요도시 인구현황[360]

	韓國人			日本人			中國人			其他外國人			合計		
	戶數	人口 男女	計	戶數	人口 男女	計	戶數	人口 男女	計	戶數	人口 男女	計	戶數	人口 男女	計
春川郡 春川	727	1,764 1,515	3,279	354	609 613	1,222	8	20 4	24	3	4 6	10	1,092	2,397 2,138	4,535
江陵郡 江陵	871	2,098 1,990	4,094	197	293 277	570	3	21 -	21	-	-	-	1,071	2,412 2,273	4,685
鐵原郡 鐵原	1,143	2,619 2,505	5,124	143	240 199	439	8	39 -	39	3	3 2	5	1,297	2,901 2,706	5,607
平康郡 平康	606	1,315 1,200	2,515	44	87 75	162	8	30 6	36	-	-	-	658	1,432 1,281	2,713
原州郡 原州	796	2,035 1,916	3,951	85	129 116	245	10	32 1	33	4	3 4	7	895	2,199 2,037	4,236
通川郡 庫底里	292	895 874	1,769	24	47 49	96	6	23 -	23	-	-	-	322	965 923	1,888
高城郡 長箭里	179	772 583	1,355	81	174 95	269	8	24 -	24	-	-	-	268	970 678	1,648

[359] 「全道 幼稚園狀況」, 『東亞日報』, 1921년 2월 25일 2면 3단.

원주지역의 교육적 전통은 1920년대에도 이어지고 있었다. 1920년대는 식민지 교육정책의 전환을 가져온 시점이었다. 특히, 1922년 제2차 조선교육령을 만들어 동화교육에 박차를 가하였다.[360] 1922년 2월 6일에 공포된 제2차 조선교육령에 의하면 첫째, 보통학교의 수업연한을 4년에서 6년으로, 고등보통학교는 4년에서 5년으로, 여자고등보통학교는 3년에서 4년(또는 5년)으로 연장하였다. 둘째, 종래 각급 학교에서 폐지되었던 한국어가 필수과목으로 부활하였다. 셋째, 한국인과 일본인과의 공학을 원칙으로 하였다. 넷째, 새로 사범학교와 대학 설치의 길을 마련하였다. 다섯째, 실업교육・전문교육・대학교육은 일본의 제도에 따랐다. 이를 보면 표면상 한국인의 교육을 일본인의 교육과 동일한 수준으로 올려놓는 듯하였다. 그러나 실제교육은 한국인과 일본인의 차별이 존재하였다. 그것은 제2차 조선교육령에 의한 학교제도의 변화에서도 나타났다.

제2차 조선교육령 이후 학교제도의 특징은 첫째, 한국인이 취학하는 학교와 일본인을 대상으로 하는 학교를 별도로 두어 전자를 보통학교・고등보통학교・여자고등보통학교라 하고, 후자를 소학교・중학교・고등여학교라 칭하게 하였다. 둘째, 각급 학교의 수업연한을 연장하여 보통학교는 4년에서 6년으로, 고등보통학교는 4년에서 5년으로, 여자고등보통학교는 3년에서 4년으로, 실업학교는 2~3년에서 3~5년으로 하였다. 셋째, 종전에 초등학교에서 전문학교에 이르기까지 11~12년이었던 전체 교육연한이 11~16(17)년으로 연장되었다. 넷째, 실업학교는 보통학교에서 접속하는 3~5년 과정의 중등학교로 하고, 실업보습학교는 4년제 보통학교 수료자를 수용하는 2년제 직업교육기관으로 삼았다. 다섯째, 실업교육・전문교육・대학교육은 일본의 학제에 준하였다. 여섯째, 초등교원 양성기관으로

---

[360] 『朝鮮總督府統計年報』 1922年度 第1編 第26表.
[361] 손인수, 『한국근대교육사』, 연세대학교 출판부, 1971.

사범학교(특과사범학교, 관립사범학교), 고등교육기관으로 대학을 신설토록 하였다. 일곱째, 보통학교(6년)에 2년제의 고등과를 둘 수 있도록 하였다. 여덟째, 공립보통학교에 부설학교와 간이학교를 부설할 수 있도록 하고, 고등보통학교와 여자고등보통학교에 보습과를 설치할 수 있도록 하였다. 그러나 이는 모든 사람에게 적용되는 것은 아니었다. 6년제 보통학교의 경우 큰 도시에 집중시키고 군 단위에는 1~2개 밖에 설립하지 못하게 하였다. 대부분의 농촌지역은 4년제 보통학교가 설치되었다. 또한 입학조건과 진학제도를 새로 규정하여 6년제 보통학교·고등보통학교·전문학교·대학교의 입학자격을 얻자면 예외 없이 재산증명서와 가정의 정치적 동향에 대한 교장 및 경찰서의 '평정'이 있어야 하였다.[362] 이러한 조치는 전국적인 현상이었다.

따라서 제2차 조선교육령에 대한 비판이 일어났다. 우선, 『동아일보』는 논설을 통해

> "······ 立法者의 意思를 忖度하건대 그 건 單히 朝鮮人의 日常生活에 필요한 까닭이 아니라 朝鮮民族과 日本民族을 融化하여 一層 適切히 言之하면 同化하여 渾然한 一民族을 成하여서 日本帝國의 永遠한 基礎를 定하자 함이니 ······ 이는 勿論 그 被治民族의 幸福 그것을 爲하는 것이 아니라 그 幸福을 爲한다는 口實下에 그 實은 그 政治的 目的, 卽 統治國家의 國家的 欲求를 達하고자 함이로다. 本 敎育令의 立法者가 또한 如此한 心思로써 此法을 定한 것이 分明하니 此는 純然한 敎育 그것을 目的한 것이 아니라 一種의 政治的 目的을 包含하였으며 政治的 目的을 包含하되 自由政治의 理想을 包含한 것이 아니라 特히 帝國主義的 理想을 藏한 것이다······"[363]

---

362) 당시 서울시내 보통학교의 입학실태를 보도한 기사를 보면, '비록 입학자격을 구비한 자라도 재산의 유무를 가려 학비가 충분치 못 한자는 전부 입학을 허용하지 않았다.' 『동아일보』 1921. 3. 27.
363) 「新敎育令發布(下)」, 『東亞日報』, 1922년 2월 10일 1면 1단.

라고 제2차 조선교육령의 본질을 비판하였다. 또한 학생들은 '한국인 교육은 한국인 본위로! 보통교육을 의무교육으로! 보통학교 교수용어를 한국어로! 보통학교 교장을 한국인으로! 중등학교 학생의 집회를 자유로! 대학은 조선인 중심으로! 등을 슬로건으로 1921년부터 1928년까지 445건에 달하는 항일학생운동을 전개하였다.[364]

원주에서도 1920년대 일본의 식민지 교육정책에 따라 1910년대 공립간이농업학교에 이어 직업교육의 일환으로 원주공립농잠실수학교(原州公立農蠶實修學校)가 강릉의 강릉공립잠사기업실수학교(江陵公立蠶絲機業實修學校)와 함께 설립되었다.[365] 이처럼 실업교육 위주의 식민지교육정책이 확대되는 과정에서 이에 대응하는 일환으로 야학이 크게 성행하였다. 이시기 원주지역 야학은 1907년 이후 설립된 원일의숙(原壹義塾) 야학, 원주노동야학 등을 잇는 성격을 가지고 있었다. 특히, 자강운동의 일환으로 원내훈(元乃薰), 장세훈(張世勳) 등이 중심이 되어 1909년 전후에 설립된 원주노동야학은 1920년대 원주노동야학으로 이어지고 있었다. 원주노동야학은 1909년 1월 기사에 의하면 교과목으로 일어(日語), 산술(筭術), 지지(地誌) 등이 있었으며, 학생 수는 108명에 달하였다.[366] 이후 원주노동야학이 다시 개설된 것은 1920년대이다. 1928년 9월 10일 원주노동회(原州勞動會) 교양부(敎養部)에서 원주노동회관내에서 교사 박용만(朴龍晩) 등 4명으로 노동야학을 개설하였다. 당시 원주지역에서 노동야학에 대한 관심은 매우 높아 개설한지 5~6일 만에 갑(甲)·을(乙)·병(丙) 3개 반의 학생 수

---

[364] 김기태, 「일제식민지 교육정책과 민족의 교육적 저항」, 『논문집』 17-1, 인천교육대학교, 1983, 426쪽.
[365] 『朝鮮總督府官報』, 1926년 10월 25일.
[366] 原州郡勞働校設立 傳說을據훈즉原州郡居元乃薰張世勳兩氏는年今二十歲이오擧皆卒業生이라는딕勞働夜學校를設立ᄒ고學徒를募集ᄒ야日語筭術及地誌等科程으로熱心敎授ᄒ는딕學徒가壹百八名에達ᄒ야進就의望이有ᄒ다고一般稱道ᄒ다더라(「原州郡勞動校設立」, 『皇城新聞』, 1909년 1월 7일 2면 6단.)

가 60여 명에 달하였다. 이후에도 입학하고자 하는 이들이 끊임없이 계속해서 있었다.[367] 또한 1928년 12월 원주미감리교회(原州美監理敎會)에서 영어야학을 개강하여 갑(甲)·을(乙) 2개 반으로 영어교육이 진행되었다.[368] 이밖에도 형평운동, 노동운동, 농민운동 등과 연계된 야학이 1920년대 초반부터 개설되었다. 1921년 10월에는 여름에 휴학하였던 부인야학(婦人夜學)이 개학하였다. 다시 개학한 부인야학은 학생 수가 이전보다 크게 증가하여 교사가 증원되는 등 크게 성황을 이뤘다.[369] 1922년 4월에는 문막청년회(文幕靑年會) 주도의 노동야학(勞動夜學)이 설립되었다. 문막청년회 주도 야학에 대한 호응도 매우 높아 수일 만에 입학하는 학생들이 급증하였다.[370] 1925년 11월에는 농촌지역에서 지역주민들이 주도하여 야학을 개설하였다. 원주 소초면(所草面) 평장리(平庄里) 지역주민들은 개량서당(改良書堂)을 운영하다가 농우야학회(農友夜學會)를 조직하여 야학을 개설하였다. 이 농우야학회는 조선어(朝鮮語), 한문(漢文), 산술(算術) 등을 가르쳤다.[371] 1926년 4월에는 원주형평청년회가 조직되고 형평사지사회관(衡平社支社會館)이 건축된 후 원주형평청년회 주도의 야학(夜學)과 도서회(圖書會)가 개최되었다.[372] 1929년 10월에는 앱윗청년회 주최로 농촌부인의 문맹퇴치를 위하여 원주부인야학(原州婦人夜學)이 개설되었다.[373]

 1920년대 식민지교육정책에 대응하여 설립된 야학은 이후 1930년대 교육열을 높이는 데 일조하였다. 1930년대는 식민지교육정책과 별개로 교육

---

[367] 「勞動夜學開催」, 『東亞日報』, 1928년 9월 21일 3면 6단.
[368] 「英語 夜學 開催」, 『東亞日報』, 1928년 12월 11일 3면 7단
[369] 「婦人夜學 成績良好」, 『東亞日報』, 1921년 10월 18일 4면 2단
[370] 「原州文幕靑年會」, 『東亞日報』, 1922년 4월 4일 4면 6단.
[371] 「平庄農友夜學과 辛萬業氏의 熱誠」, 『東亞日報』, 1925년 11월 17일 4면 5단
[372] 「衡平靑年創立 23日 原州서」, 『東亞日報』, 1926년 4월 27일 4면 3단
[373] 「婦人夜學開催」, 『東亞日報』, 1929년 10월 9일 3면 7단

열이 고조된 시기였다. 일본은 1930년대를 전후하여 1면(面) 1학교(學校) 정책에 따라 각 면마다 보통학교를 설립하였다. 원주지역은 1929년 귀리면(貴來面) 운남리(雲南里)에 귀래공립보통학교(歸來公立普通學校)가 설립된 것을 시작으로, 1932년 지정면(地正面) 간현리(艮峴里)에 지정공립보통학교(地正公立普通學校)가 설립되었다. 1934년에는 호저면(好楮面) 주산리(珠山里)에 호저공립보통학교(好楮公立普通學校)와 흥업면(興業面) 흥업리(興業里)에 흥업공립보통학교(興業公立普通學校)가 설립되었다. 1935년에는 판부면(板富面) 단구리(丹邱里)에 판부공립보통학교(板富公立普通學校)가 설립되었다.[374] 1936년에는 귀래공립보통학교 부설 귀래간이학교(貴來簡易學校)가, 1937년에는 소초공립보통학교(所草公立普通學校) 부설 학곡간이학교(鶴谷簡易學校)가 추가로 설립되었다.[375] 이러한 공립보통학교의 설립이 일본의 1면 1학교라는 식민지교육정책의 일환으로 진행된 것이었다고 하더라도 농촌지역까지 교육이 확대된 것은 당시 고조되고 있던 교육에 대한 열망이 일부 반영된 것이라고 볼 수 있다.

이런 교육에 대한 열망은 중학교 이상의 교육을 원하였지만 원주에는 고등보통학교가 설립되지 않았다. 기존의 공립농잠실수학교(公立農蠶實修學校)를 공립농민학교(公立農民學校)로 명칭을 변경하여 실업교육을 강화는 수준에 머물러 있었다.[376] 그런 상황에서 1938년 7월 원주 상동리(上洞里)에 거주하는 전인환(全寅煥)이 원주공립갑종농업학교(原州公立甲種農業學校) 설립을 위한 기금으로 1만 원을 기부하는 등 원주지역 내에서 자발적으로 공립농업학교 설립운동이 일어났다.[377] 그 결과 1941년 4월 1일

---

[374] 『朝鮮總督府官報』, 1929년 11월 28일; 1932년 12월 10일; 1934년 1월 6일; 1934년 10월 8일; 1935년 7월 17일.
[375] 『朝鮮總督府官報』, 1936년 6월 8일; 1937년 7월 13일.
[376] 『朝鮮總督府官報』, 1936년 3월 17일
[377] 「原州公立 農業學校 基金으로 一萬圓金 喜捨 原州 全寅煥氏 壯擧」, 『東亞日報』, 1938년 7월 13일 4면 6단.

5년제의 원주공립농업학교(原州公立農業學校)가 원주읍(原州邑) 대장리(臺庄里)에서 개교하였다.[378] 1910년대부터 진행된 원주지역에 대한 교육정책과 학교설립은 원주를 강원도 영서남부지역의 교육중심지로 그 역할을 할 수 있게 만들었다.

한편, 일제시기 말 원주지역 도시형성에 영향을 미친 것은 철도 부설이었다. 1930년대까지 교육중심지로 발전하고 있던 원주지역에 1940년대 들어 철도가 부설되면서 새롭게 도시개편이 이뤄지게 되었다. 1940년 4월 1일 중앙선[개통 당시 경경선(京慶線)] 양평~원주 구간 건설이 완료되면서 청량리역에서 출발한 기차가 원주역까지 운행하기 시작하였다.[379] 이후 1942년 4월 1일 단양~안동 구간 73.5㎞가 개통됨으로써 중앙선(경경선) 전 구간인 서울에서 경주까지 완전 개통되었다.[380] 중앙선 철도의 완전한 개통과 새롭게 만들어진 42번 국도의 연결로 원주지역은 원주읍을 중심으로 도시발전이 가속화되었다. 즉, 원주는 42번 국도와 중앙선 철도를 도시축으로 도시의 핵을 재구성한 근대적 선형도시로 발전하게 되었다.[381] 그 결과 과거 행정, 군사적 중심지에서 근대적 교육의 수혜지, 교통의 중심지라는 이미지가 추가적으로 형성되었으며, 교통, 교육, 상업기능이라는 근대적 도시구조의 요소를 갖추게 되었다.

일제시기 원주는 일본군 헌병분대의 주둔과 일본인들의 거주로 옛 강원감영 자리를 중심으로 일본풍의 거리가 조성되었다. 따라서 원주읍을 중심으로 군사적이고, 일본풍의 도시 이미지가 형성되고 각 면은 농업도시의

---

[378] 『朝鮮總督府官報』, 1941년 4월 5일.
[379] 「楊平~原州間 京慶線의 十個驛에 四月一日부터 營業開始」, 『東亞日報』 1940년 2월 15일 2면 7단
[380] 한국철도공사, 『철도통계연보』, 2009; 철도청, 『철도주요연표』, 1984.
[381] 한재수, 「일제강점기 조선시대 강원도 邑治의 중심 原州와 江原監營 일대 도시구조와 역사경관변화 연구」, 『대한건국학회 논문집: 계획계』, 23(12), 2007, 186쪽.

이미지가 형성되었다. 그러나 의병운동, 국권회복운동에서 보여주었던 저항운동의 전통이 일제시기 노동운동, 교육운동 등으로 이어져 야학 등이 설치되었고, 일본의 식민지교육정책으로 보통학교, 농업학교 등의 교육기관이 설립되면서 근대교육의 수혜지라는 이미지가 형성되었다. 또 중앙선 철도가 부설되면서 42번 국도와 함께 수도권과 경북, 강원 남부 등을 연결하는 교통의 중심지라는 이미지까지 더해지면서 근대도시로 성장하였다. 그러나 원주는 2000년대 초반까지 교육, 교통의 중심지보다 군사도시라는 이미지가 강하였다. 그것은 행방 이후 도시형성 과정과 밀접한 관계를 맺고 있다.

2) 해방 후 도시형성 과정

해방 이후에도 성장하고 있던 원주에 커다란 변화를 가져온 것은 한국전쟁이었다. 한국전쟁 초기인 1950년 7월 초 원주는 북한 인민군에게 점령되었지만 9월 말 수복되었다. 그러나 1951년 1·4후퇴 이후 다시 원주지역은 주요한 전선이 되었고, 1951년 2월 하순까지 치열한 전투가 전개되었다. 그래서 원주지역은 주민들이 거주하기 힘든 여건이었다. 이런 상황은 3월 말쯤 개선되기 시작하여 3월 말에서 4월 초에 농민들의 귀환이 허가되었다. 하지만 강원도 북부지역은 여전히 치열한 전투가 전개되고 있었기에 유엔군은 주민들을 후방지역으로 남하하도록 하였다. 이어 한국정부를 자문하고 한국정부와 협력하여 공중보건, 복지, 치안, 사법 분야 등을 지원하고 있던 유엔민사원조사령부(UNCivil Assistance Command Korea-UNCACK)[382]

---

[382] UNCACK는 군사작전에 지장을 초래할 수 있는 "민간인의 질병, 기아, 불안을 예방"하기 위한 유엔군이 1950년 하반기에 설치한 기관이었다. 강원도에는 1951년 4월 1일 강원도 UNCACK 필드 팀의 본부가 원주에 설치되어 구호 활동을 시작하였다. 그리고 휴전 직전에 해체된 UNCACK은 휴전 직전에 해체되었는데, 그 기능의 일부를 KCAC가 이어받아 구호활동을 전개하였다. KCAC의 강원도 필드 팀도 1955년 9월 30일까지 원주에 본부를 두었다.

는 원주읍, 귀래면, 문막면, 부론면에 수용소와 급식소를 설치하였다. 또한 원주향교에 피난민임시수용소(Refugees Reception Center)를 설치하여 피난민을 질서 있게 관리함으로써 지역사회에서 주거, 급식, 위생, 의료 등의 문제가 발생하는 것을 방지하였다. 그리하여 전선이 고착된 1951년 8월 말 원주에 7개 수용소가 설치되어 피난민 24,203명이 수용되었다. 사설 피난처에도 28,145명이 머물고 있었다.[383] 원주지역은 강원도에서 중요한 피난민 거주지가 되었다.

피난민의 수요가 증가하자 UNCACK은 1952년 전반기에 피난민의 수용을 넘어 피난민의 동화와 재정착(assimilation and resettlement)을 위한 프로그램을 마련하였다. 이에 따라 문막면 반계리에 피난민과 주민의 노동력을 이용한 관개시설 복구사업이 진행되었다. 그리고 1953년 휴전이 임박하자 귀환할 수 없는 피난민들이 정착할 수 있도록 건축자재 등을 특별 지원하기도 하였다.[384]

한편, 한국전쟁으로 피난 갔던 강원도청은 1951년 4월 15일에 강원도청 임시사무소를 원주군청에 설치하기로 결정하였다. 그리하여 강원도지사 최규옥(崔圭鈺)을 비롯하여 대전과 대구에 있던 강원도청 직원들이 원주로 집결하였다. 원주는 강원감영의 춘천 이전 이후 임시이긴 하였지만 다시 강원도의 수부가 되었다. 관할지역은 홍천 이북의 미수복 지역을 제외한 원주, 횡성, 영월, 평창, 정선, 강릉, 삼척, 울진 8개 군이었다. 또 춘천에 소재하던 사법, 경찰, 신문사, 방송국 등도 원주로 이전하였다.[385] 이에 원주읍민들은 각종 지원을 아끼지 않았고 자부심도 강하였다. 그러나 한국전

---

[383] 장영민·김명환, 「1955년 원주읍의 시 승격에 관한 고찰」, 『역사와 경계』 93, 2014, 168쪽.
[384] 장영민·김명환, 「1955년 원주읍의 시 승격에 관한 고찰」, 『역사와 경계』 93, 2014, 171쪽.
[385] 장영민·김명환, 「1955년 원주읍의 시 승격에 관한 고찰」, 『역사와 경계』 93, 2014, 173쪽.

쟁의 휴전협정이 체결된 직후인 1953년 7월 30일 강원도청이 다시 춘천으로 이전되면서 다시금 강원도의 수부를 빼앗겼다는 상실감에 빠졌다. 이는 강원감영의 이전을 원주진위대 설치로 대체했던 것과 마찬가지로 원주에 주둔하고 있던 대한민국 국군의 지휘부인 제1군사령부와 예하 부대, 그리고 미군에 대한 지원과 자부심으로 변질될 수 있었다.

 1953년 당시 원주에 주둔하고 있던 부대는 상급지휘부대, 병참지원부대, 후송병원 등으로 원주의 위상을 높이고 실질적인 지원이 가능한 부대였다. 강원도의 작은 도시였던 원주는 제1군사령부와 미군이 주둔하면서 대통령을 비롯해서 국군과 미군의 수뇌부가 빈번하게 방문하여 주목받는 도시가 되었다. 또 부대에 필요한 물자, 특히 부식재료를 지역에서 공급받기 시작하면서 농민들에게 새로운 소득원이 되었다. 뿐만 아니라 중부전선의 최대 병참기지로서 식품, 의류, 비료, 건축자재 등 구호물자 외에도 군수물자가 원주로 집결되었다. 집결된 물자에 대한 하역 등 노동력이 필요한 일들이 생겨났고 이를 원주에서 충당하면서 일자리 창출효과도 나타났다. 그리고 군대에서 흘러나오는 물품도 지역경제에 적지 않은 비중을 차지하였다.[386]

 또한 군에서도 이른바 후생사업이라고 하여 각종 장비, 물자, 인력을 활용하여 경제적 활동을 하였고, 대민지원 등으로 지역사회와 돈독한 관계를 맺었다. 미군에서도 1953년 10월에 시작된 원조 프로그램인 AFAK(Armed Forces Assistance to Korea)에 따라 원주지역 사령부가 지역의 민간관리들과 함께 상의하여 사용할 수 있는 자금 1만 달러를 지원하였다. 또 학교, 고아원, 병원 등에 자재와 장비를 지원하였고, 미군병원에서 의료 지원도 이뤄졌다. 1954년에는 미8군이 150만 달러에 상당하는 건축자재를 원주 재건에 원조하였다. 그리고 원주읍사무소의 건설, 일산초교, 원주농고, 원주

---

[386] 장영민·김명환, 「1955년 원주읍의 시 승격에 관한 고찰」, 『역사와 경계』 93, 2014, 179쪽.

여자상고의 운동장이나 학교부지 정지 공사, 학교 교실 등에 대한 건설 지원 등을 실시하였다.387) 특히, 도로공사는 원주의 도로체계와 시가지 변화를 가져왔다. 미군 32공병단이 건설한 한국 최대의 교량이라고 불렸던 640m의 문막교가 1952년 5월에 준공되어 원주와 서울 간 도로교통이 활발해질 수 있었다.388) 또 시내는 원일로(A도로)와 중앙로(B도로)가 정비되고 연장되어 원일로는 42번 국도와 5번 국도를 연결하는 주도로가 되었다. 그리고 중앙로와 함께 학성동과 일산동을 주거와 상업 지역으로 키우는 동맥으로 구실하였다.

이러한 군의 위상과 지원은 강원도청 이전으로 상실감에 빠져있던 원주 사람들에게 실질적인 이익과 더불어 국군 최고 야전사령부인 제1군사령부 주둔에 대한 자부심을 심어주었다. 이는 군에 대한 긍정적인 이미지 형성과 함께 군사도시라는 이미지가 형성되었다.

그러나 군사도시에 대한 이미지는 원주의 도시발전과 더불어 벗어나야 할 것으로 인식되었다. 군대의 주둔에 따른 긍정적인 부분도 있었지만 부정적인 부분도 상당히 존재하였다. 그중 부대주둔과 관련해서 군용지 징발 문제는 심각하였다. 1953년 휴전 이후에도 제1군사령부를 비롯하여 주요 부대가 계속해서 원주지역에 주둔하거나 이동해 오면서 주요 토지들이 군용지로 수용되었다. 원주농업고등학교의 경우 그 부지가 미군에 수용되었다가 후에 제1군수지원사령부로 이전되면서 학교를 이전해야만 하였다. 이 외에도 예로부터 원주의 곡창지대로 원주시가 확대되어갈 평지였던 원주 북쪽 및 북서쪽의 단계동, 우산동, 태장동과 남서쪽의 단구동에 군부대가 주둔하였다.389) 원주의 주요 지역에 군부대가 주둔하면서 도시 팽창에

---

387) 장영민·김명환, 「1955년 원주읍의 시 승격에 관한 고찰」, 『역사와 경계』 93, 2014, 175~176쪽.
388) 『경향신문』, 1952년 5월 24일.
389) 장영민·김명환, 「1950년대 원주의 도시계획과 그 의미」, 『역사와 경계』 96, 2015, 448쪽.

어려움이 생겨나기 시작하였다.

　원주가 군사도시라는 이미지를 벗기 시작한 것은 교통의 발달과 맞물려 있다. 원주는 한국전쟁 중에도 빠른 속도로 중앙선이 재개통 되었으며, 도로의 확충이 이뤄졌다. 도로의 확충은 버스노선의 확대로 이어져 1952년 1월 강릉-원주 간 버스노선이 개통된 것을 시작으로 1954년에는 여객과 화물운송회사가 16곳에 이르러 강원, 경기, 충북, 경북 등지로 운행이 확대되었다. 교통망의 확충은 원주가 군사적, 경제적 요충지가 되는 중요한 요인이 되었다. 이는 이후 현대화 과정에서도 그대로 적용되었다. 원주는 지정학적 위치에 따라 영동고속도로 건설, 중앙고속도로 건설, 제2영동고속도로 건설, 중앙선 철도의 전철화 복선화 등이 진행되면서 도로와 철도 교통망을 갖춘 교통의 중심지가 되었다. 이는 교육시설의 유치, 원주의료기기산업, 기업도시, 혁신도시 등을 국책사업을 유치하는 데 중요한 요건이 되었다. 원주의 도시팽창과 도시이미지 변화에 교통의 발달이 큰 영향을 미치고 있었다.

　한편, 원주는 협동조합운동, 민주화운동 등 저항운동이 일어난 중요한 도시 중 하나이다. 이는 원주에 흐르고 있는 저항운동의 전통과 밀접한 관련이 있는 것으로 보인다. 즉, 원주농민운동, 원주의병운동 등에서 시작된 저항의식이 일제시기 교육운동, 야학운동 등으로 이어지고 해방 이후 군사독재에 저항하는 민주화운동으로 이어진 것이다.

　최근 원주는 강원도 영서남부지역의 중심도시로 교육, 문화, 경제, 군사의 중심도시가 되고 있다. 이는 강원감영 설치 이후 원주가 가지고 있던 강원도의 행정, 경제, 군사, 문화적 중심지라는 기능이 되살아나고 있는 것이다. 군사도시라는 획일적 이미지에서 벗어나 다양성을 내포하고 있는 도시로 성장하는 것을 의미한다. 즉, 원주의 근대도시형성 과정은 시가지의 형성, 교통망의 확충 등을 통해 만들어지면서 전통적인 도시 형태에서 크게 변하였지만 그 기능은 계속해서 강원도의 교육, 문화, 경제, 군사적 중심도시로 역할을 하고 있었던 것이다. 이에 더하여 원주에는 억압적 지배세력에 대한 저항의식이 이어지고 있고 이는 상황에 따라 저항운동으로 나타나고 있었음을 알 수 있다.

결론

결론

　조선은 개항 이후 제국주의 열강의 침략 속에서 봉건국가체제를 해체하고 자주독립의 근대국가로 나가야 하는 과제를 안고 있었다. 그러나 일제의 침략이 가속화 되면서 한국사회의 근대화 방향은 반제국주의 운동을 통한 근대국가 건설로 이해되었다. 이는 농민운동으로 표출된 반봉건의 문제와 내적으로 형성된 운동역량의 변화에 대해 설명하지 못하였다. 따라서 이를 해결해야하는 것은 한국사회의 내적 연속성을 설명하는 측면에서 중요한 과제가 되었다. 그런 측면에서 의병운동은 주목된다. 의병운동은 일제의 침략에 저항한 가장 적극적인 민족운동인 동시에 내적으로 형성된 저항의식의 표출이었다. 의병운동은 농민운동으로 형성된 반봉건의 저항의식이 반제국주의 운동 속에서 어떻게 융합되어 가는지를 살펴볼 수 있는 사례인 것이다. 이와 함께 의병운동방략의 변화에 대해서도 주목하였다. 한말 전개된 의병운동은 내적운동역량의 표출이었기 때문에 단절된 것이 아니라 연속성을 가지고 있었다. 그런 연속성의 표현으로 운동방략이 1896년 의병운동에서 형성된 기본 틀 속에서 구체화되고 확대되어 구현된 것으로 볼 수 있다.

내적운동역량의 변화와 의병운동방략의 연속성을 확인하는 데 '원주의병'은 매우 적합한 사례였다. 원주는 강원감영이 설치된 강원도의 정치, 경제, 문화, 군사의 중심지로 반봉건의 문제를 내포하고 있었으며, 개항 이후에는 농민운동이 일어난 지역이었다. 또 일제의 침략에 대항하여 1896년 의병운동, 1905년 의병운동, 1907년 의병전쟁이 연속해서 일어난 곳이었다. 따라서 한말 '원주의병'을 통해 의병운동의 내적 운동역량의 변화를 파악할 수 있고, 세 시기 의병운동의 변화추이와 운동방략에 대해 이해할 수 있었다.

1896년 '원주의병'은 크게 2가지 특징을 가지고 있었다. 첫째, 원주농민운동의 주도세력이 의병운동에 적극적으로 참여한 것이다. 이는 농민운동을 통해 형성된 저항세력이 의병세력으로 전환된 것을 의미하며, 의병운동이 일제의 침략에 대응한 것인 동시에 내적으로 형성된 억압적 지배세력에 대한 운동역량의 폭발을 의미한다. 둘째, 의병운동방략이 형성된 것이다. 이 시기 수립된 의병운동방략은 이후 구체화 되면서 의병운동의 기본 운동방략으로 확립되었다. 따라서 1896년 '원주의병'을 이해하기 위해서는 원주농민운동에 대한 이해가 필요하다.

원주는 양란 이후 관찰사의 기능을 강화하기 위해 추진된 감영의 유영화(留營化)로 원주목과 강원감영 두개의 행정기구가 설치되었다. 이로 인해 지방재정의 규모는 크게 확대되었으며, 이를 담지해야 하는 원주민의 부담도 크게 늘어났다. 여기에 개항 이후 제국주의의 침략과 맞물려 가중된 봉건모순으로 지방재정운영과정에서 많은 폐단이 발생하였다. 특히, 상품화폐경제와 맞물려 확대된 이서들의 환곡 포흠은 1885년 원주농민운동의 직접적인 원인이 되기도 하였다.

원주농민운동은 봉건적 수취체제의 문제로 일어난 전형적인 농민운동이었지만 일반적인 농민운동과 다른 두 가지 특징이 있었다. 첫째, 포흠을 일으킨 이서들 중에는 중앙정치세력과 일정한 관계를 형성한 자들이 있었다. 이들은 중앙정치세력을 배경으로 지역에서 영향력을 행사하던 자들이었다. 따라서 이서들의 포흠을 해결하기 위해 형성된 저항세력은 궁극적으로 중앙정치세력을 비롯한 억압적 지배세력에 대한 저항으로 발전할 수 있었다. 이런 포괄적 지배세력에 대한 저항의식은 10년 후 의병운동으로 이어지고 있었다. 둘째, 원주지역 유력가문이 원주농민운동에 참여한 것이다. 이들은 농민운동을 통해 세력화를 보여주었으며, 1896년 '원주의병'에서 중심세력으로 등장하였다. 그중 연안김씨 가문은 핵심적인 역할을 수행하였다. 김택수는 농민들 입장에서 소장을 작성해 주었으며, 김관수는 96명의 양반유생들이 연명한「원주유민품목(原州儒民稟目)」의 작성을 주도하여 강원감영에 대항하였다. 이것은 지역의 유력자 또는 유력가문들이 지역의 문제를 해결하고자 지도력을 발현한 것이었으며, 그들 사이에 관계망이 형성되어 있음을 보여주는 것이었다. 이런 지도력은 상황에 따라 억압적 지배세력과 충돌할 수 있음을 보여주었다.

유력가문의 지도력과 관계망은 1896년 '원주의병'에도 막대한 영향을 미쳤는데, 이춘영과 김사정이 그 핵심인물이었다. 먼저, 이춘영의 경우를 보면, 첫째, 조모(祖母)를 통해 중앙정치세력인 여흥민씨와 긴밀한 관계를 맺고 있었다. 둘째, 처삼촌이 김관수와 김택수로 원주지역 유력가문과 연계를 맺고 있었다. 셋째, 세거지인 지평에서 이근원을 통해 지평, 제천의 화서학파와 연계를 맺었다. 이춘영은 중앙정치세력의 후원과 원주, 지평, 제천 등지의 유생 및 화서학파를 연합할 수 있는 인물이었다. 다음으로 김사정은 연안김씨 가문의 사람으로 원주지역에 직접적인 영향력을 행사할 수 있는 인물이었다. 이들은 이런 관계망을 바탕으로 지평포군, 원주포군, 화서학파 그리고 일반백성들을 의병운동에 참여시켜 1896년 1월 12일 원주 안창에서 봉기하였다. 따라서 '원주의병'은 여러 지역에서 다양한 세력이 연합한 연합의병의 성격을 가지고 있었다.

한편, 원주는 유력가문의 지도력과 관계망 이외에도 의병이 일어날 조건이 형성되어 있었다. 그것은 첫째, 화서학파와의 연계이다. 원주의 양반사회는 남인계열의 척사론적 입장이 주류였지만 화서학파와도 연계를 맺고 있었다. 관동연명유소와 관련하여 소수(疏首)를 원주에서 정한 것, 이소응 의병장의 원주 신림·주천 일대 거주한 것, 1902년 화서학파의 의조금(義助金) 모금에서 원주가 두 번째로 많이 참여한 것 등을 통해 원주와 화서학파의 관계를 가늠할 수 있다. 원주는 김평묵 계열의 화서학파로부터 학문적 영향을 받았으며, 제천·영월·지평·여주 경계지역을 중심으로 화서학파의 근거지가 형성되어 있었다.

둘째, 강원감영의 이전이다. 원주는 1895년 지방제도개혁으로 강원도의 수부에서 충주부에 속한 일개 군으로 강등되면서 정치·경제·사회적 기반에 큰 변화가 나타났다. 또 군제개혁으로 원주진(原州鎭), 중영(中營) 등이 폐지되고 거기에 소속된 지방군인들이 해산되면서 그들의 불만이 고조되었다. 그런데 이로 인해 역설적으로 '원주의병'은 군사적·경제적 기반을 제공받을 수 있었다. 원주는 강원감영이 춘천으로 이전된 후에도 감영을 유지하던 재정구조가 그대로 남아 있어 의병부대의 재원으로 전용될 수 있었다.

1896년 1월 12일 봉기한 '원주의병'은 원주관아를 점령하면서 1차 목표를 달성하였다. '원주의병'은 서울에 있는 친일세력과 일본공사관을 압박하는 것을 의병운동의 목표로 설정하였다. 따라서 경상도에서 서울로 올라가는 길목을 장악하고, 서울-부산 간 군용전신선을 차단하고자 충주관찰부 점령을 계획하였다. 이를 위해 의병지도부는 부대를 제천으로 이동하기로 결정하였다. 이는 일본군과의 교전을 피하면서 의병부대의 세력을 확장하기 위한 것이었다. 원주에서 충주로 넘어가는 길목인 가흥에는 일본군 병참부대가 주둔하고 있었다. 따라서 이들과의 교전을 피하고 원주에서 포군을 모집하는 동시에 충주로 진출하기 용이하면서도 산악지대를 이용한 방어가 가능한 제천으로 이동을 결정한 것이었다. 여기에 거의를 주장한 화서학파 인물들의 참여를 유도하여 의병전력을 한층 강화시키고자 하는 의도도 있었다. 예컨대, 의병부대의 제천이동은 충주 공략을 위한 의병근거지 마련과 제천지역 화서학파의 참여를 통한 의병부대 확대에 있었던 것이다.

하지만 원주에서 모집한 포군이 민용호 의병부대에 흡수되면서 '원주의병'은 크게 흔들리게 되었다. 이것은 의병부대간 상호연계가 미흡하였다는 것을 보여주는 것이고, 주요 전투력인 포군의 확보가 의병운동의 성패에도 영향을 미치고 있다는 것을 의미하였다. 이러한 위기상황을 타개하기 위해 의병지도부는 인망(人望) 있는 지도자를 통해 의병부대를 재정비하고자 하였다. 그 결과 1896년 2월 7일(음력 12월 24일) 영월에서 유인석을 총대장으로 하는 연합의병이 출범하였고, '원주의병'은 연합의병 안에서 활동하였다.

'원주의병'은 유인석 연합의병부대에서 활동하면서 향후 의병운동의 방략을 수립하였다. 김사정의 「헌책(獻策)」이 바로 그것인데, 의병운동방략의 기본 틀을 제시하였다. 이때 수립된 의병운동방략은 첫째, 서울 사대문 및 각처 도회지에 방을 걸어 역적들의 죄상을 알림으로써 자연스럽게 외국공사들도 알게 한다는 것이다. 이는 서신을 통해 직접적으로 의병봉기의 목적을 알리는 것은 아니었지만 외국공사도 알 수 있게 한다는 것을 감안했다는 점에서 초보적이지만 외국공사관의 도움을 기대하고 있었음을 알 수 있다. 둘째, 조야의 물망 있는 인물을 추대하여 8도의 의병을 지휘하게 한다는 것이다. 이는 전국의 단일 의병을 추진하는 것으로, 1905년 이후 원용팔 의병부대가 추진하였던 전국의병과 1907년 의병전쟁 당시 13도창의군과 그 맥을 같이하는 것이었다. 셋째, 서울의 양도(糧道)를 끊어 서울의 인심을 크게 변하게 하여 의병의 입성을 기다릴 것 없이 백성들이 일어나 의병과 호응하게 하는 것이다. 의병의 기본 방략이 서울에 있는 역적들을 몰아내는 것으로 1907년 13도창의군이 추진한 서울진공작전의 기본적인 틀이 이때 만들어졌다고 볼 수 있다. 이와 관련해서 이인영이 유인석 연합의병부대가 북상할 때 의병부대를 원주 안창으로 이동시켜 재정비하고 서울로 진격 할 것을 주장한 것도 주목된다. 이러한 운동방략은 '원주의병'의 특징이라고 할 수 있으며, 이후 의병운동에서 공통적으로 나타나는 모습이었다.

1896년 '원주의병' 이후 다시 의병이 봉기한 것은 러일전쟁 이후 일제의 침략에 대항하여 일어난 원용팔 연합의병부대였다. 일제는 대한제국에 대한 독점적인 지배를 실시하고자 한일의정서 체결 이후 황무지개척권 요구, 광산조사, 산림벌채, 화폐개혁 등 침략정책을 진행하였다. 이러한 조치는 일제의 침략을 지방의 중소도시까지 확대시키는 결과를 가져왔다. 이제는 관념적인 일제의 침탈이 아닌 실질적인, 몸소 체험할 수 있는 일제의 침탈에 직면하게 되었다. 이러한 상황은 지역사회 내에서 반일감정을 고조시켰으며, 지역민들이 의병에 참여하거나 의병을 후원·협조하는 하나의 계기가 되었다. 더욱이 원주는 원주진위대가 설치되어 있어서 일제의 침략정책에 직접적인 영향을 받고 있었다.

그런 측면에서 원용팔이 가지고 있던 현실인식은 중요하다. 그는 일제의 침략상황을 토지침탈(황무지개척권 요구와 역둔토 정리 문제), 국정운영침탈(대한제국의 내치행정을 장악한 고문정치 문제), 침략여론의 조작(일진회 문제) 등으로 파악하고 이러한 현실을 타개하기 위한 최선의 방안은 의병을 일으켜 침략에 대항하는 것이라고 보고 있었다.

그리하여 원용팔은 1896년 의병운동에 참여하였던 원주, 단양, 제천 등지의 인사들을 모아 1905년 8월 16일 원주 주천에서 봉기하였다. 그는 봉기 직후 일관된 운동방략을 가지고 의병운동을 전개하였는데, 이를 크게 4가지로 정리할 수 있다. 첫째, 강원도·충청도 일대의 의병을 통합하여 원주진위대와 연합하는 전국단위의 의병부대를 출범시키고, 서울에 있는 반일세력과 연합하여 친일정권과 일본의 간섭을 배제하는 것이었다. 둘째, 의병모집활동을 전개하는 동시에 의병운동의 배후지역으로 거점지역을 확보하고 이를 바탕으로 서울로 진격하는 것이었다. 셋째, 원우상 등 중앙정치세력과 연계 속에서 원주·여주 일대의 의병후원과 지원을 유도하는 것이었다. 특히, 대한제국 정규군인 원주진위대와 연합을 추진하여 의병전쟁으로 확대를 시도하였다. 넷째, 격문·서신·상소문 등을 통해 의병운동에 대한 실질적 지원 및 정당성 확보였다. 그 방법으로 서구열강의 공사관과 청국공사관에 서신을 보내 의병 지지성명 발표나 군대를 출병하여 일제를 토벌할 것을 요청하였다. 또 상소를 통해 광무황제의 지지를 확보하고자 하였다. 이와 별도로 일본공사관과 일진회에 효유문을 보내 충돌 없이 스스로 물러날 것을 요구하였다. 이러한 4가지 의병운동방략은 구체적이고 직접적인 것이어서 1896년 '원주의병'의 운동방략으로 제시되었던 김사정의 「헌책」에서 진일보한 것이었다.

원용팔의 의병운동방략에서 특히 주목되는 것은 원주진위대와 연합시도였다. 의병진압 세력인 원주진위대와 연합을 시도하였다는 것은 원주진위대 내부에서 반일의식이 형성되어 있었다고 볼 수 있다. 이러한 반일의식의 형성에는 진위대의 재원 마련을 둘러싸고 일진회와 갈등, 일제에 의해 추진된 군제개편 등이 영향을 미쳤다. 그러나 원주진위대 내부에 반일의식이 형성되었다고 하더라도 군대라는 특성으로 인해 직접적으로 의병과 연합하기는 힘들었다. 하지만 군대해산이라는 대한제국 정부의 통제에서 벗어나는 조치가 있었을 때에는 그동안 축적되었던 반일의식이 폭발하여 의병으로 나갈 수 있는 것이었다.

원용팔 연합의병은 1896년 의병운동이 실패한 후 그 세력이 재기하는 출발점이 된 의병이었다. 또 1896년 의병운동에서 형성된 운동방략을 구체화시켰으며, 일제와 이에 협력한 일진회 등의 침탈에 대항하여 다양한 세력의 연합의병을 추진하였다. 원용팔 연합의병은 본격적인 의병전쟁으로 나아가는 선구적인 성격을 가지고 있다고 하겠다.

1907년 8월 군대해산을 계기로 원주진위대가 봉기하였다. 원주지역 1907년 의병전쟁의 직접적인 출발은 원주진위대 봉기였지만 그 시작은 광무황제강제퇴위반대운동에서 비롯되었다. 1907년 7월 전국적으로 광무황제강제퇴위반대운동이 확산되었는데, 7월 말 원주지역에서도 중앙정치세력과 연계되어 전개되었다. 광무황제의 측근세력은 광무황제강제퇴위반대운동을 전국적으로 확산시켜 의병전쟁으로 확대시킴으로써 서울의 정치상황을 변화시켜보고자 하였다. 그 방법으로 1896년 의병운동 당시와 같이 의병에게 황제의 밀지를 전하여 의병봉기의 정당성을 부여하였다. 황제의 측근세력으로 원주·제천지역 의병전쟁과 밀접한 관계가 있는 인물은 심상훈이었다. 심상훈은 자신의 연고지를 중심으로 낙향해 있던 반일적 중앙정치세력, 재지사족들과 연계하여 의병장을 독려하였다. 그러므로 원주에서 일어난 1907년 의병전쟁은 광무황제강제퇴위반대운동과 원주진위대 해산 등 중앙과 지방의 정치적 문제가 서로 연계되면서 일어난 것이었다.

　1907년 의병전쟁의 운동방략과 관련해서 관동창의대의 출범과 13도창의군의 창설이 주목된다. 관동창의대와 13도창의군은 그동안 축적된 의병운동방략의 결과라고 할 수 있는데 구체적으로 살펴보면 첫째, 관동창의대장으로 이인영의 추대이다. 이인영은 원주·여주 일대에서 학문적으로 명망 있는 인물이었고, 해산군인과도 연계가 가능한 인물이었을 뿐 아니라 중앙정치세력과 연계를 맺고 있었다는 점에서 의병장으로 최적의 인물이었다. 따라서 이인영의 의병장 추대는 관동창의대를 전국의병으로 확대할 것을 염두에 둔 것임을 알 수 있다. 관동창의대는 이후 이인영을 총대장으로 하는 13도창의군으로 확대되었다. 둘째, 이인영이 해외동포를 비롯하여 각국 영사관과 통감부에 격문을 보낸 것이다. 이는 국제사회의 지원을 받기 위한 조치였다. 셋째, 의병참여세력이 크게 확대되었다. 양반유생, 해산군인 등 다양한 세력이 의병전쟁에 참여하였다. 특히, 해산군인의 참여로 의병부대의 무기체제 변화, 전술변화 등이 나타났다. 해산군인은 『보병조전(步兵操典)』,『전술학교정(戰術學敎程)』등 근대 군사교본으로 교육을 받았기 때문에 상황에 맞는 전술을 구사할 수 있었다. 또 해산군인을 통해 근대식 소총의 보급과 화승총의 개량이 이뤄져 기습작전이 가능하게 되었다. 그 결과 의병부대는 유격전을 기본전술로 채택하였으며, 유격전술의 효과를 높이기 위해 산악지대에 근거지를 형성하였다. 넷째, 서울진공작전의 실시이다. 13도창의군은 주요 전략으로 서울진공작전을 전개하였는데, 관동창의대 병력이 핵심이었다. 이는 1896년 '원주의병'에서 추구하였던 기본 운동방략이 1907년 의병전쟁에서도 매우 중요하게 추진되고 있었다는 것을 보여준다.

한편, 1907년 의병전쟁이 쇠퇴하면서 의병운동세력은 만주지역 독립군으로 전화되거나 국내의 국권회복운동에 참여하였다. 원주지역은 억압적 지배세력에 대한 저항, 일본제국주의의 침략에 대한 저항 등을 통해 일반민들이 저항주체로 성장하고 있었으며, 이들이 중심이 되어 의병전쟁, 야학운동 등 다양한 저항운동이 전개되었다. 특히, 야학운동은 의병전쟁이 일본군에 의해 탄압된 이후 본격적으로 진행되는 모습을 보여줬다. 이것은 원주지역의 저항운동이 의병전쟁이 이후 자강운동으로 변화되고 있음을 의미한다. 또한 저항주체로 성장한 일반민들의 일제에 대한 저항의식은 이후 민족해방운동으로 이어져 만주지역 항일무장투쟁, 국내의 국권회복운동 등으로 나타났으며, 더 나아가 3·1운동으로까지 이어지고 있었다. 이러한 원주지역의 저항의식과 민족운동은 원주지역의 근대도시 형성에도 영향을 미쳤다.

원주는 강원도 영서남부지역의 중심도시로 교육·문화·경제·군사의 중심도시가 되고 있다. 이는 강원감영 설치 이후 원주가 가지고 있던 강원도의 행정·경제·군사·문화적 중심지라는 기능이 되살아나고 있는 것이다. 군사도시라는 획일적 이미지에서 벗어나 다양성을 내포하고 있는 도시로 성장하는 것을 의미한다. 즉, 원주의 근대도시형성 과정은 시가지의 형성, 교통망의 확충 등을 통해 만들어지면서 전통적인 도시 형태에서 크게 변하였지만 그 기능은 계속해서 강원도의 교육·문화·경제·군사적 중심도시로 역할을 하고 있는 것이다. 이에 더하여 원주에는 억압적 지배세력에 대한 저항의식이 이어지고 있어 상황에 따라 저항운동으로 나타날 수 있었다.

'원주의병'은 농민운동을 거치면서 내적으로 형성된 운동 역량이 일제라는 새로운 억압적 지배세력에 대한 발현이라고 할 수 있다. 즉, 의병운동이 외부의 충격으로만 일어난 것이 아니라 내적으로 축적된 역량이 있어야 가능하다는 것을 보여준 것이었다. 이는 운동의 연속성 문제로 이어져 억압적 지배세력에 대한 저항이 분절적 단절적으로 일어나는 것이 아니라 일관성을 가지고 나타난다는 것을 보여주었다. 그것은 봉건정부의 침탈에 저항하던 세력이 새롭게 나타난 일제의 침략에 대항하는 모습에서 확인되었다. 따라서 억압적 지배세력이 변하여도 저항의 에너지는 계속해서 이어진다는 것을 알 수 있다. 또 이 저항의 에너지는 운동역량으로 표출되고 이 운동역량은 운동방략으로 구현되었다. 그러므로 의병운동방략의 변화·발전은 의병세력의 변화·발전을 보여주는 것이며 궁극적으로 의병세력의 목표를 보여주는 것이었다. 이는 다른 측면에서 의병운동 이념의 변화, 조직의 변화, 참여층의 변화를 살필 수 있고 이를 통해 의병운동의 구조적 변화 추이를 볼 수 있다. '원주의병'은 이러한 점을 확인시켜준 의병운동이었다.

'원주의병'으로 확인된 의병운동방략은 1896년 의병운동에서 형성되어 변화 발전하여 1907년 의병전쟁에서 구체적으로 구현되는 것을 보았다. 1907년 의병전쟁은 다양한 계층이 참여한 독립전쟁이었고 근대민족국가를 지향하였다. 따라서 연합의병을 구성하여 서울로 진격해 일제를 타도하려는 운동방략도 궁극적으로 의병세력을 중심으로 한 근대민족국가의 건설이었다. 이러한 연장선상에서 일제강점기 만주지역 항일무장투쟁을 전개하였고, 나아가 민족해방운동으로 확대되었다. 내적으로 축적된 억압적 지배세력에 대한 운동역량이 일제의 식민침략에 대응하고 일제강점기를 거치면서 근대민족국가 건설의 한 축으로 작용하였다. 이러한 변화의 모습은 일제강점기 항일무장투쟁을 전개하는 과정에서, 나아가 민족해방운동으로 확대되는 과정에서 좀 더 명확히 확인할 수 있다.

부록 1 　한말 '원주의병' 연표

연월일	주요 내용
1885년 3월 2일(음력)	원주 안창에서 원주농민운동 북창봉기
1885년 3월 12일(음력)	원주 태장에서 원주농민운동 태장봉기
1896년 1월 12일	원주 안창에서 1896년 원주의병 봉기
1896년 1월 17일	원주의병 제천 입성
1896년 1월 19일	원주의병 단양 입성
1896년 1월 22일	단양 장회협에서 친위대와 전투
1896년 2월 7일	영월에서 유인석 연합의병부대 출범
1896년 2월 12일	유인석 연합의병부대 제천 입성
1896년 2월 17일	유인석 연합의병부대 충주성 공격
1896년 2월 23일	수안보 전투, 이춘영 전사
1896년 3월 5일	유인석 연합의병부대 충주성에서 후퇴
1896년 3월 17일	김사정, 김사두 의병을 이끌고 유인석 연합의병부대에 합류
1896년 3월 18일	가흥전투에서 일본군에게 패배
1896년 3월 27일	김백선 처형
1896년 4월 26일	조기신 의병진압군을 이끌고 충주 부근에 도착
1896년 5월 1일	제2차 가흥전투, 이인영 청국병사 이끌고 참전
1896년 5월 25일	유인석 연합의병부대 제천 남산전투에서 패배, 제천 철수
1896년 6월 16일	유인석 연합의병부대 원주 보안역 도착
1896년 8월 29일	유인석 연합의병부대 중국 懷仁縣에서 무장해제, 해산
1905년 8월 16일	원용팔 연합의병부대 원주 주천(현 영월 주천)에서 출범
1905년 8월 19일	원용팔 연합의병부대 단양, 영춘 입성
1905년 8월 24일	단양에서 의병소모활동 후 영춘으로 이동
1905년 8월 27일	원용팔 연합의병부대 영월 입성
1905년 9월 20일	원용팔 연합의병부대 정선, 평창을 거쳐 홍천에 입성
1905년 9월 24일	원주진위대와 연합을 위해 원주 弓谷에 주둔
1905년 9월 25일	원주 궁곡에서 원용팔 체포
1905년 10월 8일	원용팔 서울 압송
1906년 3월 7일	원용팔 옥중 순국
1907년 8월 5일	원주진위대 봉기
1907년 8월 6일	원주진위대 여주분견대 봉기
1907년 8월 10일	민긍호 의병부대 제천 입성, 시모바야시 지대 원주 도착
1907년 8월 15일	민긍호, 이강년, 윤기영 등 제천 천남 전투
1907년 8월 19일	이강년 호좌의진 출범
1907년 8월 21일	아다치 지대 충주 도착
1907년 8월 23일	이강년 의병부대의 충주성 공격, 민긍호 의병부대 충주 康嶺村 진격, 아다치 지대 제천 공격

1907년 8월 29일	이은찬, 이구채 의병부대를 이끌고 문경에 있는 이인영 방문
1907년 9월 2일	이인영 의병대장으로 취임
1907년 9월 8일	원주 신림 소재 의병근거지 일본군 공격을 받음
1907년 9월 22일	민긍호 예하부대 원주 문막 부근에서 일본군과 교전
1907년 9월 24일	강원도선유사 파견
1907년 9월 28일	강원도선유사 춘천 도착
1907년 9월 말	이인영 관동창의대 원주 주둔
1907년 10월 8일	강원도선유사 홍천 도착
1907년 10월 15일	강원도선유사 원주 도착
1907년 10월 16일	관동창의대 김세영이 상경하여 각국 영사관에 서신 보냄
1907년 10월 18일	민긍호 강원도선유사와 접촉
1907년 10월 20일	관동창의대 원주 떠나 지평 주둔, 의병 원주 싸리재에서 강원도선유사 일행을 호위하는 일본군과 전투
1907년 10월 23일	일본군 아카쿠라 지대 편성
1907년 10월 26일	민긍호 강원도관찰사에게 귀순거절 답서 보냄
1907년 10월 31일	아카쿠라 지대 충주 도착, 이인영 해외동포에게 격문 보냄
1907년 11월 4일	아카쿠라 지대 원주 도착, 사카베 지대 서울 출발
1907년 11월 7일	의병 석실에서 사카베 지대와 전투
1907년 11월 8일	의병 삼산에서 아카쿠라 지대와 전투, 민긍호 강원도관찰사 공한을 가지고 온 횡성군수 접견
1907년 11월 10일	횡성군수 민긍호 서신을 가지고 춘천으로 돌아옴
1907년 11월 20일	관동창의대 편제를 알 수 있는 격문 원주에서 발견
1907년 12월 1일	관동창의대 원주 귀래 일대 주둔
1907년 12월 7일	민긍호 의병부대 회양군으로 이동
1907년 12월 13일	횡성군 청일면에서 한기복 전사
1907년 12월 14일	민긍호 의병부대 화천군으로 이동
1907년 12월 19일	민긍호 의병부대 횡성군 동북 60리 지점에서 일본군과 교전
1907년 12월 28일	횡성군 청룡면에서 한갑복 전사
1908년 1월 2일	양구 동면 임당리에 민긍호, 이인영 의병부대 주둔
1908년 1월 초순	이인영을 총대장으로 하는 13도창의군 재편
1908년 1월 25일	허위 의병부대의 서울 공격
1908년 1월 28일	관동창의대 참여한 13도창의군의 서울 공격 실패
1908년 1월 29일	이인영 13도창의군 총대장에서 물러남, 지평부근에서 일본군과 전투
1908년 2월 29일	민긍호 의병부대 원주 강림에서 일본군과 교전, 민긍호 체포된 후 순국
1908년 3월 19일	한상렬 홍천 서석에서 일본군과 교전
1908년 4월 2일	한상렬이 계속해서 저항하자 일본군이 한상렬의 처자를 납치해 귀순할 것을 협박
1908년 5월 23일	한상렬 귀순자를 처단함에 대한 처단

부록 2. 원주 각 면별 주요사건 · 단체 참여자 명단

面	19세기 관료 및 양반	원주농민운동(유생)
건등면 (문막)	**黃益秀**(黃彌秀, 서울거주)	**黃益秀**(校理), 黃龍秀, 郭在麟(사재)
지정면	金綺秀, 金有淵, 金晩秀, 金世基, 金完秀, 金鏴, 金銑, 金載贊, 李馨德,	金寬秀(안창), 金宅秀(안창), 金憲秀(안창, 이춘영 丈人), 幼學 金思翼,
호저면		李載和(만종), 李承汝(우산) **李哲(轍)和**(만종), **李源祥**(이철화의 父), 宋相勉, 宋元奎, 金昌云(상민), 宋元玉(우산)
판부면		金思輪(판제)
금물산 (흥업)		
본부면 (원주)	洪義浩, 洪仁浩	鄭海壽(반곡), 李興世(珠山), 張鵬基(邑吏), 南聖甲(邑吏), 安在豊(邑吏), 元浩春(首刑吏), 元衡斗(營倉色), 元興吉(中營使令), 李仁白(邑洞頭民), 辛老迪・金福云・徐松石(下吏民)
부론면	丁浚敬, 丁理燮, 丁奎會, 丁奎年, 丁範祖, 韓耆東, 韓哲東, 韓直愚, 韓啓源, 韓敬源, 韓敦源, 韓鎭尿, 韓鎭榮, 韓鎭庭, 韓致應, 韓光植, 申錫禧	韓宅東, 韓赫秀, 韓斅源(진사), 丁翼燮(진사), 丁大淳(감역),
귀래면		
소초면		成正奎,
가리파 (신림)	沈興奎(화서)	
미확인	吳炳文, 鄭顯英, 元在明, 洪必謨, 金昌秀, 洪永觀, 金始淵, 李魯奎, 睦祖永, 李敎仁 (함평이씨, 화서), 李智善(화서)	趙秉圭(監役), 安鍾浩, 元世準(進士), 李承淳(進士), 洪鍾先, **金炳大**, 趙淵龍, 高秉斗, 洪豊周, 徐喆輔, 鄭耕時, 鄭奎秉, 李熙舜, 金脩鉉, 徐相協(生員), 李箕範, 李鳳彬, 李命植, 金萬源, 李秉圭, 權基和, 蔡東鎭(監役), 蔡東雲, 洪雲謨, 李承禼(進士), 金辰英, 金秀黙, 李夏稙, 朴基龍, 李錫容, 沈友直, 元秉常, 鄭彦時, 金時齊, 元世泰(進士), 李敎萬, 鄭珊和, 吳炳文, 金碩秀, 崔允翰, 李舜範(正言), 崔龍九, 李喜稙, 李宗黙, 朴肇壽(進士), 元紀常, 朴來壽, 洪庚周, 元橲, 李冕用, 元濬, 李敎昇, 李麟九, 金洛龜, 朴世勳(進士), 朴寅赫, 李敏龍, 李玄宰, 元容直, 金麟浩, 李佐容, 林秉孝, 李錫範, 崔在厚, 洪載周(進士), 李龍稙, 郭雲鍾, 閔琬行, 李益年, 李錫麟, 沈錫肇, 崔允弼, 李箕鎭, 鄭謙和, 申應均, 權鍾哲, 李應來, 朴受三, 元泳圭(進士), 朴齊恒, 金漢圭, 李秉三(監役), 申錫鵠, 任厚根, 元命奎(민란주모자)

面	동학	동학진압
건등면 (문막)	**林淳化**	
지정면		
호저면	**尹孝永**	**李哲和**(만종)
판부면		
금물산 (흥업)		
본부면 (원주)		
부론면		
귀래면		
소초면	李和卿(섬배), 元鎭汝(송골), **朴英夏**	
가리파 (신림)		
미확인	林鶴善, 金化甫	鄭俊時(원주중군)

面	1896의병	1902년 義助
건등면 (문막)	金敎憲	金斗熙,
지정면	金思鼎(안창), 金思斗(안창)	
호저면	**李哲和**(만종), **尹基榮**(무장)	
판부면		
금물산 (흥업)		
본부면 (원주)		
부론면	**元容八**, **元容正**, 韓東直	金永俊
귀래면		
소초면	**朴英夏**, 武總	
가리파 (신림)	李明魯, **朱鉉三**(주천), 金萬東(주천)	이소응, 廉重熙, 廉重甫, 廉錫龜, 廉德龜, 朱鉉五
미확인	**朴貞洙**, 具然詳, **金炳大**, 朴雲瑞, 劉錫吉, 李康赫, 李錫吉, 洪祐範, **金雲先**, 沈相禧, **李麟榮**(원주 서면)	沈宜欽, 沈宜起, 沈光澤, 沈宜興, 沈元澤, 沈成澤, 沈和澤, 沈麟澤, 元貞常, 元世欽, 元龜常, 鄭世煥, 元義常, 朴秀衛(밀양), 金炳浩(진위), 金炳孝(진위), 姜渭來, **朴貞洙**

面	진보회(일진지회)	1905의병
건등면 (문막)	**林淳化**	
지정면	蔡聖九	
호저면		
판부면	姜龜鉉, 朴明守, 金仁道	
금물산 (흥업)		
본부면 (원주)		

부론면		元容八(여주강천), **朴貞洙**, 元容銖
귀래면		
소초면		
가리파 (신림)		朴守昌(주천)
미확인	朴仁洽, 고영달	權丙夏, 金洛中, 金睦女, 金文奎, 金泰寬, 金鴻根, 安相悳, 安鍾玉, 龍永祿, 李坤夏, 李奎元, 李象鉉, 李殷相, 林周善, 鄭大槢, 爩炳燾, 鄭台永, 池奎昌, 池秉彥, 崔漢燮, **朴齊昉**, **梁漢用**, 김영두, 嚴泰簡, 吳斗甲, 柳海鵬, 趙溶元, 禹弼圭, 禹億榮, 元世欽, 李兢夏, **李象烈**, **趙潤植**, 李佐承, 鄭在植 (포군), 蔡敬默, 蔡淳默, 崔炳德(포군), 金達文(포군), 李快成(포군), 趙石辰(포군)
面	1907의병	천도교/신간회
건등면 (문막)	이규문, 이병직, 李岐器	**崔在熙**(원주동맹 대표위원)
지정면		
호저면	**尹基榮**(무장), **尹孝永**(무장)	
판부면	李殷贊, 高時轍(농민), 金榮在(부흥사면), 李化京(부흥사면), 韓得履(부흥사면)	
금물산 (흥업)		
본부면 (원주)		
부론면		
귀래면		金顯洙
소초면		**姜萬馨, 姜士文, 河永賢**
가리파 (신림)	**朱鉉三**, 沈文澤(相善), **沈貞植**	
미확인	元道仁, 李南圭(전북활동), 徐云先, 卓漢宗, 嚴奉鎭, 金龍, 朴敬八, 金顯國, 李哲來, 景輝, 蔡敬默, 朴甲冑, **金雲先, 金鍾根, 朴甲冑, 成星五, 申泰宗, 劉秉先, 李康赫, 李南圭, 李永善, 鄭樂寅, 鄭樂鎭, 丁大武, 丁先甫, 徐云先** **李麟榮**(서면, 현 여주 북면 내룡리) 원주진위대: 閔肯鎬, 金德濟, 孫在奎, 권진환(副校), 김수환, 강윤환(參校), 신영균, 유경숙, 엄백용, 채삼석, 김명식, 진준철, 김승록, 권진홍, 김복길, 김수업, 양창운, 김원실, 조현묵, 신봉균, 신성팔, 함기연, 이재근, 전영하, 趙東敎, 최인순, **원주토착병**: 고성춘, 김덕희, 김일봉, 안창업, 조수환, 최수봉, 김순경, 한봉기, 김해봉, 김계완, 김성옥, 정준실, 김응봉	朴秉道(원주동맹 상무위원), 全龍甲(원주동맹 상무위원), 李世珪, 全祥雲, 金泰官, 金昌根, 孟仲三, 李世奎, 崔哲熙, 金昌實, 李泰壽, 全福壽, 孫光根 / 신간회 원주지회: 金演昇, 趙何○, 金技培, 朴○興, 金完植, 李東○, 安思永, 安俊成, 洪忠善, 元周黙, 李赤宇, 鄭東淏, 南之薰, 金世源, 朴容熙, 鄭○憲, 秋慶○, 李漢○, 金鎔○

面	3·1운동	비고
건등면 (문막)	郭漢旋, 李道淳, 蔡鴻默, 洪承復, 金俊基, 金顯九, 柳寅秀, 金元起, <u>崔在熙</u>, 許明東, 구태운, 채수은, 安養義塾	李勳敎(포진리구장), 崔一中(진밭서당), 金東翼, 金龍濟(취병서당), 안영근, 신승래, 안재수, 안재우(사흥서당)
지정면	李冕植, 柳俊烈, 李錫敬, 金源三, 金恩鳳	沈相健(民峴書堂), 金相烈(安昌義塾), 鄭顯晩, 鄭顯政(소리개서당)
호저면	宋秉箕, 成泰鉉, 朴民喜, 李正憲, 宋秉昌, 李鍾禹, 李斗淵, 柳定根	尹達永(芝山書齋) 地主: 권만주, 김선진, 류정열, 박봉상, 박한희, 변필현, 안명달, 원유상, 원정희, 유문옥, 이근명, 이덕인, 이원선, 이창연, 이형선, 임면상, 임용상, 임익상, 임종상, 정만복, 정완시, 정태섭, 정호준, 정호필, 최양순, 함도환, 함의동
판부면		李寅斗(金坐서당)
금물산 (흥업)	金商翼, 尹山岳, 李在孫, 元成圭, 金聖寬, 元顯輻, 金壽翼	
본부면 (원주)		沈宜春(면장)
부론면	表光天, 池千福, 李根成, 李根元, 丁宇鎭, 金福基, 鄭完用, 李在珆, 李殷敎, 柳定根, 李斗淵, 李鍾禹, 金玉鳳, 韓範愚, 韓敦愚, 韓泰愚, 鄭鉉基, 金聖洙, 金一壽, 魯林義塾, 洪南杓, 魚秀甲(노림의숙 교사, 1920년대 대표적인 사회주의운동 지도자)	金在容(진사, 蓀谷서당), 金敎昇
귀래면	金顯朱, 김현홍, 서상균	朴壯善, 宋鐘奐(高淸서당)
소초면	**姜萬馨**(횡성만세), **姜土文**, **河永賢**, **朴英夏**	
가리파 (신림)		
미확인	張龍河(배재고보), 金聲根(임시정부), 韓基岳(임시정부), 崔養玉(공명단)	安允玉(군주사1908~1909), 吳惟永(前官吏), 金興濟(紳士), 金萬吉(農民), 蔡圭文(紳士), 李燮敎(紳士), 張在彦(郡屬), 李東鎭(郡守) / 우리구락부: 李宣器, **鄭東溟**, 金世源 / 北原同盟: 高弘基, 李東壽, 鄭戶冀, 嚴英燮, 朴壽興, 元澤, 朴龍晩, 李宣器, 鄭明翼, 趙何晩, 金鎔浚, **鄭東溟**, 鄭東漢 야학과(原壹義塾 내): 洪義楷 노동야학교: 元乃薰, 張世勳

※밑줄 쳐 진하게 표시된 인물은 앞뒤 시기 민족운동에 이어서 활동한 인물임.
※출처: 『原州儒民稟目』; 『按覈狀啓: 原州』; 韓駐參 第598號「一進會現況에 관한 調査報告」附屬書 '1. 一進會 및 進步會 役員', '2. 進步會 各郡 人員數表' 1904. 11. 22. 『駐韓日本公使館記錄』 21, 489~502쪽; 『原州獨立運動史: 己未萬歲運을 中心으로』, 사단법인 원주문화원, 1993; 오영교, 『강원의 동족마을』, 집문당, 2004; 오영교·왕현종, 『원주독립운동사』, 혜안, 2005; 강대덕, 「원주지역 동학농민운동의 조직과 활동」, 『江原文化史研究』 14, 강원향토문화사연구회, 2009; 조규태, 『천도교의 민족운동 연구』, 선인, 2006; 김정인, 『천도교 근대민족운동 연구』, 한울, 2009; 『강원도 원주지역 독립운동사 자료 현황과 연구과제』, 연세대학교 근대한국학연구소, 2004; 「1857년 박수풍등이 도산서원으로 초계서원을 중건하고자 보낸 통문」 한국국학진흥원 소장; 중추원조사자료 〉 出張調査報告書 〉 1.調査報告書 〉 3.조사지역 [국편 한국사데이터베이스]

참고문헌

1. 자료

『太祖實錄』,『成宗實錄』,『顯宗實錄』,『正祖實錄』,『高宗實錄』,『純祖實錄』,『承政院日記』,『日省錄』,『備邊司謄錄』,『經國大典』,『大典會通』,『隨錄』,『各司謄錄』,『公文編案』,『判決文』,『宣諭使日記』,『內部來去案』,『步兵操典』,『戰術學敎程』,『擇里志』,『關東誌』,『關東邑誌』,『按覈狀啓: 原州』,『原州邑誌』,『壬戌錄』,『壬戌錄』,『梅泉野錄』,『萬機要覽』,『昭義新編』,『司馬榜目』,『文科榜目』,『大韓帝國官員履歷書』,『화서집』,『중암집』,『金溪集』,『습재집』,『毅菴集』,『雲岡集』,『響山日記』,『서행일기』,『韓國痛史』,『騎驢隨筆』,『陣中日誌』,『披襟記草』,『從義錄』,『下沙安公乙未倡義事實』,『毅菴柳先生西行大略』,『義士三戒元公乙巳倡義遺蹟』,『雲岡先生倡義事實記』,『繡鄕晴史』

『德水李氏世譜』,『驪興閔氏世系譜』,『坡州廉氏大同譜』,『延安金氏大同譜』,『順興安氏族譜』,『坡州廉氏大同譜』,『原州元氏大宗譜』,『慶州李氏大宗譜』

『皇城新聞』,『大韓每日申報』,『獨立新聞』,『京城新報』,『東京朝日新聞』,『大阪朝日新聞』,『구한국 官報』,『고종시대사』,『朝鮮協會會報』,『新韓民報』,『大韓自强會月報』,『朝鮮總督府統計年報』,『朝鮮總督府官報』,『東亞日報』,『朝鮮彙報』,『朝鮮』

『通商報告』,『駐韓日本公使館記錄』,『統監府文書』,『朝鮮暴徒討伐誌』,『폭도에 관한 편책』,『韓國駐箚軍報告』,『日本外務省資料』,『朝鮮憲兵隊歷史』,『原江原道狀況梗槪』,

『日本外交年表竝主要文書 上』,『日本外交文書 37-1』,『駐韓日本公使館記錄』,『軍事警察雜誌』,『密大日記』,『元韓國一進會歷史』,『토지조사부(강원도 원주 지정면 안창리)』,『朝鮮開拓地』,『不逞團關係雜件: 朝鮮人의 部－在滿洲의 部(5, 6, 13, 14, 16, 37)』,『不逞團關係雜件: 朝鮮人의 部－在西比利亞(10)』,『韓末近代法令資料集』1·2, 1970·1971.

『義助 壬寅(1902년) 十二月 日』
『毅菴門下同門錄』(독립기념관, 자료번호: 3-003823-009)
「砲軍等頒料成冊」(규장각 도서 NO.27090)
『江原監營各公廨修補物力區別成冊』(1875년 규장각도서 NO.17035)
「江原監營重記」(1891년: 규장각도서 NO. 16918)
『江原道各郡各屯都摠成冊』(규장각도서 NO.20216)
『江原道宣諭日記』(奎26079)
『民訟草槪』(규장각도서 NO.27716)
「江原道原州牧都會道內各邑去冬三朔各衙門還上用下成冊」(1859년·1869년·1877년 규장각도서 NO.19447·NO.19448·NO.19441)
『同治12年(癸酉)二月 日 原州牧人吏以下都官案』(연세대학교 도서관)
『訓令照會存案』 제80책(奎19143)
『楚山分駐像武器及什物成冊』(奎27273)
『別詔勅關係往復文』 제2책(奎17853)

2. 자료집

구완회·이충구·김규선,『국역제천의병자료』(Ⅰ~Ⅳ), 제천시, 2007~2011.
구바야시 후사지로·나카무리히코 지음, 구자옥·강수정·김장규·한상찬 옮김,『한국토지농산보고 Ⅱ: 경기도·충청도·강원도-』, 민속원, 2012.
국회도서관,『韓末近代法令資料集』, 1971.
국회도서관,『統監府法令資料集 上』, 1973.
국사편찬위원회,『한국독립운동사 자료』 8·10·11·12·17, 1979.
金正明 편,『日韓外交資料集成 5: 日露戰爭編』, 巖南堂書店, 1967.
金正明 편,『朝鮮獨立運動』 Ⅰ, 原書房, 1967.

金正明 편,『朝鮮駐箚軍歷史』, 巖南堂書店, 1967
독립기념관,『한말의병자료』Ⅰ~Ⅳ, 2002
독립운동사편찬위원회,『독립운동사자료집』Ⅰ·Ⅱ, 1971.
독립운동사편찬위원회,『독립운동사자료집』Ⅲ, 1971.
독립운동사편찬위원회,『독립운동사자료집』별집 1, 1974.
朴漢卨 編,『增補 畏堂先生三世錄』, 강원일보사, 1995.
오영교·왕현종·심철기 엮음,『원주독립운동사자료집』Ⅰ·Ⅱ·Ⅲ, 혜안, 2004.
의암학회,『毅庵柳麟錫資料集』,Ⅰ·Ⅱ, 2004.
李九榮 編譯,『湖西義兵事蹟』, 修書院, 1993.
李九榮 編譯,『〈修正增補〉湖西義兵事蹟』, 修書院, 1998.
李九榮 編譯,『의병운동사적』2, 사람생각, 2003
장삼현 편,『화서문하연원 어록비수비기』, 양평의병추모위원회, 2009.
조선총독부지질조사소,『朝鮮鑛末調査報告』
統監官房,『韓國施政年報(1906~1907년)』2, 아세아문화사, 1984.

3. 연구논저

1) 단행본(박사학위논문 포함)

강대덕·박정수·최창희,『횡성 민족운동사』, 횡성문화원, 2003.
강원의병운동사연구회 편,『江原義兵運動史』, 강원대학교 출판부, 1987.
경상북도,『경북독립운동사』Ⅰ, 2012.
구완회·이창식,『제천의병의 종합적 이해』, 白山出版社, 1996.
구완회,『韓末의 堤川義兵: 湖左義陣 研究』, 集文堂, 1997.
구완회,『한말 제천의병 연구』, 선인, 2005.
구완회,『인물로 보는 제천의병』, 제천시립도서관, 2009.
국방군사연구소,『한국무기발달사』, 국방군사연구소, 1994.
국사편찬위원회,『한국독립운동사』Ⅱ, 1966.
권오영,『조선후기 유림의 사상과 활동』, 돌베개, 2003.
김상기,『갑오·을미의병 연구』, 정신문화연구원 박사학위논문, 1990.

김상기,『韓末義兵硏究』, 一潮閣, 1997.
金洋植,『근대한국의 사회변동과 농민전쟁』, 신서원, 1996.
김용섭,『新訂 증보판 한국근대농업사연구(Ⅱ)』, 지식산업사, 2004.
김용섭,『한국근대농업사연구(上·下)』 증보판, 일조각, 1988.
金義煥,『義兵運動史;韓末을 중심으로』, 博英文庫 40 博英社, 1974.
김헌주,『후기의병의 사회적 성격에 관한 연구』, 고려대학교대학원, 2018.
김형목,『대한제국기 야학운동』, 경인문화사, 2005.
金鎬城,『韓末 義兵運動史 硏究』, 高麗苑, 1987.
金鎬城,『韓國民族主義論; 韓國思想的 脈絡에서』, 文佑社, 1989.
다카사키 소지 지음, 이규수 옮김,『식민지조선의 일본인들』, 역사비평사, 2006.
단국대학교 동양학연구소,『개화기 한국과 세계의 상호 교류』, 국학자료원, 2004.
독립운동사편찬위원회,『독립운동사』제2권, 1971.
박민영,『구한말 서북 변경지역의 의병연구』, 정신문화연구원 박사학위논문, 1996.
박민영,『대한제국기 의병연구』, 한울아카데미, 1998.
박민영,『한말 중기의병』, 독립기념관 한국독립운동사연구소, 2009.
朴成壽,『獨立運動史硏究』(創批新書 27), 創作과 批評社, 1980.
수원대학교박물관,『횡성 봉복사지 유적』, 2012.
서영희,『대한제국 정치사 연구』, 서울대학교출판부, 2003.
서인한,『대한제국의 군사제도』, 혜안, 2000.
宋讚燮,『조선후기 환곡제 개혁 연구』, 서울대학교 출판부, 2002.
심철기,『한말 원주의병의 발전과정과 운동방략』, 연세대학교박사학위논문, 2014.
심헌용,『한반도에서 전개된 러일전쟁 연구』, 국방부 군사편찬연구소, 2011.
梁晋碩,『17, 18세기 還穀制度의 운영과 機能변화』, 서울대 박사학위논문, 1999.
吳星,『朝鮮後期 商人硏究』, 一潮閣, 1989.
오영교,『原州의 同族마을과 古文書』, 原州文化院, 1998.
오영교,『강원의 동족마을』, 집문당, 2004.
오영교·왕현종,『원주독립운동사』, 혜안, 2005.
오영교,『조선후기 사회사 연구』, 혜안, 2005
오영교,『강원감영연구』, 원주시, 2007.
오영교,『실학파의 정치·사회개혁론』, 혜안, 2008.
오영섭,『華西學派의 思想과 民族運動』, 국학자료원, 1999.

오영섭, 『고종황제와 한말의병』, 선인, 2007.
原州郡, 『原州地方書院學術調査報告書』, 1992.
왕현종, 『한국 근대국가의 형성과 갑오개혁』, 역사비평사, 2003.
원주시사편찬위원회, 『원주시사: 역사편』, 원주시, 2000.
원주시, 『原州 丁未義兵 硏究』, 2008.
유준기, 『증보판 한국근대유교개혁운동사』, 아세아문화사, 1999.
柳漢喆, 『柳麟錫 義兵 硏究』, 國民大學校 大學院 博士學位論文, 1996.
윤희면, 『조선시대 서원과 양반』, 집문당, 2004.
윤병석, 『의병과 독립군』, 세종대왕기념사업회, 1977.
毅菴學會, 『毅菴柳麟錫의 抗日獨立鬪爭史』, 毅菴學會, 2005.
이동우, 『을미의병운동에 관한 연구』, 성균관대학교 박사학위논문, 1992.
이상찬, 『1896년 義兵運動의 政治的 性格』, 서울대 대학원 국사학과 박사학위논문, 1996.
이태훈, 『일제하 친일정치운동 연구: 자치·참정권 청원운동을 중심으로』, 연세대학교 박사학위논문, 2010.
李義權, 朝鮮後期 地方統治行政 硏究』, 集文堂, 1999.
장영민, 『원주 역사를 찾아서』, 경인문화서, 2004.
제이콥 로버트 무스 지음, 문무홍 외 옮김, 『1900, 조선에 살다』, 푸른역사, 2008.
鄭奭鍾 외, 『전통시대의 민중운동(하)』, 풀빛, 1981.
鄭濟愚, 『舊韓末 義兵將 李康秊 硏究』, 인하대 대학원 사학과 박사학위논문, 1992.
정제우, 『운강 이강년 의병장』, 독립기념관 한국독립운동사연구소, 1997.
정진영, 『조선시대 향촌사회사』, 한길사, 1998.
정호훈, 『朝鮮後期 政治思想 硏究: 17세기 北人系南人을 중심으로』, 혜안, 2004.
조동걸, 『횡성과 3·1운동』, 현대인쇄문화사, 1972.
조동걸, 『의병들의 항쟁』(민족운동총서 제1집), 민족문화협회, 1980.
조동걸, 『韓國民族主義의 成立과 獨立運動史硏究』, 知識産業社, 1989.
조재곤, 『한국근대사회와 보부상』, 혜안, 2001.
차기진, 『조선후기의 西學과 斥邪論 연구』, 한국교회사연구소, 2002.
崔珍玉, 『朝鮮時代 生員 進士 硏究』, 집문당, 1998.
한재수, 『한국건축사학의 변천과정에 관한 연구』, 한양대학교 대학원, 1989.
홍순권, 『한말 호남지역 의병운동사 연구』, 서울대 출판부, 1994.

홍영기, 『대한제국기 호남의병 연구』, 일조각, 2004.
幣原坦, 『日露間之韓國』, 博文館, 1905.
松田利彦, 『日本の朝鮮植民地支配と警察: 1905~1945年』, 東京, 校倉書房, 2009.

2) 논문

강재언, 「반일의병운동의 역사적 전개」, 『조선근대사연구』, 1970.
구완회, 「원주의 안창 마을에 전하는 의병이야기」, 내제문화 9, 1997.
구완회, 「제천을미의병의 경제적 기반과 수성장 체제」, 『제천의병100주년기념 학술회의 발표요지』, 제천의병100주년기념사업회, 1995.
구완회, 「제천 을미의병의 경제적 기반과 수성장(守城將)체제」, 『인문사회과학연구』 2, 세명대학교 인문사회과학연구소, 1995.
구완회, 「1896년 堤川義兵의 可興전투와 金伯善」, 『朝鮮史硏究』 4, 朝鮮史硏究會, 1995.
구완회, 「이강년 관련 문헌의 비판적 검토」, 『제천의병의 종합적 연구』, 백산출판사, 1996.
구완회, 「乙未義兵期 湖左義陣(堤川義兵)의 編制」, 『朝鮮史硏究』 6, 朝鮮史硏究會, 1997.
구완회, 「정미의병기 湖左義陣의 편제와 의진 간 연합의 양상」, 『한국근현대사연구』 43, 한국근현대사연구회, 2007.
구완회, 「정미의병기 원주의병의 연합노선과 서울진공작전」, 『원주정미의병연구』, 2008.
구완회, 「을미의병기 호좌의진과 영남 의진의 연대와 태봉전투」, 『국학연구』 24, 2014.
구완회, 「을미의병기 호좌의진의 충주지역 활동」, 『역사교육논집』 58, 2016.
權九熏, 「韓末 義兵의 參加階層과 그 動向: 後期 義兵의 性格變化와 關聯하여」, 『한국독립운동사연구』 5, 독립기념관 한국독립운동사연구소, 1991.
權大雄, 「乙未義兵期 慶北 北部地域의 醴泉會盟」, 『민족문화논총』 14, 영남대학교 민족문화연구소, 1993.
權大雄, 「을미의병기 의병부대 내부의 갈등 요인」, 『國史館論叢』 90, 國史編纂委員會, 2000.
권영배, 「산남의진(1906~1908)의 조직과 활동」, 『역사교육논집』 16, 1991.

권영배, 「한말 의병문서를 통해본 중기의병항쟁의 논리와 성격」, 『조선사연구』 4, 조선사연구회, 1995.
권영배, 「구한말 원용팔의 의병항쟁」, 『한국민족운동사연구』, 우송 조동걸 선생 정년기념논총간행위원회, 1997.
권영배, 「유문을 통해 본 벽산 김도현의 의병항쟁」, 『역사교육론집』 23·24합집(수여 황해붕교수종년퇴임기념 사학논총), 역사교육학회, 1999.
權泰檍, 「統監府시기 日帝의 對韓農業施策」, 『露日戰爭前後 日本의 韓國侵略』, 一潮閣, 1990.
吉田和起, 「日本帝國主義의 朝鮮併合: 국제관계를 중심으로」, 『韓國近代政治史硏究』 (楊尙弦 편), 사계절, 1985.
김광수, 「조선인민의 반일의병투쟁(1905~1910)」, 『력사과학』, 1960.
김강수, 「한말 의병장 벽산 김도현의 의병활동」, 『북악사론』 2, 1990.
김기태, 「일제식민지 교육정책과 민족의 교육적 저항」, 『논문집』 17-1, 인천교육대학교, 1983.
金度亨, 「한말 의병전쟁의 민중적 성격」, 『韓國民族主義論』 3, 창작과 비평사, 1985.
김도훈, 「한말 이은찬의 연합의병운동과 창의원수부의 활동」, 『북악사론』 5, 국민대학교 북악사학회, 1998
金文基, 「毅菴 柳麟錫 一家의 義兵活動과 義兵歌辭」, 『儒敎思想硏究』 8, 韓國儒敎學會, 서울, 1996.
김상기, 「한말 을미의병의 기점에 대한 소고」, 『한국민족운동사연구』 2, 1988.
김상기, 「조선말 갑오의병전쟁의 전개와 성격」, 『한국민족운동사연구』 3, 1989.
김상기, 「1895~1896년 堤川義兵의 思想的 淵源」, 『박성수교수화갑기념논총 한국독립운동사의 인식』, 박성수교수화갑기념논총간행위원회, 1991.
김상기, 「1895~1896년 홍주의병의 사상적 연원과 전개」, 수촌박여석교수화갑기념 『한민족독립운동사논총』, 1992.
김상기, 「의병전쟁에 대한 연구성과와 과제」, 『한국사론』 25, 1995.
김상기, 「忠淸地域 前期義兵의 展開와 性格」, 『韓國近現代史論叢』, 吳世昌敎授華甲紀念論叢刊行委員會, 1995.
김상기, 「충청지역 義兵戰爭의 성격」, 『대전문화』 4, 大田廣域市史編纂委員會, 1995.
김상기, 「韓末 忠淸地方에서의 義兵鬪爭과 그 性格」, 『淸溪史學』 13, 韓國精神文化硏究院 淸溪史學會, 1997.

김상기, 「前期義兵의 日本軍에 대한 抗戰」, 『한국근현대사연구』 20, 한국근현대사학회, 2002.

김상기, 「高宗의 헤이그특사 파견과 국내항일투쟁」, 『헤이그특사와 한국독립운동』, 독립기념관, 2007.

김성근, 「원주창의소와 이강년의 격문을 통해 본 제천의병운동사」, 『지역문화연구』 2, 세명대 지역문화연구소, 2003.

김순덕, 「경기지방 의병의 조직과 활동(1907~1911)」, 『역사연구』 1, 1992.

김순옥, 「18, 19세기 강원도의 지방군 편제」, 한림대학교 석사학위논문, 2003.

金泳謨, 「韓國獨立運動의 社會的 性格: 獨立鬪士의 背景分析을 中心으로」, 『亞細亞硏究』 제19권 제1호, 고려대학교 아세아문제연구소, 1978.

金義煥, 「韓末 義兵運動의 分析: 李康年 義兵部隊를 中心으로」, 『韓日文化』 1집 2권, 부산대학교 한일문화연구소, 1962.

金義煥, 「義兵運動의 思想的 側面」, 『韓國思想』 8, 韓國思想硏究會 1966.

金義煥, 「丁未年(1907) 朝鮮軍隊解散과 反日義兵鬪爭」, 『향토서울』 26, 서울특별시사편찬위원회, 1966.

김종준, 「진보회·일진회의 활동과 향촌사회 동향」, 『한국사론』 48, 서울대학교 국사학과, 2002

金鎭植, 「京畿地域 初期 義兵抗爭의 展開」, 『畿甸文化硏究』 第5輯, 인천교육대학 기전문화연구소, 1974.

金鎭植, 「1907~1910年 京畿地方 義兵抗爭의 性格」, 『畿甸文化硏究』 第6輯, 인천교육대학 기전문화연구소, 1975.

김항기, 「1906~1910년간 일제의 의병판결실태와 그 성격」, 『한국독립운동사연구』 61, 독립기념관 한국독립운동사연구소, 2018.

김헌주, 「1907년 의병봉기와 화적집단의 활동」, 『한국사연구』 171, 2015.

김헌주, 「1907~1909년 의병의 활동과 군수물자 조달 명분」, 『한국민족운동사연구』 94, 2018.

김헌주, 「자위단에 대응한 의병의 활동과 지역사회(1907~1909)」, 『한국독립운동사연구』 62, 2018.

金鎬城, 「韓末義兵運動硏究(Ⅰ): 政治社會運動으로서의 義兵運動」, 『서울교대논문집』 18, 서울교육대학교, 1985.

金鎬城, 「韓末 義兵運動의 思想史的 背景」, 『朝鮮朝政治思想硏究』, 한국정치외교사학회, 1987.

金鎬城, 「韓末 義兵運動과 農民」, 『한민족독립운동사논총』, 구촌박영석교수화갑기념 논총간행위원회, 1992.

김희곤, 「안동의병장 탁암 김도화(1824~1912)의 항일투쟁」, 『역사교육론집』 23·24 합집(수여황해봉교수 정년퇴임기념 사학논총), 역사교육학회, 1999.

나애자, 「개항후 외국상인의 침투와 조선상인의 대응」, 『1894년 농민전쟁연구 1』, 역사비평사, 1991.

文聖惠, 「毅菴 柳麟錫의 義兵抗爭」, 『濟州史學』 창간호, 제주대학교 인문대학 사학과, 1985.

민덕식, 「민긍호 의병장에 관한 일고찰」, 『아시아문화』 12, 한림대학교 아시아문화연구소, 1996.

박걸순, 「한말 음성지역의 사회경제적 동향과 의병투쟁」, 『한국근현대사연구』 78, 한국근현대사연구회, 2016.

朴廣成, 「高宗朝의 民亂硏究」, 『傳統時代의 民衆運動』 下, 풀빛, 1981.

朴文榮, 「毅菴 柳麟錫의 義兵活動에 대한 一硏究: 그의 「衛正斥邪」論을 中心으로」, 성신여대 대학원 사학과 석사학위논문, 서울, 1987.

朴敏泳, 「毅菴 柳麟錫의 衛正斥邪運動:「昭義新編」을 中心으로」, 『淸溪史學』 3, 한국정신문화연구원 청계사학회, 1986.

박민영, 「강릉의병장 민용호의 생애와 거의 논리」, 『윤병석교수 화갑기념 한국근대사논총』, 1990.

박민영, 「毅菴 柳麟錫의 衛正斥邪運動:「昭義新編」을 중심으로」, 『義兵戰爭硏究(上)』 (한국민족운동사연구회 편), 지식산업사, 1990.

박민영, 「華西學派의 형성과 衛正斥邪運動」, 『한국근현대사연구』 10, 한국근현대사연구회, 1999.

박민영, 「유인석의 연해주 의병 명부 '議員案' 해제」, 『한국독립운동사연구』 44, 독립기념관 한국독립운동사연구소, 2013.

朴成壽, 「1907~1910년간의 의병전쟁에 대하여」, 『한국사연구』 1, 한국사연구회, 1968.

朴成壽, 「舊韓末 義兵戰爭과 儒敎的 愛國思想」, 『大東文化硏究』 第6·7輯, 성균관대학교 대동문화연구원, 1969.

朴成壽, 「義兵戰爭의 身分·意識構造」, 『韓國史學 2 韓國近代文化에 관한 共同硏究 3』, 한국정신문화연구원 사학연구실, 1980.

朴成壽, 「1907年의 義兵戰爭」, 『軍史』 제2호, 국방부 전사편찬위원회, 1981.
朴成壽, 「韓末 義兵將의 社會的 背景」, 『韓國의 社會와 文化』 13, 한국정신문화연구원, 1990.
박인호, 「朴貞洙의 의병사 저술과 역사의식」, 『忠北學』 제2집, 忠北開發研究院 忠北學研究所, 2000.
박현철, 「개항기 부산항을 중심으로 본 일본인의 상업활동」, 부산대학교 석사학위논문, 1985.
裵亨植, 「毅菴 柳麟錫의 學統과 義兵活動: 昭義新編을 중심으로」, 인하대 대학원 사학과 석사학위논문, 1986.
백승철, 「개항이후(1876~1893) 농민항쟁의 전개와 지향」, 『1894년 농민전쟁연구』 2, 역사비평사, 1992.
徐慶源, 「習齋 李昭應의 義兵運動」, 인하대 대학원 사학과 석사학위논문, 1981.
서태원, 「대한제국기 원주진위대 연구」, 『湖西史學』 제37, 2004.
성대경, 「정미의병의 역사적 성격」, 『대동문화연구』 29, 1994.
申東根, 「舊韓末 義兵抗爭에 對하여: 주로 舊韓國軍 合勢後(1907년 8월~1909년)의 戰況을 中心으로」, 연세대학교 대학원 사학과 석사학위논문, 1971.
申奭鎬, 「韓末 義兵의 槪況」, 『史叢』 1, 고려대학교 문리과대학 사학회, 1955.
신용하, 「민긍호의병부대의 항일무장투쟁」, 『한국독립운동사연구』 4, 1990.
신용하, 「허위의병부대의 항일무장투쟁」, 수촌박영석교수화갑기념 『한민족독립운동사논총』, 1992.
申一澈, 「韓國獨立運動의 思想史的 性格」, 『亞細亞研究』 제19권 제1호, 고려대학교 아세아문제연구소 1978.
신주백, 「丁未義兵 당시 日本軍의 原州義兵에 對한 彈壓作戰」, 『의암학연구』 3, 2006.
심철기, 「提川乙未義兵의 砲軍과 農民」, 『지역문화연구』 3, 지역문화연구소, 2004.
심철기, 「19세기 원주지역의 환곡문제와 농민항쟁」, 『지방사와 지방문화』 13-2, 역사문화학회, 2010.
심철기, 「원주지역 전기의병의 학문적 배경과 참여세력」, 『한국사상사학』 38, 2011.
심철기, 「1905년 원용팔의병의 창의와 운동방략」, 『한국근현대사연구』 70, 2014.
심철기, 「광무황제 강제퇴위 반대운동과 원주의병」, 『한국근현대사연구』 76, 2016.
심철기, 「1907년 원주의병의 쇠퇴와 새로운 항일투쟁의 전개」, 『역사와교육』 22, 2016.

심철기, 「1907년 의병전쟁 참여세력의 존재양상과 일제의 대응: 경기·강원·충청재판기록을 중심으로」, 『한국민족운동사연구』 90, 2017.
심철기, 「강원감영의 이전과 원주의 근대도시 형성과정」, 『강원사학』 29, 2017.
심철기, 「1907년 이후 『제국신문』의 성격과 의병인식」, 『역사와경계』 107, 2018.
연갑수, 「대원군 집권기 국방정책」, 『한국문화』 20, 서울대학교 한국문화연구소, 1998.
오길보, 「의병장 류린석의 애국적 활동」, 『력사과학』, 1965.
오길보, 「19세기 말~20세기 초 반일의병투쟁의 성격」, 『력사과학』, 1966.
오영교, 「18세기 原州牧의 행정체계와 향촌조직의 운영」, 『韓國史研究』 104, 한국사연구회, 1999.
오영교, 「19세기 사회변동과 五家作統制의 전개」, 『朝鮮後期 鄕村支配政策 硏究』, 혜안, 2001.
오영섭, 「을미의병운동의 정치·사회적 배경」, 『국사관논총』 65, 국사편찬위원회, 1995.
오영섭, 「韓末 義兵運動의 勤王的 性格: 密旨를 中心으로」, 『한국민족운동사연구』 15, 한국민족운동사연구회, 1997.
오영섭, 「을미 제천의병의 참여세력 분석」, 『한국독립운동사연구』 14, 독립기념관 한국독립운동사연구소, 2000.
오영섭, 「을미의병의 결성과정과 군사활동: 제천의병을 중심으로」, 『軍史』 43, 國防部 軍史編纂研究所, 2001.
오영섭, 「韓末 13道倡義大將 李麟榮의 生涯와 活動」, 『한국독립운동사연구』 제19집, 2003.
오영섭, 「여흥민씨척족과 한말의병」, 『한국근현대사연구』 31, 한국근현대사학회, 2004.
오영섭, 「한말의병운동의 발발과 전개에 미친 고종황제의 역할」, 『東方學志』 128, 延世大 國學研究院, 2004.
오영섭, 「고종 측근 심상훈과 제천지역 의병운동과의 연관관계」, 『한국근현대사연구』 35, 한국근현대사학회, 2005.
엄찬호, 「高宗 對義兵 密勅 硏究」, 『한일관계사연구』 7, 한일관계사학회, 1997.
엄찬호, 「習齋 李昭應의 斥邪擧義와 義兵活動」, 『韓國人物史研究』 7, 韓國人物史研究所, 2007.
왕현종, 「1907년 이후 원주진위대의 의병 참여와 전술 변화」, 『歷史教育』 96, 2005.
우인수, 「1892년 회령농민항쟁의 원인과 전개과정」, 『역사교육논집』 13, 역사교육학회, 1990.

원영환, 「강원감영의 史的考察」, 『강원사학』 4, 1998.
유한철, 「日帝 韓國駐箚軍의 韓國 侵略過程과 組織」, 『한국독립운동사연구』 6, 1992.
유한철, 「1907~1910년 강원도 의병진과 활동」, 『한국독립운동사연구』 5, 1991.
유한철, 「1896~1900년간 柳麟錫의 西行, 渡滿과 그 性格」, 『擇窩許善道선생정년기념 한국사학논총』, 일조각, 1992.
유한철, 「柳麟錫의 義兵 根據地論: 1907년 이후를 중심으로」, 『한국독립운동사연구』 제8집, 독립기념관 한국독립운동사연구소, 1994.
유한철, 「유인석의 연해주 망명과 국권회복운동의 전개: 망명 초기를 중심으로」, 『한국근현대사연구』 4, 1996.
윤병석, 「일본인의 황무지개간권 요구에 대하여: 1904년 長森名儀의 委任契約企圖를 中心으로」, 『歷史學報』 22, 1964.
윤병석, 「면암 최익현의 위정척사론과 호남의병」, 『한민족독립운동사논총』, 1992.
이구용, 「韓末義兵研究: 江原道를 中心으로」, 『학술연구조성비에 의한 연구보고서 사회과학계 1』, 문교부, 1974.
이구용, 「雲崗 李康秊의 抗日義兵活動」, 『江原史學』 7, 江原大學校 史學會, 1991.
이동우, 「義兵將 柳麟錫의 義兵運動考」, 『成大史林』 2, 성균관대학교 사학과, 1977.
이동우, 「乙未年 忠淸地方의 義兵運動研究」, 『국사관논총』 28, 국사편찬위원회, 1991.
이명화, 「헤이그특사가 국외 독립운동에 미친 영향」, 『헤이그특사와 한국독립운동』, 독립기념관, 2007.
이민원, 「閔妃弑害의 背景과 構圖」, 『明聖王后弑害事件』, 民音社, 1992.
이상영, 「韓末 義兵運動에서 平民階層의 役割과 性格」, 경남대 교육대학원 역사교육과 석사학위논문, 1990.
이상찬, 「을미의병 지도부의 1894년 반동학군 활동」, 『규장각』 18, 서울대학교 규장각, 1996.
이상찬, 「갑오개혁과 1896년 의병의 관계」, 『역사연구』 5. 역사학연구소, 1997.
이상찬, 「1896년 의병장 민용호의 실체」, 『규장각』 20, 서울대학교 규장각, 1997.
이상찬, 「1896년 의병과 명성왕후 지지세력의 동향」, 『한국문화』 20. 서울대 한국문화연구소, 1998.
이상찬, 「1896년 의병운동 통설에 대한 비판적 검토」, 『역사비평』 통권45호, 역사문제연구소, 1998.
이상찬, 「대한제국시기 보부상의 정치적 진출 배경」, 『韓國文化』 23, 서울大學校 韓國文化研究所, 1999.

이선희, 「韓末 白巖 朴殷植의 현실인식과 대응론」, 『한국사상사학』 11, 한국사상사학회, 1998.
이성우, 「경북지역 의병참여자들의 의병항재 이후의 활동: 1910~20년대 초 국내독립운동 단체를 중심으로」, 『국학연구』 37, 2018.
이소래, 「원주시 신림면의 마을신앙 연구」, 연세대학교 대학원 석사학위논문, 2007.
이승윤, 「후기의병기 일본군의 사찰 탄압」, 『한국근현대사연구』 70, 2014.
이승윤, 「한말 승려들의 의병에 대한 태도와 동향」, 『한국근현대사연구』 76, 2016.
李潤甲, 「19세기 후반 慶尙道 星州地方의 농민운동」, 『손보기 정년기념논총』, 1988.
이태진, 「1904~1910년 한국국권 침탈 조약들의 절차상 불법성」, 『한국병합의 불법성 연구』, 서울대학교출판부, 2003.
이태진, 「1905년 條約의 强制時의 駐箚軍의 성격」, 『韓國史論』 54, 2008.
李昌植, 「堤川義兵事蹟의 國文學的 硏究」, 『인문사회과학연구』 2, 세명대학교 인문사회과학연구소, 제천, 1995.
장영민, 「동학과 의병항쟁」, 『원주시사』(상), 2000.
장영민, 「朝鮮時代 原州 居住 司馬試 入格者와 兩班社會」, 『조선시대의 사회와 사상』, 朝鮮社會硏究會, 1998.
장영민·김명환, 「1955년 원주읍의 시 승격에 관한 고찰」, 『역사와 경계』 93, 2014.
장영민·김명환, 「1950년대 원주의 도시계획과 그 의의」, 『역사와 경계』 96, 2015.
전문진, 「한말 이강년 의병부대의 조직과 활동」, 『부대사학』 19, 1995.
趙景達, 「李朝 末期의 民亂: 原州民亂(1885年)事例」, 『朝鮮史硏究會論文集』 33, 1995.
趙東杰, 「義兵運動의 韓國民族主義上의 位置」 上·下 『한국민족운동사연구』 1·3, 한국독립운동사연구회, 1986·1989.
조재곤, 「제5장 대한제국 체제 확립과 군비강화」, 『한국군사사: 근현대Ⅰ』, 경인문화사, 2012.
조재곤, 「제6장 일본의 군사주권 침탈과 군대해산」, 『한국군사사: 근현대Ⅰ』, 경인문화사, 2012.
崔昌圭, 「義兵運動을 통해서 본 民族意識의 成長過程」, 『韓國政治學會報』 3, 한국정치학회, 1969.
한재수, 「일제강점기 조선시대 강원도 邑治의 중심 原州와 江原監營 일대 도시구와 역사경관변화 연구」, 『대한건축학회 논문집: 계획계』 23(12), 2007.
홍영기, 「안규홍 의병의 조직과 그 활동: 구한말 호남의병의 일례」, 『한국학보』 49, 1987.

홍영기, 「구한말 심남일 의병의 조직과 그 활동」, 『동아연구』 17, 1989.
홍영기, 「구한말 호남의병의 창의 성격」, 『호남문화연구』 22, 호남문화연구소, 1993.
홍영기, 「구한말 전라남도 도서지방 의병에 대한 일고찰」, 『동아연구』 21, 서강대, 1990.
홍영기, 「한말 후기의병의 장기항전 전략과 전술」, 『역사학연구』 57, 2015.
홍순권, 「을사조약 이후 호남지역 의병운동의 발전과 의병장들의 성격」, 『한국학보』 57, 1989.
홍순권, 「한말 의병운동의 사상적 기반과 정치경제적 지향」, 『고고역사학지』 7, 1991.
홍순권, 「한말 호남지역 의병운동의 참가층과 사회적 기반」, 『역사연구』 1, 1992.
홍순권, 「한말 일본군의 의병진압과 친일세력의 역할: 순건, 일진회원, 밀정 등의 "토벌대" 참여 분석을 중심으로」, 『역사교육논집』 58, 2016.
洪淳鈺, 「義兵 李康季部隊 戰鬪考(1907~1908)(上); 日本軍의 記錄과 比較하여」, 『軍史』 제5호, 국방부 전사편찬위원회, 1982.
藤原子, 「義兵運動」, 『歷史學硏究』 187, 歷史學硏究會, 1955.

찾아보기

【ㄱ】

가람(加濫) 46
가쓰다 다로(桂太郎) 142
가작(加作) 46
가징(加徵) 46
가흥병참부 146
가흥병참수비대 114, 115
가흥전투 101, 131, 132, 133, 135, 136
각림창 43
간도참변(間島慘變) 353
간이실업학교 369
감창호(金昌浩) 195
갑오개혁 75, 254
강구현(姜龜鉉) 335
강달회(姜達會) 364
강도영 364
강릉공립간이농업학교 371
강릉공립잠사기업실수학교(江陵公立蠶絲機業實修學校) 376
강릉분견대 238
강만조(姜萬祚) 195
강만형(姜萬馨) 364
강영조(姜永祚) 195
강우서(姜禹瑞) 195
강원감영(江原監營) 33, 34, 35, 36, 41, 42, 43, 45, 47, 48, 49, 53, 56, 61, 62, 63, 75, 77, 78, 79, 80, 81, 82
강원관찰부 193, 194
강원도관찰사 194, 228, 268, 314, 322, 325, 326, 330, 356
강원도선유사 320, 321, 322, 330, 332, 333
강위래(姜渭來) 71

찾아보기 · 419

강윤중(姜潤重) 196
강천면(康川面) 49
강태영(姜泰榮) 227
강필수(姜弼秀) 195
강현진(姜亨鎭) 196
강화도조약 65
개성민란 93, 94
개진교육회(開進敎育會) 220, 229
「격고문(檄告文)」 160
결사회 228
경경선(京慶線) 379
경복궁점령 62, 63, 94, 103, 104, 106
경성분대 147, 342
고곡창 43
고덕기(高德基) 195
고마고(雇馬庫) 36
고마다 겐타로(兒玉源太郎) 146
고무라(小村) 113, 122
고문관(顧問官) 159, 162, 181
고석이(高石伊) 277
고석정(高奭鼎) 195
고성분견대 240
고연학(高演學) 195
고영보(高永輔) 197
고영희 217
고인상(高仁相) 195
고창우(高昌禹) 195
고창학(高昌學) 195
공교회 351, 353
공립농민학교(公立農民學校) 378

공립농잠실수학교(公立農蠶實修學校) 378
공자영정(孔子影幀) 55
공주공립간이농업학교(公州公立簡易農業學校) 371
공진회 230
곽재호(郭載鎬) 196
곽한선(郭漢旋) 361
관공립보통학교 369
관동연명유소(關東聯名儒疏) 64, 66, 68, 105, 392
관동창의대 250, 253, 254, 273, 279, 280, 288, 290, 291, 299, 304, 305, 306, 307, 308, 309, 310, 312, 314, 315, 316, 317, 318, 319, 396, 397
관북창의대장 312
관서창의대장 312
광무사검(光武査檢) 186
광산 155, 156, 301, 312
광산조사 158, 309, 394
광암향현사(廣巖鄕賢祠) 59
광업 152, 153, 155, 156, 157
교남학회 356
교회(校會) 56
구연상(具然庠) 73
구연영(具然英) 107
국민결사회(國民決死會) 222
국민신보사(國民新報社) 224
국채보상운동 353, 354, 355
국채보상의무소 354, 355

군기창(軍器廠) 236
군대해산 88, 158, 210, 212, 215, 220, 226, 230, 234, 235, 236, 237, 238, 240, 246, 258, 260, 261, 274, 319, 320, 365, 395
군부(軍部) 225, 228, 236, 238, 254, 255, 336
군사제도개혁 62, 75, 83, 110
군수곡(軍需穀) 44
군악대 236
군제개혁 33, 84, 85, 89, 90, 109, 125, 205, 254, 256, 392
궁둔(宮屯) 181
권병하(權丙夏) 201
권숙(權潚) 102, 119, 127
권영섭(權永燮) 197
권용일(權用佾) 331
권중희 309, 311, 312
권태영(權泰榮) 239
권태준(權泰駿) 322, 331
권태희(權泰熙) 239
귀래공립보통학교 부설 귀래간이학교 (貴來簡易學校) 378
귀래공립보통학교(歸來公立普通學校) 378
귀순자 247, 248, 321, 333, 348, 349
극동총독부(極東總督府) 142
근위보병대대 236
금광 155, 156, 157, 204, 309
금기철(琴基哲) 348

금마둔(金馬屯) 187
기우만 166, 167, 192
기호흥학회 356
김경로(金敬魯) 195
김경태(金卿泰) 197
김관수(金寬秀) 40, 56, 57, 93, 109, 391
김교각(金敎珏) 229, 230
김구현(金龜鉉) 169, 172, 173, 174, 201, 208, 209, 211
김군필(金君必) 277
김기섭(金基燮) 335
김낙중(金洛中) 188
김내현(金乃鉉) 195
김덕제 239, 241, 245, 275
김동욱 239
김두희(金斗熙) 71
김만군(金萬軍) 277
김명심(金明心) 196
김목여(金睦汝) 202
김백선 88, 101, 108, 110, 112, 117, 126, 127, 128, 131, 132, 133
김병대(金炳大) 131
김병연(金炳衍) 335
김병호(金炳浩) 71
김병화 309
김병효(金炳孝) 71
김복기(金福基) 363
김사두(金思斗) 57, 99, 129, 137, 363
김사륜(金思輪) 44

찾아보기 · 421

김사봉(金思鳳) 363
김사승(金思昇) 233, 252
김사정(金思鼎) 41, 57, 73, 80, 90, 92,
　　96, 97, 99, 100, 109, 112, 116, 123,
　　124, 125, 129, 131, 136, 137, 251,
　　310, 363, 391, 393, 395
김상익(金商翼) 362
김상태(金尙台) 280
김상필(金商弼) 339, 340
김상호(金尙鎬) 195
김상희(金相希) 315
김생산(金生山) 277
김석하(金錫夏) 195
김선규(金善圭) 193
김성관(金聖寬) 362
김성수(金性秀) 359
김세기　93, 94, 95, 96, 97, 99, 100,
　　109, 112, 123, 124, 232, 233, 234,
　　252, 253
김세영(金世榮) 298
김순익(金順益) 191
김안국(金安國) 59
김영두(金盈斗) 195
김영록　137
김영선(金永璿) 352
김영준(金永俊) 71
김영진(金永振) 229
김영택(金永澤) 351
김옥득　314
김용선(金龍善) 354

김용효(金容孝) 322
김원삼(金源三) 360
김윤식　94
김익진(金益鎭) 104, 116
김인도(金仁道) 335
김재연(金在淵) 196
김재익(金載翼) 91
김정열(金正烈) 358
김제갑(金悌甲) 59
김제남(金悌男) 50, 92, 93
김좌진(金佐鎭) 352
김준호(金駿鎬) 80, 82
김중환(金重煥) 320
김창일(金昌一) 59, 60
김치순(金致順) 195
김태관(金泰寬) 191
김태원(金泰元) 128, 129
김택수(金宅秀) 40, 41, 50, 51, 55, 56,
　　57, 93, 109, 363, 391
김평묵(金平黙) 63, 64, 66, 69, 74,
　　104, 392
김하락(金河洛) 107, 128, 129
김헌수　41, 57, 100, 108
김현구(金顯九) 361
김현국(金顯國) 250, 348
김현수(金顯洙) 360
김호겸(金好謙) 51, 52
김호연(金昊淵) 190
김홍근(金鴻根) 196
김홍집(金弘集) 64, 94, 118, 129

김화춘(金和春) 347
김흔(金炘) 93
김희주(金熙周) 354

【ㄴ】

남궁풍(南宮灃) 197
남성갑(南聖甲) 48, 49, 51, 52, 54, 55, 56
남인 59, 60, 61, 62, 74, 392
남필원(南泌元) 191
남한대토벌작전 338
내부(內部) 82, 95, 321
노동국문전습소(勞動國文傳習所) 357
노동야학 356, 357, 376, 377
노론 60, 69, 74
노무라(野村) 283
농우야학회(農友夜學會) 377
니노미야(二宮) 240, 268, 275, 281
니시오카(西岡) 286, 334

【ㄷ】

다나카(田中) 340
다이(W. M. Dye) 105
다카이(高井) 117
다케나가(武永) 105
다케다 한시(武田節之) 336
단발령 33, 81, 88, 89, 95, 96, 106, 107, 109, 110, 117, 125, 129, 185
대동광문회(大東廣文會) 353

대원군 105
대은당 36
대한군정부(大韓軍政府) 352
대한독립군 351
대한독립단(大韓獨立團) 353
「대한방침(對韓方針)」 150, 151
대한자강회 220, 356
도독부(都督府) 351
도유사 39
도천서원(陶川書院) 39, 59
독립협회 169, 172
동아개진교육회(東亞開進教育會) 230
동우회(同友會) 220, 221, 225, 229, 353
동원촌(東院村) 133
동창 43
동학농민군 88, 109
동학농민운동 75, 88, 109, 115, 118, 182
등소운동 50, 51, 52

【ㄹ】

러일전쟁 143, 146, 150, 159, 180, 209, 233, 237, 256, 261, 328, 394
뤼순(旅順) 142, 143, 146
류기원 228

【ㅁ】

만국공법 203, 204

맹영재(孟英在) 88, 109, 110
면리제(面里制) 53
면죄문빙(免罪文憑) 333, 348
면주인(面主人) 36
명성황후 89, 104, 105, 129, 204, 230, 299
명성황후 시해사건 58, 62, 63, 81, 92, 94, 97, 105, 106, 109, 110, 124, 185, 222
모리카와(森川) 340
목만중(睦萬中) 61
무관학교(武官學校) 236
무총(武總) 123
무판(貿販) 42
문막분견소 342
문막청년회(文幕靑年會) 377
문우회(文友會) 220, 229
문태수(文泰洙) 311
물침빙표(勿侵憑票) 321, 324, 326
미경지 152, 153
미동공립간이실업학교(渼洞公立簡易實業學校) 369
미야케(三宅) 114, 135
미우라 고로우(三浦梧樓) 105
민긍호(閔肯鎬) 173, 174, 201, 239, 241, 245, 246, 247, 248, 250, 257, 259, 268, 269, 271, 273, 275, 276, 277, 278, 280, 283, 284, 285, 290, 291, 292, 293, 295, 296, 304, 307, 309, 310, 311, 312, 313, 314, 315, 316, 317, 319, 323, 324, 325, 326, 327, 328, 329, 330, 331, 332, 333, 342, 344, 345, 347, 350, 356
민배식(閔培植) 351
민순(閔純) 59
민영규(閔泳奎) 93, 94
민영달 94
민영목(閔泳穆) 91
민영소 94
민영식(閔元植) 229
민영익(閔泳翊) 91
민영일(閔泳一) 91
민영준(閔泳駿) 117
민영환 94
민용호(閔龍鎬) 101, 121, 122, 123, 124, 125, 126, 393
민응식(閔應植) 91, 94
민응호(閔應鎬) 195
민정식(閔正植) 91
민종묵(閔種默) 93
민주화운동 384
민치문(閔致文) 91
민태호(閔台鎬) 69, 91
민형식(閔亨植) 91, 94
민회 53, 54, 55, 56

【ㅂ】

박래문(朴來文) 348
박명수(朴明守) 335

박문오(朴文五)　63, 70
박문일(朴文一)　63, 70
박봉구(朴奉九)　348
박봉주(朴鳳周)　335
박선빈(朴善斌)　333
박수위(朴秀衛)　71
박수창(朴受昌)　187, 188
박수채(朴壽採)　197
박승양(朴勝陽)　202
박승환(朴昇煥)　115, 127, 236, 238
박영하(朴英夏)　364
박영효　76, 85, 94, 104
박용만(朴龍晩)　376
박용원(朴用元)　93
박용좌(朴容佐)　357
박운서(朴雲瑞)　101, 116, 121, 123
박운양(朴運陽)　195
박은식　70
박정수(朴貞洙)　71, 73, 99, 111, 137, 186, 188, 201, 202
박제방(朴齊昉)　195
박제칠(朴齊七)　102
박주순(朴冑淳)　111
박춘화(朴春和)　157, 203
박홍서(朴弘緖)　370
박화실(朴花實)　195
반일적 중앙정치세력　90, 95, 97, 109, 168, 232, 234, 396
방명덕(方明德)　350
방인관　309, 311, 312, 314

배시강(裵是綱)　116
배양산(培陽山)　70
배영유치원(培英幼稚園)　372
배종무관부(陪從武官府)　236
배진환(裵縉煥)　196
백남규(白南奎)　280, 331
백남숙(白南肅)　239, 240
백운치악성황계(白雲雉岳城隍契)　229
백흥길(白興吉)　354
베이징조약　65
벽이단(闢異端)　61
변복령(變服令)　62, 96, 125
변학기(邊鶴基)　277
별회(別會)　44
병자연명유소(丙子聯名儒疏)　64
『보병조전(步兵操典)』　210, 263, 264, 265, 267, 396
보부상　42, 49, 229, 230
『복은(卜隱)』　73
복제개혁(服制改革)　103, 104, 106, 109, 110
봉복사　271, 272, 273, 337
부인야학(婦人夜學)　377
북창　43, 48, 49, 51, 52, 134, 349
북창봉기　40, 49, 52, 53, 55, 57

【ㅅ】

사나사(舍那寺)　298
『사마방목(司馬榜目)』　37

사마시(司馬試) 37
사바틴(A. I. Seredin Sabatin) 105
사우(祠宇) 47
『사의조선책략(私擬朝鮮策略)』 64
사이온지(西園寺) 113
사주(私鑄) 157
사창(司倉) 43, 49, 53
사창색(司倉色) 54
사카베(坂部) 305
사카베 지대 305, 306, 307
사카이자와(境澤) 286, 334
사토(佐藤) 272, 278, 283
사패지(賜牌地) 38
사환미 79
사환제 46
산림벌채 158, 163, 394
산림천택(山林川澤) 160, 161, 181, 204, 233, 327
삼국간섭 94, 104, 118
상원사(上元寺) 289
색리(色吏) 44
서백순(徐百順) 198
서북학회 356
서상기(徐相耆) 101, 127
서상돈(徐相敦) 354
서상렬(徐相烈) 104, 116, 117, 125, 126, 133, 137, 195
서울진공작전 131, 136, 165, 197, 279, 306, 307, 310, 313, 314, 315, 317, 318, 319, 341, 344, 393, 397

서원 39, 47, 58, 59, 61
서정우(徐廷禹) 362
서창 43
서학 61, 62
『서학변(西學辨)』 61
선유사 117, 118, 134, 273, 320, 321, 322, 323, 324, 325, 326, 331, 332
『선유사일기(宣諭使日記)』 323
선유위원 321, 324, 325, 331, 332
선화당(宣化堂) 35
성동무관학교(成東武官學校) 353
성명회(聲明會) 351
『성재집』 73
세창양행 262
소모장 99, 116, 128, 129, 136, 191, 195, 251
소초공립보통학교(所草公立普通學校) 부설 학곡간이학교(鶴谷簡易學校) 378
손재규 241
송목(松木) 43
송병준 217, 225, 336
수성장(守城將) 78, 99, 101, 129, 130, 167, 191, 192, 193, 195, 196, 197
수성중군 131
수안보전투 101
수하동공립간이상업학교(水下洞公立簡易商業學校) 369, 371
스기무라 후카시(杉村濬) 105
스에야스(末安) 278

시가(志賀) 322, 324
시데하라 히로시(幣原坦) 368
시라키(白木) 105
시마네현법정회(島根縣法政会) 152
시모노세키조약 94, 203, 204, 300
시모바야시(下林) 지대 245, 269, 271, 272, 274, 275, 277, 278, 281, 282, 283, 285, 289, 296, 319, 334, 340
「시설강령(施設綱領)」 150
시위대(侍衛隊) 105, 173, 210, 211, 222, 223, 224, 235, 236, 237, 238, 239, 246, 257, 260, 261, 274, 277, 282, 333
시위혼성여단 236
시종무관부(侍從武官府) 236
신경집(辛景集) 196
신돌석 308, 311, 317
신림 70, 71, 72, 99, 134, 135, 136, 186, 187, 188, 231, 253, 271, 273, 276, 278, 331, 392
신림분견소 342
신림역 186
신법(新法) 204
신사연명유소(辛巳聯名儒疏) 64
신사척사운동 74
신양집(辛養集) 195
신역(身役) 42
신정삼(申正三) 335
신지수(申芝秀) 96, 111, 112, 126, 135, 136

신창규(申昌奎) 350
『신한민보』 303
신현세(申賢世) 359
신현철(申鉉喆) 359
신후담(愼後聃) 61
심경화(沈景化) 196
심광택(沈光澤) 71
심능기(沈能杞) 357
심상훈(沈相薰) 78, 94, 95, 96, 97, 123, 124, 229, 230, 231, 232, 234, 252, 396
심상희(沈相禧) 128, 133, 134, 135, 251
심성택(沈成澤) 71
심수만(沈守晩) 354
심용수(沈龍洙) 350
심원택(沈元澤) 71
심의기(沈宜起) 71
심의흠(沈宜欽) 71
심의흥(沈宜興) 71
심이섭(沈理燮) 231
심인택(沈麟澤) 71
심화택(沈和澤) 71
심흥규(沈興奎) 73
심흥택(沈興澤) 244, 268, 276, 327, 329, 357

【ㅇ】

아관파천 81, 100, 129, 256

아다치(足達) 282, 284
아다치 지대 269, 270, 272, 282, 283,
　　284, 285, 286, 305, 319, 334, 335
아시자와(蘆澤) 285
아카시(明石) 289
아카쿠라(赤倉) 토벌대 305, 307
안상덕(安相悳) 197
안성청년회장 227
안승우 96, 100, 110, 111, 112, 115,
　　116, 117, 119, 121, 122, 123, 125,
　　126, 128, 132, 133, 227
안재윤(安在允) 324
안재풍(安在豊) 51
안종석(安鍾奭) 351
안종옥(安鍾玉) 197
안종응(安鍾應) 110
안창 49
안창봉기 41, 79, 128
안창역 49
안창장 49
안핵사 57, 93, 94
앱윗청년회 377
야나기(小柳) 283
야마모토(山本) 304, 305, 316
야학운동 356, 357, 365, 384, 397
양구수비대장 316
양근수비대 318
양두환(梁斗煥) 111
양숙도(梁叔道) 196
양한용(梁漢用) 195

양헌수(梁憲洙) 63
어성선(魚性善) 196
어윤중 94
어의동공립간이실업학교(於義洞公立簡
　　易實業學校) 369
엄기섭(嚴基燮) 191, 195
엄비(嚴妃) 229
엄석준(嚴錫俊) 195
엄성국(嚴成國) 335
엄성하(嚴聖河) 191, 195
엄준원(嚴俊源) 229
엄태간(嚴泰簡) 191
엄팔용(嚴八龍) 102
여국안(呂國安) 135
여주분견대 238, 240
역도(驛賭) 181
역둔토 78, 155, 161, 186, 207, 394
연성학교(研成學校) 235
염덕구(廉德龜) 71
염석구(廉錫龜) 71
염중용(廉重庸) 71, 72
염중희(廉重熙) 71, 72
영고(營庫) 36
영곡(營穀) 44
영남만인소 66
영리(營吏) 35, 53, 54, 86, 88, 206,
　　244, 366
영속(營屬) 34, 35, 87
영아전(營衙前) 35
영어야학 377

영원산성 59, 270
영일동맹 142
영창(營倉) 45, 49, 53
영창색리 54
오두갑(吳斗甲) 191
오영환(吳泳煥) 317
오오사키(多崎) 소대 272, 296
오오야마 이와오(大山巖) 146
오유영(吳唯泳) 359
오의선 236
오인영(吳寅泳) 111, 116, 137, 201
오정묵(吳正默) 243, 245, 246, 271, 276, 324
오카모토 류노스케(岡本柳之助) 105
오카자키(岡崎) 282, 297, 305
오쿠리(小栗直臣) 342
와환취모(臥還取耗) 45
요역(徭役) 43
용문사(龍門寺) 289, 337
용영록(龍永祿) 197
우근영(禹根榮) 195
우메 켄지로(梅謙次郞) 152
우선하(禹善河) 195
우스이(臼井) 305
우스이 소대 315
우츠에(宇津江) 286
우츠에(宇津江) 중대 334
우치다 료헤이(內田良平) 336
우필규(禹弼圭) 195, 196
우희영(禹僖榮) 195

『운곡시집』 60
원구상(元龜常) 71
원규상 136
원내훈(元乃薰) 356, 376
원성규(元成圭) 362
원세식(元世植) 229
원세흠(元世欽) 71, 72, 196
원수부(元帥府) 235
원용갑(元容甲) 195
원용상 169, 170
원용석(元容錫) 111
원용수(元容銖) 188, 195
원용전(元容銓) 168, 169, 170, 172, 202
원용정(元容正) 72, 73, 99, 111, 117, 137
원용팔 99, 137, 155, 157, 159, 160, 161, 162, 163, 164, 165, 166, 167, 168, 169, 170, 171, 172, 173, 174, 175, 176, 177, 178, 179, 180, 181, 182, 183, 184, 186, 187, 188, 189, 191, 192, 193, 194, 196, 197, 199, 200, 201, 202, 203, 204, 205, 210, 211, 231, 232, 233, 253, 299, 310, 393, 394, 395
원용팔 의병부대 72, 131, 159, 170, 191, 194, 199, 200, 201, 210, 393
원우상 169, 170, 394
원유붕(元有鵬) 47
원일로 367, 383

원일의숙(原壹義塾) 356, 376
원재덕(元在德) 195
원정상(元貞常) 71
원주(原州)향교 202, 381
원주공립간이농업학교(原州公立簡易農業學校) 369, 370
원주공립갑종농업학교(原州公立甲種農業學校) 378
원주공립농업학교(原州公立農業學校) 379
원주공립농잠실수학교(原州公立農蠶實修學校) 376
원주공립심상소학교(原州公立尋常小學校) 371
원주관구 343
원주노동야학 356, 376
원주노동회(原州勞動會) 376
원주농민운동 33, 40, 41, 48, 49, 56, 57, 58, 61, 93, 108, 109, 153, 244, 251, 363, 364, 384, 390, 391
원주농업고등학교 383
원주목(原州牧) 34, 36, 41, 42, 44, 49, 50, 51, 390
원주미감리교회(原州美監理敎會) 377
원주별모장 134
원주보통학교 296, 358
원주부인야학(原州婦人夜學) 377
원주분견소 304, 342
원주분서장(原州分署長) 336
원주소모장 57, 80

원주수비대 304, 305, 307, 315, 316, 360
원주수성장 80, 131, 134
「원주유민품목(原州儒民稟目)」 40, 56, 57, 62, 89, 93, 153, 155, 251, 391
원주유생 203, 204
원주의병 41, 48, 57, 58, 77, 90, 91, 97, 101, 112, 113, 114, 116, 120, 121, 122, 123, 124, 126, 165, 167, 168, 192, 231, 234, 241, 243, 244, 245, 246, 254, 256, 268, 271, 273, 274, 275, 276, 278, 280, 284, 310, 367, 390, 391, 392, 393, 394, 395, 397, 398
원주일진회 208
원주지방대 83, 158, 205, 206, 256, 257
원주진(原州鎭) 75, 86, 88, 101
원주진위대 83, 145, 158, 159, 167, 168, 169, 171, 172, 173, 174, 194, 196, 199, 200, 201, 202, 204, 205, 208, 209, 210, 211, 234, 238, 239, 240, 241, 242, 243, 244, 245, 246, 247, 248, 254, 256, 257, 268, 273, 274, 275, 277, 290, 292, 309, 323, 330, 333, 334, 335, 355, 365, 366, 382, 394, 395, 396
원주창의소 124
「원주창의소통문(原州倡義所通文)」 96, 123, 124, 125, 232
원주포군 111, 116, 122, 123, 124, 126, 391

430 · 근대전환기 지역사회와 의병운동 연구

원주형평청년회　377
원천석(元天錫)　58, 59, 70
원철상　96, 111, 112
원충갑(元冲甲)　59
원현복(元顯輻)　362
원형두　54
원호(元昊)　59
원호(元豪)　59
원흥길(元興吉)　54
원희상(元羲常)　71
위생원(衛生院)　236
유격전　265, 268, 269, 270, 275, 287, 299, 342, 344, 348, 397
유격전술　269, 397
유근도(柳根道)　335
유기일　64
유길준(俞吉濬)　118, 129
유년학교(幼年學校)　235
유병철(劉秉轍)　229
유석길(劉錫吉)　101
유설원(遊說員)　229
유세남(劉世南)　117
유엔민사원조사령부(UNCivil Assistance Command Korea－UNCACK)　380
유인석　64, 70, 72, 73, 79, 99, 104, 107, 110, 111, 116, 118, 125, 126, 127, 128, 129, 131, 132, 133, 134, 135, 136, 137, 159, 166, 167, 171, 172, 184, 192, 247, 293, 294, 350, 351, 353, 364, 393

유인석 연합의병부대　70, 74, 80, 101, 125, 126, 127, 128, 251, 393
유인수(柳寅秀)　361
유중교(柳重敎)　63, 64, 73, 74, 104, 170
유중악(柳重岳)　64, 72, 73
유해붕(柳海鵬)　191
유회(儒會)　56
육군감옥(陸軍監獄)　235
육군법원(陸軍法院)　235
윤기영(尹基榮)　133, 250, 277, 278, 280, 330, 331
윤길병　208
윤덕배(尹德培)　195
윤두혁(尹斗赫)　357
윤명길(尹命吉)　348
윤산악(尹山岳)　362
윤성옥(尹成玉)　315, 316
윤성호(尹聖鎬)　136
윤이병　222, 229
윤정구(尹貞求)　64
윤춘배(尹春培)　195
을미개혁　84, 106
을미사변　33, 63, 88, 103
을미의병　57, 97, 101, 106, 113, 137, 165, 172, 184, 190, 192, 194, 195, 196, 227, 229, 231, 232, 233, 234, 250, 251, 252, 273, 291, 292, 293, 310
을사의병　159, 229, 232, 310

을사조약　28, 159, 217, 221
의군부(義軍府)　353
의송(議送)　44, 50, 53, 54
의숭유치원(義崇幼稚園)　372
의용군(義勇軍)　353
의조금(義助金)　71, 72, 99, 186, 392
의주진위대　208
이강년　101, 131, 133, 134, 230, 232, 250, 269, 277, 278, 280, 283, 284, 285, 293, 294, 295, 296, 303, 307, 308, 310, 311, 312, 319, 330, 331, 349
이강진(李康津)　335
이경삼(李京三)　277
이곤하(李坤夏)　197
이관영(李觀永)　92
이광록(李光錄)　352
이교인(李敎仁)　73
이구영(李九永)　188, 340
이구채　233, 250, 252, 291, 292, 293, 294, 300, 318
이규상(李圭象)　322
이규원(李奎元)　197
이규현(李奎顯)　188, 196, 197
이극하(李棘河)　195
이근원(李根元)　72, 97, 110, 170, 391
이근택　225
이근호　225
이기림(李起林)　351
이기진(李箕鎭)　91

이노우에 가오루(井上馨)　104, 143
이도재(李道宰)　46
이동환(李東煥)　352
이만손(李晩遜)　66, 239
이만원(李萬源)　280
이면직(李冕稙)　361
이명노(李明魯)　129
이명상(李明相)　230
이민화(李敏和)　91, 92, 208, 209
이민황(李敏璜)　354, 355
이범교(李範喬)　229
이범윤　350, 351, 353
이범직(李範稷)　96, 111, 112, 128, 131, 134, 136, 137
이병무(李秉武)　217, 235, 236, 338
이병화(李秉和)　113
이봉화(李奉和)　350
이상덕(李象德)　197
이상렬(李象烈)　196
이상현(李象顯)　197
이서(吏胥)　40, 42, 44, 45, 46, 47, 48, 49, 51, 54, 55, 56, 78, 246, 390, 391
이석경(李錫敬)　360
이석길(李錫吉)　101, 133
이석용　230
이선복(李先福)　354
이세영(李世榮)　280
이소영(李紹榮)　232, 233, 293
이소응　70, 71, 72, 186, 392

이순범(李淳範)　56, 62, 89, 153, 154, 155
이순하(李舜夏)　320
이승여(李承汝)　53
이시구로(石黑)　295
이시우(李時雨)　229
이양원(李陽元)　55
이완용　217, 225, 235, 253, 336
이용구　336
이용규(李龍珪)　354
이용노(李容魯)　280
이용익(李容翊)　194
이원하　131
이위종(李瑋鍾)　329
이유인(李裕寅)　232, 293
이윤용(李允用)　208
이은상(李殷相)　197
이은찬　233, 250, 252, 291, 292, 294, 300, 311, 314, 318
이익(李瀷)　59
이인구(李寅龜)　63
이인백(李仁白)　55
이인영　101, 128, 135, 136, 137, 232, 233, 246, 248, 250, 251, 252, 253, 257, 273, 290, 291, 292, 293, 294, 295, 296, 297, 298, 299, 301, 303, 307, 308, 310, 311, 312, 314, 315, 317, 318, 319, 339, 340, 345, 393, 396
이재곤　217

이재손(李在孫)　362
이재신(李載信)　91
이재화(李載和)　40, 55, 57
이정규(李正奎)　111
이정의(李正義)　191
이제하(李濟夏)　157, 203
이조승(李肇承)　111
이종익(李鍾翊)　350
이준(李埈)　63
이준명(李準明)　349
이중봉(李重鳳)　280
이지선(李智善)　73
이지용　225
이창오(李昌五)　347
이철화(李哲和)　57, 99, 120, 134
이최응(李最應)　65, 69
이춘영　41, 57, 88, 90, 91, 92, 93, 95, 97, 99, 100, 107, 108, 109, 110, 111, 112, 113, 116, 117, 118, 120, 125, 126, 127, 128, 133, 168, 253, 391
이태영(李泰榮)　233, 252
이택규(李宅珪)　324
이토 히로부미(伊藤博文)　150, 215, 216, 217, 219, 298, 338
이필희(李弼熙)　111, 116, 117, 118, 120, 125, 131, 134
이학렬(李學烈)　192
이한창(李韓昌)　277
이항로(李恒老)　63, 64, 70

이현규(李玄珪) 239
이현상(李顯商) 251
이현순(李賢淳) 362
이현용(李顯用) 239
이형덕(李馨德) 39
이홍영 300
이홍장 243
이회승(李會升) 190, 191
인제수비대 349
일본공사관 93, 94, 105, 114, 117, 118, 120, 161, 168, 180, 182, 203, 392, 395
일본군 헌병분대 365, 366, 367, 368, 371, 379
일본군수비대 238, 316, 334
일진회 163, 164, 165, 169, 170, 177, 180, 181, 182, 183, 184, 202, 207, 208, 209, 211, 224, 225, 227, 232, 272, 335, 336, 394, 395
「일진회선언서」 180
일진회원 183, 201, 207, 304, 324, 325, 335, 336, 337
임규직(任圭直) 63
임덕호(任德鎬) 229
임선준 217
임세연(林世淵) 133
임순화(林淳化) 208, 209
임오군란 17, 87
임주선(林周善) 197

【ㅈ】

자강운동 356, 357, 358, 376, 397
자경단 336
자위단 335, 336, 337
자위단조직후원회 336
자유전쟁 304
작전(作錢) 45
잡세(雜稅) 42
장관회의소(將官會議所) 235
장기엽(張基葉) 357
장담(長潭) 104, 110
장담마을 71, 186
장붕기(張鵬基) 51, 54, 55
장세진(張世鎭) 239
장세훈(張世勳) 356, 376
장익환(張益煥) 188, 196
장지환(張之煥) 191
장회협(長匯峽) 119
장회협전투 119, 120, 125
장흥경(張興敬) 351
재지사족 34, 39, 47, 49, 50, 56, 57, 105, 232, 396
전세하(全世河) 195
『전술학교정(戰術學敎程)』 263, 267, 396
전이국 351
전인환(全寅煥) 378
전환(錢還) 45, 49
정구(鄭逑) 59
정난기(鄭蘭基) 357

정대무   250, 278
정대억(丁大檍)   191
정동현(鄭東鉉)   251
정문(旌門)   47
정미7조약   219, 234, 321
정미의병   131
정범조(丁範祖)   58, 61
정병도(鄭炳燾)   196
정봉준   309, 311, 312, 314, 318
정세환(鄭世煥)   71
정수달(鄭秀達)   201
정술조(丁述祖)   39
정시한(丁時翰)   58, 59, 60, 61
정신유치원(貞新幼稚園)   372
정약용(丁若鏞)   59
정영원   127
정완용(鄭完用)   363
정운경(鄭雲慶)   95, 134, 137, 188, 190, 191
정원팔(鄭元八)   349
정이항(丁履恒)   195
정인용(鄭寅鎔)   357
정인흥(鄭寅興)   320
정장   61
정장화(鄭鏘和)   197
정재식(鄭在植)   188
정종영(鄭宗榮)   59
정태영(鄭台永)   196
정해수(鄭海壽)   44
정호면(鄭鎬冕)   357

정화용(鄭華鎔)   111
정환하(鄭煥夏)   317
제12여단   226, 235, 286
제1군사령부   365, 382, 383
제1군수지원사령부   383
제1차 한일협약   146, 160, 162
제2차 조선교육령   374, 375, 376
제2차 한일협약   159
제천 남산전투   136
제천전투   101
조기신   134
조동교   283, 284, 296
조선실업협회   153
『조선지실업(朝鮮之實業)』   153
『조선책략(朝鮮策略)』   64, 65, 66, 70, 74
조용석(趙龍石)   354
조윤식(趙潤植)   191
조인환(曺仁煥)   277
조준원(趙濬元)   191
조중응   217
조희연(趙羲淵)   94
주광석(朱光錫)   331
주용규(朱庸奎)   111, 128, 195
주천(酒泉)   70, 71, 72, 99, 121, 125, 159, 171, 186, 187, 188, 191, 202, 231, 245, 276, 280, 283, 331, 332, 392, 394
주천소모장   129
주현삼(朱鉉三)   73, 99, 186, 195

주현오(朱鉉五) 71
중군장 99, 117, 128, 280, 318
중앙로 367, 383
중앙선 365, 379, 380, 384
중영(中營) 54, 55, 75, 86, 88, 101, 244, 254, 256, 257, 270, 392
중영사령(中營使令) 54, 244
지규창(池奎昌) 191
지방군 75, 83, 84, 85, 86, 87, 88, 89, 90, 101, 103, 109, 110, 205, 243, 254, 256, 257, 264, 270
지방대 102, 103, 127, 205, 256
지방제도개혁 33, 62, 75, 76, 77, 80, 95, 109, 110, 125, 254, 256, 392
지병언(池秉彦) 191
지세(地稅) 42
지원영(池源永) 188
지정공립보통학교(地正公立普通學校) 378
지평포군 88, 89, 109, 110, 111, 112, 114, 119, 120, 133, 391
진동장 131
진동중군 131
진동창의대장 312
진명섭(陳明燮) 308
진위대 127, 172, 173, 174, 175, 205, 206, 207, 208, 209, 210, 211, 212, 228, 235, 238, 243, 256, 257, 260, 261, 320, 395
진위대사령부(鎭衛隊司令部) 257, 308, 312

진위영창의사령부대장(鎭衛營倡義司令部大將) 329
『진중일기(陣中日記)』 107
진학신(秦學新) 352

【ㅊ】

창의소(彰義所) 351, 352
채경묵(蔡敬黙) 191, 195
채근묵(蔡近黙) 197
채순묵(蔡淳黙) 188
채응언 230
채홍리(蔡弘履) 61
처의삼사(處義三事) 111
척사론 61, 62
척사운동 64
천국환(千國煥) 192
천낙구(千洛龜) 196
천도교 359
천보총 259, 260
천주교 61, 62, 70
천후근(千厚根) 196
청국공사관 168, 177, 179, 192, 395
청량사(淸凉寺) 322
청일전쟁 63, 75, 83, 94, 135, 252, 328
청주진위대 228
초산분주대(楚山分駐隊) 242, 260
초토화작전 280, 284, 289, 323
총독소모장 99, 100
최규옥(崔圭鈺) 381

최도환(崔道煥) 315
최병덕(崔炳德) 188
최병식(崔炳軾) 111
최열(崔烈) 111
최익현(崔益鉉) 63
최재민(崔在民) 354, 355
최재희(崔在熙) 361
최종하 364
최한섭(崔漢燮) 196
추병륜 364
추병철(秋秉喆) 196
추병학 364
추성구(秋性求) 196
춘천수비대 286, 334, 339
춘천의병 117
충렬사(忠烈祠) 59
충주관찰부 113, 114, 116, 392
충주관찰사 134
충주성 102, 103, 114, 127, 128, 133, 280, 281, 284, 285
충주성전투 101, 102, 103, 128, 129
충주수비대 240, 268, 275, 278, 281, 282, 314, 335, 344, 345
충화(衝火) 338
충효사(忠孝祠) 47
취병서원(翠屛書院) 39, 59
치악산(雉嶽山) 70, 82, 123, 271
치중대(輜重隊) 236
친위대 79, 115, 117, 118, 119, 120, 121, 134, 136, 210
칠봉서원 39, 58

【ㅋ】

쿠라토미(倉富) 340
큐슈(九州) 226

【ㅌ】

타운센트상회 262
『타임스』 300
태기산성 270, 271, 272
태장(台場) 53, 56
태장봉기 40, 49, 53, 54, 57
토지농산조사 152
통감부 216, 226, 302, 313, 320, 321, 336, 341, 368, 369, 396
통리기무아문 65, 69
티에츠크 352

【ㅍ】

파수장 129, 167, 191, 192, 193, 195, 196, 197
판부공립보통학교(板富公立普通學校) 378
포군 77, 83, 84, 88, 89, 101, 102, 103, 108, 109, 116, 118, 119, 121, 122, 123, 124, 125, 126, 127, 129, 133, 167, 171, 187, 188, 189, 193, 205, 243, 253, 256, 324, 326, 332, 392, 393

포수 88, 102, 103, 186, 187, 188, 189,
    247, 256, 271
포자(鋪子) 42
포정루 36
포츠머스강화조약 300
포흠 46, 47, 49
표광천(表光天) 363
풍수원(楓樹院) 307
풍정(楓亭) 188
피난민임시수용소(Refugees Reception
    Center) 381

【ㅎ】

하세가와(長谷川) 217, 220, 224, 235,
    274, 338
하세가와 요시미치(長谷川好道) 274
하시구치(橋口龍太郎) 358
하시구치 류타(橋口龍太郎) 371
하야시(林董) 215, 281
하야시 시케이끼(林茂樹) 343
하영현(河永賢) 364
하한서(河漢瑞) 280, 331
한갑복(韓甲復) 241, 277, 315, 316
한광식(韓光植) 39
「한국교육개량안(韓國敎育改良案)」
    368
한국순사대 344, 345
한국전쟁 365, 380, 381, 382, 384
한국주차군(韓國駐箚軍) 144, 145, 146,
    148, 150, 209, 286, 287

한국주차군사령부 144, 148, 210, 225,
    237, 238, 285, 286, 297, 305, 326,
    333, 334, 336, 338
한국주차군수비대 144
「한국주차군확장안(韓國駐箚軍擴張案)」
    147
한국주차헌병대 144, 145, 147, 341,
    342, 343
한기석(韓基錫) 250, 277, 316
한돈우(韓敦愚) 359
한동직(韓東直) 74, 99, 101, 131, 132,
    133, 134, 137
「한러수호통상조약」 150, 156
한백겸(韓百謙) 58, 59, 60
한범우(韓範愚) 359
한상렬 243, 245, 246, 276, 278, 315,
    316, 324, 347, 348, 349, 350, 351,
    352, 353
한상오(韓相五) 347
한성규(韓成圭) 229
한의동(韓宜東) 322
한일의정서 143, 144, 150, 158, 160,
    203, 301, 394
한일협상조약 159
한진국(韓鎭國) 128
한진효(韓鎭孝) 354
한치윤(韓致奫) 59
한행복(韓幸福) 315
한흥원(韓興源) 354
함영순 239

해산군인 87, 88, 224, 226, 234, 238, 241, 244, 246, 247, 248, 256, 257, 258, 259, 260, 261, 263, 266, 267, 268, 270, 273, 274, 279, 291, 292, 293, 309, 315, 320, 323, 326, 332, 333, 334, 396

해서교육총회 356

「행정경찰장정(行政警察章程)」 84

허위 303, 304, 307, 310, 311, 312, 317, 318, 319

허인섭(許仁燮) 197

허준(許俊) 277

허후(許厚) 59

「헌병조례」 209, 341

「헌책(獻策)」 100, 129, 310, 393, 395

「헤이그밀사사건처리방침」 216, 220

헤이그특사사건 215, 216, 301, 302

헤이그평화회의 301, 329

현흥택(玄興澤) 105

협동조합운동 384

형평운동 365, 377

호저공립보통학교(好楮公立普通學校) 378

호좌의진 280, 284, 330, 331

홍대석 134

홍대성(洪大成) 362

홍덕표(洪德杓) 111

홍릉수호대(洪陵守護隊) 236

홍범도 351

홍범식(洪範植) 191

홍선표(洪選杓) 111

홍우관(洪祐寬) 354

홍우범(洪祐範) 131

홍우석(洪祐晳) 320, 321, 322, 323, 324, 325, 326, 330, 331, 332

홍운섭(洪雲燮) 70

홍유형(洪裕馨) 238, 275

홍의식(洪義植) 356

홍의호(洪義浩) 61, 62

홍재구(洪在龜) 64, 66

홍재학(洪在鶴) 66, 68, 69, 70

홍종수(洪鍾秀) 195

홍중효(洪重孝) 61

홍천수비대 316

홍태순 227

홍학성(洪學成) 362

화서학파 58, 63, 64, 69, 70, 71, 72, 73, 74, 90, 95, 97, 99, 100, 104, 110, 111, 112, 115, 116, 117, 133, 137, 167, 170, 171, 175, 186, 187, 192, 247, 253, 293, 391, 392, 393

화성유치원(花城幼稚園) 372

화폐개혁 158, 163, 180, 181, 394

「화폐정리사무에 관한 계약」 157

환곡 42, 43, 44, 45, 46, 48, 49, 50, 51, 52, 53, 57, 78, 390

황무지개척권 153, 154, 155, 158, 160, 161, 163, 180, 394

황무진 47, 95

황성기독교청년회 220

황이대 47

황익수(黃益秀) 56

황장목(黃腸木) 43

황쭌셴(黃遵憲) 64, 67

황철(黃鐵) 268, 314, 325, 326, 327, 328, 329

황태자대리식(皇太子代理式) 218, 225

황혁동(黃赫東) 354

횡성수비대 348

후와토벌대(不破討伐隊) 283

후전(後錢) 46

후지에(藤江) 316, 317

흥업공립보통학교(興業公立普通學校) 378

흥원창(興原倉) 34, 136

히라시마(平島) 283, 296

【기타】

13도창의군 24, 131, 165, 248, 253, 280, 291, 300, 303, 304, 307, 310, 311, 312, 313, 317, 318, 319, 350, 393, 396, 397

3·1운동 358, 364, 397

AFAK(Armed Forces Assistance to Korea) 382

심철기 1973년 서울 출생. 연세대학교 문리대 사학과를 졸업한 뒤 연세대학교 대학원 사학과를 졸업(문학석사, 문학박사)하였다. 국가보훈처 연구원, 대통령소속 친일반민족행위자재산조사위원회 조사관, 연세대학교 근대한국학연구소 연구교수를 역임하였다. 현재는 독립기념관 한국독립운동사연구소 연구원으로 재직하고 있으며, 한국역사연구회 근대사분과장·한국근현대사학회 연구이사를 맡고 있다.
주요 논저로는 「1907년 의병전쟁 참여세력의 존재양상과 일제의 대응: 경기·강원·충청 재판기록을 중심으로」(2017), 「1907년 이후『제국신문』의 성격과 의병 인식」(2018), 1930년대 도시샤대학의 조선유학생 현황과 유학생활」(2019), 『한국사, 한 걸음 더』(공저, 2018) 등이 있다.